派遣労働者の
労務・安全衛生

安西法律事務所
弁護士 **木村恵子**【監修】

労働調査会出版局 【編】

は　し　が　き

　労働者派遣は、派遣労働者、派遣元、派遣先の三面関係となっており、また、労働者派遣法、労働基準法、労働安全衛生法をはじめとする法律や省令・通達などがそれぞれ適用されます。制度そのものが複雑・難解であるといわれるうえに、労働者派遣法関連の法令は年を追うごとに改正されることから、現時点での労働者派遣制度の内容を正確に把握するのは難しいものといえましょう。

　本書は、これら複雑でわかりにくい労働者派遣について、労務管理と安全衛生を中心に詳しく解説しました。まず、労働者派遣法の解説では、派遣労働者の定義や労働者派遣契約、派遣元・派遣先事業主の講ずべき措置、派遣労働者に関する労働基準法の特例、派遣労働者の不合理な待遇差を解消するための措置に係る紛争の解決制度などについて丁寧に、わかりやすくまとめました。また、派遣労働者の労務・安全衛生管理の箇所では、派遣労働者の賃金、労働時間、休憩・休日、年次有給休暇をはじめとする派遣労働者の待遇、安全衛生管理体制、事業者が講ずべき安全衛生措置、安全衛生教育など広範に取り上げています。さらに、派遣労働者の労務・安全衛生管理に関する実務的な諸問題を「Ｑ＆Ａ形式」で解説することで、より多角的に労働者派遣制度をご理解いただけるよう努めました。

　労働者派遣に関する実務的な参考書として、派遣先企業等のみならず、派遣元や派遣労働者の方々にとってもご参考になるものと思われます。今回、安西法律事務所の木村恵子弁護士には、お忙しいなかにもかかわらず本書の監修をご担当いただきました。この場をお借りして深く感謝申し上げます。

　本書が労働者派遣の実務に携わる方々の参考として、労働者派遣制度の理解に少しでもお役に立つことが出来れば幸いです。

令和３年８月

編　者

目　次

第2部　労働者派遣法の概要

第3部　派遣労働者の労務管理と安全衛生

第4部 参考資料

【凡　例】

労働者派遣法……労働者派遣事業の適正な運営の確保及び派遣労働者の保護等に関する法律

＊なお、本文中における条文の摘示において、単に「**法**」「**令**」「**規則**」とある場合には、労働者派遣法やその施行令、施行規則を指すものとする。

労基法……労働基準法　　　　**安衛法**……労働安全衛生法

労契法……労働契約法

パート・有期労働法……短時間労働者及び有期雇用労働者の雇用管理の改善等に関する法律

男女雇用機会均等法……雇用の分野における男女の均等な機会及び待遇の確保等に関する法律

育児介護休業法……育児休業、介護休業等育児又は家族介護を行う労働者の福祉に関する法律

労働施策総合推進法……労働施策の総合的な推進並びに労働者の雇用の安定及び職業生活の充実等に関する法律

障害者雇用促進法……障害者の雇用の促進等に関する法律

労災保険法……労働者災害補償保険法

労働保険徴収法……労働保険の保険料の徴収等に関する法律

賃金支払確保法……賃金の支払の確保等に関する法律

出資法……出資の受入れ、預り金及び金利等の取締りに関する法律

第1部

派遣労働者の活用の現状

第1章

派遣労働者数等の状況

「派遣労働者数の推移」のポイント

令和元年度分の「労働者派遣事業報告書」の集計結果によれば、次のような状況にある。

① 労働者派遣事業を行う事業所数は 38,040。

② 派遣労働者数は 8,022,932 人。

③ 派遣先数は 715,767 件。

④ 労働者派遣事業の売上高は約 7.9 兆円。

⑤ 派遣労働者 1 人の 1 日（8 時間）当たりの派遣料金の平均額は 23,629 円。

⑥ 派遣労働者の賃金（日額、8 時間）の平均は、14,888 円（無期雇用派遣労働者は 15,784 円、有期雇用派遣労働者は 12,604 円）で、いずれも前年を下回っている。

⑦ 海外派遣された派遣労働者の数は 2,562 人。

⑧ 紹介予定派遣についての派遣先からの申込人数は 85,425 人、紹介予定派遣された労働者数は 31,233 人、紹介予定派遣において職業紹介を実施した労働者数は 23,383 人、紹介予定派遣で職業紹介を経て直接雇用に結びついた労働者数は 16,323 人。

厚生労働省が公表した令和元年度分の「労働者派遣事業報告書」の集計結果によれば、労働者派遣事業を行う事業所や派遣先、派遣労働者をめぐる統計的な数値は次のような状況にある。

1 労働者派遣事業を行う事業所の状況

　令和元年度中に事業年度が終了し労働者派遣事業報告書を提出した労働者派遣事業所の数は38,040事業所である。

表1　労働者派遣事業を行う事業所の推移

(単位：事業所)

	平成21年度	平成22年度	平成23年度	平成24年度	平成25年度	平成26年度	平成27年度	平成28年度	平成29年度	平成30年度	令和元年度
労働者派遣事業	22,718	21,694	19,583	18,862	17,936	17,735	18,403	22,153	25,282	38,128	38,040
	(100)	(95)	(86)	(83)	(79)	(78)	(81)	(98)	(111)	(168)	(167)
(旧)特定労働者派遣事業	48,842	52,832	52,982	56,491	56,686	56,874	59,553	48,601	37,126		
	(100)	(108)	(108)	(156)	(116)	(116)	(122)	(96)	(76)		

注：（　）内は平成21年度を100とした指数

　労働者派遣事業報告書を提出した事業所のうち労働者派遣の実績のあった事業所は、労働者派遣事業が28,209事業所（提出事業所に占める割合74.2%）となっている。

表2　令和元年度集計事業所数及び労働者派遣の実績のあった事業所数

(単位：事業所、%)

労働者派遣事業		
提出事業所数①	実績のあった事業所数②	①に占める②の割合
38,040	28,209	〈74.2〉

注：〈　〉内は提出事業所に占める実績のあった事業所の割合

2 派遣労働者数の状況

　令和元年度に実際に派遣された労働者派遣事業の無期雇用と有期雇用の派遣労働者の数と過去1年間に雇用されたことのある登録者の数の総数は、8,022,932人であった。

　1事業所当たりでみると、無期雇用派遣労働者は21.4人、有期雇用派遣労働者は43.7人、登録者数は219.3人となっている。

※　なお、「1事業所当たり」とは、派遣労働者等の人数を、労働者派遣の実績のあった事業所数で除したものをいう。

3 派遣先の状況

　派遣先の数は、労働者派遣事業では697,832件となっている。

表3　派遣先の推移

(単位：件)

	平成22年度	平成23年度	平成24年度	平成25年度	平成26年度	平成27年度	平成28年度	平成29年度	平成30年度	令和元年度
労働者派遣事業	604,663 (100)	601,699 (100)	650,339 (108)	703,600 (116)	714,535 (118)	577,780 (96)	630,269 (104)	641,103 (106)	689,720 (114)	697,832 (115)
(旧)特定労働者派遣事業	99,007 (100)	102,865 (104)	111,294 (112)	113,911 (115)	114,366 (116)	111,364 (112)	85,498 (86)	66,216 (67)		

注：（　）内は平成22年度を100とした指数

4 労働者派遣事業の売上高の状況

　労働者派遣事業の売上高（令和元年度）は、7兆8,689億円であった。また、派遣元事業所の1事業所当たりの売上高は、2億7,900万円となっている。

図 1　労働者派遣事業に係る売上高

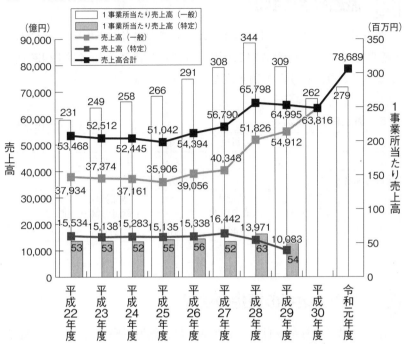

表 4　労働者派遣事業の売上高の推移

（単位：億円）

	平成22年度	平成23年度	平成24年度	平成25年度	平成26年度	平成27年度	平成28年度	平成29年度	平成30年度	令和元年度
労働者派遣事業	37,934 (100)	37,374 (99)	37,161 (98)	35,906 (95)	39,056 (103)	40,348 (106)	51,826 (137)	54,912 (145)	63,816 (168)	78,689 (207)
（旧）特定労働者派遣事業	15,534 (100)	15,138 (97)	15,283 (98)	15,135 (97)	15,338 (99)	16,442 (106)	13,971 (90)	10,083 (65)		

注：（　）内は平成22年度を100とした指数

5　派遣料金の状況

　派遣料金の平均（令和元年度）は、派遣労働者の平均では23,629円（無期雇用派遣労働者は24,776円、有期雇用派遣労働者は19,426円）となっており、いずれも前年度を上回っている。

表5　派遣料金の状況　　　　　　　　　　　　　　　　　（単位：円、％）

労働者派遣事業					
令和元年度			平成30年度		
派遣労働者平均			派遣労働者平均		
	無期雇用派遣労働者	有期雇用派遣労働者		無期雇用派遣労働者	有期雇用派遣労働者
23,629	24,776	19,426	23,044	24,663	18,893

6　派遣労働者の賃金の状況

　派遣労働者の賃金（日額、8時間）は、派遣労働者全体の平均額では14,888円となっている。

表6　派遣労働者の賃金の状況　　　　　　　　　　　　　　（単位：円）

労働者派遣事業					
令和元年度			平成30年度		
派遣労働者平均			派遣労働者平均		
	無期雇用派遣労働者	有期雇用派遣労働者		無期雇用派遣労働者	有期雇用派遣労働者
14,888	15,784	12,604	15,234	15,856	12,828

7　労働者派遣契約の期間

　労働者派遣契約の期間は、労働者派遣事業では1日以下が28.4%となっており、3か月以下のものが全体の88.1%を占めている。なお、

労働者派遣契約の期間は、一労働者派遣契約における労働者派遣の期間であり、派遣労働者がその業務に実際に就業する期間とは必ずしも一致するものではない。

表7　労働者派遣契約の期間の割合

（単位：％）

	1日以下	1日超7日以下	7日超1月以下	1月超2月以下	2月超3月以下	3月超6月以下	6月超12月以下	1年超3年以下	3年を超えるもの
労働者派遣事業	28.4	3.2	8.1	20.6	27.8	8.9	2.4	0.5	0.2

8 その他の状況

（1）海外派遣の状況

海外派遣された派遣労働者の数は2,562人である。

（2）紹介予定派遣の状況

紹介予定派遣についての派遣先からの申込人数は85,425人（対前年度比36.5％減）、紹介予定派遣された労働者数は31,233人（対前年度比15.1％減）、紹介予定派遣において職業紹介された労働者数は23,383人（対前年度比16.8％減）、紹介予定派遣で職業紹介を経て直接雇用に結びついた労働者数は16,323人（対前年度比15.0％減）となっている。

（3）キャリアアップに資する教育訓練の状況

キャリアアップ教育訓練の方法は、計画的なOJTが32.2％、Off-JTは66.2％、OJTで計画的なOJT以外のものが1.5％であった。また、派遣労働者の費用負担の有無についてみてみると、「無償（実費負担なし）」が99.5％を占めていた。

（4）キャリアコンサルティングの実施状況

派遣元事業主は、その雇用する派遣労働者の求めに応じて、キャリア・コンサルティング（当該派遣労働者の職業生活の設計に関する相

談、その他の援助）を行わなければならない（労働者派遣法第30条の2第2項）。

　令和元年度では、キャリア・コンサルティングの実施を希望した者388,659人のうち、384,503人について実施されている（実施率は98.9％）。

　このうち無期派遣労働者は157,466人が実施を希望し、156,664人について実施された（実施率は99.5％）。これに対し、有期派遣労働者は231,193人が実施を希望し、227,839人に実施され（実施率98.5％）、無期派遣労働者よりも若干低めとなっている。

（5）マージン率の情報提供の状況

　派遣元事業主には、あらかじめ関係者に対してマージン率に関する情報提供を行うことが求められている（労働者派遣法第23条第5項）。令和元年度では、マージン率をインターネットによって提供している割合が28.5％、書類の備え付けによる方法が68.0％、その他による方法が3.5％であった。

<table>
<tr><td>第2章</td><td></td></tr>
</table>

派遣労働者の安全衛生の状況

第2章

「派遣労働者の安全衛生の状況」のポイント

　厚生労働省の「平成31年／令和元年労働災害発生状況」によれば、次のような状況にある。

① 　派遣労働者の労働災害による休業4日以上の死傷者数は5,911人で、前年より338人増加している。

② 　派遣労働者の労働災害による死亡者数は15人で、前年より3人減少している。これを業種別にみると、製造業8人、建設業6人で、全体の93.3%を占めている。

③ 　派遣労働者の業種別労働災害による休業4日以上の死傷者数及びその割合は、製造業が2,484人で、派遣労働者の死傷災害全体の52.4%を占めている。

---

1 派遣労働者の死傷災害

　派遣労働者の労働災害による休業4日以上の死傷者数は、平成19年ごろまで派遣労働者の増加を背景に逐年増え続けてきた。そこで、平成21年には、厚生労働省から「派遣労働者に係る労働条件および安全衛生の確保について」（平21.3.31基発第0331010号、最終改正：平31.3.29基発0329第4号）が発出されるなどして派遣労働者の職場環境改善の政策等が進められてきたものの、増加傾向が続いている。平成31年／令和元年は5,911人で、前年に比べて338人の増加となった。

表8　派遣労働者の休業4日以上の死傷者数の推移

（単位：人）

	平成22年	平成23年	平成24年	平成25年	平成26年	平成27年	平成28年	平成29年	平成30年	令和元年
派遣労働者	2,757	3,002	3,117	3,152	3,609	3,571	4,173	4,876	5,573	5,911
全労働者	116,733	117,958	119,576	118,157	119,535	116,311	117,910	120,460	127,329	125,611

注：派遣労働者は、派遣元から提出された労働者死傷病報告を集計したもの。
　　平成23年の全労働者については、震災以外の災害の数値。

② 派遣労働者の死亡災害

　派遣労働者の死亡者数は、令和元年は15人で前年に比べ3人減となっており、そのうち製造業は8人、建設業は6人で全体の93.3％を占めている。

表9　派遣労働者の死亡者数の推移

（単位：人）

	平成22年	平成23年	平成24年	平成25年	平成26年	平成27年	平成28年	平成29年	平成30年	令和元年
派遣労働者	26	16	15	11	24	19	21	18	18	15
製造業	6	4	3	5	9	4	8	4	4	8
建設業	12	6	4	2	7	10	7	6	5	6
陸上貨物運送事業	3	2	3	0	2	0	2	2	1	1
商業	1	0	0	3	1	0	0	1	1	0
上記以外の事業	4	4	5	1	5	5	4	5	7	0
全労働者	1,195	1,024	1,093	1,030	1,057	972	928	978	909	845

注：派遣労働者の死亡者数は、死亡災害報告、災害調査等の結果により、被災労働者の
　　属性が派遣労働者と判断されたものを集計したもの。

③ 派遣労働者の業種別死傷労働災害の発生状況

　令和元年の派遣労働者の休業4日以上の死傷災害を派遣先の業種別にみると、製造業が52.4％を占め、次いで陸上貨物運送事業15.5％、商業11.2％の順となっている。

表10　派遣労働者の業種別死傷者数の割合の推移

	平成26年		平成27年		平成28年		平成29年		平成30年		令和元年	
	人数	割合(%)	人数	割合(%)	人数	割合(%)	人数	割合(%)	人数	割合(%)	人数	割合(%)
製造業	1,985	57.6	1,824	56.3	2,058	55.7	2,240	54.0	2,439	52.6	2,484	52.4
建設業	65	1.9	59	1.8	73	2.0	88	2.1	103	2.2	83	1.7
陸上貨物運送事業	491	14.2	456	14.1	522	14.1	588	14.2	712	15.4	734	15.5
商業	311	9.0	311	9.6	381	10.3	419	10.1	502	10.8	533	11.2
上記以外の事業	595	17.3	592	18.3	662	17.9	810	19.5	881	19.0	909	19.2
計	3,447	100.0	3,242	100.0	3,696	100.0	4,145	100.0	4,637	100.0	4,743	100.0

注：派遣先から提出された労働者死傷病報告を集計したもの。
　　建設工事の施工管理業務は、建設業であっても労働者派遣の禁止対象とされていない。
　　派遣労働者には、実態として派遣労働者と判断されたものを含む。

第3章 派遣労働者の労働時間や賃金の状況

─「派遣労働者の労働時間や賃金の状況」のポイント─

　平成30年10月公表の厚生労働省「平成29年 派遣労働者実態調査」によれば、次のような状況にある。

① 　現在の派遣先での9月最後の1週間の実労働時間数は、「40〜50時間未満」が36.3％と最も高い割合になっている。性別でみると、男性では「40〜50時間未満」42.9％、女性では「30〜40時間未満」42.3％の割合が最も高くなっている。

② 　派遣労働者の残業の頻度は、「ほとんど毎日ある」が21.5％と最も高い割合となっている。性別でみると、男性では「ほとんど毎日ある」が30.5％、女性では「まったくない」が24.9％と最も高くなっている。

③ 　賃金（基本給、税込みの時間給換算額）は、「1,000円〜1,250円未満」が35.5％と最も高い。平均賃金は1,363円となっており、これを性別にみると、男性が1,435円、女性が1,294円となっている。

　平成30年10月に厚生労働省が公表した「平成29年 派遣労働者実態調査」の結果により、派遣労働者の労働時間や賃金の状況をみると、次のような状況となっている。

1 労働時間の状況

　現在の派遣先での9月最後の1週間（平成29年9月24日〜9月30日）

の実労働時間数では、「40〜50時間未満」が36.3％と最も高い割合になっており、次いで「30〜40時間未満」が34.4％となっている。性別でみると、男性では「40〜50時間未満」（42.9％）、女性では「30〜40時間未満」（42.3％）の割合が最も高いものとなっている。

表11　現在の派遣先での実労働時間別派遣労働者割合　　　　　（単位：％）

性別	派遣労働者総数	9月最後の1週間の実労働時間数							
		10時間未満	10〜20時間未満	20〜30時間未満	30〜40時間未満	40〜50時間未満	50時間以上	現在の派遣先で働いていなかった	不明
総数	100.0	5.2	5.3	7.2	34.4	36.3	7.7	0.2	3.7
男	100.0	5.5	5.1	5.2	26.2	42.9	11.3	0.1	3.6
女	100.0	4.9	5.5	9.2	42.3	29.9	4.3	0.2	3.7

2 残業の状況

　現在の派遣先での残業の頻度は、「ほとんど毎日ある」が21.5％と最も高い割合となっており、次いで「まったくない」が20.7％、「2〜3日に1回程度」が17.6％の順となっている。性別でみると、男性では「ほとんど毎日ある」が30.5％、女性では「まったくない」が24.9％と最も高い。

表12　残業の頻度別派遣労働者の構成比　　　　　（単位：％）

性別	派遣労働者総数	残業の頻度							
		ほとんど毎日ある	2〜3日に1回程度	ほぼ1週間に1回程度	ほぼ2週間に1回程度	ほぼ1か月に1回程度	数か月以上に1回程度又はほとんどない	まったくない	不明
総数	100.0	21.5	17.6	9.4	6.3	6.7	16.5	20.7	1.3
男	100.0	30.5	20.3	8.7	5.4	5.4	11.9	16.4	1.4
女	100.0	12.8	15.0	10.0	7.2	7.9	20.9	24.9	1.2

③ 賃金の状況

現在の就業中の賃金（基本給、税込みの時間給換算額）は、「1,000円～1,250円未満」が35.5％と最も高く、次いで「1,250円～1,500円未満」が21.1％となっている。平均賃金は1,363円であるが、これを性別にみると、男性が1,495円、女性が1,294円、派遣の種類別では、登録型が1,296円、常用雇用型が1,442円となっている。

なお派遣労働者の賃金に対する評価は、「満足していない」39.1％、「満足している」34.1％、「どちらとも言えない」24.3％の順となっている。満足していないと回答した派遣労働者について、満足していない理由をみると、「派遣先で同一の業務を行う直接雇用されている労働者よりも賃金が低いから」が26.7％と最も高かった。

表13 賃金階級別派遣労働者割合及び平均賃金

(単位：％)

| 性・派遣の種類 | 派遣労働者計 | 賃金（時間給換算額）階級 | | | | | | | | | | | 平均賃金（円） |
		1,000円未満	1,000円～1,250円未満	1,250円～1,500円未満	1,500円～1,750円未満	1,750円～2,000円未満	2,000円～2,250円未満	2,250円～2,500円未満	2,500円～2,750円未満	2,750円～3,000円未満	3,000円以上	不明	
総数	100.0	14.5	35.5	21.1	14.3	4.2	1.9	1.0	0.8	0.6	3.0	3.4	1,363
男	100.0	14.1	35.6	18.9	11.3	4.3	2.7	1.9	1.3	1.0	4.6	4.2	1,435
女	100.0	14.9	35.3	23.2	17.1	4.0	1.0	0.1	0.3	0.1	1.4	2.6	1,294

第2部

労働者派遣法の概要

序章

　労働者派遣事業は、技術革新の進展、職業における高度に専門的な技術、知識等の必要性の増加、企業活動での外注・下請化の進行等を背景に現れ、拡大してきた。この労働者派遣事業は、自己の雇用する労働者を他人（他社）に派遣し、他人の指揮命令を受けて、当該他人のために労働に従事させることを業として行うものであり、労働者を雇用する者と労働者を指揮命令する者が分離するという一般の労働関係とは異なる特殊な事業形態を採るものである。このような事業形態の抱える問題点の解消を図り、派遣労働者の就業条件の整備等を行うため、昭和60年に労働者派遣法が制定された。

　労働者派遣法は、これまで数次の改正を経てきたが、平成24年の改正により、法律名を「労働者派遣事業の適正な運営の確保及び派遣労働者の就業条件の整備等に関する法律」から「労働者派遣事業の適正な運営の確保及び派遣労働者の保護等に関する法律」に改称し、その目的規定（第1条）にも、「派遣労働者の保護」という文言が明記された。すなわち、労働者派遣法は、「職業安定法と相まって労働力の需給の適正な調整を図るため労働者派遣事業の適正な運営の確保に関する措置を講ずるとともに、」労働者派遣契約に関する規制や派遣労働者の待遇に関する規定、労働基準法（以下「労基法」という。）等の適用に関する特例の規定等を整備するなど「派遣労働者の保護等を図り、もつて派遣労働者の雇用の安定その他福祉の増進に資すること」を目的としている。

　労働者派遣法は、次の5章から成っている。

第1章　総則（第1条—第3条）
第2章　労働者派遣事業の適正な運営の確保に関する措置
　第1節　業務の範囲（第4条）

　第1章「総則」においては、労働者派遣法の目的、労働者派遣や派遣労働者等の本法において使用される基本的な概念についての用語の意義、同法の適用範囲について規定している。

　第2章「労働者派遣事業の適正な運営の確保に関する措置」においては、労働者派遣事業の適正な運営を確保するため、労働者派遣事業を行ってはならない業務の範囲、労働者派遣事業の許可制度に関し、許可の欠格事由、許可の基準、許可の取消し等について規定している。

　第3章「派遣労働者の保護等に関する措置」においては、派遣労働者の保護と雇用の安定を図るため、労働者派遣契約の内容、解除事由等の規制、適正な雇用管理のための派遣元事業主の講ずべき措置等、適正な派遣就業の確保のための派遣先の講ずべき措置等、労基法等の使用者としての責任を明確にするための労基法等の適用に関する特例等について規定している。

　第4章「紛争の解決」では、派遣労働者に関するトラブルの早期解決を図るために設けられた行政による紛争の解決の援助制度や調停について規定している。

　第5章「雑則」においては、本法を施行するために必要な指導、助言及び勧告、改善命令、勧告にしたがわなかった場合の公表、報告、立入検査、手数料等について規定している。

　第6章「罰則」においては、労働者派遣事業を行ってはならないとされている業務について労働者派遣事業を行った者、許可を受けないで労働者派遣事業を行った者、労働者派遣事業の運営を改善するために必要な措置を講ずべき命令に違反した者等、労働者派遣法各条に違反する者に対する罰則について、違反の内容の軽重にしたがって懲役刑又は罰金刑を規定するとともに、両罰規定を設けている。

　なお、労働者派遣法に基づき、その細目について、労働者派遣事業の適正な運営の確保及び派遣労働者の保護等に関する法律施行令（昭和61年4月3日政令第95号。以下「労働者派遣法施行令」または「令」という。）、労働者派遣事業の適正な運営の確保及び派遣労働者の保護等に関する法律施行規則（昭和61年4月17日労働省令第20号。以下「労働者派遣法施行規則」または「規則」という。）、労働者派遣事業と請負により行われる事業との区分に関する基準（昭和61年4月17日労働省告示第37号。以下「請負区分基準」という。）、派遣元事業主が講ずべき措置に関する指針（平成11年11月17日労働省告示第137号、最終改正：令和2年厚生労働省告示第347号。以下「派遣元指針」という。）、派遣先が講ずべき措置に関する指針（平成11年11月17日労働省告示第138号、最終改正：令和2年厚生労働省告示第346号。以下「派遣先指針」という。）等、多くの政令、省令、告示が定められている。

第1章 労働者派遣法の解説

1 労働者派遣の定義等

(1)「労働者派遣」の意義

イ 「労働者派遣」とは、「自己の雇用する労働者を、当該雇用関係の下に、かつ、他人の指揮命令を受けて、当該他人のために労働に従事させることをいい、当該他人に対し当該労働者を当該他人に雇用させることを約してするものを含まない」ものをいう（法第2条第1号）。

　　したがって、労働者派遣における派遣元、派遣先及び派遣労働者の三者間の関係は、1）派遣元と派遣労働者との間に雇用関係があり、2）派遣元と派遣先との間に労働者派遣契約が締結され、この契約に基づき、派遣元が派遣先に労働者を派遣し、3）派遣先は派遣元からゆだねられた指揮命令の権限に基づき、派遣労働者を指揮命令するというものである。

ロ 　ここでいう「雇用関係」とは、民法第623条の規定による雇用関係のみをいうのではなく、労働者が事業主の支配を受けて、その規律の下に従属的地位において労働を提供し、その提供した労働の対償として事業主から賃金、給料その他これらに準ずるものの支払を受けているいわゆる労働契約関係すべてをいう。労働者派遣に該当するためには、派遣元との間において当該雇用関係が継続していることが必要である。

民法（雇用）

第623条　雇用は、当事者の一方が相手方に対して労働に従事することを約し、相手方がこれに対してその報酬を与えることを約することによって、その効力を生ずる。

19

（2）請負との関係

イ　労働者派遣は、労働者を「他人の指揮命令を受けて、当該他人のために労働に従事させること」であり、この関係の有無により、労働者派遣を業として行う労働者派遣事業と請負により行われる事業とが区分される（**下図参照**）。

労働者派遣事業と請負により行われる事業との差異

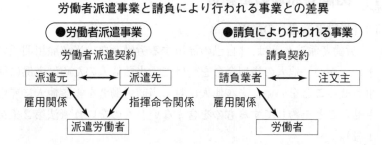

ロ　「他人の指揮命令を受けて、当該他人のために労働に従事させる」ものではないとして、労働者派遣事業に該当せず、請負により行われる事業に該当すると判断されるためには、第一に、当該労働者の労働力を当該事業主が自ら直接利用すること。すなわち、当該労働者の作業の遂行について、当該事業主が直接指揮監督のすべてを行うとともに、第二に、当該業務を自己の業務として相手方から独立して処理すること、すなわち、当該業務が当該事業主の業務として、その有する能力に基づき自己の責任の下に処理をされることが必要であるが、具体的には、「労働者派遣事業と請負により行われる事業との区分に関する基準」（昭和61年労働省告示第37号。以下、「請負区分基準」という。）に基づき判断を行う（**22頁以降参照**）。

　なお、労働者派遣を受け、当該派遣労働者を用いて、請負により事業を行うことが可能であるのは当然であるので留意すること。

ハ（イ）「他人のために労働に従事させる」とは、当該労働への従事に伴って生ずる利益が、当該指揮命令を行う他人に直接に帰属するような形態で行われるものをいう。したがって、事業主が、自己の雇用する労働者を指揮命令する方法の一つとして、当該事業主

自身の事業所の作業の遂行について専門的能力を有する「他人」に当該事業主自身のための指揮命令の実施を委任等の形式により委託し、当該指揮命令の下に自己の雇用する労働者を労働に従事させるような場合は、「他人のために労働に従事させる」とはいえず、労働者派遣には該当しない。

(ロ)　「労働に従事させる」の前提として場所的な移動は前提ではなく、他人が派遣元の事業所に出向いて指揮命令を実施する場合であっても、当該指揮命令に伴って生ずる利益が当該他人に直接に帰属する限りは労働者派遣に該当する。

(ハ)　なお、「労働に従事させる」とは、派遣元が雇用主としての資格に基づき、労働者について自己の支配により、その規律の下に従属的地位において労働を提供させることをいうものであり、労働者に対する指揮命令に係る権限についても、派遣元から派遣先へゆだねられてはいるが本来的には、派遣元に留保され、労働についても観念的には派遣元に提供されているものであることに留意する必要がある。

ニ　ロに掲げる基準は労働者派遣事業と請負により行われる事業との区分に関する基準であるが、労働者派遣契約に係る規制、派遣労働者に係る雇用制限の禁止に係る規定及び就業条件の明示に係る規定の派遣元事業主以外の労働者派遣をする事業主ついての準用（法第38条）、労働者派遣契約に関する措置に係る規定の派遣先以外の労働者派遣の役務の提供を受ける者についての準用（法第43条）並びに労基法等の適用に関する特例等の規定(法第44条〜第47条の４)において必要となる「業として行わない労働者派遣」と請負の形態の区分においても、当該基準を準用するものとする。

労働者派遣事業と請負により行われる事業との区分に関する基準

（昭和61年労働省告示第37号）

（最終改正：平成24年厚生労働省告示第518号）

第1条　この基準は、労働者派遣事業の適正な運営の確保及び派遣労働者の保護等に関する法律（昭和60年法律第88号。以下「法」という。）の施行に伴い、法の適正な運用を確保するためには労働者派遣事業（法第2条第3号に規定する労働者派遣事業をいう。以下同じ。）に該当するか否かの判断を的確に行う必要があることに鑑み、労働者派遣事業と請負により行われる事業との区分を明らかにすることを目的とする。

第2条　請負の形式による契約により行う業務に自己の雇用する労働者を従事させることを業として行う事業主であつても、当該事業主が当該業務の処理に関し次の各号のいずれにも該当する場合を除き、労働者派遣事業を行う事業主とする。

一　次のイ、ロ及びハのいずれにも該当することにより自己の雇用する労働者の労働力を自ら直接利用するものであること。

　イ　次のいずれにも該当することにより業務の遂行に関する指示その他の管理を自ら行うものであること。

　⑴　労働者に対する業務の遂行方法に関する指示その他の管理を自ら行うこと。

　⑵　労働者の業務の遂行に関する評価等に係る指示その他の管理を自ら行うこと。

　ロ　次のいずれにも該当することにより労働時間等に関する指示その他の管理を自ら行うものであること。

　⑴　労働者の始業及び終業の時刻、休憩時間、休日、休暇等に関する指示その他の管理（これらの単なる把握を除く。）を自ら行うこと。

　⑵　労働者の労働時間を延長する場合又は労働者を休日に労働させる場合における指示その他の管理（これらの場合における労働時間等の単なる把握を除く。）を自ら行うこと。

　ハ　次のいずれにも該当することにより企業における秩序の維持、

確保等のための指示その他の管理を自ら行うものであること。
　(1)　労働者の服務上の規律に関する事項についての指示その他の管理を自ら行うこと。
　(2)　労働者の配置等の決定及び変更を自ら行うこと。
二　次のイ、ロ及びハのいずれにも該当することにより請負契約により請け負つた業務を自己の業務として当該契約の相手方から独立して処理するものであること。
　イ　業務の処理に要する資金につき、すべて自らの責任の下に調達し、かつ、支弁すること。
　ロ　業務の処理について、民法、商法その他の法律に規定された事業主としてのすべての責任を負うこと。
　ハ　次のいずれかに該当するものであつて、単に肉体的な労働力を提供するものでないこと。
　　(1)　自己の責任と負担で準備し、調達する機械、設備若しくは器材（業務上必要な簡易な工具を除く。）又は材料若しくは資材により、業務を処理すること。
　　(2)　自ら行う企画又は自己の有する専門的な技術若しくは経験に基づいて、業務を処理すること。
第3条　前条各号のいずれにも該当する事業主であつても、それが法の規定に違反することを免れるため故意に偽装されたものであつて、その事業の真の目的が法第2条第1号に規定する労働者派遣を業として行うことにあるときは、労働者派遣事業を行う事業主であることを免れることができない。

（3）出向との関係

イ　労働者派遣は、「当該他人に対し当該労働者を当該他人に雇用させることを約してするものを含まない」が、これにより、いわゆる「在籍型出向」が除外される（**次頁の図参照**）。

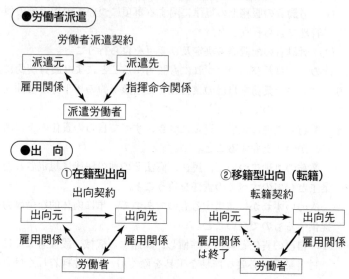

労働者派遣と在籍型出向との差異

ロ　いわゆる「出向」は、出向元事業主と何らかの関係を保ちながら、出向先事業主との間において、新たな雇用関係に基づき相当期間継続的に勤務する形態であるが、出向元事業主との関係から、次の二者に分類できる。

（イ）在籍型出向

　　出向元事業主及び出向先事業主双方との間に雇用関係がある（出向先事業主と労働者との間の雇用関係は通常の雇用関係とは異なる独特のものである）。

　　形態としては、出向中は休職となり身分関係のみが出向元事業主との関係で残っていると認められるもの、身分関係が残っているだけでなく、出向中も出向元事業主が賃金の一部について支払義務を負うもの等多様なものがある。

　　なお、労働者保護関係法規等における雇用主としての責任は、出向元事業主、出向先事業主及び出向労働者三者間の取決めによって定められた権限と責任に応じて、出向元事業主又は出向先事業主が負うこととなる。

　（ロ）　移籍型出向

　　　　出向先事業主との間にのみ雇用関係がある。

　　　　なお、労働者保護関係法規等における雇用主としての責任は、出向先のみが負うこととなる。

ハ　移籍型出向については、出向元事業主との雇用関係は終了しており、労働者派遣には該当しない。

ニ　在籍型出向については、出向元事業主との間に雇用関係があるだけではなく、出向元事業主と出向先事業主との間の出向契約により、出向労働者を出向先事業主に雇用させることを約して行われている（この判断は、出向、派遣という名称によることなく、出向先と労働者との間の実態、具体的には、出向先における賃金支払、社会保険・労働保険への加入、懲戒権の保有、就業規則の直接適用の有無、出向先が独自に労働条件を変更することの有無をみることにより行う。）ことから、労働者派遣には該当しない。

ホ　ニのとおり、在籍型出向は労働者派遣に該当するものではないが、その形態は、労働者供給に該当するので、その在籍型出向が「業として行われる」ことにより、職業安定法第44条により禁止される労働者供給事業に該当するようなケースが生ずることもあるので、注意が必要である。

　　　ただし、在籍型出向と呼ばれているものは、通常、1）労働者を離職させるのではなく、関係会社において雇用機会を確保する、2）経営指導、技術指導の実施、3）職業能力開発の一環として行う、4）企業グループ内の人事交流の一環として行う等の目的を有しており、出向が行為として形式的に繰り返し行われたとしても、社会通念上業として行われていると判断し得るものは少ないと考えられるので、その旨留意する必要がある。

ヘ　二重の雇用関係を生じさせられるような形態のものであっても、それが短期間のものである場合は、一般的には在籍型出向と呼ばれてはいないが、法律の適用関係は在籍型出向と異なるものではないこと（例えば、短期間の教育訓練の委託、販売の応援等においてこれに該当するものがある）。

ト　なお、移籍型出向については、出向元事業主と労働者との間の雇用関係が終了しているため、出向元事業主と労働者との間の事実上の支配関係を認定し、労働者供給に該当すると判断し得るケースは極めて少ないと考えられる。

　　ただし、移籍型出向を「業として行う」場合には、職業紹介事業に該当し、職業安定法第30条、第33条との関係で問題となる場合もあるので注意が必要である。

チ　いわゆる出向は、労働者派遣法の規制対象外となるが、出向という名称が用いられたとしても、実質的に労働者派遣とみられるケースがあるのでこれについても注意が必要である。

（4）労働者供給との関係

イ　労働者供給とは「供給契約に基づいて労働者を他人の指揮命令を受けて労働に従事させることをいい、労働者派遣法第2条第1号に規定する労働者派遣に該当するものを含まないもの」をいう（職業安定法第4条第7項）。

ロ　労働者供給を業として行うことは、職業安定法第44条による労働者供給事業の禁止規定により禁止されていることとなる。

ハ　労働者供給と労働者派遣の区分は次により行うこととする（**次頁の図参照**）。

（イ）供給契約に基づいて労働者を他人の指揮命令を受けて労働に従事させる場合のうち、供給元と労働者との間に雇用関係がないものについては、すべて労働者供給に該当する。当該判断は、具体的には、労働保険・社会保険の適用、給与所得の確認等に基づき行う。

（ロ）（イ）の場合とは異なり、供給元と労働者との間に雇用関係がある場合であっても、供給先に労働者を雇用させることを約して行われるものについては、労働者派遣には該当せず、労働者供給となる（法第2条第1号）。

　　ただし、供給元と労働者との間に雇用関係があり、当該雇用関係の下に、他人の指揮命令を受けて労働に従事させる場合におい

労働者派遣と労働者供給との差異

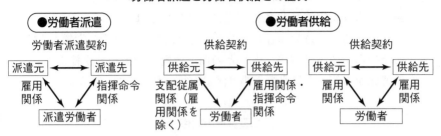

て、労働者の自由な意思に基づいて結果として供給先と直接雇用
契約が締結されたとしても、これは前もって供給元が供給先に労
働者を雇用させる旨の契約があったわけではないため、労働者派
遣に該当することとなる。

（ハ）（ロ）における「派遣先に労働者を雇用させることを約して
行われるもの」の判断については、契約書等において派遣元、派
遣先間で労働者を派遣先に雇用させる旨の意思の合致が客観的に
認められる場合はその旨判断するが、それ以外の場合は、次のよ
うな基準にしたがい判断するものとすること。

① 労働者派遣が労働者派遣法の定める枠組みにしたがって行わ
れる場合は、原則として、派遣先に労働者を雇用させることを
約して行われるものとは判断しないこと。

② 派遣元が企業としての人的物的な実体（独立性）を有しない
個人又はグループであり派遣元自体も当該派遣元の労働者とと
もに派遣先の組織に組み込まれてその一部と化している場合、
派遣元は企業としての人的物的な実体を有するが、当該労働者
派遣の実態は派遣先の労働者募集・賃金支払の代行となってい
る場合その他これに準ずるような場合については、例外的に派
遣先に労働者を雇用させることを約して行われるものと判断す
ることがあること。

ニ いわゆる「二重派遣」は、派遣先が派遣元事業主から労働者派遣
を受けた労働者をさらに業として派遣することをいうが、この場
合、当該派遣先は当該派遣労働者を雇用しているわけではないた

め、形態としては労働者供給を業として行うものに該当するものであり、職業安定法第44条の規定により禁止される。

このため、派遣労働者を雇用する者（派遣元）とその労働者を直接指揮命令する者（第三者）との間で労働者派遣契約が締結され、派遣元から第三者に直接労働者派遣が行われる必要がある。

二重派遣の関係

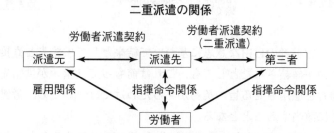

（5）ジョイント・ベンチャー（ＪＶ）との関係

イ　ＪＶの請負契約の形式による業務の処理

（イ）ＪＶは、数社が共同して業務を処理するために結成された民法上の組合（民法第667条）の一種であり、ＪＶ自身がＪＶ参加の各社（以下、「構成員」という。）の労働者を雇用するという評価はできないが、ＪＶが民法上の組合である以上、構成員が自己の雇用する労働者をＪＶ参加の他社の

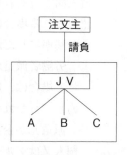

労働者等の指揮命令の下に従事させたとしても、通常、それは自己のために行われるものとなり、当該法律関係は、構成員の雇用する労働者を他人の指揮命令を受けて、「自己のために」労働に従事させるものであり、労働者派遣法第2条第1号の「労働者派遣」には該当しない。

しかしながら、このようなＪＶは構成員の労働者の就業が労働者派遣に該当することを免れるための偽装の手段に利用されるおそれがあり、その法的評価は厳格に行われる必要がある。

（ロ）ＪＶが民法上の組合に該当し、構成員が自己の雇用する労働

者をＪＶ参加の他社の労働者等の指揮命令の下に労働を従事させることが労働者派遣に該当しないためには、次のいずれにも該当することが必要である。

①　ＪＶが注文主との間で締結した請負契約に基づく業務の処理についてすべての構成員が連帯して責任を負うこと。

②　ＪＶの業務処理に際し、不法行為により他人に損害を与えた場合の損害賠償義務についてすべての構成員が連帯して責任を負うこと。

③　すべての構成員が、ＪＶの業務処理に関与する権利を有すること。

④　すべての構成員が、ＪＶの業務処理につき利害関係を有し、利益分配を受けること。

⑤　ＪＶの結成は、すべての構成員の間において合同的に行われなければならず、その際、当該ＪＶの目的及びすべての構成員による共同の業務処理の２点について合意が成立しなければならないこと。

⑥　すべての構成員が、ＪＶに対し出資義務を負うこと。

⑦　業務の遂行に当たり、各構成員の労働者間において行われる次に掲げる指示その他の管理が常に特定の構成員の労働者等から特定の構成員の労働者に対し一方的に行われるものではなく、各構成員の労働者が、各構成員間において対等の資格に基づき共同で業務を遂行している実態にあること。

(i)　業務の遂行に関する指示その他の管理（業務の遂行方法に関する指示その他の管理、業務の遂行に関する評価等に係る指示その他の管理）

(ii)　労働時間等に関する指示その他の管理（出退勤、休憩時間、休日、休暇等に関する指示その他の管理（これらの単なる把握を除く）、時間外労働、休日労働における指示その他の管理（これらの場合における労働時間等の単なる把握を除く））

(iii)　企業における秩序の維持、確保等のための指示その他の管理（労働者の服務上の規律に関する事項についての指示その

　　　他の管理、労働者の配置等の決定及び変更）

　⑧　請負契約により請け負った業務を処理するJVに参加するものとして、①、②及び⑥に加えて次のいずれにも該当する実態にあること。

　　⒤　すべての構成員が、業務の処理に要する資金につき、調達、支弁すること。

　　⒤⒤　すべての構成員が、業務の処理について、民法、商法その他の法律に規定された事業主として責任を負うこと。

　　⒤⒤⒤　すべての構成員が、次のいずれかに該当し、単に肉体的な労働力を提供するものではないこと。

　　　ⓐ　業務の処理に要する機械、設備もしくは器材（業務上必要な簡易な工具を除く）又は材料もしくは資材を、自己の責任と負担で相互に準備し、調達すること。

　　　ⓑ　業務の処理に要する企画又は専門的な技術もしくは経験を、自ら相互に提供すること。

（ハ）JVが（ロ）のいずれの要件をも満たす場合については、JVと注文主との間で締結した請負契約に基づき、構成員が業務を処理し、また、JVが代表者を決めて、当該代表者がJVを代表して、注文主に請負代金の請求、受領及び財産管理等を行っても、労働者派遣法において特段の問題は生じないと考えられる。

ロ　JVによる労働者派遣事業の実施

（イ）JVは数社が共同して業務を処理するために結成された民法上の組合（民法第667条）であるが、法人格を取得するものではなく、JV自身が構成員の労働者を雇用するという評価はできないため（**イの（イ）参照**）、JV構成員の労働者を他人の指揮命令を受けて当該他人のための労働に従事させ、これに伴い派遣労働者の就業条件の整備等に関する措置を講ずるような労働者派遣事業を行う主体となることは不可能である。

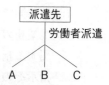

　　したがって、JVがイに述べた請負契約の当事者となることはあっても、労働者派遣法第26条に規定する労働者派遣契約の当

事者となることはない。

（ロ）このため、数社が共同で労働者派遣事業を行う場合にも、必ず個々の派遣元と派遣先との間でそれぞれ別個の労働者派遣契約が締結される必要があるが、この場合であっても、派遣元がその中から代表者を決めて、当該代表者が代表して派遣先に派遣料金の請求、受領及び財産管理等を行うことは、労働者派遣法において特段の問題は生じないものと考えられる。

（ハ）この場合、派遣先において、派遣元の各社が自己の雇用する労働者を派遣元の他社の労働者の指揮命令の下に労働に従事させる場合、例えば、特定の派遣元（A）の労働者が特定の派遣元（B、C）の労働者に対し一方的に指揮命令を行うものであっても、派遣元（A）の労働者は派遣先のために派遣先の業務の遂行として派遣元（B、C）の労働者に対して指揮命令を行っており、派遣元（B、C）の労働者は、派遣先の指揮命令を受けて、派遣先のために労働に従事するものとなるから、ともに労働者派遣法第2条第1号の「労働者派遣」に該当し、労働者派遣法において特段の問題は生じない。

（6）派遣店員との関係

イ　デパートやスーパー・マーケットのケース貸し等に伴ってみられるいわゆる「派遣店員」は、派遣元に雇用され、派遣元の業務命令により就業するが、就業の場所が派遣先事業所であるものである。

ロ　この場合において、就業に当たって、派遣元の指揮命令を受け、通常派遣先の指揮命令を受けないものは、請負等の事業と同様「他人の指揮命令を受けて、該当他人のために労働に従事させる」ものではなく、労働者派遣には該当しないが、派遣先が当該派遣店員を自己の指揮命令の下に労働に従事させる場合は労働者派遣に該当することとなる（**次頁の図参照**）。

労働者派遣と派遣店員との差異

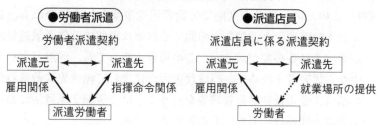

ハ 現実にも、派遣店員に関する出退勤や休憩時間に係る時間の把握等については、派遣先の事業主や従業者等に委任される場合があるが、このことを通じて、実質的に労働者派遣に該当するような行為（例えば、派遣先の事業主や従業者から派遣元の事業とは無関係の業務の応援を要請される等）が行われることのないよう、留意する必要がある。

（7）紹介予定派遣

紹介予定派遣とは、労働者派遣のうち、派遣元事業主が労働者派遣の開始前又は開始後に、派遣労働者及び派遣先について、許可を受けて、又は届出をして職業紹介（派遣労働者と派遣先との間の雇用関係の成立のあっせん）を行い、又は行うことを予定してするものである（法第2条第4号）。

紹介予定派遣の場合は、派遣就業開始前又は派遣就業期間中に求人条件の明示、派遣期間中の求人・求職の意思の確認及び採用内定、派

紹介予定派遣の関係

労働者派遣契約

A 派遣元事業主
（職業紹介事業者）　　　　B 派遣先
（求人者）　　　　B 雇用主

雇用関係　　　指揮命令
関係　　　雇用関係

C 派遣労働者
（求職者）　　　　C 労働者

遣就業開始前の面接、履歴書の送付等、派遣先が派遣労働者を特定することを目的とする行為等を行うことができる。

　紹介予定派遣では、同一の派遣労働者について 6 か月を超えて労働者派遣を行ってはならないし、派遣先は 6 か月を超えて同一の派遣労働者を受け入れてはならないとされている。派遣元事業主は、紹介予定派遣を行った派遣先が職業紹介を受けることを希望しなかった場合又は職業紹介を受けた労働者を雇用しなかった場合には、派遣労働者の求めに応じ、派遣先に対し、それぞれその理由を書面、ファクシミリ又は電子メールにより明示するよう求めなければならない。また、派遣先から明示された理由を、派遣労働者に対して書面により明示しなければならない。ただし、又は当該派遣労働者が希望した場合は、ファクシミリもしくは電子メールにより明示してもよい。

（8）「派遣労働者」の意義

　派遣労働者とは、事業主が雇用する労働者であって、労働者派遣の対象となるものをいう（法第 2 条第 2 号）。

　派遣労働者とは、事業主に雇用されていることが必要である。登録型の労働者派遣事業において、登録されているだけで、まだ事業主に雇用されていない者は、派遣労働者には該当しない。ただし、労働者派遣法第 30 条や第 33 条のように "派遣労働者として雇用しようとする労働者" として規定が適用されることがある。

　労働者派遣の対象となるとは、現に労働者派遣をされているか否かを問わず、労働者派遣をされる地位にある者のことである。

（9）労働者派遣をめぐる問題

イ　偽装請負問題

　（イ）偽装請負

　　　民法は、請負契約について、「請負は、当事者の一方がある仕事を完成することを約し、相手方がその仕事の結果に対してその報酬を支払うことを約することによって、その効力を生ずる」と規定している（民法第 632 条）。

　また、受託者が事務処理業務の委託を受け、これを処理する業務委託契約は、民法上、準委任契約（民法第656条）に該当する。このように民法上は、「請負契約」と「業務委託契約」は異なる契約として位置づけられているが、労働者派遣との区分が問題となる労働法関係では、両者をまとめて「請負」（又は「業務処理請負」）と位置づけている（以下では、両者を総じて「請負」という。）。

　請負では、本来、請負人や受託者は、自己の雇用する労働者に対して、自ら指揮命令して注文された仕事の完成や受託業務の処理を行うものであり、請負人や受託者に雇用されている労働者は、発注者や委託者の指揮命令を受けることはない。

　これに対して、労働者派遣は、「自己（派遣元）の雇用する労働者（派遣労働者）を、当該雇用関係の下に、かつ、他人（派遣先）の指揮命令を受けて、当該他人（派遣先）のために労働に従事させることをいい、当該他人（派遣先）に対し当該労働者を当該他人（派遣先）に雇用させることを約してするものを含まない」ものをいう（法第2条第1号）。

　したがって、請負人や受託者が自ら雇用する労働者を直接指揮命令し、発注者や委託者の指揮命令を受けることなく、請負人や受託者のために労働に従事させる「請負」と派遣元の雇用する派遣労働者を派遣先の指揮命令を受けて派遣先のために労働に従事させる「労働者派遣」とでは、その性格が異なる。それにもかかわらず請負契約を締結していながら、実態的に労働者派遣に該当するケースがあり、これが「偽装請負」と呼ばれるものである。

（ロ）偽装請負の問題点

　偽装請負は、次の法律に違反するおそれがある。

①　労働者派遣法

　労働者派遣事業を行うには、許可を受けなければならないほか、一定の要件を満たすことが必要である。偽装請負は、実質的に労働者派遣事業に該当するので、これらの要件を満たさずに労働者派遣事業を行うことは、労働者派遣法に違反する。

② 　労基法、安衛法、男女雇用機会均等法など

　　労働者派遣事業は特殊な雇用就業形態であるために、労働者派遣法は、労基法、安衛法、じん肺法、作業環境測定法、男女雇用機会均等法、育児介護休業法及び労働施策総合推進法の7つの法律において、派遣労働者の労働条件や安全衛生を確保するために使用者が講ずべき措置を派遣先に課している。偽装請負である場合には、請負と理解してこれらの法律に基づく措置を発注者が講じていない可能性が高いと考えられるので、これら7つの法律に違反する可能性がある。

③ 　社会保険に関する違反

　　業務請負の事業の実情をみると、請負経費の中に厚生年金や健康保険の使用者負担分や年次有給休暇に要する経費を積算していないところがある。請負経費の中にこれらの経費を積算していないこと自体は違法ではないが、経費が積算されていないために請負事業者が厚生年金や健康保険の適用の要件を満たしている者を加入させないことは、厚生年金保険法及び健康保険法に違反する。同様に、年次有給休暇の適用の要件を満たしている者に年次有給休暇を与えないことは、労基法に違反する。

（ハ）偽装請負防止のための元方事業者の責任

　　安衛法第29条は、次のように規定している。

① 　元方事業者は、請負事業者やその労働者が、注文した仕事に関し、労働安全衛生法令に違反しないよう必要な指導を行わなければならないこと。

② 　請負事業者やその労働者が、注文した仕事に関し、労働安全衛生法令に違反していると認めるときは、元方事業者は是正のため必要な指示を行わなければならないこと。

③ 　②の場合には、請負事業者やその労働者は、この指示にしたがわなければならないこと。

　　偽装請負自体は労働者派遣法に違反する行為であるが、請負契約による場合であっても実質的に労働者派遣に該当すると判断される場合には、労働安全衛生法の適用の特例が適用され、請負契

約の発注者は実質的に派遣先に該当し、労働安全衛生法の事業者責任を負うこととなる。

　この場合に、請負契約の発注者である下請事業者が偽装請負を受け入れている場合には、少なくとも派遣先として労働安全衛生法の責任を果たさせるよう、元方事業者は指導を行い、必要な場合には是正のための指示を行わなければならないが、偽装請負の場合に労働安全衛生法だけ遵守しているということは考えられないので、元方事業者には、労働安全衛生法第29条により下請事業者に対し偽装請負を受け入れないように指導し、必要な場合には是正のための指示を行う義務があると考えられる。

(二)　労働契約申込みみなし制度

　上記のような偽装請負や派遣法違反が社会問題となる中で、派遣労働者や請負労働者の雇用が失われないよう、その保護を図りつつ、法違反をした派遣先へのペナルティを課すことで法規制の実効性を確保する制度として、平成24年の労働者派遣法改正（平成24年法律第27号）の際に、労働契約申込み制度が創設された（労働契約申込みみなし制度については**130頁**においても詳述する）。同制度は、３年の周知期間が設けられ、平成27年10月１日から施行された。偽装請負も、この労働契約申込みみなし制度（法第40条の６第１項）における違法派遣の一類型と位置付けられており（同項第５号）、発注者等が、その実態は労働者派遣でありながら、労働者派遣法等の適用を免れる目的で、請負契約等、労働者派遣契約以外の名目で契約を締結し、労働者派遣の役務の提供を受けた場合には、発注者等が偽装請負に該当することを知らず、また知らないことにつき過失がない場合を除き、その時点において、当該発注者等は、受け入れている請負労働者（実態は派遣労働者）に対して労働契約の申込みをしたものとみなされる。

　これにより、発注者等が、その実態が労働者派遣であることを認識しながら、労働者派遣法等の適用を免れるために請負人等と請負契約を締結し、発注者等の指揮命令の下に請負労働者を労働に従事させる等して役務の提供を受けた場合には、発注者等は、

その時点における当該請負労働者と請負人との間における労働契約上の労働条件と同一の労働条件で当該請負労働者に対して労働契約の申込みをしたものとみなされ、この申込みに対して、当該請負労働者が「承諾」の意思表示をした場合には、その時点において、発注者と当該請負労働者との間に労働契約が成立することになる。

このようなトラブルを招来することがないようにするためにも、発注者等は、偽装請負と評価されることがないよう留意すべきであろう。

ロ　偽装出向問題

偽装請負と並んで問題となっているのが偽装出向である。偽装出向については、労働者派遣事業よりも、職業紹介事業や労働者供給事業との関連で問題がある。

出向（いわゆる在籍型出向）とは、「使用者（出向元）と出向を命じられた労働者との間の労働契約関係が終了することなく、出向を命じられた労働者が出向先に使用されて労働に従事することをいう」（平24.8.10基発0810第2号）とされている。

一方、職業紹介事業は、「求人及び求職の申込みを受け、求人者と求職者との間における雇用関係の成立をあっせんすること」を業として行うことをいい（職業安定法第4条第1項）、公共職業安定所（ハローワーク）以外の者が職業紹介事業を行うには、学校や商工会議所などの特別の法律に基づく法人、地方公共団体が無料で行う場合には届出が、それ以外の場合には許可が必要である。また、労働者供給事業は、「供給契約に基づいて労働者を他人の指揮命令を受けて労働に従事させることをいい、労働者派遣法（中略）第2条第1号に規定する労働者派遣に該当するものを含まないもの」を業として行うことをいい（職業安定法第4条第7項）、労働者供給事業は、労働組合が無料で行う場合を除き全面的に禁止されている（同法第44条、第45条）。

在籍型出向（**次頁の図参照**）の場合には、出向労働者は出向元及び出向先の双方との間に雇用関係があるために、一般に労働者供給

の一類型に該当する。しかしながら、職業安定法で原則禁止されているのは、労働者供給事業であって、労働者供給ではないので、出向が業として行われていなければ違法ではない。これに対し、出向を偽装して、業として行っている場合には、職業安定法違反の問題が生じる。これが偽装出向であり、この場合には、出向に伴う利益の有無などを含めて業として行っているか否かが総合的に判断される。

なお、偽装出向ではないかと問題になった事例には、例えば、次のようなケースがある。

（イ）発注側が、受注側の作業員に指揮命令をさせるためにその労働者を大量に出向させる場合

（ロ）出向元の受注を確保するために発注者に労働者を出向させる場合

（ハ）派遣会社が派遣先に作業員や不足する管理職を出向させ、利益を得る場合

在籍型出向の法的関係

出向契約

ハ　偽装派遣問題

今後問題となり得るものに偽装派遣問題がある。労働者派遣事業を行う事業者の中には、労働者を派遣することを紹介するという者がおり、その意図が職業紹介あるいは労働者供給に該当する場合には、労働者派遣事業には該当しないことになる。

すなわち、労働者派遣事業は、派遣元が派遣労働者と雇用関係があること、及び派遣先が派遣労働者と雇用関係にないことをその内容としている。このため、実質的に派遣元が派遣労働者を雇用してい

ない場合や派遣元が派遣労働者を雇用しているものの、実質的に派遣先と派遣労働者間に新たな雇用関係が発生する場合には、職業紹介事業又は労働者供給事業（**下図参照**）に該当する。

職業紹介事業の法的関係

労働者供給事業の法的関係

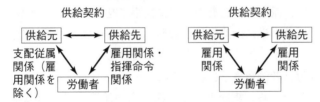

　労働者派遣事業の許可を受けている派遣元が行うことができるのは、労働者派遣事業だけであるので、実質的に職業紹介事業に該当する場合には職業紹介事業の許可が必要であり、また労働者供給事業は労働組合が無料で行う場合を除きすべて禁止されているので、これを行うことはできない。

　したがって、これらに抵触する場合には、いわば「偽装派遣」と呼ぶことができ、労働者派遣事業に関する許可を受けていても、許可の取消や事業停止等の行政処分や罰則の対象となる。特に、労働者供給事業に該当する場合には、これを受け入れている供給先を含め罰則の対象となる。

　なお、派遣先で就業している場合に、派遣先の企業と雇用関係があると考えられるのは、一般的には、次のようなケースである。
（イ）派遣元の企業が企業としての独立性を欠いていて派遣先の企

業の労務担当の代行機関と同一視し得るなどその存在が形式的名
目的なものにすぎず、実際には派遣先の企業において採用や賃金
額等の労働条件を決定している場合

（ロ）従事する業務の分野や期間が労働者派遣法で定める範囲を超
え、派遣先の企業が直接雇用する従業員の作業と区別し難い状況
となっている場合

（ハ）派遣先の企業において作業上の指揮命令や出退勤等の管理を
行うだけでなく、配置や懲戒などに関する権限を行使する等、実
質的にみて派遣先の企業に直接労務の給付を請求する権利があ
り、かつ、賃金を支払っていると認められる事情がある場合

ニ　派遣店員問題

　派遣元の企業がその業務命令により派遣店員を派遣し、指揮命令
を行って、派遣元の企業の業務に従事させているような場合（**下図
参照**）には、単に派遣店員が就業する場所が指示を受けた派遣先で
あるにすぎず、派遣先の指揮命令を受けるものではないので、一般
的には労働者派遣事業には該当しない。

　しかしながら、実態として、派遣先が派遣店員を指揮命令して、
派遣先の業務に従事させている場合には、労働者派遣事業に該当す
る。この場合、派遣店員が派遣先の指揮命令を受けているか否かに
ついても、請負区分基準にある労働力を自ら直接利用することに準
じて判断される。

派遣店員の法的関係

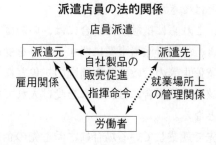

なお、派遣店員の出退勤の状況や業務の遂行状況について、派遣

先に、これを把握し、事後的に報告することなどを委託しても、そのことだけでは、派遣先が指揮命令をしていることにはならないが、これに加えて、派遣先の就業規則の規制を受け、勤務時間並びに休日、休暇の基準も派遣先の定めるところにより、早退の許可も派遣先の業務上の都合に重点をおいて決定されている場合や派遣元の事業とは無関係の業務の応援を派遣先から求められるなどの場合には、実質的に労働者供給事業に該当する場合がある。

ホ　二重派遣問題

　派遣元が派遣先（第三者）と労働者派遣契約を締結した場合に、その労働者派遣契約に合った派遣労働者がいないため、重層的に他の派遣元から労働者派遣契約に基づき派遣労働者の提供を受け、その派遣労働者を派遣先に派遣することを二重派遣と呼んでいる。

　二重派遣の場合には、派遣元は派遣先へ派遣する派遣労働者については、他の派遣元から提供を受けており、派遣元と当該他の派遣元の間の契約が労働者派遣契約であれば、派遣元はその派遣労働者を雇用していない。

　このような労働者を派遣元が派遣先（第三者）に派遣することは、事実上の支配下にある労働者を提供し、その指揮命令下に労働に従事させることになるので、労働者供給事業に該当する。

　労働者供給事業は、労働組合が無料で行う場合を除き禁止されているので、労働者派遣事業に関する許可の取消や事業停止等の行政処分の対象となり、また、労働者供給事業を受け入れている供給先を含め罰則の対象となる。

二重派遣の法的関係

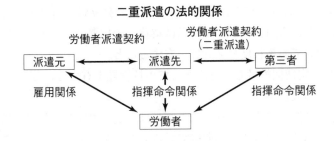

2 労働者派遣事業の規制

(1) 労働者派遣事業の許可

イ　事業の許可とその申請手続

　　労働者派遣事業を行おうとする者は、事業主の主たる事務所の所在地を管轄する都道府県労働局長（以下「管轄都道府県労働局長」という。）を経由して厚生労働大臣に許可申請書を提出する必要がある（法第5条）。

　　厚生労働大臣の許可を受けるに当たっては、労働者派遣事業を行う事業所ごとの事業計画書その他の書類を添えて、許可申請書を提出しなければならない。

　　事業計画書に記載すべき事項は、派遣労働者の数、派遣対象地域、平均的な派遣料金の額等である（法第5条第4項、規則第1条の2第3項、様式第3号〜第3号の3）。

　　事業所とは、労働者の勤務する場所又は施設のうち、事業活動が行われている場所のことであり、作業場とは異なり、企業組織上相当の独立性を有するもので、次の要件に該当するか否かによって判断される。

　　なお、出張所、支所等で、規模が小さく、その上部機関等との組織的関連ないし事務能力からみて一の事業所という程度の独立性がないものについては、直近上位の組織に包括して全体を一の事業所として取り扱う。また、労働者派遣事業の許可を受ける必要があるのは、労働者派遣事業を行う事業所である。

（イ）場所的に他の事業所から独立していること。

（ロ）経営又は業務単位としてある程度の独立性を有すること。すなわち、人事、経理、経営又は業務上の指導監督、労働の態様等においてある程度の独立性を有すること。

（ハ）一定期間継続し、施設としての持続性を有すること。

ロ　許可の欠格事由

　　労働者派遣事業を行う者については、法を遵守し、労働力需給の適正な調整を図ることが期待できるものに限る必要がある。このよ

うな趣旨で、一定の欠格事由が定められている。すなわち次のいずれかに該当する者は、労働者派遣事業に係る厚生労働大臣の許可を受けることができない（法第６条）。

（イ）禁錮以上の刑に処せられ、又は労働関係法規等[1]に違反して罰金の刑に処せられ、その執行後、５年を経過しない者

（ロ）成年被後見人、被保佐人又は破産者

（ハ）許可を取り消されて５年経過しない者

（ニ）労働関係法規等に違反して許可を取り消された法人の役員であった者で、取り消されて５年を経過しないもの

（ホ）許可の取消しの処分に係る通知があった日から当該処分をする日までの間に労働者派遣事業の廃止の届出をした者で、当該届出の日から起算して５年を経過しないもの

（ヘ）（ホ）の労働者派遣事業の廃止の届出をした法人の役員であった者で、当該届出の日から起算して５年を経過しないもの

（ト）暴力団員又は暴力団員でなくなった日から５年を経過しない者

（チ）未成年者の場合にその法定代理人が（イ）から（ト）まで及び（リ）のいずれかに該当するもの

（リ）法人の場合で、その役員に（イ）から（チ）までのいずれかに該当する者があるもの

（ヌ）暴力団員又は暴力団員でなくなった日から５年を経過しない者がその事業活動を支配する者

（ル）暴力団員又は暴力団員でなくなった日から５年を経過しない者をその業務に従事させ、又はその業務の補助者として使用するおそれのある者

ハ　許可基準

　労働者派遣事業の許可基準が次のように定められている（法第７条）。

---

[1]　健康保険法、厚生年金保険法、労災保険法、雇用保険法等の規定が労働者派遣法第６条第２号で、労基法、安衛法、職業安定法、最低賃金法、賃金支払確保法、育児介護休業法等の規定が労働者派遣法施行令第３条で、それぞれ定められている。

　（イ）当該事業がもっぱら労働者派遣の役務を特定の者に提供するこ
　　　　とを目的として行われるものでないこと（法第７条第１項第１号）。
　（ロ）申請者が、当該事業の派遣労働者に係る雇用管理を適正に行
　　　　うに足りる能力を有するものとして厚生労働省令で定める基準に
　　　　適合するものであること（法第７条第１項第２号）。
　（ハ）個人情報を適正に管理し、派遣労働者等の秘密を守るために
　　　　必要な措置が講じられていること（法第７条第１項第３号）。
　（ニ）（ロ）及び（ハ）のほか、申請者が、労働者派遣事業を的確に
　　　　遂行するに足りる能力を有するものであること（法第７条第１項
　　　　第４号）。

ニ　許可の有効期間

　　労働者派遣法では、厚生労働大臣の許可を受けて労働者派遣事業
　を行う者を派遣元事業主という。この労働者派遣事業の許可の有効
　期間は３年である。派遣元事業主は、許可の有効期間を申請によっ
　て更新することができる。この申請は、許可の有効期間が満了する
　日の３か月前までに行わなければならない（規則第５条）。この場
　合においても、新規の許可申請書と同様の事項を記載した申請書
　に、事業計画書その他の書類を添えて提出しなければならない。ま
　た、許可の欠格事由に該当する者については、許可の有効期間の更
　新は行われず、また、許可基準に適合しないと認めるときには、許
　可の有効期間は更新してはならないこととされている。

　　なお、当該更新後の有効期間は５年であり、以降それが繰り返さ
　れる。

ホ　許可の条件

　　許可に際して、厚生労働大臣は条件を付すことができることとさ
　れている（法第９条）。許可の条件は、許可の趣旨に照らして、又
　は許可に係る事項の確実な実施を図るために必要最小限度に限られ
　るものであることはいうまでもない。

ヘ　変更の届出

　　許可を受けた後においても、事業所の名称、所在地等一定の事項
　について変更したときには、変更の届出が必要である（法第11条）。

　この労働者派遣事業の許可基準については、具体的には「労働者派遣事業関係業務取扱要領」（以下、「業務取扱要領」という。）により判断することとされている。

（2）業務の範囲

　何人も、次のいずれかに該当する業務（以下、「適用除外業務」という。）について、労働者派遣事業を行ってはならない（法第4条、令第2条）。適用除外業務以外の業務については、労働者派遣事業を原則として行うことができる。

イ　港湾運送業務

　港湾運送業務は、港湾労働法第2条第2号に規定する港湾運送の業務及び同条第1号に規定する港湾以外の港湾において行われる当該業務に相当する業務として労働者派遣法施行令で定める業務をいい、具体的には、港湾において行う1）船内荷役、はしけ運送、沿岸荷役及びいかだ運送の各行為、2）船舶に積み込まれた貨物の位置の固定もしくは積載場所の区画又は船積貨物の荷造りもしくは荷直し、3）厚生労働大臣が指定した区域内にある倉庫への搬入等が規定されている。

　港湾労働法第2条第2号では、政令で指定する港湾において行う船内荷役等上記の業務が規定されている。政令で指定する港湾として、6大港（東京、横浜、名古屋、大阪、神戸、関門）が指定されている。労働者派遣法施行令では、港湾運送事業法に規定する港湾（6大港を除く）（特定港湾）において行う船内荷役等上記の業務が規定されている。

ロ　建設業務

　建設業務は、土木、建築その他工作物の建設、改造、保存、修理、変更、破壊もしくは解体の作業又はこれらの準備の作業に係る業務をいい、建設工事の現場において、直接にこれらの作業に従事するものに限られる。したがって、例えば、建設現場の事務職員が行う業務、工事の工程管理等工事の施工の管理を行う施工管理業務は、建設業務に該当しない。

　ハ　警備業務

　　警備業務は、警備業法第2条第1項各号に掲げる次の業務をいう。

　（イ）事務所、住宅、興行場、駐車場、遊園地等における盗難等の事故の発生を警戒し、防止する業務

　（ロ）人もしくは車両の雑踏する場所又はこれらの通行に危険のある場所における負傷等の事故の発生を警戒し、防止する業務（祭礼、催し物等によって混雑する場所での雑踏整理、道路工事等現場周辺での人や車両の誘導等を行う業務）

　（ハ）運搬中の現金、貴金属、美術品等の盗難等の事故の発生を警戒し、防止する業務

　（ニ）人の身体に対する危害の発生を、その身辺において警戒し、防止する業務（ボディーガード等の業務）

　ニ　病院等における医療関連業務

　　労働者派遣事業を行うことができない病院等における医療関連業務は、具体的には、次の業務である（令第2条）。

　（イ）医師の業務（病院又は診療所（障害者支援施設の中に設けられた診療所等厚生労働省令で定めるものを除く。以下、「病院等」という。）、助産所、介護老人保健施設又は医療を受ける者の居宅において行われるものに限る）

　（ロ）歯科医師の業務（病院等、介護老人保健施設又は介護医療院又は医療を受ける者の居宅において行われるものに限る）

　（ハ）薬剤師の業務（病院等又は介護医療院において行われるものに限る）

　（ニ）保健師、助産師、看護師及び准看護師の業務である保健指導、助産、療養上の世話及び診療の補助の業務（他の法令の規定により診療の補助として行うことができることとされている業務[2]を含み、病院等、助産所、介護老人保健施設又は介護医療院又は医

---

(2)　「他の法令の規定により診療の補助として行うことができることとされている業務」とは、歯科衛生士、診療放射線技師、臨床検査技師、理学療法士、作業療法士、視能訓練士、臨床工学技士、義肢装具士、救急救命士、言語聴覚士及び認定特定行為業務従事者の行う業務が含まれる。

療を受ける者の居宅において行われるもの（訪問入浴介護及び介
護予防訪問入浴介護に係るものを除く）に限る）

（ホ）管理栄養士の業務（傷病者に対する療養のため必要な栄養の
指導に係るものであって、病院等、介護老人保健施設又は介護医
療院又は医療を受ける者の居宅において行われるものに限る）

（ヘ）歯科衛生士の業務（病院等、介護老人保健施設又は介護医療
院又は医療を受ける者の居宅において行われるものに限る）

（ト）診療放射線技師の業務（病院等、介護老人保健施設又は介護
医療院又は医療を受ける者の居宅において行われるものに限る）

（チ）歯科技工士の業務（病院等において行われるものに限る）

ただし、当該業務について紹介予定派遣をする場合、当該業務が
労働者派遣法第40条の2第1項第4号又は第5号に該当する場合
（①産前産後休業、育児休業もしくは介護休業を行う労働者の代替
要員としての業務、②産前休業に先行し、又は産後休業若しくは育
児休業に後続する休業であって、母性保護又は子の養育をするため
のものを行う労働者の代替要員としての業務又は③介護休業に後続
する休業であって対象家族を介護するためにする休業を行う労働者
の代替要員としての業務の場合）、医師法第17条に規定する医業、
薬剤師法第19条に規定する調剤の業務、保健師助産師看護師法第
5条及び第6条に規定する業務（診療放射線技師法第24条の2及
び臨床検査技師等に関する法律第20条の2第1項の規定により診
療の補助として行うことができるとされている業務を含む）並びに
診療放射線技師法第2条第2項に規定する業務に係る派遣労働者の
就業の場所がへき地(3)にある場合並びに地域における医療の確保の
ためには医業に業として行う労働者派遣により派遣労働者を従事さ
せる必要があると認められるものとして厚生労働省令で定める場

---

(3)　へき地とは、離島振興法の規定により離島振興対策実施地域として指
定された離島の区域、山村振興法の規定により指定された振興山村の地
域等をその区域に含む市町村として、労働者派遣法施行令第2条第2項
の市町村を定める省令（平成18年3月31日厚生労働省令第70号）によ
り指定された地域である。

所[4]（へき地にあるものを除く）である場合を除く。

（3）適用除外業務以外の業務に係る制限

　次の業務については、労働者派遣事業を行ってはならず、また、労働者派遣の役務の提供を受ける者は、その指揮命令の下に派遣労働者をこれらの業務に従事させてはならない（弁護士等は、資格者個人がそれぞれ業務の委託を受けて当該業務を行い、当該業務については指揮命令を受けることがないこととされていること等から、労働者派遣の対象とはならない）。

① 　人事労務管理関係のうち、派遣先において団体交渉又は労基法に規定する協定の締結等のための労使協議の際に使用者側の直接当事者として行う業務（許可基準により、当該業務への労働者派遣を行う場合は許可しないこととしている）

② 　弁護士、外国法事務弁護士、司法書士又は土地家屋調査士の業務

③ 　公認会計士の業務、税理士の業務、弁理士の業務、社会保険労務士の業務、行政書士の業務（ただし、それぞれの業務について、一定の場合には、労働者派遣は可能である。）

④ 　建築士事務所の管理建築士の業務

（4）その他の事業規制

　許可制の下に事業活動を行わせることに関連して、このほかにも、いくつかの事業規制措置が次のように講じられている。

イ 　許可証の備付け等

　派遣元事業主は、許可証を、労働者派遣事業を行う事業所ごとに備え付け、派遣労働者、派遣先等の関係者から請求があったときには、これを提示しなければならないこととされている（法第8条）。

---

(4) 　厚生労働省令で定める場所は、次に掲げる場所である。

　① 　都道府県が医療法の規定による協議を経て地域における医療の確保のためには医業に派遣労働者を従事させる必要があると認めた病院等であって、厚生労働大臣が定めるもの

　② 　①の病院等に係る患者の居宅

　また、労働者派遣契約の締結に際し、あらかじめ当該労働者派遣契約の相手方に対し、許可を受けている旨を明示しなければならないこととされている（法第26条第 3 項）。

ロ　名義貸しの禁止

　欠格事由又は労働者派遣事業に係る許可基準により、労働者派遣事業を行わせることが不適当な者が、名義だけを借りて、事業活動を行うということを防止するため、労働者派遣事業について、名義貸しの禁止を規定している（法第15条）。

ハ　定期報告等

　事業活動の状況は、随時、行政において把握されることにより、事業の適正な運営を確保することができるものである。このような趣旨で、派遣元事業主は年 1 回、定期的に、事業報告書、収支決算書を管轄都道府県労働局長を経由して厚生労働大臣に提出しなければならないこととされている（法第23条）。また、派遣元事業主の経営を実質的に支配することが可能となる関係にある者等関係派遣先に労働者派遣をするときは、関係派遣先への派遣割合を全体の100分の80以下となるようにしなければならないこととされ（法第23条の 2 ）、派遣元事業主は年 1 回、定期的に、この関係派遣先への派遣割合の報告書を管轄都道府県労働局長を経由して厚生労働大臣に提出しなければならないこととされている（法第23条第 3 項）。

ニ　労働争議に対する不介入

　派遣元事業主は、労働争議に対し中立的立場を維持するため、同盟罷業又は作業所閉鎖が行われている事業所に関し、労働者派遣をしてはならないとされている（法第24条、職業安定法第20条）。

　労働争議は、労使対等の立場で行われits その解決も自主的に行われるべきものである。ところが、労働力需給調整システムである労働者派遣事業等が争議が行われている事業所に対し労働力の提供を行うことは、争議の自主的解決を妨げることになり、適当ではない。

　そのため、民営職業紹介事業、労働者募集及び労働組合の行う労働者供給事業について準用されている職業安定法第20条をこれらと同様に準用することにより、労働者派遣事業も労働争議に対して

中立的立場に立ち、労働争議の自主的な解決を妨げないこととされたものである。

ホ　派遣元事業主以外の事業主からの労働者派遣の受入れの禁止

　　労働者派遣の役務の提供を受ける者は、派遣元事業主以外の労働者派遣事業の許可を受けていない者から、労働者派遣の役務の提供を受けてはならないこととされている（法第24条の2）。

ヘ　個人情報の保護

　　派遣元事業主は、労働者派遣に関し、その業務の目的の達成に必要な範囲内で労働者の個人情報を収集し、保管し、及び使用し、かつ、当該個人情報を適正に管理するために必要な措置を講じなければならない（法第24条の3）。

　　また、派遣元事業主及びその代理人、使用人その他の従業者は、正当な理由がある場合でなければ、その業務上知り得た秘密を他に漏らしてはならないこととされている。また、派遣元事業主及びその代理人、使用人その他の従業者でなくなった後においても、同様である（法第24条の4）。

ト　関係派遣先に対する労働者派遣の制限等

　　派遣元事業主は、派遣元事業主を連結子会社とする者、株式会社である派遣元事業主の議決権の過半数を所有している者等派遣元事業主の経営を実質的に支配することが可能となる関係にある者その他の当該派遣元事業主と特殊の関係のある者（以下、「関係派遣先」という。）に労働者派遣をするときは、関係派遣先への派遣割合が100分の80以下となるようにしなければならない（法第23条の2、規則第18条の3）。

チ　事業所ごとの派遣労働者の数等の情報提供

　　派遣元事業主は、労働者派遣事業を行う事業所ごとの派遣労働者の数、労働者派遣の役務の提供を受けた者の数、労働者派遣に関する料金の額の平均額から派遣労働者の賃金の額の平均額を控除した額を当該労働者派遣に関する料金の額の平均額で除して得た割合、不合理な待遇差を解消するための措置としての労使協定（法第30条の4第1項）を締結しているか否かの別、派遣労働者のキャリア

形成支援制度に関する事項その他あらかじめ関係者に対して知らせることが適当である事項に関し情報の提供を行わなければならない（法第23条第5項）。

　派遣元事業主が行う事業所ごとの情報の提供は、事業所への書類の備付け、インターネットの利用その他の適切な方法により行わなければならない（規則第18条の2）。なお、情報提供にあたっては情報の時点がわかるようにすることとされている。

① 派遣労働者の数

　直近の「6月1日現在の状況報告」で報告した事業所ごとの派遣労働者の数でも差し支えない。

② 労働者派遣の役務の提供を受けた者の数

　直近の「事業報告書」の派遣先事業所数でも差し支えない。

③ 労働者派遣に関する料金の額の平均額

　直近の労働者派遣に関する料金の額の平均額（事業所における派遣労働者1人1日（8時間）当たりの労働者派遣に関する料金の額の平均額（小数点以下の端数が生じた場合には、四捨五入のうえ表記する））とする。直近の「事業報告書」に記載した派遣料金とすることでも差し支えない。

④ 派遣労働者の賃金の額の平均額

　派遣労働者の賃金の額の平均額（事業所における派遣労働者の1人1日（8時間）当たりの賃金の額の平均額（小数点以下の端数が生じた場合には、四捨五入のうえ表記する）とする。個別に算出する代わりに直近の「事業報告書」に記載した派遣労働者の賃金の額とすることでも差し支えない。

⑤ 労働者派遣に関する料金の額の平均額から派遣労働者の賃金の額の平均額を控除した額を当該労働者派遣に関する料金の額の平均額で除して得た割合（以下、「マージン率」という。）

　マージン率は、前事業年度における労働者派遣に関する料金の額の平均額（派遣労働者1人1日（8時間）当たりの労働者派遣に関する料金の額の平均額）及び派遣労働者の賃金の額の平均額（派遣労働者1人1日（8時間）当たりの派遣労働者の賃金の額

の平均額）を算出し、次の計算式により算出する。

（1人1日当たりの料金の額の平均額－1人1日当たりの賃金
の額の平均額）÷1人1日当たりの料金の額の平均額

　百分率（％）表記にした場合に、小数点以下1位未満の端数が
生じた場合には、これを四捨五入する。

　直近の「事業報告書」の「派遣料金」及び「派遣労働者の賃金」
を元に算出することでも差し支えない。

⑥　法第30条の4第1項の労使協定を締結しているか否かの別

　労使協定を締結している場合は、当該協定の対象となる派遣労
働者の範囲及び当該協定の有効期間の始期。協定を締結していな
い場合は、協定を締結していない旨を情報提供すること。

⑦　派遣労働者のキャリア形成支援制度に関する事項

　派遣元事業主には、希望者全員へのキャリアコンサルティング
の実施及びキャリア形成に資する教育訓練の実施等が義務づけら
れている。このため、キャリアコンサルティングの相談窓口の連
絡先やキャリアアップに資する教育訓練に関する計画内容及びそ
の概要を示すことが求められる。

　公表する内容としては、入職時等の教育訓練や職能別訓練等の
訓練種別、対象となる派遣労働者、賃金支給の有無、派遣労働者
の費用負担の有無等の労働者派遣計画で計画し記載すべき事項と
同様の事項を公表することが考えられるが、それ以外の事項につ
いても、公表すべき事項があれば、積極的に公表することが望ま
しいとされている。

⑧　その他労働者派遣事業の業務に関し参考となると認められる
事項

　積極的な情報提供を行うことで実態をより正確に表すことが可
能となり、派遣労働者による派遣元事業主の適切な選択等に資す
ると考えられる事項をいう。その内容は、例えば、福利厚生に関
する事項や派遣労働者の希望や適性等に応じた派遣先とのマッチ

ング状況等、情報の提供を行う派遣元事業主において判断して提供する。

（5）指導及び監督のための措置

イ　相談・援助、申告制度

　　公共職業安定所は、派遣就業に関する事項について、労働者等の相談に応じ、及び必要な助言その他の援助を行うことができるとされている（法第52条）。また、労働者派遣を行う事業主又は労働者派遣の役務の提供を受ける者が、労働者派遣法又はこれに基づく命令の規定に違反していた場合については、派遣労働者は、その事実を厚生労働大臣に申告することができ、当該申告を行ったことを理由として、労働者派遣を行う事業主又は労働者派遣の役務の提供を受ける者は当該派遣労働者に対して解雇その他不利益な取扱いをしてはならないこととされている（法第49条の３）。

ロ　報告徴収・立入検査

　　定期報告のほかにも、事業活動の状況について把握することができるよう、厚生労働大臣は、労働者派遣法の施行に必要な限度で、労働者派遣事業を行う事業主又は労働者派遣の役務の提供を受ける者から報告を求めることができ、また、所属の職員に、これらの者の事業所その他の施設に立ち入り、関係者に質問させ、帳簿、書類等の物件を検査させることができることとされている（法第50条、第51条）。

ハ　指導及び助言等

　　必要があると認めるときは、厚生労働大臣は、労働者派遣をする事業主及び労働者派遣の役務の提供を受ける者に対し、指導及び助言を行うことができることとされている（法第48条）。

ニ　改善命令公表等

　　派遣元事業主が労働関係法規に違反した場合であって、派遣労働者の適正な就業を確保するために必要があると認めるときは、厚生労働大臣は、雇用管理の方法の改善その他事業運営を改善するために必要な措置を講ずべきことを命ずることができることとされてい

る（法第49条）。

　また、適用除外業務に派遣労働者を従事させている場合や、無許可事業主から労働者派遣を受け入れている場合等に、厚生労働大臣はこれらの是正・防止のために必要な措置をとるべきことを勧告することができるが、この勧告に従わなかった場合は、その旨を公表することができる（法第49条の2）。

ホ　許可の取消し

　労働者派遣事業について、厚生労働大臣は、次のいずれかに該当するときは、許可の取消しを行うことができることとされているとともに、（ロ）又は（ハ）に該当するときには、事業停止命令を行うことができることとされてる（法第14条）。

（イ）欠格事由に該当するとき。

（ロ）労働者派遣法（（ニ）に係る規定を除く）又は職業安定法に違反したとき。

（ハ）許可の条件に違反したとき。

（ニ）厚生労働大臣から必要な措置をとるべきことの指示を受けたにもかかわらず、なお関係派遣先への派遣割合を全体の100分の80以下となるようすること、特定有期雇用派遣労働者に対して派遣先に労働契約の申込みをすることを求めるなどの措置を講ずること等の規定に違反したとき。

ヘ　労働者派遣の停止命令

　厚生労働大臣は、派遣先がその指揮命令の下に派遣労働者を適用除外業務に従事させている場合（労働者派遣法第4条第3項の規定違反）において、当該派遣就業を継続させることが著しく不適当であると認めるときは、当該派遣先に労働者派遣をする派遣元事業主に対し、当該派遣就業に係わる労働者派遣契約による労働者派遣の停止を命ずることができることとされている（法第49条第2項）。

第2章

派遣労働者の就業条件の整備

1 労働者派遣契約

労働者派遣契約は、当事者の一方が相手方に対し、当事者の一方の雇用する労働者を、相手方の指揮命令を受けて、当該相手方のために労働に従事させることを約した契約である。実務では、労働者派遣を恒常的にする旨の基本契約を取引先と締結することがあるが、ここで述べる労働者派遣契約とは、実際に労働者派遣をする場合に就業条件を具体的に定めた個別の労働者派遣契約をいう。

(1) 労働者派遣契約で定める事項

労働者派遣契約の締結に当たっては、業務の内容等、就業条件に係る一定の事項を定めるとともに、その就業条件の組合せごとに派遣労働者の人数を定めなければならない（法第26条、規則第21条）。

具体的には、次の事項を定めなければならない。

① **派遣労働者が従事する業務の内容**

(i) 業務の内容は、それが具体的に記述され、その記載により当該労働者派遣に適格な派遣労働者を派遣元事業主が決定できる程度のものであることが必要であり、できる限り詳細に記載すること。

(ii) 適用除外業務以外の業務に限られること。

(iii) 日雇労働者（日々又は30日以内の期間を定めて雇用する労働者をいう。）については、政令で定める業務について労働者派遣をする場合等を除き、労働者派遣を行ってはならないこととされている。この政令で定める業務は、労働者派遣法施行令第4条第1項各号に掲げられており、業務の内容にこの政令で定める業務が含まれるときは、日雇労働者派遣が可能な業務で

あることを労働者派遣契約当事者間で認識を共有するため、当該号番号を付すこととされている。ただし、日雇労働者に係る労働者派遣が行われないことが明らかである場合は、この限りではない。

この「日雇労働者に係る労働者派遣が行われないことが明らかである場合」とは、1）無期雇用労働者の労働者派遣に限る場合又は2）契約期間が31日以上の有期雇用労働者の労働者派遣に限る場合であって、かつ、その旨が労働者派遣契約において明記されているときである。

② **派遣労働者が従事する業務に伴う責任の程度**

派遣労働者が従事する業務に伴って行使するものとして付与されている権限の範囲・程度をいう。

チームリーダー等の役職を有する派遣労働者であれば、その具体的な役職を、役職を有さない派遣労働者であればその旨を記載することで足りるが、派遣元と派遣先との間で派遣労働者の従事する業務に伴う責任の程度について共通認識を持つことができるよう具体的に記載することが望ましいとされている。

③ **派遣労働者が労働者派遣に係る労働に従事する事業所の名称及び所在地その他派遣就業の場所並びに組織単位**

派遣労働者が派遣就業をする事業所その他の施設の名称及び所在地だけではなく、実際に派遣就業をする場所及び組織単位（組織の名称）を含むものであり、原則として、派遣労働者の所属する部署、電話番号等、必要な場合に派遣元事業主が当該派遣労働者と連絡がとれる内容であること。加えて、組織単位を特定するために必要な事項（組織の長の職名）を明記することが望ましいとされている。

組織単位とは、労働者の配置の区分であって、配置された労働者の業務の遂行を指揮命令する職務上の地位にある者が当該労働者の業務の配分及び当該業務に係る労務管理に関して直接の権限を有するものをいう（法第26条第1項第2号、規則第21条の2）。

組織単位については、課、グループ等の業務としての類似性や

関連性がある組織であり、かつ、その組織の長が業務の配分や労務管理上の指揮命令監督権限を有するものであって、派遣先における組織の最小単位よりも一般に大きな単位が想定されており、名称にとらわれることなく実態により判断すべきであるとされている。ただし、小規模の事業所その他の施設においては、組織単位と組織の最小単位が一致する場合もある。

④　**労働者派遣の役務の提供を受ける者のために、就業中の派遣労働者を直接指揮命令する者に関する事項**

　　派遣労働者を具体的に指揮命令する者の部署、役職及び氏名を記載する。

⑤　**労働者派遣の期間及び派遣就業をする日**

　　派遣労働者が労働者派遣される期間及び具体的に派遣就業をする日であり、期間については労働者派遣の開始の年月日及び終了の年月日、就業する日については具体的な曜日又は日を指定する。

　　無期雇用派遣労働者に係る労働者派遣等、労働者派遣法第40条の2第1項各号に掲げる労働者派遣を除いて、派遣先の事業所その他派遣就業の場所（以下、「派遣先の事業所等」という。）ごとの業務における派遣可能期間は3年であること。この派遣可能期間の起算点は、当該派遣先の事業所等で最初に労働者派遣の受入れを行った日である。なお、派遣先の事業所等における組織単位ごとの業務について、派遣元事業主は3年を超える期間継続して同一の有期雇用派遣労働者に係る労働者派遣を行うことはできない。

⑥　**派遣就業の開始及び終了の時刻並びに休憩時間**

　　派遣就業をすべき日々の派遣就業の開始及び終了の時刻並びに休憩時間である。休憩について、法律上は「休憩時間」とされているが、一般的には休憩の開始及び終了の時刻を特定して記載することが適当とされている。

⑦　**安全及び衛生に関する事項**

　　次に掲げる事項のうち、派遣労働者が派遣先においてその業務を遂行するに当たって、当該派遣労働者の安全及び衛生を確保するために必要な事項に関して記載する必要がある。

⒤ 派遣労働者の危険又は健康障害を防止するための措置に関する事項

（例えば、危険有害業務に従事させる場合には、当該業務の内容、当該業務による危険又は健康障害を防止するための措置の内容等）

⒥ 健康診断の実施等健康管理に関する事項

（例えば、特別の項目についての健康診断が必要な有害業務に就かせる場合には、当該健康診断の実施に関する事項等）

⒦ 換気、採光、照明等作業環境管理に関する事項

⒧ 安全衛生教育に関する事項

（例えば、派遣元及び派遣先で実施する安全衛生教育の内容等）

⒨ 免許の取得、技能講習の修了等就業制限業務に関する事項

（例えば、就業制限業務を行わせる場合には、当該業務を行うための免許や技能講習の種類等）

⒩ 安全衛生管理体制に関する事項

⒪ その他派遣労働者の安全及び衛生を確保するために必要な事項

⑧ **派遣労働者から苦情の申出を受けた場合における当該申出を受けた苦情の処理に関する事項**

派遣元事業主及び派遣先は、派遣労働者の苦情の申出を受ける者、派遣元事業主及び派遣先において苦情処理をする方法、派遣元事業主と派遣先との連携のための体制等を記載する（派遣元指針第2の3、派遣先指針第2の7）。

派遣労働者の苦情の申出を受ける者については、その者の氏名のほかに、部署、役職、電話番号についても記載する。

⑨ **派遣労働者の新たな就業の機会の確保、派遣労働者に対する労基法第26条の規定による休業手当等の支払に要する費用を確保するための当該費用の負担に関する措置その他の労働者派遣契約の解除に当たって講ずる派遣労働者の雇用の安定を図るために必要な措置に関する事項**

労働者派遣契約の解除に際して、派遣労働者の雇用の安定を図

る観点から、当該労働者派遣契約の当事者である派遣元事業主及び派遣先が協議し、次の事項等に係る必要な措置を具体的に定める（法第29条の2、派遣元指針第2の2の(2)及び派遣先指針第2の6の(1)）。

(i)　あらかじめ相当の猶予期間をもって派遣元事業主に解除の申入れを行うこと

(ii)　派遣先における派遣労働者の新たな就業機会の確保を図ること

(iii)　休業させること等を余儀なくされたことにより生じた損害の賠償を行うこと

(iv)　派遣先が労働者派遣契約を中途解除しようとする場合に、派遣元事業主から請求があったときは、労働者派遣契約の解除を行った理由を当該派遣元事業主に対し明らかにすること

⑩　**労働者派遣契約が紹介予定派遣に係るものである場合にあっては、当該職業紹介により従事すべき業務の内容及び労働条件その他の当該紹介予定派遣に関する事項**

　　紹介予定派遣に関する次に掲げる事項を記載する。

(i)　紹介予定派遣である旨

(ii)　紹介予定派遣を経て派遣先が雇用する場合に予定される従事すべき業務の内容及び労働条件（労働契約の期間、就業の場所、始業及び終業の時刻、所定労働時間を超える労働の有無、休憩時間、休日、賃金の額、健康保険法による健康保険、厚生年金保険法による厚生年金及び雇用保険法による雇用保険の適用）、労働者を雇用しようとする者の氏名又は名称等

(iii)　紹介予定派遣を受けた派遣先が、職業紹介を受けることを希望しなかった場合又は職業紹介を受けた者を雇用しなかった場合には、派遣元事業主の求めに応じ、それぞれのその理由を、書面の交付、ファクシミリを利用してする送信、又は電子メールの送信の方法により、派遣元事業主に対して明示する旨

(iv)　紹介予定派遣を経て派遣先が雇用する場合に、年次有給休暇及び退職金の取扱いについて、労働者派遣の期間を勤務期間に

含めて算入する場合はその旨

　(v)　労働者を派遣労働者として雇用しようとする場合はその旨

⑪　**派遣元責任者及び派遣先責任者に関する事項（規則第22条第2号）**

　　派遣元責任者及び派遣先責任者の役職、氏名及び連絡方法を記載する。

　　また、派遣労働者が従事する業務の内容が製造業務である場合には、当該派遣元責任者及び派遣先責任者が、それぞれ製造業務専門派遣元責任者（規則第29条第3号）又は製造業務専門派遣先責任者（規則第34条第3号）である旨を記載する。

　　派遣先責任者の選任義務がない場合（規則第34条第2号ただし書）は、当該事項の記載は要しない。ただし、派遣先責任者を選任している場合には、記載する必要がある。

⑫　**労働者派遣の役務の提供を受ける者が上記⑤の派遣就業をする日以外の日に派遣就業をさせることができ、又は⑤の派遣就業の開始の時刻から終了の時刻までの時間を延長することができる旨の定めをした場合には、当該派遣就業をさせることができる日又は延長することができる時間数（規則第22条第3号）**

　　ただし、この定めをする場合には、その内容が派遣元事業主と派遣労働者との間の労働契約又は派遣元事業場における36協定により定められている内容の範囲内でなければならない。

⑬　**派遣元事業主及び派遣先との間で、派遣先が当該派遣労働者に対し、診療所、給食施設等の施設であって現に派遣先に雇用される労働者が通常利用しているものの利用、レクリエーション等に関する施設又は設備の利用、制服の貸与、教育訓練その他の派遣労働者の福祉の増進のための便宜を供与する旨の定めをした場合には、当該便宜の供与に関する事項（法第40条第4項、規則第22条第4号、派遣先指針第2の9(1)）**

⑭　**労働者派遣の役務の提供を受ける者（派遣先等）が、労働者派遣の終了後に、当該労働者派遣に係る派遣労働者を雇用する場合に、労働者派遣をする者（派遣元等）に対し、あらかじめその雇**

用意思を通知すること、当該者（派遣元等）が職業紹介を行うことが可能な場合は紹介手数料を支払うことその他の労働者派遣の終了後に労働者派遣契約の当事者間の紛争を防止するために講ずる措置（規則第22条第５号）

　紹介手数料について定める場合は、可能な限り詳細に記載することが望ましいが、紹介手数料の額を記載することまでは要しないとされている（紹介手数料については別途定めるといった記載でも差し支えない）。

　なお、派遣先が派遣元事業主に紹介手数料を支払うのは、派遣元事業主が職業安定法その他の法律の規定による許可を受けて、又は届出をして職業紹介を行うことができる場合において、派遣先がその職業紹介により当該派遣労働者を雇用したときに限られる（派遣元指針第２の２の(2)ロ）。

⑮　派遣労働者を協定対象派遣労働者に限定するか否かの別（規則第22条６号）

⑯　派遣労働者を無期雇用派遣労働者又は60歳以上の者に限定するか否かの別（規則第22条第７号）

⑰　派遣可能期間の制限を受けない業務に係る労働者派遣に関する事項

　(i)　労働者派遣法第40条の２第１項第３号イの有期プロジェクト業務について労働者派遣を行うときは、同号イに該当する旨を記載すること（規則第22条の２第２号）。

　(ii)　同法第40条の２第１項第３号ロの日数限定業務（１か月間に行われる日数が通常の労働者に比べ相当程度少なく、かつ、月10日以下であるもの）について労働者派遣を行うときは、同号ロに該当する旨、当該業務が１か月間に行われる日数及び当該派遣先の通常の労働者の１か月間の所定労働日数を記載すること（規則第22条の２第３号）。

　(iii)　同法第40条の２第１項第４号の育児休業等の代替要員としての業務について労働者派遣を行うときは、派遣先において休業する労働者の氏名及び業務並びに当該休業の開始及び終了予

定の日を記載すること（規則第22条の2第4号）。

(iv)　同法第40条の2第1項第5号の介護休業等の代替要員としての業務について労働者派遣を行うときは、派遣先において休業する労働者の氏名及び業務並びに当該休業の開始及び終了予定の日を記載すること（規則第22条の2第5号）。

（2）派遣労働者の人数の定め

上記（1）の①から⑯までに掲げる就業条件の組合せが一つの場合は当該労働者派遣に係る派遣労働者の人数を、当該就業条件の組合せが複数の場合は当該組合せごとの派遣労働者の人数を、それぞれ定めなければならない（規則第21条第1項）。

（3）労働者派遣契約に関する留意事項

イ　「労働者派遣契約の当事者」とは、業として行うものであるか否かを問わず、当事者の一方が労働者派遣を行い、相手方がその役務の提供を受ける場合をすべて含むものであり、労働者派遣をする者及び労働者派遣の役務の提供を受ける者のすべてを指すものである。

ロ　派遣元事業主は、派遣先との間で労働者派遣契約を締結するに当たって、派遣先が求める業務の内容、当該業務に伴う責任の程度、当該業務を遂行するために必要とされる知識、技術又は経験の水準、労働者派遣の期間その他労働者派遣契約の締結に際し定めるべき就業条件を事前にきめ細かに把握すること（派遣元指針第2の1）。

ハ　上記（1）の①から⑯までに掲げる契約事項の内容を一部変更し、再度労働者派遣契約を締結するに際しては、一部変更することとなる以前に締結した労働者派遣契約を指定し、当該一部変更事項を定めることで足りる。

以前締結した契約の一部を変更した契約を締結する際に行う書面への記載は、当該以前締結した契約の内容により労働者派遣を行い、又は受ける旨の記載並びに変更される契約事項について、その契約事項及びその変更内容を記載する。例えば、次のような記載と

なる。

> 令和○年○月○日付け労働者派遣契約と同内容で○○株式会社
> は、□□株式会社に対し、労働者派遣を行うものとする。ただし、
> 派遣期間については令和○年○月○日から令和○年○月○日ま
> で、派遣人員は３人とする。

ニ　労働者派遣契約の当事者は、契約の締結に際し、上記イの契約の
　　内容を就業条件の組合せごとに書面に記載しておかなければならな
　　い（規則第21条第３項）。

　　　派遣先は、労働者派遣契約の締結に当たり、労働者派遣法第26
　　条第３項の規定により派遣元事業主による許可を受けている旨の明
　　示の内容（具体的には許可番号。なお、経過措置期間中（平成30
　　年９月29日まで）の（旧）特定労働者派遣事業については届出受
　　理番号）を上記の書面に記載しておかなければならない（規則第
　　21条第４項）。

（4）派遣可能期間の制限に抵触する日の通知

　　　新たな労働者派遣契約に基づき、期間制限のある労働者派遣の役
　　務の提供を受けようとする者は、労働者派遣契約締結に当たり、あ
　　らかじめ派遣元事業主に対し、当該労働者派遣の開始の日以降、派
　　遣可能期間の制限に抵触することとなる最初の日を通知しなければ
　　ならない（法第26条４項）

（5）派遣先の比較対象労働者の待遇等に関する情報提供義務

イ　概　要

　　　派遣労働者の待遇は、不合理な待遇差を解消するために、「派遣
　　先均等・均衡方式」、又は「労使協定方式」によって決定される。

　　　そのためには、派遣元事業主としては、派遣先から待遇に関する
　　情報を得ておく必要がある。

　　　そこで、労働者派遣法は、派遣先等に対して、派遣契約を締結す
　　るに当たり、あらかじめ、派遣先の労働者の待遇に関する情報を派

遣元事業主に対して提供することを義務付ける一方で（法第26条第7項）、派遣元事業主には、派遣先等から当該情報提供がない場合には、派遣契約を締結してはならないとして（同条9項）、確実に派遣先等から派遣元事業主に対して必要な情報が提供されることとされた。

ロ　派遣先等の派遣元事業主に対する情報提供の内容

　　派遣契約において派遣される派遣労働者を協定対象労働者のみに限定するか否かによって、派遣先等が派遣元事業主に提供する情報の内容が大きく異なる。

（イ）協定対象労働者に限定しない場合

　　派遣契約において、派遣する派遣労働者を、「協定対象労働者」のみに限定することを定めていない場合には、派遣先等は、派遣元事業主に対して、派遣先に雇用される通常の労働者であって、その業務の内容及び当該業務に伴う責任の程度（以下「職務の内容」という。）並びに当該職務の内容及び配置の変更の範囲が、当該労働者派遣に係る派遣労働者と同一であると見込まれる者等の当該派遣労働者と待遇を比較すべき労働者（以下「比較対象労働者」という。）の待遇等に関する情報を、派遣元事業主に提供する必要がある。

　　本来、派遣先均等・均衡方式では、派遣先に雇用されるいわゆる正社員に該当する通常の労働者との間で均等・均衡待遇を確保することが求められている。しかし、派遣元事業主が、職務の内容等が全く異なる労働者の待遇情報の提供を受けたとしても、そこから均衡ある待遇を決定することは困難なことから、職務の内容等が近い比較対象労働者の待遇情報が提供されることとされた。

【比較対象労働者の選定】

　　上記の比較対象労働者について、規則では、

ⅰ）「職務の内容」並びに「当該職務の内容及び配置の変更の範囲」が派遣労働者と同一でであると見込まれる通常の労働者

ⅱ）ⅰ）がいない場合は、「職務の内容」が派遣労働者と同一で

　あると見込まれる通常の労働者

ⅲ）ⅰ）及びⅱ）がいない場合は、ⅰ）及びⅱ）に準ずる者の順
　に選定することとしている。

　　これを受けて、労働者派遣事業関係業務取扱要領では、ⅲ）
　のⅰ）及ⅱ）に準ずる者について、より詳細に以下のとおり定
　めている。

ⅲ）ⅰ）及びⅱ）に該当する労働者がいない場合にあっては、「業
　務の内容」又は「責任の程度」のいずれかが派遣労働者と同一
　であると見込まれる通常の労働者

比較対象労働者の選定順序

　派遣先は、次の①～⑥の優先順位により「比較対象労働者」を選
定する。

① 「職務の内容」と「職務の内容及び配置の変更の範囲」が同一
　と見込まれる通常の労働者
② （①に該当する労働者がいない場合）
　「職務の内容」が同一と見込まれる通常の労働者
③ （①～②に該当する労働者がいない場合）
　「業務の内容」又は「責任の程度」が同一と見込まれる通常の
労働者
④ （①～③に該当する労働者がいない場合）
　「職務の内容及び配置の変更の範囲」が同一と見込まれる通常
の労働者
⑤ （①～④に該当する労働者がいない場合）
　①～④に相当するパート・有期雇用労働者
　（派遣先の通常の労働者との間で均衡待遇が確保されているこ
とが必要）
⑥ （①～⑤に該当する労働者がいない場合）
　派遣労働者と同一の職務に従事させるために新たに通常の労働
者を雇い入れたと仮定した場合における当該通常の労働者

ⅳ）ⅰ）～ⅲ）に該当する者がいない場合はにあっては、「職務の内容及び配置の変更の範囲」が派遣労働者と同一であると見込まれる通常の労働者

ⅴ）ⅰ）～ⅳ）に該当する労働者がいない場合にあっては、ⅰ）からⅳ）までに相当する短時間・有期雇用労働者

ⅵ）ⅰ）～ⅴ）に該当する労働者がいない場合にあっては、派遣労働者と同一の職務の内容で業務に従事させるために新たに通常の労働者を雇い入れたと仮定した場合における当該通常の労働者

　そのため、比較対象労働者を選定する際には、この6分類の順で選定する必要がある。

【情報提供すべき事項】

　情報提供すべき事項及びその留意点は、以下のとおりである。

ⅰ）比較対象労働者の職務の内容、当該職務の内容および配置の変更の範囲並びに雇用形態（規則第24条の4第1号イ）。

　　・「業務の内容」については、「厚生労働省編職業分類」等を参考に具体的な内容を提供する必要がある。

　　・「責任の程度」については、業務に伴って行使する具体的な権限、程度等（例えば、権限の範囲、緊急対応の要否、成果への期待・役割、所定外労働の対応等）を指す。

　　・「職務の内容及び配置の変更の範囲」については、転勤、昇進を含むいわゆる人事異動や役割の変化等の有無等を具体的に提供する必要がある。

　　・「雇用形態」についいては、通常の労働者、有期雇用労働者等のうち、比較対象労働者が、どの雇用形態に該当するかとともに、有期雇用労働者の場合には雇用期間についても提供する必要があり、有期契約が更新されている場合は、当初の労働契約の開始時からの通算雇用期間を提供する必要がある。

ⅱ）比較対象労働者を選定した理由（同ロ）

　　・「派遣労働者と職務の内容が同一の通常の労働者はいないが、

業務の内容が同一の通常の労働者がいるため」等比較対象労
働者として選定した理由を提供する必要がある。

iii）比較対象労働者の待遇のそれぞれの内容（昇給、賞与その他
の主な待遇がない場合には、その旨を含む）（同ハ）

・基本給、賞与等のみならず、家族手当等の手当関係や社宅制
度、病気休職制度、慶弔休暇制度等の福利厚生にかかる待遇
についても提供をする必要がある。

・また、基本給等が時給単位で確認できるよう、年間の所定労
働時間も、合わせて提供する必要があるとされていることに
は留意すべきである。

・なお、派遣先の株式にかかる従業員持株会制度のように、持
株会という派遣先とは異なる団体が実施する制度は、派遣先
の労働者としての待遇には該当しないため、情報提供の対象
とする必要はない。

iv）比較対象労働者の待遇のそれぞれの性質及び当該待遇を行う
目的（同ニ）

・それぞれの待遇の具体的な性質や当該待遇を行う目的につい
ても情報提供する必要がある。

v）比較対象労働者の待遇のそれぞれについて、職務の内容、当
該職務の内容および配置の変更の範囲その他の事情のうち、当
該待遇に係る決定に当たって考慮したもの（同ニ）

・待遇決定にあたって考慮した具体的な内容を提供する必要が
ある。

（ロ）協定対象労働者に限定する場合

派遣契約において、派遣する労働者を協定対象労働者に限定す
る場合は、以下の 2 項目が情報提供の対象となる。

①　派遣先等が派遣元事業主の求めに応じて派遣労働者と同種の
業務に従事する派遣先等に雇用される労働者に対して行う業務
の遂行に必要な能力を付与するための教育訓練の内容（当該教
育訓練がない場合には、その旨）。

②　派遣先等が派遣先等に雇用される労働者に対して利用の機会

を与える福利厚生施設（給食施設、休憩室及び更衣室）の内容
（福利厚生施設がない場合は、その旨）

ハ　派遣先等の情報提供の方法等

①　提供の方法

派遣先等が、派遣元事業主に対して、比較対象労働者の待遇に
関する情報を提供する方法については、派遣契約締結に際し、あ
らかじめ派遣先等から派遣元事業主に対し、情報提供すべき事項
にかかる書面の交付もしくはファクシミリをしてする送信又は電
子メール等の送信をすることにより行わなければならない（規則
第24条の3第1項）。

②　情報提供にかかる書面等の保存

上記の書面等については保存義務が定められており、派遣元事
業主は、当該書面等を、派遣先等は、当該書面の写しを、当該派
遣契約に基づく労働者派遣が終了した日から起算して3年を経過
する日まで保存する必要がある（規則第24条の3第2項）。

ニ　変更時の情報提供

派遣先等は、比較対象労働者の待遇等に関する情報に変更があっ
た時は、遅滞なく、派遣元事業主に対して、当該変更の内容に関す
る情報を遅滞なく提供しなければならない。（法第26条第10項）。

これは、待遇に関して変更があった際に、派遣労働者の待遇が変
更されることなく放置され、その結果、派遣先に雇用される通常の
労働者との間で不合理な待遇差が生じることとなりかねないことか
ら定められたものである。

ここでいう「遅滞なく」とは、1か月以内に派遣労働者の待遇に
適正に反映されるよう可能な限り速やかに情報提供を行うこととさ
れている。

（6）派遣料金の配慮

派遣先は、当該労働者派遣に関する料金の額について、派遣元が、
派遣先に雇用される通常の労働者との間の均等・均衡確保のための措
置及び一定の要件を満たす労使協定に基づく待遇確保のための措置を

遵守することができるように配慮しなければならない（法第26条第11項）。この派遣料金の配慮義務は、労働者派遣の締結又は更新の時だけではなく、当該締結又は更新がなされた後にも求められる。

また、派遣先は、派遣料金の決定にあたっては、派遣労働者の就業の実態、労働市場の状況、当該派遣労働者が従事する業務の内容および当該業務に伴う責任の程度ならびに当該派遣労働者に要求する技術水準の変化等を勘案するよう努めなければならない（派遣先指針第2の9(2)）。

（7）労働者派遣契約の終了に当たって派遣元事業主が講ずべき事項

派遣元事業主は、無期雇用派遣労働者の雇用の安定に留意し、労働者派遣が終了した場合において、当該労働者派遣の終了のみを理由として当該労働者派遣に係る無期雇用派遣労働者を解雇してはならない（派遣元指針第2の2の(4)イ）。

また、派遣元事業主は、有期雇用派遣労働者の雇用の安定に留意し、労働者派遣が終了した場合であって、当該労働者派遣に係る有期雇用派遣労働者との労働契約が継続しているときは、当該労働者派遣の終了のみを理由として当該有期雇用派遣労働者を解雇してはならない（同ロ）。

（8）労働者派遣契約に定める就業条件を確保するために派遣先が講ずべき措置

派遣先は、労働者派遣契約の定めに反することのないように適切な措置を講じなければならない（法第39条）。すなわち、派遣先は、労働者派遣契約を円滑かつ的確に履行するため、次に掲げる措置その他派遣先の実態に即した適切な措置を講ずる必要がある。

① 就業条件の周知徹底

労働者派遣契約で定められた就業条件について、当該派遣労働者の業務の遂行を指揮命令する職務上の地位にある者その他の関係者に当該就業条件を記載した書面を交付し、又は就業場所に掲示する等により、周知の徹底を図ること。

② 就業場所の巡回

　　定期的に派遣労働者の就業場所を巡回し、当該派遣労働者の就業の状況が労働者派遣契約に反していないことを確認すること。

③ 就業状況の報告

　　派遣労働者を直接指揮命令する者から、定期的に当該派遣労働者の就業の状況について報告を求めること。

④ 労働者派遣契約の内容の遵守に係る指導

　　派遣労働者を直接指揮命令する者に対し、労働者派遣契約の内容に違反することとなる業務上の指示を行わないようにすること等の指導を徹底すること。

　また、派遣先は、労働者派遣契約の定めに反する事実を知った場合には、これを早急に是正するとともに、労働者派遣契約の定めに反する行為を行った者及び派遣先責任者に対し労働者派遣契約を遵守させるために必要な措置を講ずる等の適切な措置を講じなければならない（派遣先指針第2の5）。

（9）労働者派遣契約の解除の制限

　派遣先が、派遣労働者の国籍等や派遣労働者が労働組合の正当な行為をしたこと等を理由として、労働者派遣契約を解除することは禁止されている（法第27条）。これは、派遣先による不当な事由による労働者派遣契約の解除が行われることにより、派遣労働者の雇用の不安定化を招くことを防止する措置である。

　解除が禁止される不当な事由は、派遣労働者の国籍、信条、性別、社会的身分、派遣労働者が労働組合の正当な行為をしたこと等労働関係において公序の形成されていることに反することであり、法律上明文で規定されていること以外にも、これに類する不当な事由により、労働者派遣契約を解除することは許されないものである。

（10）派遣労働者の保護等のための労働者派遣契約の解除等

　派遣元事業主は、派遣労働者の就業に関し、派遣先において法違反があったときには、労働者派遣を停止し、又は労働者派遣契約を解除

することができることとされている（法第28条）。

　派遣元事業主は、派遣先がその指揮命令の下に派遣労働者に労働させるに当たって、労働者派遣法や労基法等の規定に違反することがないように、また、派遣就業が適正に行われるように、適切な配慮をしなければならないとされているが（法第31条）、上記労働者派遣の停止等を定める労働者派遣法第28条は、この規定を実質的に担保するためのものである。具体的には、派遣元事業主は、派遣労働者の派遣先における就業が適正に行われるよう常時十分配慮し、問題が生じた場合には、派遣先に対してその是正を求めるとともに、自らも問題の解決に当たる必要があるが、法違反の派遣先に対して、直ちに当該労働者派遣の停止又は労働者派遣契約の解除を行うことができる。

（11）海外派遣の場合

　労働者派遣法が施行される地域以外の地域、すなわち海外に所在する事業所その他の施設において就業させるため、派遣労働者を労働者派遣をする場合には、同法が直接には適用されず、したがって、労働者保護を十分図ることができない面がある。このため、派遣元事業主に対し、海外派遣をしようとするときに、事前に厚生労働大臣に届け出させるとともに、労働者派遣契約において、後述のように、法律上派遣先の講ずべき措置とされている事項を履行すべきことを義務づけ、これを通じて、労働者の保護に欠けることのないようにしようとするものである（法第23条第4項、第26条第2項）。

② 派遣元事業主の講ずべき措置等

　派遣労働者の保護と雇用の安定を図るため、派遣元事業主に一定の措置を講ずべきことが義務づけられている。

（1）特定有期雇用派遣労働者等の雇用安定措置

　派遣元事業主が雇用する有期雇用派遣労働者であって派遣先の事業所等における同一の組織単位の業務について継続して1年以上の期間

派遣労働に従事する見込みがある者等の一定の者（以下「特定有期雇用派遣労働者等」という。）の雇用の安定等ため次の措置を取るよう規定されている。

　派遣元事業主は、特定有期雇用派遣労働者等に対して、次の①から⑤までのいずれかの措置を講ずるように努めなければならない（法第30条第1項、規則第25条の2第1項）。

　また、派遣先の事業所等における同一の組織単位の業務について継続して1年以上の期間当該労働者派遣に係る労働に従事する見込みがある者（以下、「特定有期雇用派遣労働者」という。）のうち、3年間当該労働者派遣に係る労働に従事する見込みがある者については、派遣元事業主は、次の①から④までのいずれかの措置を講じなければならない（法第30条第2項）。このうち、①の措置を講じた場合であって、その後派遣先が当該派遣労働者に対し労働契約の申込みをしなかった場合には、派遣元事業主は、さらに②から④までのいずれかの措置を講じなければならない（規則第25条の2第2項）。

① **派遣先への直接雇用の依頼**

　　特定有期雇用派遣労働者に係る派遣先に対し、当該特定有期雇用派遣労働者に対して雇用契約の申込みをすることを求めること。

② **新たな就業機会（派遣先）の提供**

　　派遣労働者として就業させることができるように就業（その条件が、特定有期雇用派遣労働者等の能力、経験、派遣労働者の居住地、就業場所、通勤時間、賃金等の以前の派遣契約により派遣されていた際の待遇等に照らして合理的なものに限る。）の機会を確保するとともに、その機会を特定有期雇用派遣労働者等に提供すること。

③ **派遣元事業主による無期雇用**

　　派遣労働者以外の労働者として期間を定めないで雇用することができるように雇用の機会を確保するとともに、その機会を特定有期雇用派遣労働者等に提供すること。

④ **その他雇用の安定を図るため必要な措置**

　　①から③までに掲げるもののほか、特定有期雇用派遣労働者等

に対する教育訓練であって、新たな就業機会を提供するまでの間に報酬を与えて受けさせる教育訓練を実施すること、派遣元事業主が職業安定法その他の法律の規定による許可を受けて、又は届出をして職業紹介を行うことができる場合にあっては、特定有期雇用派遣労働者等を紹介予定派遣の対象とし、又は紹介予定派遣に係る派遣労働者として雇い入れること、その他雇用の安定を図るために必要な措置を講じること。

●特定有期雇用派遣労働者等の雇用安定措置

	対象者		派遣元の責務
A	特定有期雇用派遣労働者（同一の組織単位の業務に継続して1年以上派遣就業見込み）	同一の組織単位に継続派遣就業3年間見込み	次の①～④のいずれかの措置を講ずる義務 ① 派遣先への直接雇用の依頼 ② 新たな派遣先の提供 ③ 派遣元事業主による無期雇用 ④ その他雇用の安定を図るために必要な措置 ＊①の措置を講じたが直接雇用に至らなかった場合は、別途②～④のいずれかの措置を講ずることが必要
B		同一の組織単位に継続派遣就業1年以上3年未満見込み	上記①～④のいずれかの措置を講ずる努力義務
C	派遣元に雇用された期間が通算1年以上の有期雇用派遣労働者		上記②～④のいずれかの措置を講ずる努力義務
D	派遣元に雇用された期間が通算1年以上で、今後派遣労働者として期間を定めて雇用しようとする労働者（登録状態）		

（2）派遣労働者に対するキャリアアップ措置

イ　段階的かつ体系的な教育訓練

　派遣元事業主は、その雇用する派遣労働者が段階的かつ体系的に派遣就業に必要な技能及び知識を習得することができるように教育

訓練を実施するとともに、無期雇用派遣労働者にはその職業生活の全期間を通じてその有する能力を有効に発揮できるように配慮しなければならない。また、派遣元事業主は、その雇用する派遣労働者の求めに応じ、当該派遣労働者の職業生活の設計に関し、相談の機会の確保その他の援助を行わなければならない（法第30条の2）。

＜教育訓練の基準＞

どのような教育訓練を行うかについては、一義的には派遣元事業主の裁量にゆだねられるが、教育訓練を段階的かつ体系的に行うために、次に掲げる要件を満たすこととされている。

① 派遣元事業主に雇用されている派遣労働者全員を対象とするものであること。また、雇用期間が1年以上見込みの常用的な労働者のみならず、登録型の有期雇用派遣労働者や日雇派遣労働者も対象となること。

② 有給かつ無償で実施されるものであること。

　当該訓練の実施時間は、労基法上の労働時間と同様の扱いをすることを原則として、当該取扱いを就業規則又は労働契約に規定する必要がある。

③ 派遣労働者のキャリアアップに資する内容のものであること。

④ 入職時の訓練が含まれたものであること。

⑤ 無期雇用派遣労働者に対しては、長期的なキャリア形成を念頭に置いた内容であること。

　無期雇用派遣労働者については、派遣労働者以外の期間の定めなく雇用されている労働者と同様に、長期的なキャリア形成を念頭において教育訓練を行う必要がある。

ロ　キャリアコンサルティング

キャリアコンサルティングを実施するため、キャリアコンサルティングの知見を有する相談員又は派遣先と連絡調整を行う担当者を相談窓口に配置しなければならない。相談窓口はその雇用するすべての派遣労働者が利用できることが必要である。また、「派遣先と連絡調整を行う担当者」には派遣先の事情等労働市場の状況等を

考慮した相談を行うことが求められる。

　なお、外部のキャリアコンサルタントに委嘱して対応することとしても差し支えない。また、この「キャリアコンサルティングの知見」とは必ずしも国家資格の取得を必要とするものではなくキャリアコンサルティングの経験でも可である。

（3）不合理な待遇格差解消のための措置
イ　2つの待遇決定方式

　派遣労働者を含む非正規雇用労働者と正規雇用労働者との間の不合理な待遇差の解消を目的とした「働き方改革を推進するための関係法律の整備に関する法律」（平成30年法律71号）に基づき労働者派遣法が改正され、派遣労働者の待遇についても不合理な格差解消のための措置が規定された。これにより、派遣元事業主は、派遣労働者のの待遇を決定するに際しては、①派遣先の通常の労働者との均等待遇・均衡待遇を確保する「**派遣先均等・均衡方式**」（法第30条の3第1項及び第2項）、又は、②一定の要件をみたす労使協定を締結し、それに基づいて待遇を決定する「**労使協定方式**」（法第30条の4第1項）のいずれかによらなければならないこととされた。

　このような2方式については、派遣労働者の就業場所が派遣先であり、待遇に関する派遣労働者の納得を考慮する上では、派遣先の労働者との均等・均衡を図ることが重要であることから、派遣先均等・均衡方式が原則とされている。

　もっとも、派遣先均等・均衡方式では、派遣先が変わるごとに賃金水準が変わり派遣労働者の所得が不安定になるほか、一般に賃金水準は大企業であるほど高く、小規模の企業になるほど低い傾向があるところ、必ずしも派遣労働者が担う職務の難易度は大企業ほど高度で小規模のの企業ほど容易とは言えず、派遣先均等・均衡方式によった場合には、派遣労働者の段階的・体系的キャリアアップ支援と不整合になる事態を招きかねない。そこで、派遣労働者の不合理な待遇格差の解消は、派遣先均等・均衡方式又は労使協定法式の選択制の下で図られることとなった。

派遣労働者の待遇改善までの流れ

【派遣先均等・均衡方式】の場合　　　**【労使協定方式】の場合**

派遣先

比較対象労働者の
待遇情報の提供

派遣元
- 過半数代表者の選出
（過半数労働組合がない場合）
- 通知で示された最新の統計を確認
- 労使協定の締結
　＊労使協定における賃金の定め
　を就業規則等に記載
- 労使協定の周知・報告
　＊労働者に対して周知
　＊行政への報告

派遣元

派遣労働者の待遇の
検討・決定

派遣先

比較対象労働者の待遇情報の提供
＊教育訓練、福利厚生施設に関す
る情報に限る。

派遣元・派遣先

派遣料金の交渉（派遣先は派遣料金に関して配慮）

派遣元・派遣先

労働者派遣契約の締結

派遣元

派遣労働者に対する説明　　　　　　（2）派遣時
（1）雇入れ時　　　　　　　　　　　＊待遇情報の明示・説明
　＊待遇情報の明示・説明　　　　　　＊就業条件の明示

派遣労働者の求めに応じて

派遣元

比較対象労働者との待遇の相違
等の説明

派遣元

労使協定の内容を決定するに当
たって考慮した事項等の説明

派遣先

派遣先の労働者に関する情報、派遣労働者の業務の遂行の状況等の
情報の追加提供の配慮

　なお、１つの労働契約期間中に、派遣先の変更を理由として、派遣先均等・均衡方式か労使協定方式かが変わることは、所得の不安定化を防止し、中長期的なキャリア形成を可能とする労使協定方式の趣旨に反するとして、特段の事情がないかぎり認められないとされている（規則第25条の10第３号）。

ロ　派遣先の通常の労働者との均等・均衡待遇確保のための措置（派遣先均等・均衡方式）

（イ）概要

　派遣元事業主は、その雇用する派遣労働者の基本給、賞与その他の待遇のそれぞれについて、当該待遇に対応する派遣先に雇用される通常の労働者の待遇との間において、「職務の内容」「職務の内容及び配置の変更の範囲」「その他の事情」のうち、当該待遇の性質および当該待遇を行う目的に照らして適切と認められるものを考慮して、不合理と認められる相違を設けてはならない（法第30条の３第１項。以下、「派遣先均衡待遇確保措置」という。）。

　また、派遣元事業主は、職務の内容が派遣先に雇用される通常の労働者と同一の派遣労働者であって、当該労働者派遣契約及び当該派遣先における慣行その他の事情からみて、当該派遣先における派遣就業が終了するまでの全期間において、その職務の内容及び配置が、当該派遣先との雇用関係が終了するまでの全期間における当該通常の労働者の職務の内容及び配置の変更の範囲と同一の範囲で変更されることが見込まれるものについては、正当な理由なく、基本給、賞与その他の待遇のそれぞれについて、当該待遇に対応する当該通常の労働者のの待遇に比して不利なものとしてはならない（法第30条の３第２項。以下、「派遣先均等待遇確保措置」という。）。

　これらの規定は、民事的効力を有するものとされており、これらの規定に違反する派遣労働者の待遇は無効となり、派遣元事業主に故意・過失があれば、不法行為に基づく損害賠償請求の対象となり得る。

　（ロ）派遣先均衡待遇確保措置

　①　派遣先均衡待遇確保措置の考え方

　　　派遣先均衡待遇確保措置は、派遣先の通常の労働者の待遇と派遣労働者の待遇との間で均衡を確保することを求めるものであるが、ここでいう「通常の労働者」は、派遣先において無期、フルタイムで直接雇用されている派遣先のいわゆる正社員をさすが、派遣労働者が就業する派遣先事業所に在籍する通常の労働者に限定されることなく、派遣先に雇用されるすべての「通常の労働者」との間で均衡待遇を図ることが求められている。

　　　また、ここでいう派遣労働者の「待遇」は、基本給、賞与、手当、福利厚生、教育訓練、安全衛生等、すべての待遇が含まれる。

　　　さらに、「職務の内容及び配置の変更の範囲」については、1つの派遣契約で定められている「職務の内容及び配置の変更の範囲」のみならず、当該派遣先における派遣労働者の人材活用の仕組み、運用等の実態に基づいて判断されることとされている。

　②　「不合理な待遇の相違」の判断基準等

　　　不合理な待遇の相違の判断基準については、「短時間・有期雇用労働者及び派遣労働者に対する不合理な待遇差の禁止等に関する指針」（平成30年12月28日厚生労働省告示430号。以下、本章において「同一労働同一賃金ガイドライン」という。）において、原則的な考え方が示されている。その要点は次のとおりである。派遣元事業主としては、派遣先から提供される派遣先の通常の労働者の待遇に関する情報をもとに、同ガイドラインに照らして不合理な待遇差を生じることがないような待遇を確保する必要がある。

同一労働同一賃金ガイドラインの概要

派遣先均等・均衡方式

① 基本給

・基本給が、労働者の能力又は経験に応じて支払うもの、業績又は成果に応じて支払うもの、勤続年数（派遣就業期間）に応じて支払うものなど、それぞれの趣旨・性格に照らして、派遣先の通常の労働者と実態が同一であれば同一の、違いがあれば違いに応じた支給を行わなければならない。

・昇給であって、労働者の勤続（派遣就業の継続）による能力の向上に応じて行うものについては、派遣先の通常の労働者と勤続による能力の向上が同一であれば同一の、違いがあれば違いに応じた昇給を行わなければならない。

② 賞与

・ボーナス（賞与）であって、会社（派遣先）の業績等への労働者の貢献に応じて支給するものについては、派遣先の通常の労働者と会社の業績等への貢献が同一であれば同一の、違いがあれば違いに応じた支給を行わなければならない。

③ 各種手当

・役職手当であって、役職の内容に対して支給するものについては、派遣先の通常の労働者と役職の内容が同一であれば同一の、違いがあれば違いに応じた支給を行わなければならない。

・そのほか、派遣先の通常の労働者との間で、業務の危険度又は作業環境が同一の場合の**特殊作業手当**、交替制勤務等の勤務形態が同一の場合の**特殊勤務手当**、業務の内容が同一の場合の**精皆勤手当**、派遣先の通常の労働者の所定労働時間を超えて同一の**時間外労働**を行った場合に支給される時間外労働手当の割増率、同一の深夜・休日労働を行った場合に支給される**深夜・休日労働手当**の割増率、**通勤手当・出張旅費**、労働時間の途中に食事のための休憩時間がある際の**食事手当**、同一の支給要件を満たす場合の**単身赴任手当**、特定の地域で働く労働者に対する補償として支給する**地域手当**等については、同一の支給を行わなければならない。

④ 福利厚生・教育訓練

・食堂、休憩室、更衣室といった**福利厚生施設**については、派遣先の通常の労働者と働く事業所が同一であれば、同一の利用を認めなければならない。

・派遣先の通常の労働者との間で、転勤の有無等の支給要件が同一の場合の**転勤者用社宅**、**慶弔休暇**、**健康診断に伴う勤務免除・有給保障**については、同一の利用・付与を行わなければならない。

・**病気休職**については、期間の定めのない労働者派遣に係る派遣労働者には、派遣先の通常の労働者と同一の、期間の定めのある労働者派遣に係る派遣労働者にも、派遣就業が終了するまでの期間を踏まえて取得を認めなければならない。

・法定外の**有給休暇その他の休暇**であって、勤続期間（派遣就業期間）に応じて取得を認めているものについては、派遣先の通常の労働者と同一の勤続期間（派遣就業期間）であれば同一の付与を行わなければならない。なお、期間の定めのある労働者派遣契約を更新している場合には、当初の派遣就業の開始日から通算して就業期間を評価することを要する。

・**教育訓練**であって、現在の職務の遂行に必要な技能・知識を習得するために実施するものについては、派遣先の通常の労働者と同一の業務内容であれば同一の、違いがあれば違いに応じた実施を行わなければならない。

・安全管理に関する措置・給付については、派遣先の通常の労働者と同一の勤務環境に置かれている場合には同一の措置・給付を行わなければならない。

＊労使協定方式の場合については85頁参照。

（ハ）派遣先均等待遇確保措置

　　前述のとおり労働者派遣法第30条の3第2項は、派遣先の労働者との均等待遇確保措置として、派遣元事業主は、

① 「職務の内容」が派遣先に雇用される通常の労働者と同一であること

② 「職務の内容及び配置の変更の範囲」が、「当該労働者派遣契約及び当該派遣先における慣行その他の事情からみて」当該派遣先における派遣就業が終了するまでの全期間において、派遣先に雇用される通常の労働者と同一であることが見込まれること

の2要件を満たす派遣労働者については正当な理由がなく、それぞれの待遇について、派遣先の通常の労働者の待遇に比して不利なものとしてはならないとする。

　　ここでいう「当該派遣先における慣行」とは、当該派遣先において繰り返し行われることによって定着している人事異動等の態様をいう。また、「その他の事情」とは、人事規程等により明文化されたもの等が含まれ、職務の内容及び配置の変更の範囲（人材活用の仕組み、運用等）を判断するに当たって、「慣行」と同等と考えられるべきものを指すとされ、派遣先均衡待遇確保措置における「その他の事情」とは異なる。

　　また、「正当な理由なく・・・不利なものとしてはならない。」とは、短時間労働者及び有期雇用労働者の雇用管理の改善等に関する法律（以下、本章では「パート・有期労働法」という。）第9条と同趣旨を定めたものであり、「派遣労働者であることを理由」として、不利な取扱をすることを許さないことを定めた規定と解されている。

ハ　一定の要件を満たす労使協定による待遇の確保のための措置（労使協定方式）

（イ）概要

　　派遣元事業主は、労働者の過半数で組織する労働組合がある場

合においてはその労働組合（以下、本項では「過半数労組」とい
う。）、過半数労組がない場合は、労働者の過半数を代表する者(以
下、本項では「過半数代表者」という。）との書面による協定に
より、その雇用する派遣労働者の待遇について、一定の事項を定
めた時は、派遣先均等・均衡方式を適用せず、当該協定に基づい
て派遣労働者の待遇を決定する（法第30条の4第1項）。ただし、
労使協定で定めた事項を遵守していない場合又は労使協定の定め
による公正な評価に取り組んでいない場合はこの限りではなく、
原則に戻り派遣先均等・均衡方式が適用されることになる（同項
ただし書き）。

（ロ）労使協定の締結方法

　この労使協定は、法律上事業場毎に締結することが定められて
いる36協定等と異なり、法律上は締結単位が定められていない。
そのため、派遣元事業主単位又は労働者派遣事業を行う事業所単
位で締結することも可能であるとともに、数カ所の事業所を一つ
の単位（例えば、各地方ブロック単位等）として締結することも
可能とされている。どの締結単位で労使協定を締結するかは、基
本的には派遣元事業主の裁量に委ねられているが、待遇を引き下
げることなどを目的に数カ所の事業所を一つの締結単位とするこ
とは労使協定方式の趣旨に反し、認められないとされている。

　また、過半数代表者との間で労使協定を締結する場合には、過
半数代表者は、以下の①及び②のいずれにも該当する者であるこ
とが必要である。ここでいう「過半数代表者」は派遣労働者を含
むすべての労動者から選出されることになる。

①　労基法第41条第2号に規程する監督又は管理の地位にある
　者ではないこと。

②　労使協定を締結する者を選出することを明らかにして実施さ
　れる投票、挙手等の民主的な方法による手続きにより選出され
　た者であって、派遣元事業主の意向に基づき選出された者でな
　いこと。なお「投票、挙手等」の方法としては、「投票、挙手」
　のほか、労働者の話合い、持ち回り決議等労働者の過半数でが

当該者の専任を支持していることが明確になる民主的な手続きが該当する。

（ハ）労使協定の内容

労使協定には、以下の事項を定める必要がある。

	定めるべき事項	
ア	労使協定の対象となる派遣労働者の範囲	一部の派遣労働者のみを労使協定の対象とする場合は、客観的な基準によること。 一部に限定する場合は、その理由も記載する必要あり（規則第25条の10第2号）。
イ	以下2要件を充たす派遣労働者の賃金決定方法 ①同種業務に従事する一般労働者の平均的な賃金水準と同等以上の額であること ②職務の内容、職務の成果、意欲、能力又は経験その他の就業の実態に関する事項の向上があった場合に賃金が改善されるものであること	・派遣先の事業所・就業場所の所在地を含む地域において派遣労働者が従事する業務と同種業務に従事する一般労働者であり、同程度の能力・経験を有する者の平均額以上であること。一般労働者の賃金水準については、毎年、厚生労働省職業安定局長からの通達により示されることとされている。 ・職務の内容、職務の成果等の就業の実態に関する事項のうち、どの事項を勘案するか、また、どのように勘案するかは、基本的には労使の決定に委ねられる。
ウ	公正な評価にもとづく賃金の決定	派遣労働者の職務の内容、成果等の就業の実態に関する事項が公正に評価され、賃金改善に反映されるよう適切な評価方法を定めること。
エ	賃金以外の待遇の決定方法[5]	派遣元事業主に雇用される通常の労働者の待遇との間において、職務の内容、職務の内容及び配置の変更の範囲その他の事情のうち、当該待遇の性質および目的に照らして適切と認められるものを考慮して、不合理な相違がないもの。

オ	段階的かつ体系的な教育訓練	労働者派遣法第30条の2に規定する教育訓練に関する事項を記載する必要がある。
カ	その他の事項（右の事項を記載）	①有効期間[6]。 ②特段の事情がないかぎり、一つの労働契約期間中に、派遣先の変更を理由として協定対象労働者か否かを変更しないこと。

（二）周知方法および保存期間

　　締結した労使協定は、以下のいずれかの方法で雇用する労働者に周知する必要ががある。

　ⅰ）書面の交付による方法

　ⅱ）派遣労働者が希望した場合のファクシミリ・電子メールによる方法（ただし、出力することで書面作成可能なものに限られる。）

　ⅲ）電子計算機に備えられたファイル、磁気ディスクその他これに準ずるものに記録し、かつ、派遣労働者がその内容を常時確認できるもの

　ⅳ）派遣元事業主の事業所あのみやすい場所に掲示、又は、備付けること（ただし、協定の概要について、書面化の交付等により合わせて周知する場合に限る。）

　　また、労使協定の有効期間が終了した日から3年を経過する日

---

(5)　この要件を満たす待遇が派遣労働者に適用される就業規則で定めている場合には、労使協定上は、「教育訓練（法第30条の2による場合を除く）、福利厚生その他の待遇については、正社員の待遇と均衡のとれたものとし、具体的には派遣労働者に適用される就業規則で定める。」等の記載に止めておくことも可能である。

(6)　労使協定は、その対象となる派遣労働者の待遇の根拠となることから、労使協定上、有効期間が明確にわかるよう、協定の始期と終期を記載することとされている。なお、有効期間の長さについては、2年以内とすることが望ましいとされている。

まで保存する必要がある。

　なお、行政機関への事業報告の際、労使協定を添付する必要もある。

（ホ）同一労働同一賃金ガイドライン

　同一労働同一賃金ガイドラインは、労使協定方式について、「第5　協定対象派遣労働者」において原則となる考え方等を示している。このうち、賞与、手当等を含む賃金については、上記②の労使協定の内容のイ及びウに基づいて決定することが求められている。

　これに対して、特定の福利厚生施設（給食施設、休憩室及び更衣室）の利用については、派遣先が、派遣先の通常の労働者と同一の利用を認めることが求められており、それ以外の福利厚生については、転勤用社宅、慶弔休暇並びに健康診断に伴う勤務免除及び有給の補償、病気休職、法定外の休暇等を含め、基本的には派遣元事業主の雇用する通常の労働者と同一の扱いをすることが求められている。

同一労働同一賃金ガイドラインの概要

労使協定方式

① 賃金	**＜協定対象派遣労働者の賃金の決定方法等＞** ・同種の業務に従事する一般の労働者の平均的な賃金の額と同等以上の賃金の額となるものでなければならない。 ・職務の内容、職務の成果、意欲、能力又は経験その他の就業の実態に関する事項の向上があった場合に賃金が改善されるものでなければならない。 ・協定対象派遣労働者の職務の内容、職務の成果、意欲、能力又は経験その他の就業の実態に関する事項を公正に評価し、賃金を決定しなければならない。
② 福利厚生・教育訓練	・食堂、休憩室、更衣室といった福利厚生施設については、派遣先の通常の労働者と働く事業所が同一であれば同一の利用を認めなければならない。 ・派遣元の通常の労働者との間で、転勤の有無等の支給要件が同一の場合の転勤者用社宅、慶弔休暇、健康診断に伴う勤務免除・有給保障については、同一の利用・付与を行わなければならない。 ・病気休職については、有期雇用でない派遣労働者には派遣元の通常の労働者と同一の、有期雇用である派遣労働者にも、労働契約が終了するまでの期間を踏まえて取得を認めなければならない。 ・法定外の有給休暇その他の休暇であって、勤続期間に応じて取得を認めているものについては、派遣元の通常の労働者と同一の勤続期間であれば同一の付与を行わなければならない。なお、期間の定めのある労働契約を更新している場合には、当初の労働契約の開始時から通算して勤続期間を評価することを要する。 ・教育訓練であって、現在の職務に必要な技能・知識を習得するために実施するものについては、派遣先の通常の労働者と同一の業務内容であれば同一の、違いがあれば違いに応じた実施を行わなければならない。 ・安全管理に関する措置・給付については、派遣元の通常の労働者と同一の勤務環境に置かれている場合には同一の措置・給付を行わなければならない。

＊派遣先均等・均衡方式の場合については**79**頁参照。

二　短時間・有期雇用労働者である派遣労働者についてのパート・有期労働法の適用

　派遣労働者と同様に「非正規雇用」と位置づけられている短時間労働者及び有期雇用労働者については、その公正な待遇の確保のために、パート・有期労働法において、通常の労働者との均等・均衡待遇を図る規定が設けられているところ、短時間・有期雇用労働者である派遣労働者については、労働者派遣法及びパート・有期労働法の両方が適用されるとされ、派遣先の通常の労働者との間の待遇の相違が問題になるとともに、派遣元事業主の通常の労働者との間の待遇の相違が問題になる（業務取扱要領第７、４（８））。

　ただし、職務の内容に密接に関連する待遇（一般に、賞与、役職手当、特殊作業手当、精皆勤手当、時間外労働手当、深夜及び休日労働手当、教育訓練、安全管理に関する措置・給付等）については、派遣労働者が派遣先の指揮命令の下、派遣先の業務に従事するという労働者派遣の性質から、特段の事情がない限り、派遣元事業主の通常の労働者との待遇の相違は、実質的に問題にならないと解されるとされる一方で、職務の内容に密接に関連しない待遇（一般に、通勤手当、出張旅費、食事手当、単身赴任手当、福利厚生等）については、派遣元事業主の通常の労働者との待遇の相違が問題になり得る。

　そのため、派遣元事業主としては、短時間・有期雇用派遣労働者の待遇を検討する際には、派遣先均等・均衡又は労使協定方式に照らして問題がないことを確認した上で、自社社内の通常の労働者との公正な待遇が確保されていることをも確認すべきである。

（４）就業規則の作成等における派遣労働者の過半数を代表する者への意見聴取の努力義務

　派遣労働者を含む常時10人以上の労働者を使用する使用者は、労基法第89条の定めにより就業規則を作成する義務があり、その作成・変更に当たっては、同法第90条において、事業場の過半数労働組合等の意見を聴取しなければならないこととされている。派遣労働者に

適用される就業規則についても、この手続きが取られる必要があることは当然であるが、派遣労働者に適用される就業規則の作成又は変更に当たっては、これに加えて、就業規則の適用を受ける派遣労働者の意見が反映されることが望ましい。

　そのため、派遣労働者に係る事項について就業規則を作成し、又は変更しようとするときは、当該事業所において雇用する派遣労働者の過半数を代表すると認められる者の意見を聴くよう努めなければならないとされている（法第30条の6）。

（5）派遣労働者等の福祉の増進

　派遣元事業主は、派遣労働者又は派遣労働者として雇い入れようとする労働者（例えば、登録中の労働者）について、各人の希望、能力及び経験に応じた就業の機会及び教育訓練の機会の確保、労働条件の向上その他雇用の安定を図るために必要な措置を講ずることにより、これらの者の福祉の増進を図るように努めなければならない（法第30条の7）。

　また、派遣元事業主は、派遣労働者が育児休業又は介護休業から復帰する際には当該派遣労働者が就業を継続できるよう派遣労働者の希望も勘案しつつ就業機会の確保に努めるべきことに留意する必要がある（派遣元指針）。

　障害者である派遣労働者から派遣先の職場において障害者である派遣労働者の有する能力の有効な発揮の支障となっている事情の申出があった場合、又は派遣先から当該事情に関する苦情があった旨の通知を受けた場合等は、当該障害者である派遣労働者と話し合いを行ない、実施可能な措置を検討するとともに、必要に応じて派遣先に協力の要請をすること等が求められる（派遣元指針）。

（6）適正な派遣就業の確保

　派遣元事業主は、派遣労働者の派遣先における就業に当たり、派遣先が労働者派遣法、労基法、労働安全衛生法等に違反することのないようにその他適正な就業が確保されるように、適切な配慮をしなけれ

ばならない（法第31条）。

（7）待遇に関する事項等の説明

　派遣元事業主は、派遣労働者として雇用しようとする労働者に対し、当該労働者を派遣労働者として雇用した場合における当該労働者の賃金の額の見込み、当該労働者の待遇に関する事項、労働者派遣に関する制度の概要等を説明しなければならない。

　説明すべき事項は、次のとおりである（規則第25条の6第2項）。

① **労働者を派遣労働者として雇用した場合における当該労働者の賃金の額の見込み、健康保険、厚生年金保険及び雇用保険の被保険者となることに関する事項その他の当該労働者の待遇に関する事項**

　　「賃金の額の見込み」とは、当該労働者の能力、経験、職歴、保有資格等を考慮し、当該労働者を派遣労働者として雇用した場合の説明時点における賃金額の見込みであり、一定の幅があっても差し支えない。

　　「健康保険、厚生年金保険及び雇用保険の被保険者となることに関する事項」については、社会保険等の制度に関する一般的な加入条件の説明で足りるが、予定されている派遣就業がある場合には、当該派遣就業に就いた場合の社会保険等の被保険者資格の取得の有無を明示すること。

　　「その他の当該労働者の待遇に関する事項」とは、想定される就業時間や就業日、就業場所、派遣期間、教育訓練、福利厚生等が該当するが、説明時点において説明可能な事項について労働者に説明することで差し支えない。

② **事業運営に関する事項**

　　具体的には、派遣元事業主の会社の概要（事業内容、事業規模等）を指しており、例えば、既存のパンフレット等がある場合には、それを活用して説明することで差し支えない。

③ **労働者派遣に関する制度の概要**

　　労働者派遣制度の概要が分かれば足りるが、特に派遣労働者の

保護に関する規定については十分な説明を行うこと。労働者派遣法に改正があった場合は、改正法の内容についても説明すること。

④　キャリアアップ措置の内容

　　キャリアアップ措置の内容については、法第30条の２第１項の規定による教育訓練及び同条第２項の規定によるキャリアコンサルティングの相談窓口（相談先や利用方法）について説明すること。

これからの説明は、書面の交付、ファクシミリを利用してする送信又は電子メールの送信その他の適切な方法により行わなければならない。ただし、賃金の額の見込みを説明する場合には、書面の交付もしくはファクシミリを利用してする送信又は電子メールの送信により行わなければならない（規則第25条の６第１項）。

（8）派遣労働者として雇い入れ時及び労働者派遣時等の明示及び説明

イ　派遣労働者として雇い入れようとするときの明示及び説明（法第31条の２第２項）

　　派遣労働者の労働条件は、個々の事情に応じて多様に設定されることが多く、派遣労働者の雇い入れ後に労働条件に関する疑義が生じることが少なくない。

　　そこで、派遣労働者の待遇に関する納得性を高め、紛争の防止が図られるよう、派遣元事業主に対して、労基法第15条第１項に定める事項以外のもののうち、特に派遣労働者にとって重要である労働条件に関する事項の明示義務を貸すとともに、派遣労働者の不合理な待遇差を解消するための措置に関して説明することが義務付けられている。

【明示すべき事項】

　　派遣元事業主は、労基法第15条１項に定める労働条件に加えて、以下についても明示すべきとされている（規則第25条の16、同第

25条の17）。これらは、文書の交付、ファクシミリを利用してする送信又は電子メールの送信により行わなければならない（法第31条の2第2項、規則第25条の16）。

①昇級の有無

②退職手当の有無

③賞与の有無

④協定対象派遣労働者であるか否か

⑤派遣労働者から申し出を受けた苦情の処理に関する事項（派遣労働者の苦情の申出を受ける者、派遣元事業主および派遣先において苦情を処理する方法、派遣元事業主と派遣先との連携のための体制等）

【説明すべき措置の内容】

派遣元事業主が説明すべき不合理な待遇差を解消するための措置の内容は、以下のとおりである。説明の方法としては、派遣労働者が理解できるよう書面を活用し、口頭により行うことが基本とされている。

①派遣先均等・均衡方式の場合（法第30条の3）

派遣先との均等・均衡方式により講ずることとしている措置の内容

②労使協定方式の場合（法第30条の4）

労使協定により講ずることとしている措置の内容

③職務の内容、職務の成果、意欲、能力、経験等のうちどの要素を勘案してどのように賃金を決定するか（法第30条の5）

ロ　労働者を派遣しようとするときの明示及び説明（法第31条の2第3項）

労働者派遣においては、1つの労働契約を継続している場合であっても、派遣先が変わるごとに待遇の内容が変わることがあり得る。ことに、派遣先均等・均衡方式が適用される場合には待遇が変更される可能性が高い。一方、労働者派遣をしよとする時には、労基法第15条1項の労働条件の明示は義務付けられていない。

　このため、派遣元事業主に対して、変更されることがあり得る労働条件に関する事項について、労働者派遣の都度明示義務を課すとともに、不合理な待遇差を解消するための措置について説明義務が課されている。

【明示すべき事項】
　派遣元事業主は、以下についても明示すべきとされている（規則第25条の20）。
　明示の方法は、派遣労働者として雇い入れようとするときの明示方法と同様である。
　　①賃金の決定等に関する事項（退職手当、臨時に支払われる賃金等を除く）
　　②休暇に関する事項
　　③昇給の有無
　　④退職手当の有無
　　⑤賞与の有無
　　⑥協定対象派遣労働者であるか否か
【説明すべき措置の内容】
　説明すべき措置の内容は、派遣労働者として雇い入れようとするときの説明事項と同様である。

ハ　派遣労働者から求められた時の待遇の相違の内容及び理由等の説明
　派遣労働者の待遇に関する納得性を高めるとともに、派遣労働者が自らの待遇に納得できない場合に、まずは労使間で対話を行い不合理な待遇差の是正につなげていくとともに、事業主しか持っていない情報のために、派遣労働者が訴えを起こすことができないことを防止する等のため派遣元事業主には、派遣労働者の求めに応じ、派遣労働者と比較対象労働者との間の待遇の相違の内容及び理由等の説明義務が課されている（法第31条の2第4項）。

【説明すべき内容】

　説明すべき内容は、以下のとおりである。なお、説明の方法は、書面を活用し、口頭により行うことが基本とされている。

①派遣労働者と比較対象労働者との間の待遇の相違の内容及び理由並びに不合理な待遇差解消のために講ずべきこととされている事項に関する決定に当たり考慮した事項

　ⅰ）派遣先均等・均衡方式対象の派遣労働者

　　　a　派遣労働者及び比較対象労働者のそれぞれを決定するに当たって考慮した事項の相違の有無

　　　b　派遣労働者及び比較対象労働者の待遇の個別具体的な内容又は実施基準

　　ⅱ）労使協定方式対象の派遣労働者

　　　　協定対象派遣労働者の賃金が協定で定めた賃金水準、公正な評価に基づき決定されていること等。

②職務の内容等を勘案した賃金の決定（法第30条の5）に関し、決定に当たって考慮した事項

③就業規則の作成の手続き（法第30条の6）に関し、決定に当たって考慮した事項。

派遣労働者に対する明示・説明義務等

労働契約締結前

労働条件に関する明示義務	
説明義務	①派遣労働者として雇用した場合の賃金額の見込み、社会・労働保険の資格取得（被保険者となること）に関する事項その他の待遇に関する事項 ②事業運営に関する事項 ③労働者派遣制度の概要 〔説明方法〕 ①書面の交付 ②ファクシミリの送信 ③電子メール等の送信 ④その他の適切な方法（口頭、インターネット等）

雇入れ時

労働条件に関する明示義務	①昇給の有無 ②退職手当の有無 ③賞与の有無 ④労使協定の対象となる派遣労働者であるか否か 　（協定対象者の場合は当該協定の有効期間の終期） ⑤苦情処理に関する事項 〔明示方法〕 ①文書の交付 ②ファクシミリの送信 ｜ ③電子メール等の送信 ｜（派遣労働者本人の希望がある場合のみ可）
説明義務	不合理な待遇差を解消するために講ずる措置 ①派遣先均等・均衡方式により講ずることとしている措置の内容 ②労使協定方式により講ずることとしている措置の内容 ③職務の内容、職務の成果、意欲、能力、経験等のうちどの要素を勘案してどのように賃金を決定するか 〔説明方法〕 書面の活用その他の適切な方法（**下記**※**参照**）

派遣時の説明

労働条件に関する明示義務	①賃金（退職手当・臨時に支払われる賃金を除く）の決定等に関する事項 ②休暇に関する事項 ③昇給の有無 ④退職手当の有無 ⑤賞与の有無 ⑥協定対象労働者か否か 　（協定対象者の場合は当該協定の有効期間の終期） ＊「労使協定方式」の場合には上記⑥のみを明示することが必要。 〔明示方法〕 ①書面の交付、 ②ファクシミリの送信 ③電子メール等の送信　｝（派遣労働者本人の希望がある場合のみ可） 　ただし、労働者派遣の実施について緊急の必要があるためあらかじめ上記の方法による明示ができないときは、当該方法以外の方法によることができる。 　この場合において、 ・派遣労働者から請求があったとき 又は ・労働者派遣の期間が1週間を超えるとき は、労働者派遣の開始後遅滞なく、上記の方法により明示しなければならない。
説明義務	不合理な待遇差を解消するために講ずる措置 ①派遣先均等・均衡方式により講ずることとしている措置の内容 ②労使協定方式により講ずることとしている措置の内容 ③職務の内容、職務の成果、意欲、能力、経験等のうちどの要素を勘案してどのように賃金を決定するか 〔説明方法〕 書面の活用その他の適切な方法

派遣労働者から求めがあった場合

労働条件に関する明示義務	
説明義務	【派遣先均等・均衡方式の場合】 <待遇の相違の内容> 　次の①及び②の事項を説明しなければならない。 ①派遣労働者及び比較対象労働者の待遇のそれぞれを決定するに当たって考慮した事項の相違の有無 ②「派遣労働者及び比較対象労働者の待遇の個別具体的な内容」又は「派遣労働者及び比較対象労働者の待遇の実施基準」

説明義務	＜待遇の相違の理由＞ 　派遣労働者及び比較対象労働者の職務の内容、職務の内容及び配置の変更の範囲その他の事情のうち、待遇の性質及び待遇を行う目的に照らして適切と認められるものに基づき、待遇の相違の理由を説明しなければならない。 【労使協定方式の場合】 　協定対象派遣労働者の賃金が、次の内容に基づき決定されていることについて説明しなければならない。 ・派遣労働者が従事する業務と同種の業務に従事する一般労働者の平均的な賃金の額と同等以上であるものとして労使協定に定めたもの ・労使協定に定めた公正な評価 　協定対象派遣労働者の待遇（賃金、教育訓練及び福利厚生施設を除く）が派遣元事業主に雇用される通常の労働者（派遣労働者を除く）との間で不合理な相違がなく決定されていること等について、派遣先均等・均衡方式の場合の説明の内容に準じて説明しなければならない。 〔説明方法〕 　書面の活用その他適切な方法（**下記**※**参照**）

派遣労働者から求めがない場合における対応

　派遣労働者から求めがない場合でも、以下の事項等に変更があったときには、派遣元事業主は派遣労働者に対し、その内容を情報提供することが望ましい。
・比較対象労働者との間の待遇の相違の内容及び理由
・派遣先均等・均衡方式又は労使協定方式により派遣労働者の待遇を決定するに当たって考慮した事項
・均衡待遇の対象となる派遣労働者の賃金を決定するに当たって考慮した派遣労働者の職務の内容、職務の成果、意欲、能力又は経験その他の就業の実態に関する事項

※　書面の活用その他適切な方法
　・書面を活用し、口頭で行うのが基本。
　・ただし、説明すべき事項が漏れなくすべて記載されており、派遣労働者が容易に理解できる内容の資料を用いる場合には、当該資料を交付する等の方法も認められる。

（9）派遣労働者であることの明示等

　派遣元事業主は、労働者を派遣労働者として雇い入れようとするときには、あらかじめ、労働者にその旨を明示しなければならず、また、既に雇い入れている労働者を新たに派遣労働者とする場合には、あらかじめ、その旨を労働者に明示し、その同意を得なければならない（法第32条）。

　現に雇用する労働者について、新たに労働者派遣の対象としようとする際の同意は、労働者派遣をする都度ではなく、初めて労働者派遣の対象としようとするときに行わなければならないものであり、その際に当該労働者の個別の同意を要するものである。

（10）派遣労働者に係る雇用制限の禁止

　派遣元事業主は、その雇用する派遣労働者又は派遣労働者として雇用しようとする労働者との間で、正当な理由がなく、当該派遣元事業主との雇用関係の終了後、その者に係る派遣先である者、派遣先であった者又は派遣先となることとなる者に雇用されることを禁ずる旨の契約を締結してはならない（法第33条第１項）。

　また、派遣元事業主は、その雇用する派遣労働者に係る派遣先である者、派遣先であった者又は派遣先となろうとする者との間で、正当な理由がなく、当該派遣元事業主との雇用関係の終了後、その者が当該派遣労働者を雇用することを禁ずる旨の契約を締結してはならない（法第33条第２項）。

　派遣労働者に係る雇用を制限する契約の定めは、憲法第22条により保障されている労働者の職業選択の自由を実質的に制約し、労働者の労働権を侵害するものであり、派遣元事業主と派遣労働者間における派遣先に雇用されない旨の定め、あるいは、派遣元事業主と派遣先間における派遣先が派遣労働者を雇用しない旨の定めをすることは禁止される。

（11）就業条件等の明示

　派遣元事業主は、労働者派遣をしようとするときは、あらかじめ、

●派遣労働者に対する就業条件等の明示事項

就業条件等　（法第34条１項２号）

① 派遣労働者が従事する業務の内容
② 派遣労働者が従事する業務に伴う責任の程度
③ 派遣就業する事業所の名称、所在地その他派遣就業の場所・組織単位
④ 派遣先のために、就業中の派遣労働者を直接指揮命令する者に関する事項
⑤ 労働者派遣の期間、派遣就業をする日
⑥ 派遣就業の開始・終了時刻、休憩時間
⑦ 安全・衛生に関する事項
⑧ 派遣労働者からの苦情の処理に関する事項
⑨ 派遣労働者の新たな就業の機会の確保、派遣労働者に対する休業手当等の費用の負担に関する措置、その他の労働者派遣契約の解除にあたって講ずる派遣労働者の雇用安定措置に関する事項
⑩ 紹介予定派遣である場合は、当該職業紹介により従事すべき業務の内容・労働条件その他の紹介予定派遣に関する事項
⑪ 派遣元責任者・派遣先責任者に関する事項
⑫ 労働者派遣の役務の提供を受ける者が⑤の派遣就業をする日以外の日に派遣就業をさせることができ、又は⑥の派遣就業時間を延長することができる旨の定めをした場合には、その派遣就業をさせることができる日又は延長できる時間数
⑬ 派遣先の労働者が通常利用している診療所等、レクリエーション施設・設備の利用、制服の貸与、教育訓練等便宜を供与する定めをした場合はその事項
⑭ 労働者派遣の役務の提供を受ける者が、労働者派遣の終了後にその派遣労働者を雇用する場合に、労働者派遣契約の間の紛争を防止するための措置
⑮ 社会保険の資格取得届等が行政機関に提出されていない場合はその理由
⑯ 期間制限のない労働者派遣に関する事項

抵触日　（法第34条１項３号・４号）

① 派遣労働者個人単位の期間制限に抵触する最初の日（期間制限のない労働者派遣に該当する場合（法第40条の２第１項各号）はその旨）
② 派遣先の事業所単位の期間制限に抵触する最初の日（期間制限のない労働者派遣に該当する場合はその旨）

労働契約申込みみなし制度の適用に関する事項　（法第34条３項）

派遣先が事業所単位又は個人単位の派遣期間制限に違反して労働者派遣の役務の提供を受けた場合に、労働契約の申込みをしたものとみなされる旨

その他

◆派遣労働者であること等（派遣労働者として雇い入れようとするとき等。法第32条）
◆派遣料金額（雇入れ時・派遣時・料金額変更時。法第34条の２）

当該派遣労働者に対し、労働者派遣をしようとする旨、当該派遣労働者に係る就業条件並びに派遣先の事業所単位の期間制限に抵触することとなる最初の日及び派遣労働者個人単位の期間制限に抵触することとなる最初の日を明示しなければならない（法第34条）。

明示すべき就業条件は、具体的には、労働者派遣契約で定めた事項のうち当該労働者派遣される派遣労働者に係るものである。

この就業条件等の明示は、書面の交付又は当該派遣労働者が希望した場合にはファクシミリを利用してする送信もしくは電子メールの送信により行わなければならない（規則第26条）。

(12) 派遣料金額の明示

派遣元事業主は、一定の場合には、労働者派遣に関する料金の額を明示しなければならない（法第34条の2）。

具体的には、派遣元事業主は、1）労働者を派遣労働者として雇い入れようとする場合には当該労働者に対し、2）労働者派遣をしようとする場合及び労働者派遣に関する料金の額を変更する場合には当該労働者派遣に係る派遣労働者に対し、それぞれ当該労働者派遣に関する料金の額を明示しなければならない。

明示すべき労働者派遣に関する料金の額は、次のいずれかとする（規則第26条の3第3項）。

① 当該労働者に係る労働者派遣に関する料金の額
② 当該労働者に係る労働者派遣を行う事業所における1人1日当たりの労働者派遣に関する料金の額の平均額

なお、明示すべき労働者派遣に関する料金の額について、時間額・日額・月額・年額等は問わない。

また、労働者派遣に関する料金の額の明示は、書面の交付、ファクシミリを利用してする送信、又は電子メールの送信の方法により行わなければならない（規則第26条の3第1項）。

(13) 派遣先への通知

派遣元事業主は、労働者派遣をするときは、労働者派遣に係る派遣

労働者の氏名等を派遣先に通知しなければならない（法第35条）。

＜通知の方法＞

　この通知は、労働者派遣契約に定める派遣労働者の就業条件の内容の組合せが一つであるときは、その組合せに係る次の①〜⑤の事項を通知しなければならない。労働者派遣契約に定める派遣労働者の就業条件の内容の組合せが複数であるときは、その組合せごとにその組合せに係る次の①〜⑤の事項を通知しなければならない（規則第27条）。

　この通知は、労働者派遣に際し、あらかじめ、書面の交付もしくはファクシミリを利用してする送信又は電子メールの送信をすることにより行わなければならない。

＜通知すべき事項＞

　派遣先に通知しなければならない事項は、次に掲げる事項である（法第35条、規則第27条の2、第28条）。

①　**派遣労働者の氏名及び性別**（派遣労働者が45歳以上である場合にあってはその旨並びに当該派遣労働者の氏名及び性別、派遣労働者が18歳未満である場合にあっては当該派遣労働者の年齢並びに氏名及び性別）

②　**派遣労働者が無期雇用派遣労働者であるか有期雇用派遣労働者であるかの別**

③　**派遣労働者が60歳以上の者であるか否かの別**

④　**派遣労働者に係る健康保険、厚生年金保険及び雇用保険の被保険者資格取得届の提出の有無**（提出されていない場合は、当該書類が提出されていない具体的な理由を付して通知しなければならない（規則第27条の2第2項）。）

⑤　**派遣労働者の派遣就業の就業条件の内容が当該労働者派遣に係る労働者派遣契約の就業条件**（55頁（1）の契約事項の⑤、⑥、⑪、⑫、⑬に係る就業条件に限られる。すなわち、労働者派遣の期間及び派遣就業をする日、派遣就業の開始及び終了の時刻並びに休憩時間、派遣元責任者及び派遣先責任者、便宜供与等に関する事

　項である）の内容と異なる場合における当該派遣労働者の就業条
　件の内容

（14）労働者派遣期間の制限

　派遣元事業主は、①無期雇用派遣労働者に係る労働者派遣、②60
歳以上の高齢者（＝雇用の機会が特に困難である派遣労働者であって、
その雇用の継続を図る必要があると認められるものとして厚生労働省
令で定める者）に係る労働者派遣、③労働者派遣法第40条の2第1
項各号に掲げる労働者派遣を除き、以下の派遣可能期間を超えて労働
者派遣をしてはならない。

＜事業所単位の期間制限＞

　派遣元事業主は、派遣先が当該派遣元事業主から労働者派遣の役
務の提供を受けたならば派遣可能期間を超える期間継続して労働者
派遣の役務の提供を受けてはならないと規定する労働者派遣法第
40条の2第1項に抵触することとなる場合には、当該抵触するこ
ととなる最初の日（以下、「抵触日」という。）以降継続して有期雇
用派遣労働者の派遣を行ってはならない（法第35条の2）。

　派遣先の事業所等ごとの業務における派遣可能期間は3年である
（法第40条の2第2項）。ただし、有期雇用派遣労働者の受入れ開
始から3年を経過する時までに過半数労働組合（過半数労働組合が
ない場合は過半数代表者）から意見を聴取した場合には、さらに3
年を上限に延長することができる（その後も同様）。これは、派遣
労働者が派遣先の常用労働者の代替となることを防止するために設
けられた派遣先労働者保護のための制度である。

＜個人単位の期間制限＞

　派遣元事業主は、派遣先の事業所等における組織単位ごとの業務
について、3年を超える期間継続して同一の有期雇用派遣労働者に
係る労働者派遣を行ってはならない（法第35条の3）。

　これは、派遣労働を臨時的・一時的な働き方として位置づけるこ

とを原則とする観点、及び派遣労働者の派遣就業への望まない固定化の防止を図る観点から、有期雇用派遣労働者について、課、グループ等の同一の組織単位における継続的な受入れを3年までとする期間制限を設けるものである。また、「継続して労働者派遣を行う」の「継続して」とは、労働者派遣の役務の提供を行っていない期間があったとしても、それが3か月以内であれば継続しているものとみなすこととされている。

（15）日雇派遣の原則禁止とその例外

派遣元事業主は、その雇用する日雇労働者（日々又は30日以内の期間を定めて雇用する労働者）について労働者派遣を行ってはならない。ただし、その業務を迅速かつ的確に遂行するために専門的な知識、技術又は経験を必要とする業務のうち、労働者派遣により日雇労働者を従事させても日雇労働者の適正な雇用管理に支障を及ぼすおそれがないと認められる業務として政令で定める業務について労働者派遣をする場合又は雇用の機会の確保が特に困難であると認められる労働者の雇用の継続等を図るために必要であると認められる場合その他の場合で政令で定める場合を除く（法第35条の4、令第4条）。

政令で定める業務としては、1）情報処理システムの設計もしくは保守又はプログラムの設計、作成もしくは保守の業務、2）迅速かつ的確な操作に熟練を要する電子計算機、タイプライター又はこれらに準ずる事務用機器の操作の業務等が規定されている（令第4条第1項）。

政令で定める場合としては、日雇労働者の安全又は衛生を確保するため必要な措置その他の雇用管理上必要な措置を講じている場合であって、1）日雇労働者が60歳以上である場合、2）日雇労働者が昼間の学校の学生又は生徒である場合、3）日雇労働者の1年分の生業収入の額が500万円以上である場合、4）日雇労働者が主として生計を一にする配偶者その他の親族の収入により生計を維持している場合であって、その1年分の賃金その他の収入の額を合算した額が500万円以上である場合である（令第4条第2項、規則第28条の3）。

●日雇派遣が認められる場合

例外①	例外②
政令で定める業務について派遣する場合（派遣令第４条１項）	政令で定める場合（派遣令第４条２項）
①ソフトウェア開発　②機械設計 ③事務用機器操作 ④通訳、翻訳、速記　⑤秘書 ⑥ファイリング　⑦調査 ⑧財務処理　⑨取引文書作成 ⑩デモンストレーション ⑪添乗　⑫受付・案内 ⑬研究開発 ⑭事業の実施体制の企画、立案 ⑮書籍等の制作・編集 ⑯広告デザイン ⑰ＯＡインストラクション ⑱セールスエンジニアの営業、金融商品の営業 ⑲看護業務関係	次の労働者を派遣する場合 (i)60歳以上の者 (ii)昼間学生 　（雇用保険の適用を受けない学生） (iii)生業収入が500万円以上 　（副業等） (iv)主たる生計者以外の者で、世帯収入が500万円以上のもの 　（世帯収入に占める本人の収入の割合が50％未満）

(16) 離職後１年以内の労働者派遣の禁止

　派遣元事業主は、労働者派遣をしようとする場合において、当該「派遣労働者が当該派遣先を離職した者であるときは、当該離職の日から起算して１年を経過する日までの一定の期間は、当該派遣労働者に係る労働者派遣の役務の提供を受けてはならない」と規定する労働者派遣法第40条の９第１項の規定に抵触することとなるときは、当該労働者派遣を行ってはならない（法第35条の５）。これは、ある企業を離職した労働者を当該企業において派遣労働者として受け入れ、その業務に従事させることは、法の趣旨に鑑みて適当ではないため、当該派遣先へ労働者派遣をすることを禁止するものである（**123頁**
3（8）参照）。

(17) 派遣元責任者の選任

　派遣元事業主は、以下の事項を行わせるため、派遣元事業主の事業

所ごとに当該事業所に専属の派遣元責任者を選任しなければならない
（法第36条）。

<派遣元責任者の職務>

① 派遣労働者であることの明示等（法第32条）
② 就業条件等の明示（法第34条）
③ 派遣先への通知（法第35条）
④ 派遣元管理台帳の作成、記載及び保存（法第37条）
⑤ 派遣労働者に対する必要な助言及び指導の実施
⑥ 派遣労働者から申出を受けた苦情の処理
⑦ 派遣先との連絡・調整
⑧ 派遣労働者の個人情報の管理に関すること（法第24条の３）
⑨ 当該派遣労働者についての教育訓練の実施及び職業生活設計
　 に関する相談の機会の確保に関すること
　（ⅰ）段階的かつ体系的な教育訓練の実施に関すること
　（ⅱ）キャリアコンサルティングの機会の確保に関すること
⑩ 安全衛生に関すること

⑤の派遣労働者に対する必要な助言及び指導の実施は、具体的に
は、例えば、法に沿って、労働者派遣事業制度の趣旨、内容、労働者
派遣契約の趣旨、派遣元事業主及び派遣先が講ずべき措置、労基法等
の適用に関すること、苦情等の申出方法等につき必要な助言及び指導
を行うことである。

⑥の派遣労働者から申出を受けた苦情の処理は、具体的には、例え
ば、派遣労働者から直接申出を受けた苦情及び労働者派遣法第40条
第１項の規定により派遣先から通知のあった苦情に適切な処理を行う
ことである。

なお、苦情処理を適切に行うためには、派遣元責任者本人が派遣先
に直接出向いて処理する必要性も高いことから、派遣先の対象地域に
ついては派遣元責任者が日帰りで苦情処理を行い得る地域とされてい
る。

　⑦の派遣先との連絡・調整は、具体的には、例えば、派遣先の連絡調整の当事者となる派遣先責任者との間において⑥の苦情の処理のほか派遣就業に伴い生じた問題の解決を図っていくことである。

　⑧の派遣労働者の個人情報の管理に関することは、具体的には、例えば、派遣労働者等の個人情報が目的に応じ正確かつ最新のものに保たれているか、個人情報が紛失、破壊、改ざんされていないか、個人情報を取り扱う事業所内の職員以外の者が当該個人情報にアクセスしていないかについての管理を行うこと、また、目的に照らして必要がなくなった個人情報の破棄又は削除を行うこと等である。

　⑨の(i)は、派遣元事業主において作成した教育訓練が実施されるよう管理を行うことが必要である。

　⑨の(ii)は、キャリアコンサルティングを希望する派遣労働者との相談窓口としての連絡及び調整並びに派遣先との連絡、調整等に関する業務を行うことである。

　⑩の安全衛生に関することは、派遣元事業所において労働者の安全衛生に関する業務を統括する者（総括安全衛生管理者、安全管理者、衛生管理者等）及び派遣先と必要な連絡調整を行うことである。具体的には、派遣労働者の安全衛生が的確に確保されるよう、例えば、健康診断の実施に関する事項、安全衛生教育に関する事項、事故等が発生した場合の内容・対応状況の確認等である。

＜派遣元責任者の要件＞

　派遣元責任者は、自己の雇用する労働者であって、次の①から⑧までのいずれにも該当しない者のうちから選任しなくてはならない（法第36条）。ただし、派遣元事業主（法人である場合は、その役員）を派遣元責任者とすることを妨げない（規則第29条第1号）。

　また、労働者派遣事業の許可において、派遣元責任者は雇用管理能力に係る一定の基準を満たすこと、及び過去3年以内に厚生労働大臣に開催を申し出た者が実施する派遣元責任者講習を受講していること（規則第29条の2）が必要である。

①　禁錮以上の刑に処せられ、又は労働者派遣法、労基法、職業安

定法、最低賃金法、安衛法、刑法等の規定に違反し、罰金の刑に処せられ、その執行を終わり、又は執行を受けることがなくなった日から起算して5年を経過しない者

② 成年被後見人もしくは被保佐人又は破産者で復権を得ないもの

③ 労働者派遣事業もしくは、平成27年9月29日以前に（旧）一般労働者派遣事業の許可を取り消され、又は（旧）特定労働者派遣事業の廃止を命じられ、当該取消し又は命令の日から起算して5年を経過しない者

④ 労働者派遣事業もしくは、平成27年9月29日以前に（旧）一般労働者派遣事業の許可を取り消され、又は（旧）特定労働者派遣事業の廃止を命じられた者が法人である場合において、当該取消し又は命令の処分を受ける原因となった事項が発生した当時に当該法人の役員であった者で、当該取消し又は命令の日から起算して5年を経過しないもの

⑤ 労働者派遣事業もしくは、平成27年9月29日以前に（旧）一般労働者派遣事業の許可の取消し又は（旧）特定労働者派遣事業の廃止の命令の処分に係る聴聞の通知があった日から当該処分をする日又は処分をしないことを決定する日までの間に労働者派遣事業及び平成27年9月29日以前に（旧）一般労働者派遣事業又は（旧）特定労働者派遣事業の廃止の届出をした者で、当該届出の日から起算して5年を経過しないもの

⑥ ⑤の期間内に廃止の届出をした者が法人である場合において、聴聞の通知の日前60日以内に当該法人の役員であった者で、当該届出の日から起算して5年を経過しないもの

⑦ 暴力団員による不当な行為の防止等に関する法律第2条第6号に規定する暴力団員又は暴力団員でなくなった日から5年を経過しない者

⑧ 未成年者

＜派遣元責任者の選任方法＞

派遣元責任者は、当該事業所の派遣労働者の数100人ごとに1人

以上の者を選任しなければならない。

　また、物の製造の業務に労働者派遣をする事業所にあっては、物の製造の業務に従事させる派遣労働者の数100人ごとに1人以上の物の製造の業務に従事させる派遣労働者を専門に担当する製造業務専門派遣元責任者を選任しなければならない（規則第29条第3号）。

●**派遣元責任者の選任数**

事業所の派遣労働者数	必要な派遣元責任者の数
1〜100人まで	1人以上
101〜200人まで	2人以上
201人以上	以降、100人を1単位として1人追加

［製造業の場合］

製造業務に従事する派遣労働者数	必要な製造業務派遣元責任者の数	
1〜100人まで	1人以上	1人は製造業務以外の派遣労働者についての派遣元責任者と兼務可
101〜200人まで	2人以上	
201人以上	以降、100人を1単位として1人追加	

（18）派遣元管理台帳

　派遣元事業主は、派遣元事業主の事業所ごとに派遣元管理台帳を作成し、当該台帳に派遣労働者ごとに所定の事項を記載しなければならない（法第37条、規則第31条）。

＜派遣元管理台帳の記載事項＞

　派遣元管理台帳には次に掲げる事項を記載しなければならない。

① 　派遣労働者の氏名
② 　協定対象派遣労働者であるか否かの別

③　無期雇用派遣労働者か有期雇用派遣労働者かの別（有期雇用派遣労働者である場合は、労働契約の期間）

④　60歳以上の者であるか否かの別

⑤　派遣先の氏名又は名称

⑥　派遣先の事業所の名称

⑦　派遣先の事業所の所在地その他派遣就業の場所及び組織単位

⑧　労働者派遣の期間及び派遣就業をする日

⑨　始業及び終業の時刻

⑩　従事する業務の種類（労働者派遣法施行令第４条第１項各号に掲げる業務について労働者派遣をするときは、当該号番号を付すこと）

⑪　派遣労働者が従事する業務に伴う責任の程度

⑫　派遣労働者から申出を受けた苦情の処理に関する事項

⑬　紹介予定派遣に係る派遣労働者については、当該紹介予定派遣に関する事項

⑭　派遣元責任者及び派遣先責任者に関する事項

⑮　労働者派遣契約において、派遣先が労働者派遣法第37条第１項第６号に掲げる派遣就業をする日以外の日に派遣就業をさせることができ、又は同項第７号に掲げる始業の時刻から終業の時刻までの時間を延長することができる旨の定めをした場合には、当該派遣就業させることができる日又は延長することのできる時間数

⑯　期間制限のない労働者派遣に関する事項

・有期プロジェクトの業務について労働者派遣を行うときは、労働者派遣法第40条の２第１項第３号イに該当する業務である旨

・日数限定業務について労働者派遣を行うときは、１）労働者派遣法第40条の２第１項第３号ロに該当する旨、２）当該派遣先において、同号ロに該当する業務が１か月間に行われる日数、３）当該派遣先の通常の労働者の１か月間の所定労働日数

・労働者派遣法第40条の2第1項第4号に掲げる育児休業等の代替要員としての業務について労働者派遣を行うときは、派遣先において休業する労働者の氏名及び業務並びに当該休業の開始及び終了予定の日

・労働者派遣法第40条の2第1項第5号に掲げる介護休業等の代替要員としての業務について労働者派遣を行うときは、派遣先において休業する労働者の氏名及び業務並びに当該休業の開始及び終了予定の日

⑰　派遣労働者に係る健康保険、厚生年金保険及び雇用保険の被保険者資格取得届の提出の有無（提出がない場合はその理由を派遣先に通知した内容を具体的に記すこと）

⑱　労働者派遣法第30条の2第1項の規定による段階的かつ体系的な教育訓練を行った日時及び内容

⑲　キャリアコンサルティングを行った日とその内容に関する事項

⑳　雇用安定措置を講ずるに当たって聴取した希望の内容

㉑　雇用安定措置の内容

⑪の労働者派遣法施行令第4条第1項の号番号については、日雇労働者に係る労働者派遣が行われないことが明らかである場合は、当該号番号を付す必要はない。この「日雇労働者に係る労働者派遣が行われないことが明らかである場合」とは、1）無期雇用労働者の労働者派遣に限る場合又は2）契約期間が31日以上の有期雇用労働者の労働者派遣に限る場合であって、かつ、その旨が派遣元管理台帳に明記されているときである。

＜派遣元管理台帳の記載方法＞

派遣元管理台帳を書面によらず電磁的記録により作成を行う場合は、電子計算機に備えられたファイルに記録する方法又は磁気ディスク等をもって調製する方法により作成を行わなければならない。

また、書面によらず電磁的記録により派遣元管理台帳の保存を行

う場合は、次のいずれかの方法によって行った上で、必要に応じ電
磁的記録に記録された事項を出力することにより、直ちに明瞭かつ
整然とした形式で使用に係る電子計算機その他の機器に表示し、及
び書面を作成できるようにしなければならない。

①　作成された電磁的記録を電子計算機に備えられたファイル又は
　磁気ディスク等をもって調製するファイルにより保存する方法

②　書面に記載されている事項をスキャナ（これに準ずる画像読取
　装置を含む。）により読み取ってできた電磁的記録を電子計算機
　に備えられたファイル又は磁気ディスク等をもって調製するファ
　イルにより保存する方法

＜派遣元管理台帳の保存＞

　派遣元事業主は、派遣元管理台帳を3年間保存しなければならな
い（法第37条第2項）。派遣元管理台帳を保存すべき期間の起算日
は、労働者派遣の終了の日である（規則第32条）。

（19）労働・社会保険の適用の促進

①　労働・社会保険への適切な加入

　派遣元事業主は、その雇用する派遣労働者の就業の状況等を踏
まえ、労働・社会保険の適用手続を適切に進め、労働・社会保険
に加入する必要がある派遣労働者については、加入させてから労
働者派遣を行うこととされている（派遣元指針第2の4）。

②　被保険者等の写し等の提示

　派遣元事業主は、健康保険、厚生年金保険及び雇用保険に加入
させている派遣労働者を派遣する場合には、派遣先に対して、当
該派遣労働者をに係る被保険者証等のの写しを郵送又は持参する
等により提示しなければならない（規則第27条第4項）。これに
より、派遣先がも派遣労働者が社会保険等に加入していることを
確認することが可能となる。

　なお、派遣元事業主が派遣先に被保険者証等の写しを提示する
場合には、原則として、当該派遣労働者の同意を得たうえで行う
こととし、同意が得られない場合には、生年月日、年齢等を黒塗

りする等の個人情報に配慮することが適当とされている。

③　派遣労働者に対する未加入の理由の通知

　　派遣元事業主は、労働・社会保険に加入していない派遣労働者については、派遣先に対して通知した派遣労働者が労働・社会保険に加入していない具体的な理由を当該派遣労働者に対しても通知することとされている。

(20) 派遣労働者の特定行為への協力の禁止

　派遣元事業主は、派遣先による派遣労働者の特定を目的とする行為に協力してはならない（派遣元指針第２の13の(1)。ただし、紹介予定派遣の場合を除く）。

　「特定を目的とする行為」への「協力」とは、派遣先からの派遣労働者の指名行為に応じることだけでなく、例えば、派遣先への履歴書の送付、派遣先による派遣労働者の事前面接への協力等特定を目的とする行為に対する協力はすべて含まれるとされている。

(21) 性別・障害の有無・年齢による差別的取扱いの禁止

　職業紹介、職業指導等について、人種、国籍、信条、性別、社会的身分、門地、従前の職業、労働組合の組合員であること等を理由とする差別的取扱いを禁止する職業安定法第３条は、労働者派遣事業にも適用される。このため、派遣元事業主は、派遣先との間で労働者派遣契約を締結するに当たっては、職業安定法第３条の規定を遵守し、派遣労働者の性別を労働者派遣契約に記載し、これに基づき当該派遣労働者を当該派遣先に派遣してはならない（派遣元指針第２の13の(2)）。

　また、この規定による差別的取扱い禁止の対象には、障害者であることも含まれ、障害者であることを理由として派遣就業させる派遣労働者から障害者を排除したり、派遣就業の条件を障害者に対してのみ不利なものとしたりするなど、差別的な労働者派遣を行ってはならない（派遣元指針第２の13の(3)）。

　さらに、募集・採用に際しての年齢制限を禁止する労働施策総合推進法第９条や職業安定法第３条の趣旨に鑑み、年齢による不合理な差

別的労働者派遣を行ってはならない。

③ 派遣先の講ずべき措置

　派遣先は、労働契約関係の当事者ではないが、派遣労働者をその指揮命令の下に労働させることから、派遣労働者の適正な就業を確保するために一定の措置を講じさせることが必要である。このため、労働者派遣法は、派遣先の指揮命令に関し、以下のような規定を設けている。

（1）労働者派遣契約に関する措置

イ　概要

　派遣先は、労働者派遣契約に定める就業条件に反することのないよう適切な措置を講じなければならない（法第39条）。派遣労働者の就業条件は、労働者派遣契約により律せられるものであり、これに反することのないよう措置すべきことは当然のことである。

ロ　労働者派遣契約に定める就業条件の確保

　派遣先は、労働者派遣契約を円滑かつ的確に履行するため、以下の措置その他派遣先の実態に即した適切な措置を講ずる必要がある。

①　就業条件の周知徹底

　労働者派遣契約で定められた就業条件について、指揮命令者やその他の関係者に当該就業条件を記載した書面を交付、又は掲示する等により、その周知徹底を図ること。

②　就業場所の巡回

　定期的に派遣労働者の就業場所を巡回し、当該派遣労働者の就業の状況が労働者派遣契約に反していないことを確認すること。

③　就業状況の報告

　指揮命令者から、定期的に当該派遣労働者の就業の状況について報告を求めること。

④　労働者派遣契約の内容の遵守に係る指導

　指揮命令者に対し、労働者派遣契約の内容に違反することとな

る業務上の指示を行わないようにすること等の指導を徹底すること。

（2）苦情の適切な処理

　派遣先は、派遣就業が適正かつ円滑に行われるようにするため、派遣労働者から、就業に関して苦情の申出があったときには、当該苦情の内容を派遣元事業主に通知し、その密接な連携の下に、誠意をもって、遅滞なく、当該苦情の適切かつ迅速な処理等を図らなければならない（法第40条第1項）。また、派遣先は、派遣労働者の苦情の処理にあたっては、派遣先の労働組合法上の使用者性に関する代表的な裁判例や中央労働委員会の命令の内容に留意し、特に法の規定により、派遣先の事業を行う者を派遣中の労働者を使用する事業者とみなして適用する労働関係法令上の義務に関する苦情等については、誠実かつ主体的に対応しなければならないとされている（派遣先指針第2の7⑵）。派遣労働者が派遣先において就業することに伴って生じる種々の問題については、速やかな解決が図られることが、派遣労働者の適正な就業を確保する上で重要である。

（3）派遣先による均衡待遇の確保

イ　教育訓練・能力開発

　派遣先は、派遣労働者について、当該派遣労働者が従事する業務と同種の業務に従事する派遣先の労働者が従事する業務の遂行に必要な能力を付与するための教育訓練ついては、派遣元事業主からの求めに応じ、当該派遣労働者が既に当該業務に必要な能力を有している場合や派遣元で同様の訓練を実施することができる場合を除き、当該教育訓練を実施する等、必要な措置を講じなければならない（法第40条第2項）。

ロ　福利厚生施設

　派遣先は、派遣先の労働者が利用する福利厚生施設のうち、給食施設、休憩室及び更衣室については、派遣労働者に対しても、利用の機会を与えなければならない（法第40条第3項）。また、派遣先は、

派遣労働者について、派遣就業が適正かつ円滑に行われるようにするため、適切な就業環境の維持、診療所等の施設であって現に派遣先の労働者が通常利用しているもの（給食施設、休憩室及び更衣室を除く）の利用に関する便宜の供与等必要な措置を講ずるように配慮しなければならない（法第40条第４項）。

ハ　派遣先の労働者に関する情報、派遣労働者の職務遂行状況等の情報について提供する配慮義務

　　派遣先は、派遣元事業主において段階的かつ体系的な教育訓練やキャリアコンサルティング、派遣先の通常の労働者との間の均等・均衡確保のための措置、一定の要件を満たす労使協定に基づく待遇確保のための措置等が適切に講じられるようにするため、派遣元事業主の求めに応じ、派遣先の労働者に関する情報や当該派遣労働者の業務の遂行の状況等の情報を派遣元事業主に提供するなど必要な協力をするよう配慮しなければならない（法第40条第５項）。

　　「業務の遂行の状況」とは、仕事の処理速度や目標の達成度合いに関する情報を指し、派遣先の能力評価の基準や様式により示されたもので足りる。なお、派遣先が派遣労働者の職能能力の評価を行う場合にも派遣先からの情報のみならず、派遣元が自ら収集した情報に基づいて評価を行うことが必要とされている。

（４）派遣先の事業所単位の期間制限の適切な運用

　派遣先は、原則として、当該派遣先の事業所等ごとの業務について、派遣元事業主から派遣可能期間を超える期間継続して有期雇用の者に係る労働者派遣の役務の提供を受けてはならない。この派遣可能期間は、当該派遣先の事業所等で最初に有期雇用の労働者の派遣の受入れを行った日から起算して３年である（法第40条の２）。

　労働者派遣については、常用労働者との代替を防止する観点及び派遣労働者の派遣就業への望まない固定化の防止の観点から、派遣先の事業所等ごとの業務における有期雇用派遣の受入れについて期間制限が設けられている。

　また、労働者派遣の役務の提供を受けていた派遣先が新たに労働者

113

派遣の役務の提供を受ける場合に、当該新たな労働者派遣と当該新たな労働者派遣の役務の受入れの直前に受け入れていた労働者派遣との間が3か月を超えないときは、当該派遣先は、当該新たな労働者派遣の役務の受入れの直前に受け入れていた労働者派遣から継続して労働者派遣の役務の提供を受けているものとみなすこととされている。

イ　派遣期間制限が適用されない場合

上記の派遣期間制限の原則は、次の①～⑥までの場合には適用されない。

① 労働者派遣に係る派遣労働者が無期雇用労働者である場合

② 労働者派遣に係る派遣労働者が60歳以上の者である場合

③ 事業の開始、転換、拡大、縮小又は廃止のための業務であって一定の期間内に完了することが予定されているもの（有期プロジェクト業務）について労働者派遣の役務の提供を受ける場合

なお、「一定の期間内」とは、特に年数を定めるものではないが、終期が明確でなければならない。

④ 1か月間に行われる派遣労働者の従事する業務の日数が、当該派遣就業に係る派遣先に雇用される通常の労働者の1か月間の所定労働日数に比し相当程度少なく、かつ、月10日以下である業務（日数限定業務）について労働者派遣の役務の提供を受ける場合

なお、「相当程度少なく」とは半分以下である場合をいい、この日数限定業務に該当するためには、その業務が、通常の労働者の1か月間の所定労働日数の半分以下、かつ、月10日以下しか行われない業務であることが必要であり、例えば、書店の棚卸し業務や、土日のみに行われる住宅展示場のコンパニオンの業務が想定される。

⑤ 産前産後休業及び育児休業、並びに産前休業に先行し、又は産後休業もしくは育児休業に後続する休業であって、母性保護又は子の養育をするための休業をする場合における当該労働者の業務について労働者派遣の役務の提供を受ける場合

⑥　介護休業及び介護休業に後続する休業であって、育児介護休業法第2条第2号に規定する対象家族を介護するためにする休業をする場合における当該労働者の業務について労働者派遣の役務の提供を受ける場合

ロ　派遣可能期間の延長

派遣先は、当該派遣先の事業所等ごとの業務について、派遣元事業主から3年を超える期間継続して有期雇用労働者の派遣の役務の提供を受けようとするときは、当該派遣先の事業所等ごとの業務に係る有期雇用労働者の派遣の役務の提供が開始された日から事業所単位の期間制限の抵触日の1か月前の日までの間（意見聴取期間）に、一定の手続を行うことにより派遣可能期間を延長することができる。また、延長した期間が経過した場合にこれをさらに延長しようとするときも、同様の手続により延長することができる（法第40条の2第3項）。

派遣先は派遣可能期間を延長しようとするときは、意見聴取期間内に、当該派遣先の事業所に、労働者の過半数で組織する労働組合がある場合においてはその労働組合、労働者の過半数で組織する労働組合がない場合においては労働者の過半数を代表する者の意見を聴かなければならない（法第40条の2第4項）。

＜意見聴取の手続＞

この意見聴取は、次によらなければならない。

①　意見聴取の際に、過半数労働組合又は過半数代表者に次に掲げる事項を書面により通知すること（規則第33条の3）。

（ⅰ）派遣可能期間を延長しようとする事業所その他派遣就業の場所

（ⅱ）延長しようとする派遣期間

②　派遣先は、意見聴取に当たっては、過半数労働組合又は過半数代表者に対し、派遣先の事業所等ごとの業務について、当該業務に係る労働者派遣の役務の提供の開始時（派遣可能期間を延長した場合は、当該延長時）から当該業務に従事した派遣労

働者の数及び期間を定めないで雇用する労働者（正社員）の数の推移に関する資料等、意見聴取の参考となる資料を提供すること。また、派遣先は、意見聴取の実効性を高める観点から、過半数労働組合又は過半数代表者からの求めに応じ、部署ごとの派遣労働者の数、各々の派遣労働者に係る労働者派遣の役務の提供を受けた期間等に係る情報を提供することが望ましいとされている（派遣先指針第2の15(1)）。

③　過半数代表者は、以下のいずれにも該当する者とすること（規則第33条の3第2項）。

(i)　労基法第41条第2号に規定する監督又は管理の地位にある者でないこと。

(ii)　派遣可能期間の延長に係る意見を聴取される者を選出することを明らかにして実施される投票、挙手、持ち回り決議等の民主的な方法による手続により選出された者であること。

　　意見を聴取した過半数代表者が、使用者が指名するなどの民主的な方法により選出されたものではない場合、派遣可能期間の延長に係る意見を聴取されるための代表者選出であることを明らかにせずに選出された場合等については、事実上意見聴取が行われていないものと同視できることから、派遣可能期間制限違反となり労働契約申込みみなし制度の適用があり得る。

④　派遣先は、派遣可能期間を延長するに当たっては、1）意見を聴取した過半数労働組合の名称又は過半数代表者の氏名、2）上記①により過半数労働組合又は過半数代表者に通知した日及び通知した事項、3）意見を聴いた日及び当該意見の内容、4）意見を聴いて、派遣可能期間を変更したときは、その変更した派遣可能期間等を書面に記載し、事業所単位の期間制限の抵触日から3年間保存しなければならない（規則第33条の3第3項）。

　　なお、電磁的記録により当該書面の作成を行う場合は、電子計算機に備えられたファイルに記録する方法又は磁気ディスク

等をもって調製する方法により作成を行い、必要に応じ電磁的記録に記録された事項を出力し、書面を作成できるようにしなければならないとされている。

　また、電磁的記録により当該書面の保存を行う場合は、 a ）作成された電磁的記録を電子計算機に備えられたファイル又は磁気ディスク等をもって調製するファイルにより保存する方法、b ）書面に記載されている事項をスキャナ（これに準ずる画像読取装置を含む。）により読み取ってできた電磁的記録を電子計算機に備えられたファイル又は磁気ディスク等をもって調製するファイルにより保存する方法のいずれかの方法によって行った上で、必要に応じ電磁的記録に記録された事項を出力することにより、直ちに明瞭かつ整然とした形式で使用に係る電子計算機その他の機器に表示し、及び書面を作成できるようにしなければならないとされている。

⑤　派遣可能期間を延長するに当たっては、④の１）〜４）の事項を次に掲げるいずれかの方法によって、当該事業所の労働者に周知しなければならない（規則第33条の３第４項）。

(i)　常時各作業場の見やすい場所へ掲示し、又は備え付けること。

(ii)　書面を労働者に交付すること。

(iii)　電子計算機に備えられたファイル、磁気ディスクその他これらに準じる物に記録し、かつ、各作業場に労働者が当該記録の内容を常時確認できる機器を設置すること。

⑥　派遣先は、派遣可能期間の延長について意見を聴かれた過半数労働組合又は過半数代表者が異議を述べたときは、事業所単位の期間制限の抵触日の前日までに、当該過半数労働組合又は過半数代表者に対し、１）延長しようとする期間及びその理由、２）過半数労働組合又は過半数代表者の異議（派遣労働者の能力発揮及び雇用の安定が損なわれるおそれがある旨の意見に限る。）への対応に関する方針を説明しなければならない（法第40条の２第５項、規則第33条の４）。また、派遣先は、過半数

労働組合又は過半数代表者に説明した日及び説明した内容を書面に記載し、事業所単位の期間制限の抵触日から3年間保存しなければならず、書面に記載した事項を⑤の1）から3）までの方法によって、当該事業所等の労働者に周知しなければならない（規則第33条の4第2項、第3項）。

⑦　派遣先は、過半数労働組合又は過半数代表者から、労働者派遣の役務の提供を受けようとする期間が適当でない旨の意見を受けた場合には、当該意見に対する派遣先の考え方を過半数労働組合又は過半数代表者に説明すること、当該意見を勘案して労働者派遣の役務の提供を受けようとする期間について再検討を加えること等により、過半数労働組合等の意見を十分に尊重するよう努めることが必要である。

＜意見聴取に関する運用上の留意点＞

①　意見聴取は、派遣を受け入れようとする者の事業所等ごとに行う必要がある。

②　派遣先は過半数労働組合又は過半数代表者から意見を聴くに当たっては、実際に意見の取りまとめに要する期間を過半数労働組合又は過半数代表者に確認するなど十分な考慮期間を設ける必要がある。

　意見聴取を行う時期については、意見聴取期間内であれば問題はないが、意見聴取の趣旨が常用代替が生じていないかの判断を現場の労使が行うことにある点に鑑みると、労働者派遣の役務の提供の受入開始に接近した時点よりも、ある程度の期間経過した後の方が望ましいとされている。

③　意見聴取に当たっては、派遣先は、意見聴取期間内であれば、過半数労働組合又は過半数代表者の意見の提出に際して期限を付することが可能である。また、当該期限までに意見がない場合には意見がないものとみなす旨を過半数労働組合又は過半数代表者に事前に通知した場合には、そのように取り扱って差し支えない。

④　派遣を受け入れる前に意見聴取をすることや、複数回分の意見聴取をまとめて一度の意見聴取で3年を超える期間延長することはできない。

⑤　派遣期間を延長する際には、意見聴取が必要であることから、新たな業務において派遣労働者を受け入れる際に、派遣期間を延長する可能性がある場合は、その受入れの考え方について過半数労働組合又は過半数代表者に説明することが望ましいとされている。

ハ　派遣先の事業所単位の期間制限の適切な運用のための留意点

①　労働者派遣の役務の提供を受けようとする者は、派遣元事業主から新たな労働者派遣契約に基づく労働者派遣（（4）のイ（114頁）の①から⑥までに掲げる労働者派遣法第40条の2第1項各号に該当するものを除く）の役務の提供を受けようとするときは、労働者派遣契約の締結に当たり、あらかじめ、当該派遣元事業主に対し、当該労働者派遣に係る事業所単位の期間制限の抵触日を通知しなければならない。また、派遣元事業主は、当該通知がないときは、当該者との間で、労働者派遣契約を締結してはならない（法第26条第4項、第5項）。

②　派遣先は、派遣可能期間を延長したときは、速やかに、当該労働者派遣をする派遣元事業主に対し、当該事業所等ごとの業務について延長後の事業所単位の期間制限に抵触する日を通知しなければならない（法第40条の2第7項）。

③　上記①及び②の通知については、労働者派遣の役務の提供を受けようとする者から派遣元事業主に対して、通知すべき事項に係る書面の交付もしくはファクシミリを利用してする送信又は電子メールの送信をすることにより行わなければならない（規則第24条の2、第33条の6）。

（5）派遣労働者個人単位の期間制限の適切な運用

派遣先は、無期雇用派遣労働者に係る労働者派遣等、（4）のイの①から⑥までの場合を除き、派遣先の事業所における組織単位ごとの

業務について、派遣元事業主から3年を超える期間継続して同一の有期雇用派遣労働者に係る労働者派遣の役務の提供を受けてはならない（法第40条の3）。

イ　期間制限の考え方

　　派遣先は、派遣先の事業所単位の期間制限が延長された場合であっても、派遣先の事業所における組織単位ごとの業務について、派遣元事業主から3年を超える期間継続して同一の派遣労働者に係る労働者派遣の役務の提供を受けてはならない。これは、派遣労働者が同一人であれば、派遣元事業主が異なる場合であっても3年を超える期間継続して労働者派遣の役務の提供を受けてはならない。

　　なお、派遣労働者個人単位の期間制限の延長はできない。

　　派遣先の事業所における組織単位については、労働者派遣法第40条の3の期間制限の目的が、派遣労働者がその組織単位の業務に長期にわたって従事することによって派遣就業に望まずに固定化されることを防止することであることに留意して判断する。具体的には、課、グループ等の業務としての類似性や関連性がある組織であり、かつ、その組織の長が業務の配分や労務管理上の指揮監督権限を有するものであって、派遣先における組織の最小単位よりも一般に大きな単位が想定されており、名称にとらわれることなく実態により判断すべきものである。

ロ　労働者派遣期間の継続性の考え方

　　同一の派遣労働者について、派遣先の同一の組織単位における就業の日と次回の就業の日との間が3か月を超えないときは、派遣先は、派遣先の事業所における組織単位ごとの業務について、継続して同一の派遣労働者に係る労働者派遣の役務の提供を受けているものとみなすこととされている。

（6）期間制限を超えて労働者派遣を受け入れた場合

　厚生労働大臣は、労働者派遣の役務の提供を受ける者が、過半数労働組合等からの意見聴取をせずに事業所単位の期間制限を超えて労働者派遣の役務の提供を受けている場合、派遣労働者個人単位の期間制

限を超えて同一の組織単位において同一の派遣労働者から労働者派遣の役務の提供を受けている場合等には、当該者に対し、当該派遣就業を是正するために必要な措置をとるべきことを勧告することができる（法第49条の２第１項）。

　また、厚生労働大臣はこれらの勧告をした場合において、その勧告を受けた者がこれにしたがわなかったときは、その旨を公表することができる（法第49条の２第２項）。

　なお、労働者派遣の役務の提供を受ける者（派遣先等）が、派遣期間の制限を超えて労働者派遣の役務の提供を受けている場合は、派遣先等は、当該派遣労働者に対し、労働契約の申込みをしたものとみなされる（法第40条の６。**130頁の（12）参照**）。

（7）派遣先での直接雇用

イ　雇入れの努力義務

　派遣先は、次の①から③までをすべて満たす場合に、受け入れている特定有期雇用派遣労働者（**71頁参照**）を、遅滞なく、雇い入れるよう努めなければならない（法第40条の４、規則第33条の７）。

　　①　派遣先の事業所等における組織単位ごとの同一の業務について派遣元事業主から継続して１年以上の期間同一の特定有期雇用派遣労働者に係る労働者派遣（有期プロジェクト業務についての労働者派遣等、労働者派遣法第40条の２第１項各号のいずれかに該当するものを除く）の役務の提供を受けたこと。

　　②　派遣先が、引き続き当該同一の業務に労働者を従事させるため当該労働者派遣の受入れ期間以後労働者を雇い入れようとすること。

　　③　派遣元事業主から当該特定有期雇用派遣労働者について法に定める雇用安定措置の一つとして雇用の依頼があったこと。

ロ　募集情報の周知義務

　　＜正社員の募集情報の周知＞

　　派遣先は、当該派遣先の事業所等において１年以上就業している派遣労働者について、当該事業所等で労働に従事する通常の労働者

の募集を行うときは、当該募集に係る事業所等に掲示することその他の措置を講ずることにより、その者が従事すべき業務の内容、賃金、労働時間その他の当該募集に係る事項を当該派遣労働者に周知しなければならない（法第40条の5第1項）。これは、いわゆる正社員として直接雇用されることを希望しながら、やむを得ず派遣就労している者に対して、正社員として雇用される機会を確保する趣旨である。

その対象となる派遣労働者は、次のとおりである。

① 　派遣先の同一の事業所等において1年以上の期間継続して就労している派遣労働者

② 　この派遣労働者は、有期雇用派遣労働者に限らず、無期雇用派遣労働者も含まれる。

③ 　同一の事業所等において1年以上の継続勤務している者（これには途中で事業所内の組織単位を異動した場合も含まれる）

＜特定有期雇用派遣労働者を対象とする募集情報の周知＞

派遣先は、継続して就業することを希望している特定有期雇用派遣労働者のうち、継続して3年間当該労働者派遣に係る労働に従事する見込みがあり、派遣元事業主から雇用安定措置の一つとして雇用の依頼があった者については、当該事業所等において労働に従事する労働者の募集を行うときは、当該募集に係る事業所等に掲示することその他の措置を講ずることにより、その者が従事すべき業務の内容、賃金、労働時間その他の募集に係る事項を当該特定有期雇用派遣労働者に周知しなければならない（法第40条の5第2項）。

この募集情報は、正社員の募集に限らず、パートタイム労働者、契約社員など当該事業所において労働に従事する直接雇用の労働者に関するものであるとされている。

周知の方法としては、正社員の募集の場合も、それ以外の募集の場合も、事業所の掲示板に求人票を貼り出すこと、直接メール等で通知すること、派遣先から派遣元事業主に募集情報を提供し、派遣元事業主を通じて当該派遣労働者に周知すること等とされている。

●派遣労働者の直接雇用推進のための措置

	対象となる派遣労働者	募集する労働者	義務の内容
雇入れの努力義務（法第40条の4）	組織単位ごとの同一の業務に１年以上継続就業している特定有期雇用派遣労働者	同一の業務に従事するための労働者（正社員（通常の労働者）に限らない）	派遣元事業主から直接雇用の依頼があったときは、派遣先は、その派遣労働者を優先的に雇用するよう努めなければならない。[努力義務]
正社員の募集情報の周知義務（法第40条の5第1項）	派遣先の事業所等で１年以上就業している派遣労働者	正社員（通常の労働者）に限らない	募集情報を周知しなければならない。[義務]
労働者の募集情報の周知義務（法第40条の5第2項）	組織単位ごとの同一業務に３年間派遣就業の見込みがある特定有期派遣労働者	正社員（通常の労働者）に限らない	派遣元事業主から直接雇用の依頼があった者に対して、募集情報を周知しなければならない。[義務]

（8）離職後１年以内の派遣受入れの禁止

　派遣先は、労働者派遣の役務の提供を受けようとする場合において、派遣労働者が当該派遣先を離職した者であるときは、60歳以上の定年に達したことにより退職した者を除き、当該離職の日から起算して１年を経過する日までの間は、当該派遣労働者に係る労働者派遣の役務の提供を受けてはならない（法第40条の9第1項）。

　また、派遣元事業主は、労働者派遣法第35条第1項により、労働者派遣をするときは、派遣労働者の氏名等を派遣先に通知しなければならないこととされており、派遣先は、この通知を受けた場合において、当該労働者派遣の役務の提供を受けたならば離職した労働者についての労働者派遣の役務の提供の受入れの禁止の規定に抵触することとなるときは、速やかに、その旨を当該労働者派遣をしようとする派

遣元事業主に通知しなければならない（法第40条の９第２項）。

　「派遣先」とは、事業者単位で捉えるものであり、例えば、ある会社のＡ事業所を離職した労働者を同じ会社のＢ事業所へ派遣することは、離職後１年を経過しない場合は認められない。

　また、「離職した労働者」の「労働者」とは正社員に限らず非正規労働者も含まれる。

（9）派遣先責任者の選任

　派遣先は、以下の①〜⑤の事項を行わせるため、派遣先の事業所等ごとに自己の雇用する労働者の中から専属の派遣先責任者を選任しなければならない（法第41条）。ただし、派遣先（法人である場合は、その役員）を派遣先責任者とすることを妨げない。

　　＜派遣先責任者の職務＞

　　派遣先責任者には、次に掲げる職務を行わせなければならない。

①　次に掲げる事項の内容を、当該派遣労働者の業務の遂行を指揮命令する職務上の地位にある者その他の関係者に周知すること。

　(i)　労働者派遣法及び同法第３章第４節の規定により適用される労基法等の規定（これらの規定に基づく命令の規定を含む）

　(ii)　当該派遣労働者に係る労働者派遣法第39条（法第26条第１項及び規則第22条）に規定する労働者派遣契約の定め

　(iii)　当該派遣労働者に係る労働者派遣法第35条の規定により派遣元事業主から行われる派遣労働者の氏名等の通知

②　労働者派遣法第40条の２第７項による派遣可能期間を延長したときの延長後の事業所単位の期間制限に抵触する日の通知

③　派遣先における均衡待遇の確保に関すること

　(i)　派遣先における教育訓練の実施状況の把握

　(ii)　利用できる福利厚生施設の把握

　(iii)　派遣元に提供した派遣先の労働者に関する情報、派遣労働者の業務の遂行状況等の把握

④　労働者派遣法第42条に定める派遣先管理台帳に関すること。

⑤　当該派遣労働者から申出を受けた苦情の処理に当たること。

⑥　当該派遣労働者の安全及び衛生に関し、当該事業所の労働者の安全及び衛生に関する業務を統括管理する者及び当該派遣元事業主との連絡調整を行うこと。

⑦　派遣元事業主との連絡調整に関すること。

＜派遣先責任者の選任方法＞

派遣先責任者は、事業所等における派遣労働者の数100人ごとに1人以上の者を選任しなければならない。ただし、事業所等における派遣労働者の数と当該派遣先が雇用する労働者の数を加えた数が5人以下のときについては選任することを要しない（規則第34条第1項第2号）。

製造業務に50人を超える派遣労働者を従事させる事業所等にあっては、製造業務に従事させる派遣労働者の数100人ごとに1人以上の製造業務に従事させる派遣労働者を専門に担当する製造業務専門派遣先責任者を、選任しなければならない（規則第34条第1項第3号）。

＜派遣先責任者の選任基準＞

派遣先は、派遣先責任者の選任に当たっては、労働関係法令に関する知識を有する者であること、人事・労務管理等について専門的な知識又は相当期間の経験を有する者であること、派遣労働者の就業に係る事項に関する一定の決定、変更を行い得る権限を有する者であること等派遣先責任者の職務を的確に遂行することができる者を選任するよう努めることとされている（派遣先指針第2の13）。

●派遣先責任者の選任数

事業所の派遣労働者数	必要な派遣先責任者の数
1～100人まで	1人以上
101～200人まで	2人以上
201人以上	以降、100人を1単位として1人追加

［製造業の場合］

製造業務に従事する 派遣労働者数	必要な製造業務派遣先責任者の数	
1 〜 50 人まで	0 人	
51 〜 100 人まで	1 人以上	1 人は製造業務以外の派遣労働者についての派遣先責任者と兼務可
101 〜 200 人まで	2 人以上	
201 人以上	以降、100 人を 1 単位として 1 人追加	

（10）派遣先管理台帳

　派遣先は、派遣先の事業所等ごとに派遣先管理台帳を作成し、当該台帳に派遣労働者ごとに所定の事項を記載しなければならない。ただし、派遣先が当該事業所等において労働させる派遣労働者の数と派遣先が雇用する労働者の数を加えた数が 5 人を超えないときは、派遣先管理台帳の作成及び記載を行うことを要しない（法第 42 条第 1 項、規則第 35 条）。

＜派遣先管理台帳の記載事項＞

　派遣先管理台帳には次に掲げる事項を記載しなければならない。

① 派遣労働者の氏名

② 派遣元事業主の氏名又は名称

③ 派遣元事業主の事業所の名称及び所在地

④ 協定対象派遣労働者であるか否か

⑤ 無期雇用派遣労働者か有期雇用派遣労働者かの別

⑥ 60 歳以上の者であるか否かの別

⑦ 派遣就業をした日

⑧ 派遣就業をした日ごとの始業し、及び終業した時刻並びに休憩した時間

⑨ 従事した業務の種類

　労働者派遣法施行令第 4 条第 1 項各号に掲げる業務について

労働者派遣の役務の提供を受けるときは当該号番号

⑩　派遣労働者が従事する業務に伴う責任の程度

⑪　派遣労働者が労働者派遣に係る労働に従事した事業所の名称
及び所在地その他派遣就業をした場所並びに組織単位

⑫　派遣労働者から申出を受けた苦情の処理に関する事項

⑬　紹介予定派遣に係る派遣労働者については、当該紹介予定派
遣に関する事項

⑭　教育訓練を行った日時及び内容

⑮　派遣先責任者及び派遣元責任者に関する事項

⑯　期間制限を受けない業務について行う労働者派遣に関する
事項

・　有期プロジェクトの業務について労働者派遣の役務の提供
を受けるときは、労働者派遣法第40条の2第1項第3号イ
に該当する業務である旨

・　日数限定業務について労働者派遣の役務の提供を受けると
きは、1）労働者派遣法第40条の2第1項第3号ロに該当す
る旨、2）派遣先において、同号ロに該当する業務が1か月
間に行われる日数、3）派遣先の通常の労働者の1か月間の
所定労働日数

・　労働者派遣法第40条の2第1項第4号に掲げる育児休業
等の代替要員としての業務について労働者派遣の役務の提供
を受けるときは、派遣先において休業する労働者の氏名及び
業務並びに当該休業の開始及び終了予定の日

・　労働者派遣法第40条の2第1項第5号に掲げる介護休業
等の代替要員としての業務について労働者派遣の役務の提供
を受けるときは、派遣先において休業する労働者の氏名及び
業務並びに当該休業の開始及び終了予定の日

⑰　派遣労働者に係る健康保険、厚生年金保険及び雇用保険の被
保険者資格取得届の提出の有無（提出がない場合はその具体的
な理由）

⑨に関して、労働者派遣法施行令第4条第1項の号番号について

は、日雇労働者に係る労働者派遣が行われないことが明らかである場合は、当該号番号を付す必要はない。この「日雇労働者に係る労働者派遣が行われないことが明らかである場合」とは、1）無期雇用労働者の労働者派遣に限る場合、又は2）契約期間が31日以上の有期雇用労働者の労働者派遣に限る場合であって、かつ、その旨が派遣先管理台帳に明記されているときである。

⑫は、苦情の申出を受けた年月日、苦情の内容及び苦情の処理状況について、苦情の申出を受け、及び苦情の処理に当たった都度記載するとともに、その内容を派遣元事業主に通知すること。

⑬は、紹介予定派遣である旨、派遣労働者を特定することを目的とする行為を行った場合には当該行為の内容及び複数人から派遣労働者の特定を行った場合には当該特定の基準、採否結果、職業紹介を受けることを希望しなかった場合又は職業紹介を受けた者を雇用しなかった場合にはその理由

⑭の教育訓練は、業務の遂行の過程内における実務を通じた実践的な技能及びこれに関する知識の習得に係る教育訓練（OJT）であって計画的に行われるもの及び業務の遂行の過程外において行われる教育訓練（OFF-JT）をいう（規則第35条の2）。

＜派遣先管理台帳の記載方法、保存＞

派遣先管理台帳の記載は、労働者派遣の役務の提供を受けるに際し、行わなければならない（規則第35条第2項）。また、派遣先は、派遣先管理台帳を3年間保存しなければならない（法第42条第2項）。

電磁的記録により派遣先管理台帳の作成を行う場合は、電子計算機に備えられたファイルに記録する方法又は磁気ディスク等をもって調製する方法により作成を行わなければならない。

また、電磁的記録により派遣先管理台帳の保存を行う場合は、1）作成された電磁的記録を電子計算機に備えられたファイル又は磁気ディスク等をもって調製するファイルにより保存する方法、2）書面に記載されている事項をスキャナ（これに準ずる画像読取装置を

含む）により読み取ってできた電磁的記録を電子計算機に備えられたファイル又は磁気ディスク等をもって調製するファイルにより保存する方法によって行った上で、必要に応じ電磁的記録に記録された事項を出力することにより、直ちに明瞭かつ整然とした形式で使用に係る電子計算機その他の機器に表示し、及び書面を作成できるようにしなければならないとされている。

　派遣先管理台帳を保存すべき期間の計算についての起算日は、労働者派遣の終了の日である（規則第37条）。

＜派遣元事業主への通知＞

　派遣先は、1か月ごとに1回以上、一定の期日を定めて派遣労働者ごとの派遣就業をした日等、上記「**派遣先管理台帳の記載事項**」（**126頁参照**）の①及び⑦〜⑪の事項を派遣元事業主に通知しなければならない。また、派遣元事業主から請求があったときは、これらの事項を、遅滞なく、通知しなければならない（法第42条第3項、規則第38条）。

　派遣元事業主への通知は、書面の交付もしくはファクシミリを利用してする送信又は電子メールの送信をすることにより行わなければならない（規則第38条第1項）。

　派遣労働者の具体的な労働時間等については派遣先においてしか確認できない面があり、具体的な労働時間は賃金に反映するものであることから、派遣元事業主に対して伝達されることが必要である。このため、派遣先管理台帳への労働時間等の記載と、派遣元事業主への通知が義務づけられているものである。

　なお、派遣先責任者の最も重要な任務は、派遣労働者の就業に関しての問題の発生の予防及び問題の迅速な解決を図ることであり、その氏名等については、事前に派遣元事業主及び派遣労働者に明らかにされておく必要がある。

（11）派遣労働者の特定行為の禁止

　労働者派遣の役務の提供を受けようとする者は、労働者派遣契約の

締結に際し、当該労働者派遣契約に基づく労働者派遣に係る派遣労働者を特定することを目的とする行為をしないように努めなければならないとされている（法第26条第６項）。

(12) 労働契約申込みみなし制度

　労働者派遣の役務の提供を受ける者が、その行った行為が次のいずれかの行為に該当することを知らず、かつ、知らなかったことについて過失がなかったときを除き、労働者派遣の役務の提供を受ける者が次のいずれかに該当する行為を行った場合には、その時点において、労働者派遣の役務の提供を受ける者から派遣労働者に対し、その時点における当該派遣労働者の労働条件と同一の労働条件で労働契約の申込みをしたものとみなされる（法第40条の６第１項）。

①　派遣労働者を港湾運送業務等の労働者派遣事業が禁止される業務に従事させること。

②　労働者派遣事業の許可を受けていない者から労働者派遣の役務の提供を受けること。

③　事業所単位の労働者派遣の役務の提供を受ける期間の制限に違反して労働者派遣の役務の提供を受けること

④　個人単位の労働者派遣の役務の提供を受ける期間の制限に違反して労働者派遣の役務の提供を受けること

⑤　労働者派遣法又は同法第44条等により適用される労基法等の適用を免れる目的で、請負契約等の名目で契約を締結し、実際には労働者派遣の役務の提供を受けること。

　労働契約の申込みをしたものとみなされた場合には、みなされた日から１年を経過する日までの間に派遣労働者が申込みに対して承諾すれば、派遣労働者と労働者派遣の役務の提供を受ける者との間の労働契約が成立する。

(13) 性別・障害の有無・年齢による差別的取扱いの禁止

　派遣先は、派遣元事業主との間で労働者派遣契約を締結するに当たっては、当該労働者派遣契約に派遣労働者の性別を記載してはなら

ない（派遣先指針第２の４）。

　また、職業安定法第３条、男女雇用機会均等法の趣旨から、性別を理由とする差別的取扱いを行ってはならない。同様に、職業安定法第３条、労働施策総合推進法第９条及び障害者雇用促進法の趣旨からも、年齢や障害者であることを理由とする受入れ拒否を行う等の差別的取扱いをしてはならない。

④ 派遣労働者の不合理な待遇差を解消するための措置に係る紛争の解決制度

（1）紛争解決手続きの趣旨

　派遣労働者の待遇については、派遣先均等・均衡方式とするか（法第30条の３第１項、２項）、又は、労使協定方式（法第30条の４第１項）によって、派遣労働者の不合理な待遇差が解消されるる仕組みとしている。これらの規定は民事的効力を有しており、最終的には、訴訟等の司法手続きによって、不合理な待遇差が解消されることになる。

　もっとも、訴訟等の司法手続きは、時間を要し、経済的負担も伴うことから、その救済が容易に期待できるものではない。そこで、労働者派遣法では、自主的解決の努力義務を定めるとともに、都道府県労働局長による紛争解決援助や裁判外紛争解決手続（行政ADR）の制度が設けられた。

（2）自主的解決の努力義務

ア　派遣元事業主の努力義務

　派遣元事業主は、以下の事項について派遣労働者から苦情の申し立てを受けた時、又は、派遣先からその旨の通知を受けたときは、苦情の自主的解決を図るよう務める必要がある（法第47条の４第１項）。

　①派遣先均等・均衡方式（法第30条の３）

　②労使協定方式（法第30条の４）

③雇入れ時の説明（法第31条の２第２項）や派遣時の説明（同条第３項）

④派遣労働者から求めがあった場合の説明（同条第４項）

⑤派遣労働者が④の説明を求めたことに対する不利益取り扱いの禁止（同条第５項）

イ　派遣先の努力義務

派遣先は、派遣先が措置を講じるべき以下の事項について派遣労働者から苦情の申し立てを受けた時、又は、派遣元事業主からその旨の通知を受けたときは、苦情の自主的解決を図るよう務める必要がある（法第47条の４第２項）。

①業務の遂行に必要な能力を付与するための教育訓練の措置（法第40条第２項）

②給食施設、休憩室および更衣室の利用機会の付与（法第40条第３項）

（3）都道府県労働局長による紛争解決の援助

都道府県労働局長は、上記（2）の事項にかかるトラブル（派遣労働者と派遣元事業主間の紛争又は、派遣労働者と派遣先間の紛争）に関して、トラブル当事者の双方又は一方から、その解決に関して援助を求められた場合には、必要な助言、指導又は勧告をすることができる。

ただし、これらの助言、指導及び勧告は、強制力を有するものではなく、具体的な解決策を提示し、これを当事者が自発的に受け入れることを促すに止まる。

（4）調停

都道府県労働局長は、上記（2）の事項にかかるトラブルに関して、トラブル当事者の双方又は一方から調停の申請がなされ、その解決のために必要があると認めたときは、紛争調整委員会に調停を行わせるものとされている。

なお、当事者が、都道府県労働局長による紛争解決の援助を先に求

めるか、直接調停を求めるかは、当事者の意向により選択をすること
は可能である。

第3章

派遣労働者に関する労働基準法の特例

1 労働基準法の適用の特例

（1）趣旨

労基法は、労働者と労働契約関係にある事業に適用されるので、派遣労働者に関しては、派遣労働者と労働契約関係にある派遣元が責任を負い、派遣労働者と労働契約関係にない派遣先は責任を負わないことになる。しかし、派遣労働者に関しては、これと労働契約関係にない派遣先が業務遂行上の指揮命令を行うという特殊な労働関係にあるので、労働者派遣事業の制度化にあわせて、派遣労働者の保護に欠けることがないように必要な特例措置が設けられた。

労基法は、労働条件の最低基準（法定労働条件）を定めるとともに、刑罰をもってその履行確保を図る法律である。したがって、派遣労働者に関する特例を設けるに当たっては、派遣労働者について法定労働条件を確保するため、派遣元ではなく派遣先に責任を負わすほうが適当であるかどうかという観点から検討が行われた。

そして、このような観点から、労働者派遣法においては、派遣労働者に関する労基法の適用について、基本的には派遣労働者と労働契約関係にある派遣元が責任を負うものであるという原則を維持しつつ、労働者派遣の実態から派遣元に責任を問いえない事項、派遣労働者の保護の実効を期する上から派遣先に責任を負わせることが適当な事項について、特例措置を設けて、派遣先に責任を負わせることとした。

また、派遣先に責任を負わせることとした事項のうち一定の事項に関しては、派遣先において労基法に抵触した場合であって、派遣元にも責任がある場合についての罰則の特例措置が設けられた。

これらの特例措置によって、一人の労働者に係る労働関係が複数の事業主にまたがって成立する複雑な労働関係にある派遣労働者につい

て、それぞれの事項ごとに法定労働条件の確保について権限を有する
者が、労基法上の使用者責任を負うこととなり、その保護が図られる
ことになる。

（2）派遣元・派遣先双方が責任を負う事項

イ　労働者派遣法第44条第1項は、派遣中の労働者の派遣就業に関
して、派遣先の事業もまた、派遣中の労働者を使用する事業とみ
なして、労基法第3条、第5条及び第69条の規定を適用すると規
定している。

　　すなわち、均等待遇、強制労働の禁止及び徒弟の弊害排除の規定
については、派遣中の労働者と労働契約関係にある派遣元の事業主
に加えて、これと労働契約関係にない派遣先の事業主とも労働契約
関係にあるとみなすこととしたものである。

ロ　ところで、この特例では、派遣先の事業もまた派遣中の労働者を
使用する事業とみなすこととしているが、これは、労基法では、第
10条において、具体的な場合における法定労働条件の確保のため
に、労働契約関係の当事者である事業主とともに、「事業の経営担
当者その他その事業の労働者に関する事項について、事業主のため
に行為をするすべての者」を労基法における責任主体である「使用
者」としているので、特例が適用される場合についても、派遣先の
事業主のみならず、その他の「使用者」をも責任主体とすることと
なる。

　　したがって、均等待遇等の規定に基づく義務は、派遣元の事業主
又は派遣元の事業の経営担当者その他派遣元の事業の労働者に関す
る事項について、派遣元の事業主のために行為するすべての者（以
下「派遣元の使用者」という。）のほか、派遣先の事業主又は派遣
先の事業の経営担当者その他派遣先の事業の労働者に関する事項に
ついて、派遣先の事業主のために行為するすべての者（以下「派遣
先の使用者」という。）も負うこととなる。

　　なお、「その事業の労働者に関する事項について、事業主のため
に行為をするすべての者」とは、事業主のために人事、給与、厚生

等の条件の決定や労務管理を行い、あるいは、業務命令の発出や具体的な指揮命令を行う者のことである。派遣元の使用者としては、派遣元の事業主のほかに、派遣元の事業において、派遣労働者の人事、給与等の決定を行う者、派遣労働者に対し具体的な派遣先を指示する者等が考えられ、また、派遣先の使用者としては、派遣先の事業主のほか、派遣先の事業において、派遣労働者に対し業務遂行上の指揮命令を行う者等が考えられるが、具体的に誰が使用者であるかは、具体的事実においてその責任が実質的に誰にあるかによって決まることになる。

ハ　また、労働者派遣法第44条第5項において、同条の特例が適用される場合の監督等の規定について、所要の読替規定が設けられている。このうち、労基法第104条第2項、第104条の2、第106条第1項及び第109条、すなわち、申告を理由とする不利益取扱い禁止、報告等、法令等の周知義務及び記録の保存の規定については、読替規定により、これらの規定中の「使用者」に「派遣先の使用者」を含むこととしているので、派遣先の使用者は、これらの規定に基づく義務を負うこととなる。

　　したがって、派遣元、派遣先双方が責任を負う事項は、均等待遇、強制労働の禁止、徒弟の弊害排除、申告を理由とする不利益取扱い禁止、報告等、法令等の周知義務及び記録の保存義務である。

（3）派遣先のみが責任を負う事項

イ　労働者派遣法第44条第2項は、派遣中の労働者の派遣就業に関しては、派遣先の事業のみを、派遣中の労働者を使用する事業とみなして、労基法第7条、第32条、第32条の2第1項、第32条の3、第32条の4第1項から第3項まで、第33条から第35条まで、第36条第1項及び第6項、第40条、第41条、第60条から第63条まで、第64条の2、第64条の3及び第66条から第68条まで、第141条第3項の規定並びに当該規定に基づいて発する命令の規定を適用すると規定している。

　　すなわち、公民権行使の保障、労働時間、休憩、休日、深夜業、

危険有害業務の就業制限、坑内労働の禁止又は就業制限、妊産婦の時間外・休日・深夜業の制限、育児時間の請求、生理日の就業が著しく困難な女性に対する措置の規定については、派遣中の労働者は、本来労働契約関係にある派遣元の事業主とは労働契約関係にないものとみなし、他方、本来労働契約関係にない派遣先の事業主と労働契約関係にあるものとみなすこととしたものである。

ロ　派遣中の労働者を使用する事業とみなすということの趣旨は、（1）において説明したとおりであり、これらの規定に基づく義務は、派遣元の使用者は負わず、派遣先の使用者が負うこととなる。

ハ　労働者派遣法第44条第2項後段において、労基法第32条の2第1項、第32条の3、第32条の4第1項及び第2項並びに第36条第1項について読替規定が設けられており、派遣中の労働者の派遣就業に関しては、同法第32条の2、第32条の3及び第32条の4の変形労働時間制の手続、第36条の時間外・休日労働協定の締結及び届出の手続は、派遣元の使用者が行うこととされている。したがって、派遣元の使用者が、1か月単位、フレックスタイム制及び1年単位の変形労働時間制について就業規則の定め、労使協定の締結等をすれば、派遣先の使用者はその定め等に従って派遣中の労働者を労働させることができ、また、派遣元の使用者が、時間外・休日労働協定の締結・届出をすれば、当該協定の免罰的効果が派遣先の使用者に及び、派遣先の使用者は、派遣中の労働者をその協定の範囲内で、法定労働時間を超えて、あるいは、法定休日に労働させることができることとなる。

ニ　労働者派遣法第44条第5項において、労基法第38条の2第2項について読替規定が設けられており、事業場外労働に係るみなし労働時間についての労使協定の締結・届出は、派遣元の使用者が行うこととされている。したがって、派遣元の使用者がみなし労働時間についての労使協定を締結・届出をすれば、派遣先の使用者は、派遣中の労働者が事業場外労働を行った場合、当該協定に定められた時間をみなし労働時間とすることができることになる。

また、労働者派遣法第44条第5項において、労基法第38条の3

第1項について読替規定が設けられており、いわゆる「専門業務型裁量労働制」について派遣元の使用者が労使協定を締結・届出を行った場合において、派遣先の使用者が、派遣中の労働者を当該協定で定める業務に就かせたときは、当該協定で定める時間労働したものとみなすことができることになる。

なお、労基法第38条の4については、同様の規定が設けられていないことから、派遣労働者にいわゆる「企画業務型裁量労働制」を適用することはできない。

（4）派遣元のみが責任を負う事項

イ　労基法は、原則として、労働者と労働契約関係にある事業主に対して適用されるものである。労働者派遣法における労基法の適用の特例は、この考え方に立って、現行法の下における派遣労働者に関する労基法の適用については、原則として派遣元にあることを前提とした上で、一定の事項について派遣先に責任を負わせることとしたのである。したがって、労働者派遣法第44条において特例が設けられた事項以外の事項については、原則どおり、派遣元に適用されることになる。

ロ　派遣元のみが責任を負う規定は、労基法第4条、第2章、第3章、第37条、第39条、第56条から第59条まで、第64条、第65条、第8章から第10章まで、第107条及び第108条である。具体的には、労働契約（未成年者の労働契約を含む。）、賃金（男女同一賃金の原則及び時間外、休日、深夜の割増賃金を含む。）、年次有給休暇、最低年齢、年少者の証明書、年少者の帰郷旅費、産前産後休業、災害補償、就業規則、寄宿舎、労働者名簿、賃金台帳の規定である。これらの規定に基づく義務は派遣元の使用者が負うことになる。

（5）派遣元の使用者に対する罰則の特例等

イ　労働者派遣法第44条の第3項は、派遣元の使用者は、労働者派遣をする場合であって、第2項の規定により派遣先の使用者とみなされることとなる者が当該労働者派遣に係る労働者派遣契約に定め

る派遣就業の条件に従って当該労働者派遣に係る派遣労働者を労働させたならば、同項の規定により適用されることとなる労基法「第32条、第34条、第35条、第36条第6項、第40条、第61条から第63条まで、第64条の2、第64条の3若しくは第141条第3項の規定又はこれらの規定に基づいて発する命令の規定に抵触することとなるときにおいては、当該労働者派遣をしてはならない」と規定している。

　派遣元の使用者は、派遣先の使用者が労働者派遣契約に定める派遣就業の条件に従って労働させた場合に、派遣先の使用者が労働時間、休憩、休日、深夜業、危険有害業務の就業制限又は坑内労働の禁止又は就業制限の規定に抵触することとなる場合には、当該派遣労働者を派遣してはならないこととしたものである。

ロ　派遣元の使用者がイに示す規定に違反した場合については、労働者派遣法第44条第4項において、当該労働者派遣に係る派遣中の労働者に関し派遣先の使用者とみなされる者においてこれらの規定に抵触することとなったときは、当該派遣元の使用者は当該規定に違反したものとみなして罰則の規定を適用することとしている。したがって、派遣元の使用者が労働者派遣法第44条第3項に違反して労働者派遣をした場合であって、現実に、派遣先の使用者が労基法違反に該当する行為をした場合には、実際に労基法違反をした派遣先の使用者だけでなく、その原因となる労働者派遣をした派遣元の使用者も罰せられることになる。なお、派遣先の使用者に故意がなく労基法違反の責任が問われない場合であっても、客観的に労基法に抵触する事実があれば、労働者派遣法第44条第3項に該当するものである。

（6）労働者派遣契約に定める就業条件と労基法との関係

イ　労働者派遣契約において派遣労働者の従事する業務、始・終業時刻等の就業条件が定められ、派遣先はその就業条件に従って派遣労働者を指揮命令して労働させる契約上の権限を有する。また、労働者派遣法第39条において、派遣先は労働者派遣契約に定める就業

条件に反することがないよう適切な措置を講じなければならないと定められているところである。したがって、派遣先は、原則として、労働者派遣契約に定める就業条件どおりに、派遣労働者を労働させることができるのである。

ロ　ところで、派遣労働者に関しては、（2）及び（3）で説明したように、労基法のうち労働時間、休日等一定の規定に基づく義務については、派遣先の使用者の責任としている。派遣先の使用者は、労基法に定める法定労働条件を下回る労働条件で労働させることはできないわけである。したがって、たとえ労働者派遣契約に定める就業条件どおりであったとしても、それに従って労働させれば労働時間等の法定労働条件を下回る場合には、その就業条件に従って労働させることはできない。仮に、その就業条件どおりに労働させた場合には、派遣先の使用者が労基法違反となって、罰則が適用されることになる。例えば、労働者派遣契約に時間外労働が可能とされていたが派遣元の使用者が時間外・休日労働協定を締結していなかった場合、就業条件として危険有害業務に従事することとされていたが年少者が派遣されてきた場合等がこれに該当する。派遣先の使用者は、一定の事項について労基法上の使用者責任があるので、注意が必要である。

なお、このような場合には、派遣元の使用者にも責任があるので、（5）で説明したように派遣元に対する罰則の特例を設けて、一定の場合について、派遣元の使用者に罰則を適用することとしたところである。

2　安衛法の適用の特例

（1）趣旨

イ　安衛法は、主として「事業者」に同法上の責任を負わせているが、ここでいう「事業者」とは、「事業を行う者で、労働者を使用するものをいう」とされており（安衛法第2条第3号）、さらに、「労働者」とは、第2条第2号により「労働基準法第9条に規定する労働

者をいう」とされている。事業者とは、具体的には、法人企業であれば当該法人そのもの（法人の代表者ではない。）を、個人企業であれば事業経営主個人を指している。労基法の「使用者」（「事業主又は事業の経営担当者その他その事業の労働者に関する事項について、事業主のために行為をするすべての者」）と異なり、このような事業者を直接義務者として規定することとしたのは、安全衛生上の責任を明確にし、事業者に安全衛生上の責任について自覚を促すためである。

　　また、この法律の違反行為をした者が、法人の代表者又は法人・個人事業主の代理人、使用人その他の従業員である場合には、行為者を罰するほか、その法人又は個人事業主をも罰することとしている（安衛法第122条）。

ロ　事業者の定義規定のうち、「事業」とは、一定の場所において、業として継続的に行われている作業の一体をいい、また、「使用する」とは従属関係が存在することと解される。このため、労働者派遣において、「事業者」とは派遣労働者の雇用主である派遣元の事業主であり、派遣労働者に関する安衛法違反については、原則として派遣元の事業主又は派遣元の事業主の使用人等が責任を問われることとなり、派遣先の事業主又は派遣先の事業主のために派遣労働者を指揮命令する者は、派遣先における安衛法違反については責任を負わないこととなる。しかしながら、後述のように、労働者派遣事業の場合には労働者の安全衛生を確保するため、原則として派遣先の事業主に安全衛生上の責任を負わせることが適当であると考えらえることから、立法的に解決することとし、労働者派遣法に安衛法について必要な適用の特例に関する規定（法第45条）を設けることとしたものである。

（2）派遣元・派遣先双方が責任を負う事項

イ　労働者派遣法第45条第1項は、労働者が派遣就業のために派遣されている派遣先の事業に関しては、派遣先の事業を行う者もまた、派遣中の労働者を使用する事業者とみなして、安衛法第3条第

１項、第４条、第10条、第12条から第13条（第２項及び第３項を除く。）まで、第13条の２、第13条の３、第18条、第19条の２、第59条第２項、第60条の２、第62条、第66条の５第１項、第69条及び第70条の規定（これらの規定に係る罰則の規定を含む。）を適用すると規定している。

すなわち、事業者の責務、労働災害の防止に関する措置に協力する労働者の責務、総括安全衛生管理者、衛生管理者、安全衛生推進者等及び産業医の選任等、衛生委員会、安全管理者等に対する教育等、作業内容変更時の安全衛生教育、危険有害業務に現に就いている者に対する教育、中高年齢者等についての配慮、健康診断実施後の措置、健康教育等及び体育活動等についての便宜供与等の規定については、派遣中の労働者と労働契約関係にある派遣元の事業者に加えて、派遣先の事業者も派遣中の労働者と労働契約関係にあるとみなすこととしたものである。

なお、事業者とは、事業を行う者で、労働者を使用するものをいう（安衛法第２条第３号）。

ロ　労働者派遣法第45条第１項後段は、派遣先の事業者が総括安全衛生管理者若しくは安全衛生推進者により安全衛生管理に係る事項を行い、又は衛生管理者、衛生推進者、産業医若しくは衛生委員会により衛生管理に係る事項を行う場合において、派遣先の事業者が派遣中の労働者に関して行わなければならない事項を規定したものである。

また、労働者派遣法第45条第２項は、派遣元の事業者が総括安全衛生管理者若しくは安全衛生推進者により安全衛生管理に係る事項を行い、又は衛生管理者、衛生推進者、産業医若しくは衛生委員会により衛生管理に係る事項を行う場合において、派遣元の事業者が派遣中の労働者に関して行わなければならない事項を規定したものである。

派遣先の事業者が、その総括安全衛生管理者に、派遣中の労働者に関し、統括管理させなければならない「派遣先安全衛生管理業務」とは、例えば、安衛法第10条第１項第２号の業務については危険

有害業務就業時の安全衛生教育に係るものに限り、同項第3号の業務については健康診断のうち、一般健康診断及び安衛法第66条第2項後段の規定により有害な業務に従事させたことのある労働者で現に使用しているものに対して行う健康診断を除いたものに係るものである。また、派遣元の事業者が、その総括安全衛生管理者に、派遣中の労働者に関し、統括管理させなければならない「派遣元安全衛生管理業務」とは、安衛法第10条第1項各号に掲げる業務から「派遣先安全衛生管理業務」を除いたものである。

（3）派遣先のみが責任を負う事項

イ　労働者派遣法第45条第3項は、労働者が派遣就業のために派遣されている派遣先の事業に関しては、派遣先の事業を行う者を派遣中の労働者を使用する事業者と、派遣中の労働者を派遣先の事業を行う者に使用される労働者とみなして、安衛法第11条、第14条から第15条の3まで、第17条、第20条から第27条まで、第28条の2から第30条の3まで、第31条の3、第36条（同法第30条第1項及び第4項等の規定に係る部分に限る。）、第45条（第2項を除く。）、第57条の3から第58条まで、第59条第3項、第60条、第61条第1項、第65条から第65条の4まで、第66条第2項から第5項まで、第66条の3（同法第66条第2項から第5項までの規定に係る部分に限る。）、第66条の4、第66条の8の3、第68条、第68条の2、第71条の2、第9章第1節並びに第88条から第89条の2までの規定並びに当該規定に基づく命令の規定（これらの規定に係る罰則を含む。）を適用すると規定している。また、労働者派遣法第45条第5項は、その事業に使用する労働者が派遣先の事業における派遣就業のために派遣されている派遣元の事業に関する第3項前段に掲げる規定及び安衛法第45条第2項の規定の適用については、当該派遣元の事業者は当該派遣中の労働者を使用しないものと、当該派遣中の労働者は当該派遣元の事業者に使用されないものとみなすと規定している。

すなわち、安全管理者及び作業主任者の選任等、統括安全衛生責

任者、元方安全衛生管理者及び店社安全衛生管理者の選任等、安全
委員会、労働者の危険又は健康障害を防止するための措置、事業者
の行うべき調査等、元方事業者の講ずべき措置等、特定元方事業者
等の講ずべき措置、建設業の注文者の講ずべき措置、定期自主検査、
安衛法第57条第１項の政令で定める物及び通知対象物について事
業者が行うべき調査等、化学物質の有害性の調査、危険有害な業務
に係る特別の安全衛生教育、職長教育、就業制限、作業環境測定、
作業環境測定の結果の評価等、作業の管理、作業時間の制限、有害
な業務に係る特別の健康診断、健康診断の結果の記録、健康診断の
結果についての医師等からの意見聴取、病者の就業禁止、受動喫煙
の防止、快適な職場環境形成のための事業者の講ずる措置、特別安
全衛生改善計画及び安全衛生改善計画、計画の届出等及びその審査
等の規定については、派遣先の事業に関しては、派遣中の労働者は、
派遣先の事業者と労働契約関係にあるものとみなし、派遣元の事業
に関しては、派遣元の事業者とは労働契約関係にないものとみなす
ものである。

ロ　安衛法第45条第２項の規定による特定自主検査については、派
遣先の事業者は派遣先の事業に関し、また、派遣元の事業者は派遣
元の事業に関し、同項の厚生労働省令で定める資格を有する派遣中
の労働者に、これを実施させることはできないものである。

（4）派遣元の使用者に対する罰則の特例等

派遣元の事業者は、派遣先の事業者が労働者派遣契約に定める派遣
就業の条件にしたがって派遣労働者を労働させたならば、労働者派遣
法第45条第６項に掲げられた安衛法第59条第３項、第61条第１項、
第65条の４又は第68条の規定に抵触することとなるときには、当該
労働者派遣をしてはならない。また、派遣元の事業者がこれに違反し
労働者派遣をした場合であって、派遣先の事業者が安衛法第59条第
３項等の規定に抵触することとなったときには、当該派遣元の事業者
は当該規定に違反したものとみなして、同法第119条及び第122条の
規定を適用するものである（法第45条第６項、第７項）。

（5）その他の特例措置

イ　派遣先の事業に関しては、安衛法第5条第1項、第16条第1項、第19条等の規定について所要の読替えを行い、これらの規定を適用するものとし、派遣先の事業者を含めてジョイント・ベンチャー方式により建設工事が行われる場合又は派遣先の事業者を含めて請負契約関係にある複数の事業者により安衛法第15条第1項に規定する特定事業が行われる場合の派遣先の事業者に関する同法第5条又は第16条の規定の適用の特例並びに派遣先の事業者が安全委員会及び衛生委員会の双方を設けなければならない場合の派遣中の労働者を含めての安全衛生委員会の設置等に関して特例を規定している（法第45条第8項）。

ロ　派遣就業のために派遣されている派遣元の事業に関し、安衛法第19条第1項の規定について所要の読替えを行い、同規定を適用するものとし、派遣元の事業者が安全委員会及び衛生委員会を設けなければならない場合に安全衛生委員会の設置に関する特例について規定したものである（法第45条第9項）。

ハ　派遣先の事業者及び労働者派遣法第45条第8項の規定により派遣中の労働者を使用するものとみなされたジョイント・ベンチャーの安衛法第5条第1項又は第2項の代表者は、派遣中の労働者に対し労働者派遣法第45条第3項の規定により適用される第66条第2項、第3項若しくは第4項の規定による特別の項目についての健康診断を行ったとき、又は当該派遣中の労働者から同条第5項ただし書の規定による健康診断の結果を証明する書面の提出があったときは、遅滞なく、当該派遣中の労働者に係る第66条の3の規定による記録に基づいてこれらの健康診断の結果を記載した書面を作成し、当該派遣元の事業者に送付しなければならない。また、この書面の送付を受けた派遣元の事業者は、当該書面を保存しなければならない（法第45条第10項、第11項）。

　これらの規定に違反した者は、30万円以下の罰金に処せられ、また、当該違反に関し、両罰規定が適用されるものである（法第45条第12項、第13項）。

ニ　派遣先の事業者及び労働者派遣法第45条第8項の規定により派遣中の労働者を使用するものとみなされたジョイント・ベンチャーの安衛法第5条第1項又は第2項の代表者は、派遣中の労働者に対し適用される安衛法第66条の4の規定により医師又は歯科医師の意見を聴いたときは、遅滞なく、当該意見を派遣元の事業者に通知しなければならない（法第45条第14項）。

ホ　労働者派遣法第45条第15項に掲げられている安衛法第9条等の規定について、事業者には派遣先の事業者を含み、労働者には派遣中の労働者を含み、安衛法の規定には労働者派遣法第45条の規定により適用される安衛法の規定を含むなどの読替えを行い、これらの規定を適用するものである（法第45条第15項）。

ヘ　労働者派遣法第45条第1項等の規定により適用される安衛法若しくは同法に基づく命令の規定又は労働者派遣法第45条第6項等の規定若しくはこれらの規定に基づく命令の規定に違反した者に関しては、労働者派遣法第45条第16項に掲げられた安衛法第46条第2項等安衛法による資格、許認可等に係る欠格事由等を定めた規定について、安衛法の規定には労働者派遣法第45条の規定により適用される場合を含むなどの読替えを行い、安衛法又は同法に基づく命令の規定等に違反したものとして、これらの規定を適用する（法第45条第16項）。

③ じん肺法の適用の特例

（1）趣旨

　じん肺法（昭和35年法律第30号）は、「事業者」に同法上の義務を課すこととしており、事業者とは、「労働安全衛生法第2条第3号に規定する事業者（事業を行う者で、労働者を使用するもの）で、粉じん作業を行う事業に係るものをいう」と定義している（じん肺法第2条第1項第5号）。

　「労働者を使用する」とは、労働契約関係が存在することと解釈されていることから、労働者派遣においては、派遣中の労働者と労働契

約関係にある派遣元の事業者がじん肺法上の義務を負うこととなる。しかしながら、派遣先の事業場において常時粉じん作業に従事している派遣労働者に関しては、現に当該労働者を指揮命令して粉じん作業に就かせ、かつ、粉じん作業に関する健康管理等に知識と経験を有する派遣先の事業者にじん肺法上の義務を原則として負わせることが、当該労働者のじん肺の予防のための健康管理上適切であるので、このような健康管理等に係る規定については派遣先の事業者に課する特例規定を設けることとしたものである。

　また、派遣中の労働者に関するじん肺法の規定のうちには、派遣元の事業者のみに課し、又は派遣元の事業者と派遣先の事業者の双方に課すことが望ましいものがあるが、じん肺法の「事業者」の定義から、粉じん作業を行う事業以外の事業を行う派遣元の事業者は、同法上の事業者でないため、当該派遣中の労働者を派遣先の事業場に派遣し、常時粉じん作業に就業させている場合であっても、当該規定は当該派遣元の事業者に適用されないこととなる。このような事態を回避する観点からも、労働者派遣法に特例規定を設け、立法的に解決することとしたものである。

（2）派遣先のみが責任を負う事項

イ　労働者派遣法第46条第１項は、労働者が派遣就業のために派遣されている派遣先の事業で、じん肺法第２条第１項第３号に規定する粉じん作業に係るものに関しては、当該派遣先の事業者を当該派遣中の労働者（当該派遣先の事業において、常時粉じん作業に従事している者及び常時粉じん作業に従業したことのある者に限る）を使用するじん肺法第２条第１項第５号に規定する事業者と、当該派遣中の労働者を当該派遣先の事業を行う者に使用される労働者とみなして、じん肺法第５条から第９条の２まで、第11条から第14条まで、第15条第３項、第16条から第17条まで及び第35条の２の規定（これらの規定に係る罰則の規定を含む）を適用すると規定している。また、労働者派遣法第46条第２項は、その事業に使用する労働者が派遣先の事業（粉じん作業に係るものに限る）における派

遣就業のために派遣されている派遣元の事業（粉じん作業に係るものに限る）に関する第１項前段に掲げる規定の適用については、当該派遣元の事業者は当該派遣中の労働者を使用しないものと、当該派遣中の労働者は当該派遣元の事業者に使用されないものとみなすと規定している。

　すなわち、事業者及び労働者のじん肺の予防措置、じん肺の予防及び健康管理のために必要な教育、常時粉じん作業に従事することとなった者への就業時健康診断、定期健康診断、定期外健康診断、離職時健康診断、受診義務、事業者によるエックス線写真等の提出、じん肺管理区分の決定手続等、じん肺管理区分等の通知、随時申請に係るじん肺管理区分の決定手続等、事業者による随時申請、エックス線写真等の提出命令等、じん肺健康診断に関する記録の作成及び保存等、法令の周知の規定については、派遣先の事業に関しては、派遣中の労働者は、派遣先の事業者と労働契約関係にあるものとみなし、派遣元の事業（粉じん作業に係るものに限る）に関しては、派遣元の事業者とは労働契約関係にないものとみなすものである。

ロ　労働者派遣法第46条第３項は、労働者派遣法第46条第１項の規定によりじん肺法の規定を適用する場合には、じん肺法第10条の規定に所要の読替えを行い、同条の規定を適用するものとし、派遣先の事業者が派遣中の労働者に対してじん肺健康診断を行った場合における安衛法第66条第１項又は第２項の健康診断との関係を明らかにしたものである。

（3）派遣元・派遣先双方が責任を負う事項

イ　労働者派遣法第46条第４項は、粉じん作業に係る事業における派遣中の労働者の派遣就業に関しては、粉じん作業を行う事業者でない派遣元の事業者を粉じん作業を行う事業者と、派遣先の事業者もまた当該派遣中の労働者を使用する粉じん作業を行う事業者と、当該派遣中の労働者を当該派遣先の事業を行う者にもまた使用される労働者とみなして、じん肺法第20条の２から第21条まで及び第22条の２の規定（同法第21条の規定に係る罰則の規定を含む）を

適用すると規定している。

　すなわち、じん肺健康診断の結果に基づく事業者の責務、粉じんにさらされる程度を低減させるための措置、作業の転換、作業転換のための教育訓練の規定については、派遣元の事業者を粉じん作業を行う事業者と、派遣先の事業者もまた当該派遣中の労働者を使用する粉じん作業を行う事業者と、当該派遣中の労働者を当該派遣先の事業を行う者にもまた使用される労働者とみなすこととしたものである。

ロ　派遣元の事業者及び派遣先の事業者の双方が、派遣中の労働者に関し、これらの規定に基づく義務を負うが、この義務は、それぞれの事業者が別個に負うものである。

（4）その他の特例措置

イ　労働者派遣法第46条第5項は、粉じん作業に係る事業における派遣中の労働者の派遣就業に関しては、粉じん作業を行う事業者でない派遣元の事業者を粉じん作業を行う事業者とみなして、じん肺法第22条の規定（同条の規定に係る罰則の規定を含む。）を適用すると規定している。

　これにより、派遣中の労働者が派遣先の事業において常時粉じん作業に従事しなくなったときの当該派遣中の労働者に対するじん肺法第22条の規定による転換手当を当該派遣元の事業者が支払うものである。

ロ　労働者派遣法第46条第6項は、派遣先の事業において常時粉じん作業に従事したことのある労働者であって現に粉じん作業を行う事業者でない派遣元の事業者に雇用されるもののうち、常時粉じん作業に従事する労働者以外の者（当該派遣先の事業において現に粉じん作業以外の作業に常時従事している者を除く。）については、当該派遣元の事業者を粉じん作業を行う事業者とみなして、じん肺法第8条から第14条まで、第15条第3項、第16条から第17条まで、第20条の2、第22条の2及び第35条の2の規定（これらの規定に係る罰則の規定を含む）を適用すると規定している。

　　すなわち、定期健康診断、定期外健康診断、離職時健康診断、安衛法の健康診断との関係、受診義務、事業者によるエックス線写真等の提出、じん肺管理区分の決定手続等、じん肺管理区分等の通知、随時申請に係るじん肺管理区分の決定手続等、事業者による随時申請、エックス線写真等の提出命令、じん肺健康診断に関する記録の作成及び保存等、労働者の健康を保持するための措置、作業の転換ための教育訓練、法令の周知の規定については、派遣先の事業において常時粉じん作業に従事したことのある労働者であって現に粉じん作業を行う事業者でない派遣元の事業者に雇用されるもののうち、当該派遣元の事業又は他の派遣先の事業において現に粉じん作業以外の作業に常時従事している者については、当該派遣元の事業者がこれらの規定に基づく粉じん作業を行う事業者としての義務を負うものである。

ハ　労働者派遣法第46条第1項の規定により派遣中の労働者を使用する粉じん作業を行う事業者とみなされた派遣先の事業者は、当該派遣中の労働者に対してじん肺健康診断を行ったとき又はじん肺法第11条ただし書の規定により当該派遣中の労働者からじん肺健康診断の結果を証明する書面その他の書面の提出を受けたときにあっては、当該派遣中の労働者に係るじん肺法第17条第1項の規定により作成した記録に基づいて当該じん肺健康診断の結果を記載した書面を作成し、また、じん肺法第14条第1項（同法第15条第3項、第16条第2項及び第16条の2第2項において準用する場合を含む）の規定によるじん肺管理区分の決定の通知を受けたときにあっては、当該通知の内容を記載した書面を作成し、遅滞なく、当該派遣元の事業を行う者に送付しなければならない（法第46条第7項）。

　　この通知の内容を記載した書面の送付を受けた派遣元の事業者は、当該書面を保存しなければならない（法第46条第8項）。

ニ　派遣元の事業者は、粉じん作業に係る事業における派遣就業に従事する派遣中の労働者で常時粉じん作業に従事するもの（じん肺管理区分が管理2、管理3又は管理4と決定された労働者を除く。）が当該派遣元の事業者の行う安衛法第66条第1項又は第2項の健

康診断において、じん肺法第2条第1項第1号に規定するじん肺の所見があり、又はじん肺にかかっている疑いがあると診断されたときは、遅滞なく、その旨を当該派遣先の事業者に通知しなければならない（法第46条第9項）。

ホ　労働者派遣法第46条第7項から第9項までの規定に違反した者は、30万円以下の罰金に処せられ、また、当該違反に関し、両罰規定が適用されるものである（法第46条第10項、第11項）。

ヘ　労働者派遣法第46条第1項から第11項までの規定によるじん肺法の適用の特例については、労働者派遣法第46条第12項に掲げられているじん肺法第32条第1項、第35条の3第1項、第2項及び第4項、第39条第2項及び第3項、第40条第1項、第41条、第42条第1項、第43条、第43条の2並びに第44条の規定について、粉じん作業を行う事業者には労働者派遣法第46条の規定により粉じん作業を行う事業者とみなされた者を含み、じん肺法の規定には労働者派遣法第46条の規定により適用されるじん肺法の規定を含むなどの所要の読替えを行い、じん肺法第32条第1項等の規定を適用するものである（法第46条第12項）。

ト　労働者派遣法第46条第13項は、派遣元の事業者が粉じん作業を行う事業者に該当する場合であってその者が派遣中の労働者に対してじん肺健康診断を行ったときにおけるじん肺法第10条の規定の適用について所要の読替えを行い、安衛法第66条第1項又は第2項の健康診断との関係を明らかにしたものである。

4 作業環境測定法の適用の特例

(1) 趣旨

　安衛法第65条の規定により、事業者は有害な業務を行う屋内作業場等の一定の作業場において、定期に、一定の測定事項について作業環境測定を行わなければならないこととされている。作業環境測定法は、この作業環境測定を行わなければならない作業場のうちの指定作業場について作業環境測定を行うときは、当該事業者の労働者である

作業環境測定士にこれを実施させなければならず、このように自らの労働者である作業環境測定士に行わせることができないときは、当該作業環境測定を作業環境測定機関に委託しなければならないと規定している（作業環境測定法第3条）。指定作業場とは、具体的には下記の作業場である（安衛法施行令第21条）。

1）土石、岩石、鉱物、金属又は炭素の粉じんを著しく発散する屋内作業場で、常時特定粉じん作業が行われる屋内作業場

2）暑熱、寒冷又は多湿の屋内作業場

3）著しい騒音を発する屋内作業場

4）坑内の作業場で一定のもの

5）中央管理方式の空気調和設備を設けている建築物の室で事務所の用に供されるもの

6）放射線業務を行う作業場

7）特定化学物質（第1類物質及び第2類物質）を製造し、又は取り扱う屋内作業場及び石綿等を取り扱い、又は試験研究のために製造する屋内作業場

8）一定の鉛作業を行う屋内作業場

9）酸素欠乏危険場所において作業を行う場合の当該作業場

10）有機溶剤（第1種有機溶剤等及び第2種有機溶剤）を製造し、又は取り扱う屋内作業場

（2）派遣先のみが責任を負う事項

　労働者派遣法第45条第3項の規定により派遣中の労働者を使用する事業者とみなされた派遣先の事業者は作業環境測定法第2条第1号に規定する事業者に含まれるものとして、労働者派遣法第47条第1項に掲げる作業環境測定法第1章、第8条第2項（同法第34条第2項において準用する場合を含む。）、第4章及び第5章の規定を適用するものである（法第47条第1項、第45条第3項、第5項）。

　すなわち、作業環境測定を作業環境測定士又は作業環境測定機関によって、また、作業環境測定基準にしたがって実施するなどの総則規定、作業環境測定士名簿の閲覧、行政機関による監督、指導、援助等、

報告、書類の保存等の雑則の規定、罰則の規定は、派遣先の事業者に適用されるものである。

　労働者派遣法第47条の規定による作業環境測定法の適用に関する特例においては、派遣中の労働者は、派遣先の事業者と労働契約関係にあるものとしていないことから、派遣先の事業者は、作業環境測定法第３条第１項の規定については、作業環境測定士である派遣中の労働者に指定作業場の作業環境測定を実施させることはできないものである。

（３）欠格事由等の特例

イ　作業環境測定法は、作業環境測定士、作業環境測定機関等の資格要件等を規定しているが、当該資格要件の欠格事由又は取消し等の処分事由の一つとして、安衛法違反、作業環境測定法違反又はこれらの法律に基づく命令違反を掲げている。

　　作業環境測定法の一定の資格要件等の欠格事由、取消し事由等とは、具体的には以下のとおりである。

　１）作業環境測定士の登録の欠格事由及び取消し等の事由（作業環境測定法第６条、第12条）

　２）指定試験機関の指定の基準及び取消し等の事由（作業環境測定法第21条、第30条）並びにその役員及びその作業環境測定士試験員の解任命令事由（作業環境測定法第23条、第24条）

　３）登録講習機関の登録の基準（作業環境測定法第32条）

　４）指定登録機関の登録の基準（作業環境測定法第32条の２）

　５）作業環境測定機関の登録の基準（作業環境測定法第34条）

ロ　例えば、作業環境測定法による登録講習機関の登録の申請をしようとする派遣先の事業者が労働者派遣法の規定により適用される安衛法に違反している場合、作業環境測定士になろうとする派遣中の労働者が労働者派遣法の規定により適用される安衛法に違反している場合等には、労働者派遣法の規定により適用される規定であっても、作業環境測定法において資格要件等の欠格事由、取消し事由等とされている安衛法の違反に該当しているとすることが妥当であ

る。

　そこで労働者派遣法第47条第2項では、労働者派遣法第45条の規定により適用される安衛法若しくは同法に基づく命令の規定、労働者派遣法第45条第6項、第10項若しくは第11項の規定若しくはこれらの規定に基づく命令の規定又は労働者派遣法第47条第1項の規定により適用される作業環境測定法若しくは同法に基づく命令の規定に違反した者に関しては、作業環境測定法第6条第3号、第21条第2項第5号イ（同法第32条の2第4項において準用する場合を含む。）、第23条第2項（同法第32条の2第4項において準用する場合を含む。）、第24条第4項、第32条第3項及び第34条第1項の資格、指定等に係る欠格事由等を定めた規定について所要の読替えを行い、これらの規定を適用するものである。

（参考）指定試験機関の指定の欠格事由に係る読替え

労働者派遣法第47条第2項による作業環境測定法の読替え規定

第21条　（第1項　〈略〉）

2　厚生労働大臣は、指定の申請が次の各号のいずれかに該当するときは、指定をしてはならない。　（第1号～第4号　〈略〉）

　　五　申請者の役員のうちに、次のいずれかに該当する者があること。

　　　イ　この法律又は労働安全衛生法若しくはこれらに基づく命令の規定（労働者派遣法第45条又は第47条の規定により適用される場合を含む。）又は労働者派遣法第45条第6項、第10項若しくは第11項の規定若しくはこれらの規定に基づく命令の規定に違反して、罰金以上の刑に処せられ、その執行を終わり、又は執行を受けることがなくなった日から起算して2年を経過しない者（以下　〈略〉）

5 男女雇用機会均等法の適用の特例

（1）趣旨

　男女雇用機会均等法の規定については、従来、派遣元の事業主のみに義務が課せられていたが、派遣労働者は派遣先の事業主から具体的な指揮命令を受けるため、労働者派遣法第47条の2の規定が新設され、男女雇用機会均等法第9条第3項等の規定の適用に関する特例措置が定められた。

　すなわち、派遣先の事業主もまた派遣労働者を雇用する事業主とみなして派遣元の事業者とともに男女雇用機会均等法第9条第3項等の義務を負うこととなった。

イ　職場における性的な言動等に関して雇用管理上講ずべき措置

　男女雇用機会均等法第11条第1項は、事業主は、職場において行われる性的な言動に対するその雇用する労働者の対応により当該労働者がその労働条件につき不利益を受け、又は当該性的な言動により当該労働者の就業環境が害されることのないよう雇用管理上必要な措置を講じなければならないことを規定している。また、同条第2項に基づき「事業主が職場における性的な言動に起因する問題に関して雇用管理上講ずべき措置等についての指針」（平成18年厚生労働省告示第615号、最終改正：令和2年1月15日厚生労働省告示第6号）が定められている。この指針では、事業主は、職場におけるセクシュアルハラスメントを防止するため、事業主の方針等の明確化及びその周知・啓発、相談体制の整備、職場におけるセクシュアルハラスメントの事後の迅速かつ適切な対応等の措置を講ずることが求められている。

ロ　妊娠中・出産後の健康管理に関する措置

　男女雇用機会均等法第12条は、事業主は、その雇用する女性労働者が母子保健法の規定による保健指導又は健康診査を受けるために必要な時間を確保することができるようにしなければならないことを規定しており、労働者派遣が行われる場合においては、労働者派遣法第47条の2により、派遣先の事業主も派遣労働者について

必要な措置をしなければならない。

　また、男女雇用機会均等法第13条第1項は、上記の保険指導又は健康診査に基づく指導事項を守ることができるようにするため、勤務時間の変更、勤務の軽減等必要な措置を講じなければならないと規定し、同条第2項に基づいて定められた「妊娠中及び出産後の女性労働者が保健指導又は健康診査に基づく指導事項を守ることができるようにするために事業主が講ずべき措置に関する指針」（平成9年労働省告示第105号）において、妊娠中の通勤緩和、休憩に関する措置及び妊娠中又は出産後の症状等に対応する措置等が示されている。

ハ　職場における性的言動問題等に関する事業主の責務

　男女雇用機会均等法第11条の2第2項は、事業主は、性的言動問題に対するその雇用する労働者の関心と理解を深めるとともに、当該労働者が他の労働者に対する言動に必要な注意を払うよう研修の実施等必要な配慮をするほか、国の措置に協力するよう努めることを規定しており、労働者派遣が行われる場合においては、労働者派遣法第47条の2により、派遣先の事業主も派遣元事業主同様、必要な配慮をすること等が求められる。

　また、同法第11条の4第2項は、事業主は、妊娠・出産等に関する言動問題に対するその雇用する労働者の関心と理解を深めるとともに、当該労働者が他の労働者に対する言動に必要な注意を払うよう研修の実施等必要な配慮をするほか、国の措置に協力するよう努めることを規定しており、労働者派遣が行われる場合においては、労働者派遣法第47条の2により、派遣先の事業主も派遣元事業主同様、必要な配慮をすること等が求められる。

（2）派遣元・派遣先双方が責任を負う事項

　労働者派遣法第47条の2では、派遣労働者の当該労働者派遣に係る就業に関しては、当該労働者派遣の役務の提供を受ける者もまた、当該派遣労働者を雇用する事業主とみなして、男女雇用機会均等法第9条第3項、第11条第1項、第11条の2第1項、第11条の3第1項、

第12条及び第13条第1項の規定を適用すると規定している。

すなわち、派遣先の事業主もまた派遣労働者を雇用する事業主とみなして派遣元の事業主とともに、女性労働者が妊娠したこと、産前産後休業をしたこと等を理由とする不利益取扱いの禁止、職場における性的な言動に起因する問題又は妊娠、出産等に関する言動に起因する問題に関する雇用管理上及び指揮命令上の措置、妊娠中及び出産後の保健指導等を受けるための時間の確保措置、保健指導等に基づく勤務の軽減等の措置の規定が適用されるものである。

6 育児介護休業法の適用の特例

（1）趣旨

育児介護休業法の規定については、男女雇用機会均等法と同様、派遣元の事業主のみに義務が課されていたが、派遣先の事業主から具体的な指揮命令を受けるため、労働者派遣法第47条の3の規定が新設され、育児介護休業法第10条等の規定の適用に関する特例措置が定められた。

（2）派遣元・派遣先双方が責任を負う事項

労働者派遣法第47条の3では、派遣労働者の当該労働者派遣に係る就業に関しては、当該労働者派遣の役務の提供を受ける者もまた、当該派遣労働者を雇用する事業主とみなして、育児介護休業法第10条（同法第16条、第16条の4及び第16条の7において準用する場合を含む。）、第16条の10、第18条の2、第20条の2、第23条の2及び第25条第1項及び第25条の2第2項の規定を適用すると規定している。

すなわち、派遣先の事業主もまた派遣労働者を雇用する事業主とみなして派遣元の事業主とともに、育児休業、介護休業、子の看護休暇若しくは介護休暇の申出をしたこと又は育児休業、介護休業、子の看護休暇若しくは介護休暇を取得したことを理由とする不利益取扱いの禁止、所定労働時間を超える労働をしないことを請求したこと又は所

定労働時間を超えて労働しなかったことを理由とする不利益取扱いの禁止、時間外労働の制限時間を超える労働時間の延長をしないことを請求したこと又は時間外労働の制限時間を超えて労働しなかったことを理由とする不利益取扱いの禁止、深夜に労働をしないことを請求したこと又は深夜に労働をしなかったことを理由とする不利益取扱いの禁止、所定労働時間を短縮措置の申出をしたこと又は所定労働時間の短縮措置が講じられたことを理由とする不利益取扱いの禁止、職場における育児休業等に関する言動に起因する問題に関する雇用管理上及び指揮命令上の措置、職場における育児休業等に関する言動に起因する事業主等の責務に関する規定については、労働者派遣の役務の提供を受ける者もまた、当該派遣労働者を雇用する事業主とみなすこととしたものである。また、育児介護休業法第25条の2第2項は、事業主は、育児休業等に関する言動問題に対するその雇用する労働者の関心と理解を深めるとともに、当該労働者が他の労働者に対する言動に必要な注意を払うよう研修の実施等必要な配慮をするほか、国の措置に協力するよう努めることを規定しており、労働者派遣が行われる場合においては、労働者派遣法第47条の3により、派遣先の事業主も派遣元事業主同様、必要な配慮をすること等が求められる。

　なお、育児介護休業法は令和3年6月に一部改正された（令和3年6月3日成立、同月9日公布）。これに伴い、労働者派遣法第47条の3も一部改正され、育児介護休業法第25条第1項を適用するとある部分は、第25条を適用するにあらためられ、派遣先の事業主も派遣元事業主と同様、労働者が職場における育児休業等に関する言動に起因する問題に関して相談したこと等を理由として不利益取扱をしてはならないこととされた（令和3年6月9日公布日に施行）。

　また、上記改正に伴い、事業主は、労働者が妊娠または出産等について申出をした場合に、育児休業等に関する制度について個別に周知し、意向を確認することが義務づけられるが、これに伴い、派遣先事業主も、派遣労働者が、妊娠又は出産に関する申出をしたことを理由に、不利益な取扱をしてはならないとされる（令和4年4月1日施行）。

7　労働施策総合推進法の特例

（1）趣旨

　労働施策総合推進法は事業主に対してパワーハラスメント防止措置を講ずること等を定めているところ、派遣労働者は派遣先において派遣先の指揮命令に従って就労することから、派遣労働者に対するパワーハラスメント防止を図るためには、派遣先事業主においても派遣元事業主と同様にパワーハラスメント防止措置を講ずることを義務づけるため、労働者派遣法第47条の4は労働施策総合推進法第30条の2第1項等の規定の適用に関する特例措置が定められている。

（2）派遣元・派遣先双方が責任を負う事項

　労働者派遣法第47条の4では、派遣労働者の当該労働者派遣に係る就業に関しては、当該労働者派遣の役務の提供を受ける者もまた、当該派遣労働者を雇用する事業主とみなして、労働施策総合推進法第30条の2第1項、第30条の3第2項を適用すると規定している。

　すなわち、派遣先の事業主もまた派遣労働者を雇用する事業主とみなして派遣元の事業主とともに、①職場における優越的な関係を背景とした言動に起因する問題（以下「優越的言動問題」という。）に関する雇用管理上の措置として、相談体制の整備等の必要な措置を講ずること（同法第30条の2第1項）、②優越的言動問題に関する事業主の責務として、同問題に対する労働者の理解と関心を深めるとともに、研修の実施等必要な配慮をする等、国の措置に協力するよう努めることを定めた規定が適用されるものである。

8　労基法等の適用関係

　労基法、安衛法等については、労働契約関係にある派遣元の事業主が責任を負うことが原則であるが、一部派遣先が責任を負うものがある。労基法、安衛法等の適用関係は次のとおりである。

（1）労基法（労働基準法）

規定事項	派遣元	派遣先
均等待遇	○	○
男女同一賃金の原則	○	
強制労働の禁止	○	○
公民権行使の保障		○
労働条件の明示	○	
賃金	○	
労働時間、休憩、休日		○
1か月単位の変形労働時間制、フレックスタイム制、1年単位の変形労働時間制の協定の締結・届出	○	
時間外・休日労働の協定の締結・届出	○	
事業場外労働に関する協定の締結・届出	○	
専門業務型裁量労働制に関する協定の締結・届出	○	
時間外・休日、深夜の割増賃金	○	
年次有給休暇	○	
最低年齢	○	
年少者の証明書	○	
労働時間及び休日（年少者）		○
深夜業（年少者）		○
危険有害業務の就業制限（年少者及び妊産婦等）		○
坑内労働の禁止（年少者）		○
坑内業務の就業制限（妊産婦等）		○
帰郷旅費（年少者）	○	
産前産後の休業	○	
産前産後の時間外、休日、深夜業の制限		○
育児時間		○
生理日の就業が著しく困難な女性に対する措置		○
徒弟の弊害排除	○	○
災害補償	○	
就業規則	○	
寄宿舎	○	

規定事項	派遣元	派遣先
申告を理由とする不利益取扱いの禁止	○	○
国の援助義務	○	○
法令等の周知義務（派遣先は就業規則を除く）	○	○
労働者名簿	○	
賃金台帳	○	
記録の保存	○	○
報告の義務	○	○

（2）安衛法（労働安全衛生法）

規定事項	派遣元	派遣先
安全衛生を確保する事業者の責務	○	○
労働災害の防止に関する措置に協力する労働者の責務	○	○
労働災害防止計画の実施に係る厚生労働大臣の勧告等	○	○
総括安全衛生管理者の選任等	○	○
安全管理者の選任等		○
衛生管理者の選任等	○	○
安全衛生推進者等の選任等	○	○
産業医の選任等	○	○
作業主任者の選任等		○
統括安全衛生責任者の選任等		○
元方安全衛生管理者の選任等		○
店社安全衛生管理者の選任等		○
安全委員会		○
衛生委員会	○	○
安全管理者等に対する教育等	○	○
労働者の危険又は健康障害を防止するための措置		○
事業者の行うべき調査等		○
元方事業者の講ずべき措置等		○
特定元方事業者等の講ずべき措置		○
定期自主検査		○
化学物質について事業者が行うべき調査等		○

規定事項	派遣元	派遣先
化学物質の有害性の調査		○
安全衛生教育（雇入れ時・作業内容変更時）	○	
安全衛生教育（作業内容変更時・危険有害業務就業時）		○
職長教育		○
危険有害業務に現に就いている者に対する教育	○	
就業制限		○
中高年齢者等についての措置	○	○
作業環境測定		○
作業環境測定の結果の評価等		○
作業の管理		○
作業時間の制限		○
健康診断（一般健康診断等、当該健康診断結果についての医師等からの意見聴取）	○	
健康診断（有害な業務に係る特別の健康診断、当該健康診断の結果についての医師等からの意見聴取）		○
健康診断実施後の措置	○	○
健康診断の結果の通知	○	
医師等による保健指導	○	
労働時間の状況の把握		○
医師による面接指導等	○	
心理的な負担の程度を把握するための検査等	○	
病者の就業禁止		○
受動喫煙の防止		○
健康教育等	○	○
体育活動等についての便宜供与等	○	○
快適な職場環境の形成のための事業者の講ずる措置		○
特別安全衛生改善計画及び安全衛生改善計画		○
計画の届出、審査等		○
申告を理由とする不利益取扱いの禁止	○	○
使用停止命令等		○
報告等	○	○
法令の周知	○	○

規定事項	派遣元	派遣先
書類の保存等	○	○
事業者が行う安全衛生施設の整備等に対する国の援助	○	○
疫学的調査等	○	○

（3）じん肺法

規定事項	派遣元	派遣先
事業者及び労働者のじん肺の予防措置		○
じん肺の予防及び健康管理のために必要な教育		○
常時粉じん作業に従事することとなった者への就業時健康診断		○
定期健康診断、定期外健康診断、離職時健康診断※		○
じん肺管理区分の決定手続等		○
じん肺管理区分等の通知※		○
随時申請に係るじん肺管理区分の決定手続等※		○
事業者による随時申請※		○
エックス線写真等の提出命令等※		○
じん肺健康診断に関する記録の作成及び保存等※		○
じん肺健康診断の結果に基づく事業者の責務	○	○
粉じんにさらされる程度を低減させるための措置	○	○
作業の転換	○	○
転換手当	○	
作業転換のための教育訓練	○	○
政府の技術的援助等	○	○
法令の周知		○
申告を理由とする不利益取扱いの禁止	○	○
報告	○	○

※の規定は、粉じん作業に係る事業場への派遣が終了した後は派遣元に適用する。

（4）作業環境測定法

規定事項	派遣元	派遣先
作業環境測定士又は作業環境測定機関による作業環境測定の実施		○

（5）男女雇用機会均等法（雇用の分野における男女の均等な機会及び待遇の確保等に関する法律）

規定事項	派遣元	派遣先
妊娠・出産等を理由とする不利益取扱いの禁止	○	○
職場における性的な言動に起因する問題に関する雇用管理上の措置	○	
職場における性的な言動に起因する問題に関する雇用管理上及び指揮命令上の措置		○
職場における性的な言動に起因する問題に関する事業主の責務	○	○
職場における妊娠、出産等に関する言動に起因する問題に関する雇用管理上の措置	○	
職場における妊娠、出産等に関する言動に起因する問題に関する雇用管理上及び指揮命令上の措置		○
職場における妊娠、出産等に関する言動に起因する問題に関する事業主の責務	○	○
妊娠中及び出産後の保健指導等を受けるための時間の確保措置	○	○
妊娠中及び出産後の保健指導等に基づく勤務の軽減等の措置	○	○

（6）育児介護休業法（育児休業、介護休業等育児又は介護を行う労働者の福祉に関する法律）

規定事項	派遣元	派遣先
育児休業、介護休業、子の看護休暇若しくは介護休暇の申出をしたこと又は育児休業、介護休業、子の看護休暇若しくは介護休暇を取得したことを理由とする不利益取扱いの禁止	○	○

	派遣元	派遣先
所定労働時間を超える労働をしないことを請求したこと又は所定労働時間を超えて労働しなかったことを理由とする不利益取扱いの禁止	◯	◯
時間外労働の制限時間を超える労働時間の延長をしないことを請求したこと又は時間外労働の制限時間を超えて労働しなかったことを理由とする不利益取扱いの禁止	◯	◯
深夜に労働をしないことを請求したこと又は深夜に労働をしなかったことを理由とする不利益取扱いの禁止	◯	◯
所定労働時間を短縮措置の申出をしたこと又は所定労働時間の短縮措置が講じられたことを理由とする不利益取扱いの禁止	◯	◯
職場における育児休業等に関する言動に起因する問題に関する雇用管理上の措置	◯	
職場における育児休業等に関する言動に起因する問題に関する雇用管理上及び指揮命令上の措置		◯
職場における育児休業、介護休業等に関する言動に起因する問題に関する事業主の責務	◯	◯

（7）労働施策総合推進法（労働施策の総合的な推進並びに労働者の雇用の安定及び職業生活の充実等に関する法律）

規定事項	派遣元	派遣先
職場における優越的な関係を背景とした言動に起因する問題に関する雇用管理上の措置	◯	
職場における優越的な関係を背景とした言動に起因する問題に関する雇用管理上及び指揮命令上の措置		◯
職場における優越的な関係を背景とした言動に起因する問題に関する事業主の責務	◯	◯

派遣労働者への労働基準法等の適用

1 労働者派遣に係る使用者責任に関する問題

（1）労基法上の使用者

　労基法は労働条件の最低基準（法定労働条件）を定め、これを上回る労働条件の実現を図ろうとするものであるが、同時に刑罰をもってこの法定労働条件の履行を確保しようとする側面がある。

　このため、労基法では、労働契約関係（雇用関係）の当事者である事業主を基本的な責任者としつつ、具体的な各場面における法定労働条件の履行確保を図るという趣旨から、事業主、事業の経営担当者のほか、「その事業の労働者に関する事項について、事業主のために行為をするすべての者」を責任主体である「使用者」としている。すなわち、現実の行為者を使用者として労基法の責任の主体とし、各条文において「使用者は、……しなければならない」、「使用者は、……してはならない」と規定し、違反があった場合には刑事罰をもってその責任を追及することとしている。

　なお、具体的な法の適用における責任主体は以上のように行為者たる使用者であるが、当該行為者が事業主でない場合には、労基法の違反防止を完全ならしめるため、当該行為による利益の帰属者である事業主にも責任を負わせることとしている（労基法第121条）。

　ここで「事業主」とは、その事業の経営の主体をいい、個人企業にあってはその企業主個人であり、会社等の法人組織にあってはその法人そのものである。なお、事業主が法人である場合には、その法人そのものが実際の違反行為をするということはあり得ず、労基法第121条の両罰規定によって責任が追及されることとなる。

　また、「事業の経営担当者」とは、事業経営について権限を有し、責任を負っている者をいい、具体的には法人の代表者、支配人がこれに当たる。

　「その事業の労働者に関する事項について、事業主のために行為をする

すべての者」とは、人事、給与、厚生等の労働条件の決定や労務管理、業務命令の発出や具体的な指揮監督などについて、事業主のために行為をする者であれば、当該事業主の従業員であると否とを問わず、労基法上の使用者に該当する。実際の運用においても、「使用者とは本法（労基法）各条の義務についての履行の責任者をいい、その認定は部長、課長等の形式にとらわれることなく各事業において、本法各条の義務について実質的に一定の権限を与えられているか否かによるが、かかる権限が与えられておらず、単に上司の命令の伝達者にすぎぬ場合は使用者とはみなされないこと」（昭和22年9月13日発基第17号）とされている。

　以上のように、労基法における使用者という概念は、具体的事実においてその実質的責任が誰にあるかによって決まる相対的なものであり、労基法第9条に規定する労働者であっても、その者が同時に企業内の労働者に関する事項について権限と責任を有していれば、その事項についてはその者が使用者となることとなる。

　したがって、取締役、工場長、部長等から、現場監督、職場主任等に至るまで、その権限と責任に応じて、特定の者のみが、あるいは複数の者が並列的に、使用者に該当することとなる。

（2）派遣労働者に関する適用の問題

イ　労基法は、前述のとおり、労働者と労働契約関係にある事業主を基本的な責任者としつつ、その事業主のために行為をする者を責任主体としての使用者ととらえているが、派遣労働者の派遣就業に関して労基法上の使用者責任をどうとらえるかが問題となる。

　派遣労働者の労働関係の実態をみると、派遣元は自ら雇用している派遣労働者を派遣先に派遣し、そこで派遣先の具体的な指揮命令を受けて派遣先の業務に従事させている。すなわち、派遣元は派遣労働者と労働契約関係にあるが、労働契約関係に基づく具体的な指揮命令権限の大部分を自らは行使せず、派遣労働者と労働契約関係のない派遣先が自らの業務遂行のために具体的な指揮命令を行っており、派遣労働者の派遣就業に関して基本的な責任主体である事業主は派遣元、労働条件履行の場面における実際の行為者は派遣先ということになる。

167

　以上の労働関係の実態に即して、派遣労働者に関して現行の労基法第10条の規定を適用すると、派遣労働者に関して「使用者とは、派遣元事業主又は派遣元事業の経営担当者その他派遣労働者に関する事項について、派遣元事業主のために行為をするすべての者をいう」こととなる。

　そこで、具体的な例として、派遣労働者が派遣先で労基法上必要な休憩時間が与えられることなく、労働した場合を考えてみよう。まず、休憩時間を与えないという労基法違反の行為をした者は派遣先の従業員等であるが、その者に使用者としての責任を問うということができるかが問題となる。この派遣先の従業員等は、派遣先の業務を遂行するため、すなわち派遣先の事業主のために当該行為をしたのであって、派遣元の事業主のために行為をしたのではないことは明らかである。

　したがって、派遣労働者を指揮命令して休憩時間を与えることなく労働させた派遣先の従業員等は、当該派遣労働者については労基法第10条の規定を適用すると「使用者」とならず、この労基法違反の行為について責任を問えないこととなる。

　また、この派遣労働者について労基法上の「使用者」となる派遣元の労務担当責任者等も、休憩時間を与えることなく労働させた実際の行為者ではないので、責任を問えないことは当然であり、結局、この場合には誰にも労基法違反の行為について責任を問えないこととなる。

ロ　労基法は、第121条第１項で、「この法律の違反行為をした者が、当該事業の労働者に関する事項について、事業主のために行為した代理人、使用人その他の従業員である場合においては、事業主に対しても各本条の罰金刑を科する……」という両罰規定を設けているが、派遣労働者が派遣先で休憩時間が与えられることなく労働したという例について考えてみよう。

　実際に当該派遣労働者を指揮命令して休憩時間を与えることなく労働させた派遣先の従業員等は、イでみたように、当該派遣労働者についての「使用者」とならないと考えられ、さらに、この実際の行為者である派遣先の従業員等は派遣元の従業員ではないのが通常である。

　したがって、派遣先の従業員等の労基法違反の行為について、両罰規定を適用して派遣労働者の事業主である派遣元事業主に対して責任を問

うことはできない。なお、派遣先の事業主は派遣労働者と労働契約関係
がある事業主ではなく、自ら違反行為をした場合を除き、責任を問われ
ないことは当然である。

ハ　以上のような問題は、安衛法上「事業者」として責任を負う者は誰か
ということについても同様に考えられる。

　安衛法は、労基法とは異なり、「事業者」すなわち「事業を行う者で、
労働者を使用するもの」（安衛法第2条第1項第3号）を責任主体とし
て構成しているが、これは、事業者（企業）にその責任の自覚を促し、
行政取締法規としての実効を期することとしたものである。しかしなが
ら、違反に対する罰則については、行為者を処罰するとの原則に則って、
「法人の代表者又は法人若しくは人の代理人、使用人その他の従業者」（安
衛法第122条）が行為者として処罰され、あわせて両罰規定により「そ
の法人又は人」も責任を問われることとされている。

　したがって、派遣労働者に関する安衛法違反の行為についても、労基
法違反の行為があった場合と同様、派遣労働者と労働契約関係がある事
業主である派遣元の事業者、当該派遣元の事業者の従業員等に責任を問
うこととなるが、実際の行為者でないため責任を問うことができないこ
とになる。また、実際に派遣労働者を指揮命令する派遣先事業者や当該
派遣先事業者の従業員等は、派遣元の事業者の従業員でないため、責任
を負わないこととなる。

② 派遣労働者に関する適用事業の業種の問題

　労基法は別表第1において、同法が適用される事業、事務所を業種
別に第1号から第15号まで各号列挙しているが、この適応事業場の
業種の種類によって、労働時間、休憩等について適用される基準が異
なる場合がある。例えば、常時10人未満の労働者を使用する商業・サー
ビス業の事業場については、1週44時間という基準が適用されるな
どである。

　労働者派遣の事業は、一般に、労基法別表第1の第1号から第15
号までのいずれにも該当しない。しかしながら、派遣労働者は派遣元

の事業場で就労するのではなく、派遣先の事業場で就労するのであるから、派遣先の事業場に適用される基準を適用することが適当と考えられる。

③ 労働基準法研究会報告の概要

　労働省では昭和57年5月、労働基準法研究会（労働大臣の私的諮問機関、学識経験者26名で構成、会長・石川吉右衛門東京大学名誉教授）を開催し、労働契約問題、労働時間問題及び賃金（退職手当）問題について、専門的立場からその実情及び問題点を明らかにするよう調査研究を依頼した。

　派遣労働者に関する労基法等の適用の問題については、複雑な労働関係の一形態として、労働基準法研究会第1部会において調査研究が行われてきたが、昭和59年10月18日、「派遣・出向等複雑な労働関係に対する労働基準法等の適用について」との報告がなされた。

　その概要は、下記のとおりである。

（1）複雑な労働関係の類型

イ　1人の労働者に係る労働関係が複数の事業主にわたって成立している場合を分類するについては、学説上見解も分かれているが、労働契約関係の成立状況から分類すると、1）派遣元事業主のみとの間に労働契約関係が成立しているいわゆる「派遣型」と、2）出向元事業主及び出向先事業主双方との間に労働契約関係が成立しているいわゆる「出向（在籍出向）型」に分けることができる。

ロ　この「派遣型」は、更に、指揮命令関係の所在により、1）業務遂行上の指揮命令権の全部又は一部を派遣先事業主が行使しているいわゆる「労働者派遣事業型」と、2）労働契約関係の当事者である派遣元事業主が行使しているいわゆる「派遣店員型」に分けることができる。

ハ　なお、以上の諸形態の他に、概念上は雇用とは明確な区分があるが、複雑な労働関係となりうるものとして「請負」がある。すなわ

ち、建設事業のように、同一の場所で重層的な請負関係の下で事業が行われる場合には、「労働者派遣事業型」と同様の実態が生ずることがある。

以上の複雑な労働関係の類型を図示すると、次のとおりとなる。

派遣労働者の労働関係の累計

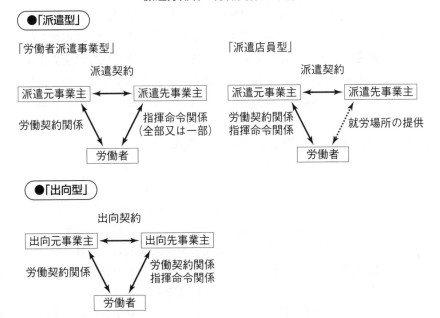

（2）労働者派遣事業型に対する労基法等の適用関係

イ　派遣元事業主、派遣先事業主及び派遣労働者の間の法律関係

（イ）派遣元事業主と派遣労働者との間は、派遣労働者は派遣元事業主との労働契約に基づき派遣元事業主に雇用され、派遣元事業主の業務命令により、派遣先事業主の事業場で派遣先事業主の指揮命令を受けて就労するという関係にある。したがって、派遣元事業主は、派遣労働者について労働契約の当事者としての責任を包括的に負っている。

（ロ）派遣元事業主と派遣先事業主との間は、派遣元事業主は労働

者派遣契約に基づいて、自己の雇用する労働者を派遣先事業主の事業場に派遣し就労させるとともに、派遣先における業務の遂行上必要な限度において派遣労働者に対して有する指揮命令権の行使を派遣先事業主に委ねているという関係にある。したがって、派遣先事業主は、労働者派遣契約に定める範囲内で、派遣労働者を指揮命令する権限を有することとなる。

（ハ）派遣先事業主と派遣労働者との間は、派遣労働者は派遣元事業主に雇用される労働者であり、派遣先事業主に対して直接就労義務を負うものではないが、派遣先事業主の事業場で派遣先事業主の指揮命令を受けて就労する義務を、派遣元事業主との労働契約に基づき、派遣元事業主に対して負っているという関係にある。

ロ　昭和59年当時の法適用における問題点

（イ）「使用者」責任の所在

①　派遣元事業主、派遣先事業主及び派遣労働者三者間の法律関係をイ（イ）のように解した場合、労基法第10条（「使用者」の定義規定）にいう「事業主」に当たる者は派遣元事業主であるということになるが、派遣先事業主又は派遣先事業主のために派遣労働者を指揮命令する者が「その事業の労働者に関する事項について、事業主のために行為をするすべての者」に当たるかどうかは疑義の存するところであり、少なくとも同条の規定はこのような場合までは予想していなかったと考えられる。したがって、もしこの点を厳格に解し、消極に解するときは、派遣先における労基法違反の責任は派遣先、派遣元双方に対して問い得ないこととなるおそれがある。

　　　また、事業主に対する両罰規定である労基法第121条第1項の適用についても、派遣先事業主又は派遣先事業主のために派遣労働者を指揮命令する者は同項の「事業主のために行為した代理人、使用人その他の従業員」に当たらないことは明らかであるから、労基法第10条の使用者に関する点を積極に解しても、派遣元事業主は派遣先における労基法違反については原則

として責任を負わないこととなる（派遣先事業主も、自ら違反行為をした場合を除き、責任を負わないことはもちろんである。）。

　　したがって、派遣労働者が相当広汎に存在するに至った現在、これらの点について速やかに立法的解決を図る必要があると考えられる。

　②　なお、安衛法における責任者についても、以上と同様の問題があるが、さらに、労働者の安全衛生を確保するため原則としては派遣先事業主に安全衛生上の責任を負わせることが適当であると考えられることからも、速やかに立法的解決を図る必要があろう。

（ロ）労働者派遣事業に対する労基法第8条（平成10年の法改正により削除されており、業種区分は現在別表第1で示されている。）の適用

　　労基法第8条は、同法が適用される事業又は事務所を業種別に各号列挙しており、労働時間、休憩等に関する事項については、この業種によって基準が異なる場合があるが、現に派遣先事業主の事業場で就労している派遣労働者に関しては、当該派遣先の事業場に適用される基準を適用することが適当であるということはいうまでもない。この点についても、立法的に措置することが望ましいと考えらえる。

ハ　労基法の適用関係

（イ）労働契約に関する規定（労基法第13条〜第23条）は、派遣元事業主と派遣労働者との間の労働契約に適用されるのであるから、「使用者」としての責任を負う者は労働契約の当事者である派遣元事業主である。

（ロ）賃金、休業手当及び割増賃金に関する規定（労基法第4条、第24条〜第27条、第37条）についても、「使用者」としての責任を負う者は労働契約の当事者である派遣元事業主である。したがって、派遣先事業主が労働者派遣契約に違反して派遣労働者に時間外労働等をさせた場合にも、派遣先事業主に対する損害賠償

請求の問題が生じることは別として、割増賃金の支払義務は派遣元事業主にあると解される。

　なお、派遣先の事情で派遣労働者が休業した場合の休業手当の支払義務についても、派遣元事業主との関係において使用者の責に帰すべき事由による休業であるかどうかによって判断すべきであると解される。

(ハ)　労働時間、休憩、休日及び休暇に関する規定（労基法第32条～第36条、第38条～第41条、第60条、第61条、第66条、第67条）については、派遣先事業主による業務遂行上の指揮命令権の行使に直接かかわる規定であり、「使用者」としての責任は派遣元事業主、派遣先事業主双方がそれぞれの権限に応じて負うべきであると考えられる。

①　変形労働時間制の手続、時間外労働協定の締結・届出の手続等労働時間の枠組みの設定については派遣元事業主の責任であると解すべきであり、そのような手続がとられているときに、派遣先事業主がその労働時間の枠組みを超えて派遣労働者を労働させれば、その労基法違反の責任は派遣先事業主にあるとすべきである。

②　監視又は断続的労働に係る許可等は、それぞれの事業又は業務の特殊性に基づく措置であるから、派遣先事業主が許可等を受けることとすべきである。

③　年次有給休暇に関しては、付与日数等は派遣元事業主との関係における継続勤務年数等によって算定されるべきものであること等から、「使用者」としての責任を負う者は労働契約の当事者である派遣元事業主であると解すべきであり、したがって、「事業の正常な運営を妨げる場合」についても、派遣元の事業との関係において判断すべきである。

(ニ)　危険有害業務の就業制限に関する規定（労基法第62条）も、派遣先事業主による業務遂行上の指揮命令権の行使に直接かかわる規定であり、さらに、派遣先事業主でなければ決定し、又は管理することが困難な事項であることから「使用者」としての責任

は原則として派遣先事業主が負うこととすべきである。

（ホ）災害補償に関する規定（労基法第75条〜第88条）については、派遣元事業主は派遣労働者を当該派遣先の事業に配置したことにもともと責任があること、また、派遣元事業主にも派遣労働者の安全衛生の問題に十分な配慮を求める必要のあること等から、「使用者」として災害補償に関する責任を負う者は派遣元事業主と解すべきである。

（ヘ）就業規則に関する規定（労基法第89条〜第93条）については、「使用者」としての責任を負う者が派遣元事業主であることは明らかである。

（ト）その他、労働者名簿の作成、賃金台帳の作成等の責任を負う者が派遣元事業主であることは明らかである。これに対して、均等待遇（労基法第3条）及び強制労働の禁止（労基法第5条）に関しては、派遣先事業主にも責任を負わせることが適当な場合も考えられる。

ニ　安衛法の適用関係

　　派遣先事業主が業務遂行上の具体的指揮命令権を有していること、また、一般に作業環境の重要な要素である設備等の設置・管理権を有していることから、安衛法上の措置義務の履行責任は、原則として派遣先事業主に負わせることとすべきであるが、一般健康診断の実施義務のように雇用期間中継続的に講ずべき措置については、派遣元事業主が責任を負うと解すべきであろう。

ホ　労災保険法の適用関係

　　労基法上の災害補償についての考え方に加え、賃金の支払義務は派遣元事業主にあること等から、労災保険の適用については派遣元事業主を労災保険法上の事業主と解すべきである。

（3）派遣店員型に対する労基法等の適用関係

イ　派遣元事業主、派遣先事業主及び派遣店員の間の法律関係

　　派遣店員は、派遣元事業主との労働契約に基づき派遣元事業主に雇用され、派遣元事業主の業務命令により、派遣先事業主の事業場

で就労するが、通常の場合、派遣元事業主の指揮命令を受け、派遣
先事業主の指揮命令は受けないという関係にある。

ロ　労基法等の適用関係

（イ）派遣元事業主と派遣店員との間の法律関係をイのように解し
　　　た場合、「使用者」としての責任を負う者は労働契約の当事者で
　　　ある派遣元事業主であることは明らかであり、労基法等の各規定
　　　の具体的適用関係についても、通常の労働関係の場合と同様に考
　　　えれば足りると言えよう。

（ロ）なお、派遣元事業主が派遣先事業主に対して弱い立場にある
　　　ことが多いこともあって、実態としては、派遣店員が派遣先事業
　　　主又はその従業者等から自社商品と無関係な催事の応援など派遣
　　　元の事業とは関係のない業務の応援を要請されることが多い等の
　　　問題が指摘されており、派遣店員が上記のような法律関係にある
　　　ことについて関係事業主等に十分周知するとともに、適正な労働
　　　時間管理の徹底等について指導する必要があると考えらえる。

（4）出向（在籍型出向）型に対する労働基準法等の適用関係

イ　基本的考え方

　　在籍型出向においては、出向労働者は、出向元事業主及び出向先
事業主双方と労働契約関係があり、労働契約関係の当事者でない者
が労働者を指揮命令するという形態でないので、労基法等における
「使用者」としての責任についても、出向元事業主、出向先事業主
及び出向労働者三者間の取決めによって定められた権限と責任に応
じて出向元事業主又は出向先事業主がそれぞれ各事項について「使
用者」としての責任を負うものと解される。

ロ　労基法の適用関係

（イ）労働契約に関する規定は出向元事業主及び出向先事業主との
　　　それぞれの労働契約に適用され、使用者としての責任を負う者は
　　　それぞれの労働契約の当事者である出向元事業主又は出向先事業
　　　主であるが、労働契約の締結と終了については、出向元事業主の
　　　権限に属する事項であり、「使用者」としての責任を負う者も出

向元事業主であると解される。

（ロ）出向中の賃金、休業手当及び割増賃金の支給基準、支払義務
　者等については、出向元事業主、出向先事業主及び出向労働者三
　者間の取決めによるものであり、その定めに従って賃金支払義務
　を負っている出向元事業主又は出向先事業主が「使用者」として
　の責任を負うこととなる。

　　なお、出向元事業主及び出向先事業主の双方が賃金支払義務を
　負っている場合の平均賃金の算定については、二つの労働契約関
　係をあわせて一つの労働契約関係と考え、出向元及び出向先のそ
　れぞれの賃金を合算すべきであると解される。

（ハ）出向中の労働時間、休憩及び休日の管理については、出向先
　事業主が行うのが通常であり、「使用者」としての責任を負う者
　も通常は出向先事業主であると解される。

　　なお、出向直後の出向先及び復帰直後の出向元における年次有
　給休暇の付与については、出向元事業主及び出向先事業主との間
　の二つの労働契約を一つの労働契約と考え、継続勤務年数、出勤
　率の算定に当たって出向元及び出向先における勤務状況を通算す
　べきであろう。

（ニ）危険有害業務の就業制限及び災害補償については、原則とし
　て出向先事業主が「使用者」としての責任を負うものと解すべき
　である。

（ホ）以上のほか、就業規則、労働者名簿、賃金台帳の作成等の義
　務は、出向元事業主及び出向先事業主がそれぞれ権限と責任を有
　する事項について負うものと解される。

ハ　安衛法の適用関係

　　安衛法上の事業者の責任は、原則として出向労働者が具体的に労
　務を提供している出向先事業主が負うものと解すべきである。ただ
　し、事項によっては出向元事業主及び出向先事業主間の取決めによ
　り、出向事業主が負うこともあり得るであろう。

ニ　労災保険法の適用関係

　　労災保険法における保険加入の問題については、基本的には出向

先において加入すべきものと考えられるが、保険料がメリット制の下に支払賃金額を基礎として算定することとされていること等から、一律に措置することは施行担保上問題がある。

④ 特例措置の考え方

（1）特例措置の設定の経緯

　以上述べたように、派遣労働者に関する労基法、安衛法等の適用については、原則として派遣労働者との労働契約関係の当時者である派遣元が負い、派遣労働者と労働契約関係にない派遣先は責任を負わないこととなる。しかしながら、派遣労働者に関しては、その者と労働契約関係にない派遣先が業務遂行上の具体的指揮命令を行い、また、実際の労働の提供の場における設備、機械等の設置・管理も派遣先が行っているため、事実上派遣元に責任を問えない場合があり、また労働者保護の実効を期すうえから派遣先に責任を負わせることが適当な場合もある。この使用者責任の点については、前述の労働基準法研究会報告においても示されているように、労基法の解釈運用により解決することは困難であり、立法的解決を図る必要がある。

　また、派遣労働者に係る労基法第8条（注：平成10年の法改正により削除されており、業種区分は現在別表第1で示されている。）の適用についても、労働者派遣の実態から、派遣先の事業場の業種として、そこに適用される基準を適用することが適当であると考えらえるが、使用者責任の点と同様、立法的解決を図る必要がある。

　このため、労働者派遣事業の制度化にあわせて、労働者派遣の実態から派遣元に責任を問うことのできない事項、派遣労働者保護の実効を期す上から派遣先に責任を負わせることが適当な事項について、特例措置を設けることとした。

　すなわち、これらの事項の関する労基法、安衛法等の規定の適用に当たっては、派遣労働者を派遣先と労働契約関係があるものとみなし、派遣先に責任を負わせることとしたものである。

（2）特例措置における責任主体の捉え方

　この特例措置は、派遣労働者について、実際の就労の場における法定労働条件の履行確保を図り、その保護に欠けるところのないようにするため、当該法定労働条件の履行確保について権限を有する派遣先の事業主、及びその従業員等を責任主体としたものであり、労基法等における基本的な使用者概念を変更するものではない。

　1（1）で述べたように、労基法、安衛法等は、法定労働条件を定めるとともに、刑罰をもってその履行確保を担保しようとするものであり、このため、労働契約関係の当時者である事業主、事業者を基本的な責任者としつつ、実際の就労の場における法定労働条件の履行確保のため、その従業員等も責任主体である「使用者」とし、あるいは処罰の対象である行為者としている。

　この考え方は労働者派遣における特例措置についても変わるものではなく、基本的には労働契約関係の当事者である派遣元が責任を負うという原則を維持しつつ、実際の就労の場における法定労働条件の履行を確保するために必要な一定の事項について、その権限を有している派遣先の事業主、その従業員等を責任主体としているに過ぎないものである。

（3）労働者派遣事業と中間搾取との関係

　労働者派遣事業と中間搾取を禁止している労基法第6条との関係については、次のとおり解せられる。

　労基法第6条は、業として他人の就業に介入して利益を得ることを禁止しており、「他人の就業に介入して」とは、労働関係の当事者間に、当該労働関係の外にある第三者が介在して、労働関係の開始、存続等に関与することである。

　労働者派遣においては、派遣元の事業主は、派遣労働者を雇用している者として、派遣労働者の基本的労働条件を決定し、自らの業務命令によって派遣労働者を派遣先において就労させ、これに対する賃金を支払うものであり、派遣元の事業主が、派遣労働者の労働関係の当時者である。したがって、派遣元の事業主による派遣労働者の派遣は、

労働関係の外にある第三者が他人の労働関係に介在するものではなく、労基法第6条の中間搾取に該当しない。

　なお、派遣元の事業主が、実質的に不当利益を得ているのではないかという点については、派遣元の事業主が派遣先から受ける料金は、派遣元の事業主が当該業務を的確に処理し得る能力を有する労働者を派遣し、派遣先の指揮命令の下に一定の業務を処理させるというサービスに対する対価であり、他方、派遣労働者の賃金は、派遣元の事業主と派遣労働者との間の労働契約により、当該労働者の知識、技術等に応じて自由な契約によって定められているものであって、両者が直ちに結びつくものではないと考えられる。

5 労基法の適用の対象

イ　労基法第9条は、その適用対象である「労働者」を、「職業の種類を問わず、事業又は事業所に使用される者で、賃金を支払われる者」と定義している。

ロ　ここでいう、「事業又は事務所」であるためには、それが業として継続的に行われていることが要件となる。業として継続的に行われている限り、その事業の目的を問わず、例えば、営利を目的としない社会事業団体や宗教団体が行う継続的活動もここでいう「事業」に該当する。

　　しかし、個人が自宅を建てるために大工等を雇用する、海外旅行に通訳を雇って連れて行くような場合は、自宅の建築や海外旅行は業として行うものでないので「事業」とはいえず、労基法の適用はない。

ハ　同居の親族のみを使用する「事業又は事務所」はたとえそれが業として継続的に行われている場合であっても、適用事業とはならない。

　　ここでいう同居の親族の意であるが、まず、同居とは生計を一にするものと同意義と解すべきで、たとえ、同一家屋内に居住していても、生計を別にするならば、ここにいう同居とみるべきではない。

　また、親族とは、民法第725条にいう六親等内の血族、配偶者及び三親等内の姻族をいう。

ニ　また、労働者派遣法第44条第1項には、労基法第9条に規定する「労働者（同居の親族のみを使用する事業に使用される者及び家事使用人を除く。）」と規定している。

　この家事使用人とは、家庭において家事一般に従事する労働者をいう。ここでいう家事使用人にあたるか否かは、「労働契約の当時者の如何に関係なく決定されるべきものであり、雇主に非ざる第三者の家事に従事するため雇い入れられている者も家事使用人である」とされる。

　したがって、法人である会社に雇い入れられて、その会社の重役の家庭において家事に従事する者のような場合には、法人との間に雇用関係があるとしても、家事使用人であるから労基法の適用はないことになる。

ホ　以上の考え方は、安衛法、じん肺法等においても同じである。

⑥　特例措置の対象

　労働者派遣法は第44条から第47条の4までにおいて、派遣労働者に係る労基法、安衛法、じん肺法、作業環境測定法、男女雇用機会均等法、育児介護休業法及び労働施策総合推進法の適用についての特例措置を設けている。

　労基法の適用に関する特例を定めた労働者派遣法第44条においては、その適用対象である「派遣元の事業」、「派遣先の事業」及び「派遣中の労働者」について定義をしている。

（1）派遣元の事業

　「派遣元の事業」とは「労働者派遣をする事業主の事業」であるが、ここでいう「事業」は労基法第9条の「事業又は事務所」である。したがって、労働者派遣をする者が「事業」を行うものでない場合や同居の親族のみで「事業」を行っている場合は、この「派遣元の事業」

に該当せず、したがって、この特例は適用されない。

　なお、労働者派遣が「事業」として行われることは要件ではなく、したがって、たまたま特定の労働者について労働者派遣を行った場合にも、当該事業主が労基法の適用事業を行う限り、この特例が適用されることとなる。

（2）派遣先の事業

　「派遣先の事業」とは、派遣中の労働者（**（3）参照**）が派遣されている事業である。したがって、**（1）**の「派遣元の事業」の場合と同様、労働者派遣のサービスを受ける者が「事業」を行っていない場合、例えば、個人又はグループで海外旅行に行く際に通訳の派遣を受けたような場合には、この特例は適用されない。

　なお、同居の親族のみを使用する「派遣先の事業」については、当該「派遣中の労働者」が同居の親族でない場合には、労働者派遣法第44条以下に定める特例は適用される。

（3）派遣中の労働者

　「派遣中の労働者」とは、派遣元の事業主に雇用され、他の事業主の事業に派遣されている労基法上の労働者であって、派遣先の事業主に雇用されていないもの（法第44条第1項）である。すなわち、派遣されている者が派遣元との関係において労基法第9条に規定する「労働者」に該当せず、同法等が適用されない場合には、当然、この特例も適用されることはない。

　また、派遣されている者が派遣先の事業主に雇用されている、すなわち、派遣先の事業主と派遣労働者との間に労働契約関係がある場合には、労働契約関係の当事者に適用される労基法等が当然そのまま適用されることとなり、この特例は適用されない。

　なお、当該労働者について、派遣元の事業主、派遣先の事業主双方との間に二重に労働契約関係が成立していると認められる場合は、いわゆる「在籍型出向」と同じであり、それぞれの労働契約関係に応じて、派遣元の事業主及び派遣先の事業主がそれぞれ権限と責任を有す

る事項について、労基法等が適用されることとなる。

　以上、労働者派遣法第44条以下に定める特例が適用される場合を図示すると、次のようになる。

労働者派遣法第44条以下に定める特例の適用関係

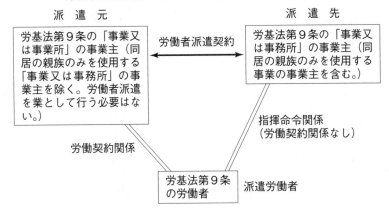

第 3 部

派遣労働者の労務管理と安全衛生

第1章 派遣労働者の労務・安全衛生管理に必要な基礎知識

1 派遣労働者として雇い入れるときに必要な知識

（1）均等待遇等基本的な事項

イ　均等待遇

（イ）労基法第3条は、労働者の国籍、信条又は社会的身分を理由として、賃金、労働時間その他の労働条件について、差別的取扱を禁止している。同条は、すべての労働条件についての差別的取扱を禁止しているが、いかなる理由によるものもすべて禁止しているわけではなく、同条で限定的に列挙している国籍、信条又は社会的身分を理由とする場合のみを禁止している。国籍とは国民たる資格をいい、信条とは特定の宗教的又は政治的信念をいい、社会的身分とは生来的な地位をいい、これらを理由とする差別的取扱が禁止されている。

（ロ）この規定に基づく義務は、派遣元の使用者と派遣先の使用者の双方が負うわけである。派遣元の使用者については、例えば、派遣労働者が日本国籍がないことを理由として賃金額に差をつけること、派遣労働者が特定の宗教的信念を持っていることを理由として労働契約上の労働時間に差をつけること等が考えられる。要するに、派遣労働者の国籍等を理由として、賃金、労働時間の枠組みの設定、災害補償等その権限に属する事項について差別的取扱が禁止されている。

　一方、派遣先の使用者については、例えば、派遣中の労働者が日本国籍がないことを理由として、休憩時間に差をつけること、派遣中の労働者が特定の宗教的信念を持っていることを理由として安全衛生上の措置に差をつけること等が考えられる。要するに、派遣中の労働者の国籍等を理由として、業務遂行上の指揮命

令における基準等その権限に属する事項について差別的取扱が禁
止されている。

（ハ）この特例により、派遣元の使用者と派遣先の使用者の双方が
これらの規定に基づく義務を負うこととなるが、これは両者が連
帯して義務を負うこととなるのではなく、それぞれがその権限の
範囲内で別個の義務を負うのである。例えば、派遣元の使用者が
ある派遣労働者が日本国籍でないことを理由に、他の派遣労働者
の賃金額と差を設けた場合には、当該派遣元の使用者が労基法第
３条違反となるが、この件について派遣先の使用者が労基法違反
となるわけではない。これとは反対に、派遣先の使用者がその権
限の範囲内で派遣中の労働者に関し、労基法第３条に違反した場
合には、当該派遣先の使用者のみが労基法違反となる。

ロ　強制労働の禁止

（イ）労基法第５条は、暴行、脅迫、監禁その他精神又は身体の自
由を不当に拘束する手段をもって労働者の意思に反する労働を強
制することを禁止している。「暴行」とは、刑法第208条に規定
する暴行であり、労働者の身体に対し不法な自然力を行使するこ
とをいう。「脅迫」とは、刑法第222条に規定する脅迫であり、
労働者に恐怖心を生ぜしめる目的で本人又はその親族の生命、身
体、自由、名誉又は財産に対して害を加うべきことを通告するこ
とをいう。「監禁」とは、刑法第220条に規定する監禁であり、
一定の区画された場所から脱出できない状態に置くことによって
労働者の身体の自由を拘束することをいう。「精神又は身体の自
由を不当に拘束する手段」とは、精神の作用又は身体の行動が何
らかの形で妨げられる状態を生ぜしめる方法をいう。このような
手段によって、労働者の意思に反する労働を強制することが禁止
されるのである。

（ロ）この規定に基づく義務は、派遣元の使用者と派遣先の使用者
の双方が責任を負う。派遣元の使用者については、暴行、脅迫等
の手段により派遣中の労働者の意思に反して派遣すること等がこ

れに該当し、また、派遣先の使用者については、暴行、脅迫等の手段により当該派遣先における労働を拒否する派遣中の労働者に対しその意思に反して労働させること等がこれに該当する。

ハ　中間搾取の排除

（イ）労基法第6条は、何人も、法律に基づいて許される場合のほか、業として他人の就業に介入して利益を得ることを禁止している。同条は、労働者の労働関係の開始、存続等に関与して、業として中間搾取を行うことを禁止するものである。よくある例としては、労務係等が配下の労働者の賃金を一括受領してその一部を着服横領するいわゆるピンハネである。

　　法律に基づいて許される場合としては、職業安定法による厚生労働大臣の許可を得て有料職業紹介の手数料を受け取ることが認められている場合等がある。「他人の就業に介入して」とは、労働関係の当事者間に第三者が介在して、その労働関係の開始、存続等について、何らかの因果関係を有する関与をなす場合をいう。「利益」とは、手数料、報償金、金銭以外の財物等その名称を問わず、また有形無形を問わない。また、この利益は、就業に介入する行為との因果関係さえあれば、使用者から利益を得る場合のみに限らず、労働者又は第三者から利益を得る場合も含まれる。

（ロ）労働者派遣法で定める労働者派遣は、労働者派遣契約に基づき、派遣元の事業主が雇用する労働者が派遣先に派遣され、派遣先の指揮命令の下に労働するものである。この場合には、派遣元と労働者との間の労働契約関係及び派遣先と労働者との間の指揮命令関係を合わせたものが、全体として当該労働者の労働関係となるものであり、したがって派遣元による労働者の派遣は、労働関係の外にある第三者が他人の労働関係に介入するものではない。

ニ　賠償予定の禁止

　　労基法第16条は、労働契約の不履行について違約金を定め、又
　は損害賠償額を予定する契約をすることを禁止している。労働契約
　期間の途中で労働者が転職したり、帰郷するなど労働契約の不履行
　の場合に、一定額の違約金を定めたり、又は労働契約の不履行や労
　働者の不法行為に対して一定額の損害賠償を支払うことを約束する
　ことが従来我が国にみられた。同条は、こうした違約金や損害賠償
　額を予定する制度を禁止するものである。こうした制度は、ともす
　ると人身を拘束し、あるいは労働を強制することとなるので、違約
　金や損害賠償額予定の制度を禁止し、労働者が違約金又は賠償予定
　額を支払わされることをおそれて労働関係の継続を強いられること
　等を防止しようとするものである。

　　「違約金」とは、債務不履行の場合に債務者が債権者に支払うべ
　きものとあらかじめ定められた金銭であって、契約に附随して定め
　るものであり、一般には損害賠償の予定と推定される。「損害賠償
　額を予定する」とは、債務不履行の場合に賠償すべき損害額を実害
　のいかんにかかわらず一定の金額として定めておくことである。

ホ　前借金相殺の禁止

　　労基法第17条は、前借金その他労働することを条件とする前貸
　の債権と賃金とを相殺することを禁止している。親権者等が多額の
　金銭を借り受け、労働者が無報酬で働くという形態で行われること
　が多かった。このため、同条は、前借金と賃金とを相殺することを
　禁止し、金銭貸借関係と労働関係を完全に分離することによって金
　銭貸借に基づく身分的拘束の発生を防止するための規定である。

　　「前借金」とは、労働契約の締結の際又はその後に、労働するこ
　とを条件として使用者から借り入れ、将来の賃金により弁済するこ
　とを約する金銭をいうものである。「相殺」とは、2人がお互いに
　相対立する同種の債権を有する場合に、現実に弁済するのではな
　く、弁済に代えて相互の債権を対等額だけ消滅させるための意思表
　示である。労基法第17条は、使用者の側で行う相殺を禁止してい

るのである。

ヘ　強制貯金の禁止

（イ）労基法第18条第１項は、労働契約に附随して貯蓄の契約をさせ、又は貯蓄金を管理する契約をすることを禁止している。強制貯金は、労働者の足留め策となり、他面では、労働者の貯蓄金が経営危機にさらされ、払戻しが困難となり、又は不可能となる場合が生じたことから、同条は、強制貯金を禁止し、使用者が労働者の任意の委託を受けて貯蓄金を管理する場合のみを一定の制限の下に認めることとしたものである。

　「労働契約に附随して」とは、労働契約の締結又は存続の条件とすることをいい、雇入れの条件として貯蓄の契約をしなければ雇い入れないとする場合、雇入れ後に貯蓄の契約をしなければ解雇するという場合等がこれに該当する。「貯蓄金を管理する」には、使用者が直接労働者の預金を受け入れて自ら管理する場合のほか、使用者が受け入れた労働者の預金を労働者個人ごとの名義で銀行その他の金融機関に預入し、その通帳、印鑑を保管する場合が含まれる。

（ロ）労基法第18条第２項から第７項までは社内預金あるいは通帳保管の制度について規定している。社内預金、あるいは通帳保管の制度は、労働者が任意に行う貯蓄金をその委託を受けて管理するものであり、使用者は、貯蓄金管理に関する協定を行い、それを労働基準監督署長に届け出ること、貯蓄金の管理に関する規程を作成すること、社内預金については利子をつけること、労働者がその返還を請求したときは遅滞なく返還すること等一定の条件の下に適法に行うことができる。

　派遣労働者に関して同条の適用がある使用者は、派遣元の使用者であるので、派遣元の使用者は、これらの条件の下に、派遣労働者の預金を受け入れることができる。

　一方、派遣先の使用者は、派遣労働者に関しては、労基法第18条の適用がないため、「出資の受入れ、預り金及び金利等の取

締りに関する法律」（以下「出資法」という。）において「業とし
て預り金をするにつき他の法律に特別の規定のある者を除く外、
何人も業として預り金をしてはならない」（第 2 条第 1 項）とさ
れていることから、労基法第18条に基づかない預金の受け入れ
は出資法の適用除外とならず、出資法に違反することになる。

（2）派遣労働者の雇入れに関する事項

イ　労基法に違反する契約の効力

（イ）労基法第13条は、労働契約のうち、労基法に定める基準に達
しない条件を定める部分を無効とし、無効となった部分を労基法
で定める基準により補充することを規定している。労基法が強行
規定であることを明らかにするとともに、強行規定違反により無
効となる部分の補充規定をおいて無効となる場合の労働条件の不
明確化を立法的に解決した規定である。

（ロ）派遣中の労働者は、派遣元の事業主との間で締結する労働契
約に基づいて労働義務を負うのであり、その労働条件は当該労働
契約によって定められるものである。派遣元は、労働者派遣法に
おける労基法の適用に関する特例によって、派遣中の労働者の労
働時間、休憩、休日等については、労基法の法定労働条件の履行
義務は負わない。しかし、派遣元の事業主と派遣中の労働者との
間で締結される労働契約については、民事上の強行規定としての
性格を有する労基法の労働時間、休憩、休日等の規定が適用され
る。したがって、派遣元の事業主は、労働契約を締結する場合に
は、自己が法定労働条件の履行義務を負わない事項を含めて、法
定労働条件が確保されるよう労働条件を定める必要がある。

（ハ）派遣元の事業主と派遣中の労働者との間の労働契約において、
例えば、1 日10時間労働制を定めている場合には、1 日10時間
労働制は法定労働条件に達しないため無効となり、無効となった
部分は法定労働条件である 1 日 8 時間労働制に縮減される。派遣
中の労働者は、派遣元に対して、法定労働条件を下回る労働条件
で労働する義務を負うことはない。

　　また、派遣中の労働者は、派遣先に対しては直接就労義務を負っておらず、派遣元に対して派遣先の事業場で労働する義務を負っているのであるから、派遣先の事業場における労働義務は、派遣元に対して負っている労働義務の範囲に限られる。したがって、派遣元との関係で、労働義務が縮減されれば、派遣先との関係でも労働義務が縮減される。なお、労働契約上1日10時間労働制が定められている場合に、派遣先の使用者がこの契約どおりに派遣中の労働者を労働させたときは、当該派遣先の使用者は労基法違反の責任を問われることとなる。

ロ　労働契約の期間

（イ）労基法第14条は、労働契約の期間について、期間の定めのないもの及び一定の事業の完了に必要な期間を定めるものを除き、原則として3年を超えてはならないと規定している。長期労働契約による人身拘束の弊害を排除するため、労働契約期間の最長限度を定めたものである。

　　なお、次のいずれかに該当する場合は、労働契約期間の上限が5年となる。

①　専門的な知識、技術又は経験（以下「専門的知識等」という。）であって高度のものとして厚生労働大臣が定める基準※に該当する専門的知識等を有する労働者（当該高度の専門的知識等を必要とする業務に就く者に限る。）との間に締結される労働契約

②　満60歳以上の労働者との間に締結される労働契約

※　高度のものとして厚生労働大臣が定める基準に該当する専門的知識等とは、次の（ i ）から（ vii ）のいずれかに該当する者が有する専門的知識等を言う。

（ i ）博士の学位を有するもの

（ ii ）公認会計士、医師、歯科医師、獣医師、弁護士、一級建築士、税理士、薬剤師、社会保険労務士、不動産鑑定士、技術士又は弁

　理士のいずれかの資格を有する者

（ⅲ）ＩＴストラテジスト試験、システムアナリスト試験又はアクチュアリー試験に合格している者

（ⅳ）特許法に規定する特許発明の発明者、意匠法に規定する登録意匠を創作した者又は種苗法に規定する登録品種を育成した者

（ⅴ）大学卒で実務経験５年以上、短大・高専卒で実務経験６年以上又は高卒で実務経験７年以上の農林水産業の技術者、鉱工業の技術者、機械・電気技術者、建築・土木技術者、システムエンジニア又はデザイナーで、年収が1075万円以上の者

（ⅵ）システムエンジニアとしての実務経験５年以上を有するシステムコンサルタントで、年収が1075万円以上の者

（ⅶ）国等によりその有する知識等が優れたものであると認定され、上記①から⑥までに掲げる者に準ずるものとして厚生労働省労働基準局長が認める者

（ロ）派遣元の事業主は、派遣労働者と労働契約を締結する場合には、期間の定めのない契約又は一定の事業の完了に必要な期間を定める契約とするか、あるいは３年（一定の場合は５年）を超えない期間を定める必要がある。なお、１年を超える期間の契約をした派遣労働者は、契約の初日から１年を経過した日以後は事業主に申出ることによりいつでも退職することができる（労基法第137条）。なお、３年（一定の場合には５年）を契約期間とする労働契約について、契約期間終了後引き続き労働し、使用者も異議を述べないときは、民法第629条第１項により黙示の更新があったものと推定され、以後は期間の定めのない労働契約が結ばれたものと推定される。

ハ　労働条件の明示

（イ）労基法第15条は、労働契約の締結に際し、労働条件を明示しなければならないとし、明示された労働条件が事実と異なる場合の労働者の即時契約解除権及び帰郷旅費について規定している労

働条件の明確化のための規定である。

（ロ）労働条件を明示すべき時期は、労働契約の締結のときである。一般に、登録型の労働者派遣においては、登録の時点では労働契約は締結されておらず、具体的に派遣先が決まった時点で派遣労働者と労働契約を締結して派遣するものと考えられるので、労基法上は、登録の時点では労働条件を明示する必要はなく、労働契約を締結する派遣の時点で明示すれば足りる。

明示すべき労働条件の範囲は、労基法施行規則第5条に定められている。

具体的には、

① 労働契約の期間に関する事項

② 期間の定めのある労働契約を更新する場合の基準に関する事項

③ 就業の場所及び従事すべき業務に関する事項

④ 始業及び終業の時刻、所定労働時間を超える労働の有無、休憩時間、休日、休暇並びに労働者を2組以上に分けて就業させる場合における就業時転換に関する事項

⑤ 賃金（退職手当及び臨時に支払われる賃金を除く。）の決定、計算及び支払の方法、賃金の締切り及び支払の時期に関する事項

⑥ 退職に関する事項（解雇の事由を含む。）

⑦ 昇級に関する事項

⑧ 退職手当の定めが適用される労働者の範囲、退職手当の決定、計算及び支払の方法、退職手当の支払の時期に関する事項

⑨ 臨時に支払われる賃金、賞与及び労基法施行規則第8条の賃金並びに最低賃金額に関する事項

⑩ 労働者に負担させるべき食費、作業用品その他に関する事項

⑪ 安全及び衛生に関する事項

⑫ 職業訓練に関する事項

⑬ 災害補償及び業務外の傷病扶助に関する事項

⑭ 表彰及び制裁に関する事項

⑮　休職に関する事項

であり、このうち、⑦から⑮までは使用者がその定めをした場合には明示しなければならない。なお、①から⑥までについては、書面により明示しなければならない。

（ハ）労働者派遣法第32条第1項は、派遣元事業主は労働者を派遣労働者として雇い入れる場合には、あらかじめその旨を明示しなければならないと規定している。派遣されることがあるか否かは、当該労働者にとって重要な労働条件であるので、特に労働者派遣法で派遣労働者である旨の明示を義務づけたものである。

ニ　待遇に関する事項等の説明

労働者派遣法第31条の2は、派遣元事業主は、派遣労働者として雇用しようとする労働者に対し、当該労働者を派遣労働者として雇用した場合における当該労働者の賃金の額の見込み、健康保険法、厚生年金保険法及び雇用保険法の被保険者となることに関する事項、想定される就業時間や就業日、就業場所、派遣期間等当該労働者の待遇に関する事項、労働者派遣に関する制度の概要、キャリアアップ措置の内容、均衡待遇確保のために配慮した内容等を説明しなければならないと規定している。

労働者派遣法第34条の2は、派遣元事業主は、派遣労働者として雇い入れようとする場合には当該労働者に係る労働者派遣に関する料金の額又は労働者派遣を行う事業所における1人1日当たりの労働者派遣に関する料金の額の平均額を当該労働者に明示しなければならないと規定している。

また、労働者派遣法第34条は、派遣元事業主は、労働者派遣をしようとする場合には、あらかじめ、労働者派遣をしようとする旨、労働者派遣契約で定める就業条件、派遣先の事業所単位及び派遣労働者個人単位の期間制限に抵触することとなる最初の日を当該派遣される労働者に明示しなければならないと規定している。派遣先における就業条件が不明確なために生ずる紛争を防止するための規定である。登録型の労働者派遣の場合には、一般に、労働契約の締結

時点と派遣する時点とが同時であるので、労基法第15条による労働条件の明示義務と労働者派遣法第34条による派遣先における就業条件の明示義務とを同時に行うことになるが、それぞれの規定に基づく要件を具備していれば、明示する行為を別々に行う必要はない。

② 派遣労働者の労務管理に必要な知識

（1）賃金に関する事項

イ　概説

　　労基法第3章は賃金に関する事項を規定している。同法第24条に賃金の支払い方法について規定し、賃金が確実に労働者に支払われることを期し、第25条に非常時払として労働者の突発的な出費に対する支払期日前の支払について定め、第26条に使用者の責による休業の場合の休業手当の支払について定め、第27条に出来高払制その他の請負制で使用する労働者の保障給について定めている。なお、労基法には同章の規定のほか、賃金の定義、男女同一賃金の原則、時間外、休日及び深夜の割増賃金等の規定があり、また、最低賃金法（昭和34年法律第137号）には賃金の最低基準に関する規定がある。

　　賃金とは、労基法第11条に定義されているとおり、名称のいかんを問わず、労働の対償として使用者が労働者に支払うすべてのものである。派遣労働者の賃金の額等は派遣元の事業主と派遣労働者との間の労働契約で定められ、派遣労働者の労働の対償として労働契約に基づいて支払われるものである。したがって、労働契約の当事者である派遣元の事業主の責任とすべきものであるので、労働者派遣法において特例は設けられず、派遣元の事業主が責任を負うべき事項とされている。

ロ　賃金体系・賃金水準

　　労働者の賃金そのものについては、各企業の労使間における交渉

で決められるべきものである。各企業においては、労働協約、就業規則、労働契約等において、賃金体系、賃金額等を定めている。派遣労働者については、派遣元の労使間において定められることになる。賃金体系、賃金水準等は、基本的には、労使間で自主的に定められるべきものであるが、労基法及び最低賃金法にいくつかの規定があるので、派遣元の使用者は、賃金の決定に当たっては、これを遵守しなければならない。

（イ）労基法第4条は、労働者が女性であることを理由として、賃金について、男性と差別的取扱いをすることを禁止している。同条は、労働者が女性であることのみを理由として、あるいは、社会通念として又は当該事業場において女性労働者が一般的又は平均的に能率が悪いこと、勤続年数が短いこと、主たる生計の維持者でないこと等を理由として、女性労働者の賃金を男性労働者と比べて差別的に取扱うことを禁止したものである。派遣元の使用者は、派遣労働者が女性なるがゆえに、資格、経験、能力、職務の内容等がすべて同じ男性派遣労働者と比較して、賃金について差別的に取扱うことが禁止される。

（ロ）労基法第27条は、出来高払制その他の請負制の労働者について、労働時間に応じて一定額の賃金を保障することを義務づけている。請負制とは、一定の労働給付の結果又は一定の出来高に対して賃率が定められるものである。派遣労働者は、派遣元の事業主との労働契約に基づき、派遣先の指揮命令のもとに労働するという形態であり、直接の労働の成果は賃金支払者ではない派遣先に帰属するものであるので、出来高払制等の賃金形態とする例は少ないと考えられるが、仮に出来高払制等を採用する場合には、派遣元の使用者は、労働時間に応じた一定額の保障給を定めなければならない。

（ハ）最低賃金法は、最低賃金の適用を受ける労働者に対して、その最低賃金額以上の賃金を支払うことを義務づけている。最低賃金は、最低賃金審議会の調査審議に基づき、都道府県ごとに、全業種に適用される地域別最低賃金と一定の産業に適用される産業

別最低賃金とが定められている。派遣元の使用者は、派遣労働者の賃金額を決めるに当たっては、その適用される最低賃金額以上の賃金額としなければならず、これに反する定めをした場合には最低賃金と同様の定めをしたものとみなされる（最低賃金法第4条）。

　ところで、最低賃金は、地域別、産業別に定められるので、派遣元の事業場と派遣先の事業場とが異なる都道府県にある場合、又は、派遣元の事業と派遣先の事業とが異なる産業に属する場合には、派遣元の事業場と派遣先の事業場とで最低賃金が異なることがあるが、いずれの場合であっても、派遣中の労働者には派遣先の事業場の最低賃金が適用される（最低賃金法第13条、第18条）。

ハ　賃金の支払

　労基法第24条は、労働の対価が完全かつ確実に労働者本人の手に渡るように、賃金の支払方法について5つの原則を定めている。すなわち、通貨払の原則、直接払の原則、全額払の原則、毎月払の原則及び一定期日払の原則である。派遣元の使用者は、派遣労働者の賃金を支払う場合に、この5原則に従わなければならない。

（イ）通貨払の原則は、労働者に不利益となる現物給与の禁止を本旨とする。賃金は、強制通用力のある貨幣で支払わなければならない。ただし、法令又は労働協約に別段の定めがある場合には現物給与が許される。なお、派遣労働者の場合には、賃金支払場所である派遣元の事業場と就業の場所である派遣先の事業場とは別であるため、銀行口座への振込みが利用されることも多いと考えられるが、銀行口座への振込みについては、労働者の意思に基づいているものであること、労働者が指定する本人名義の預金又は貯金の口座に振り込まれること、及び振り込まれた賃金の全額が所定の賃金支払日に払出しうる状況にあることの要件を満たしていれば許される。

（ロ）直接払の原則は、賃金を労働者本人以外の者に支払うことを

禁止する。労働者の代理人に支払うことは許されないが、社会通念上本人に支払うのと同一の効果を生ずるような使者に対する支払は許される。派遣中の労働者の賃金を派遣先の使用者を通じて支払うことについては、派遣先の使用者を派遣元の事業主の事務補助者として支払うのであれば、直接払の原則には違反しないものと解される。その場合には、派遣先の使用者は、賃金支払について派遣元の事業主のために行為する者、すなわち派遣元の使者になると考えらえる。

（ハ）全額払の原則は、賃金の一部の支払留保による労働者の足留めを封じ、労働の対価をすべて労働者に帰属させるためのものである。ただし、法令に別段の定めがある場合及び労使の書面協定がある場合には、一部を控除して支払うことができる。この場合の労使の書面協定は、派遣元の事業主と派遣元の事業場の労働者の過半数で組織する労働組合又は労働者の過半数で組織する労働組合がないときは労働者の過半数を代表する者との間で締結される必要がある。

（ニ）毎月払の原則は賃金支払期の間隔が開きすぎることによる労働者の生活の不安を除くことを目的とし、一定期日払の原則は支払日が不安定で間隔が一定しないことによる労働者の計画的生活の困難を防ぐことを、それぞれ目的としている。これによって、使用者は、毎月1回以上、特定した期日に賃金を支払わなければならない。ただし、臨時に支払われる賃金、賞与等はこの限りでないこととされている。

　派遣労働者の賃金は実態的には派遣先が支払う派遣料金を原資として支払われるものであるが、労働契約と労働者派遣契約とは別個のものであることから明らかなように、派遣労働者の賃金と当該派遣労働者に係る派遣料金とはそもそも別個のものである。したがって、たとえ派遣先が派遣料金を支払わず、あるいは、支払期日に遅れて支払った場合であっても、派遣元の使用者は、派遣労働者に対し、所定の賃金支払日に、その賃金の全額を支払わなければならない。これに反した場合には、派遣元の使用者が労

基法違反となる。

二　休業手当

（イ）労基法第26条は、使用者の責に帰すべき事由による休業の場合には、その休業期間中、平均賃金の100分の60以上の手当を支払わなければならないと規定している。使用者の責に帰すべき事由によって労働者が就業できなかった場合の生活を保護するための規定である。ここでいう「使用者の責に帰すべき事由」とは、使用者の故意、過失又は信義則上これと同視すべきものよりは広いが、不可抗力によるものは含まれない。すなわち、経営者として不可抗力を主張し得ないすべての場合が包含されると解されている。

（ロ）派遣中の労働者については、使用者の責に帰すべき事由があるかどうの判断は、派遣元の使用者についてなされる。したがって、派遣先の事業場が、天災地変等の不可抗力による事由によって操業できないために、派遣されている労働者を当該派遣先の事業場で就業させることができない場合であっても、直ちに使用者の責に帰すべき事由に該当しないとはいえない。その場合にも、派遣元の使用者にとって、当該労働者を他の事業場に派遣する可能性等を含めて判断し、その責に帰すべき事由に該当しないかどうかが判断されることになる。

このような判断の結果、派遣元の使用者にとって不可抗力であると認められる場合を除き、派遣元の使用者は、派遣労働者が就業できなかった場合には、平均賃金の100分の60以上の休業手当を支払わなければならない。

（ハ）なお、民法第536条第2項は、債務者が債務の履行をなし得なかった場合でも、それが債権者の責に帰すべき事由によるものであるときは、債権者は、反対給付の履行を拒むことができないとしている。労基法第26条は、この規定の適応を排除していないので、これに該当する場合には労働者は民事上反対給付である賃金全額を請求することができる。ただし、同条の「債権者の責

に帰すべき事由」は、債権者の故意、過失又は信義則上これと同
視すべきものと解されており、また、同条は特約で排除しうる任
意規定であるので、労基法第26条よりも適用範囲は狭いと考え
られる。

ホ　割増賃金

　労基法第37条は、法定労働時間を超える労働、法定休日におけ
る労働又は深夜における労働に対して、通常の賃金額の2割5分増
以上の割増賃金を支払うべきことを使用者に義務づけている。労基
法が規定する労働時間制及び週休制の原則の維持を図るとともに、
過重な労働に対する労働者への補償を行うための規定である。

（イ）割増賃金の支払の対象となる労働は、法定時間外労働、法定
　　休日労働及び深夜労働である。法定時間外労働とは、労基法第
　　32条又は第40条に規定する労働時間（法定労働時間）を超える
　　労働であり、一般的には、1週40時間、1日8時間を超える労
　　働である。法定休日労働とは、労基法第35条の休日、すなわち、
　　毎週1日又は4週4日の休日における労働である。深夜労働と
　　は、午後10時から午前5時までの間における労働である。なお、
　　就業規則等で法定労働時間に達しない所定労働時間を定めている
　　場合の、所定労働時間を超えるが法定労働時間は超えない労働及
　　び週休2日制等のように法定休日以外の所定休日が定められてい
　　る場合の、法定休日以外の所定休日における労働は、法律上は、
　　割増賃金の支払の対象となる労働ではない。

（ロ）割増賃金の額は、通常の労働時間又は労働日の賃金を計算の
　　基礎とし、その2割5分以上（法定休日労働については3割5分
　　以上）の率で割増した額である。ただし、延長して労働させた時
　　間が1か月について60時間を超えた場合においては、その超え
　　た時間の労働については、通常の労働時間の賃金の計算額の5割
　　以上の率で計算した割増賃金を支払わなければならない。割増賃
　　金の基礎となる賃金は、原則として通常の労働時間又は労働日の
　　賃金であるが、家族手当、通勤手当、別居手当、子女教育手当、

住宅手当、臨時に支払われた賃金及び１か月を超える期間ごとに支払われる賃金は除外される。この割増賃金の基礎となる賃金について、１時間当たりの賃金を計算するわけであるが、時間給であればその額、日又は月で定められている賃金であれば、日又は月の平均所定労働時間で除した額がそれに該当する。この額を1.25倍（法定休日労働については1.35倍）したものが、１時間当たりの割増賃金となる。なお、深夜時間帯に、法定時間外労働（又は法定休日労働）をした場合には、上記基礎賃金を1.5倍（1.6倍）したものが、１時間当たりの割増賃金となり、法定時間外労働が深夜に及んだ時間のうち１か月について60時間を超える労働時間の延長に係るものについては1.75倍したものが１時間当たりの割増賃金となる。

（ハ）割増賃金は賃金の一部であるので、その支払義務は他の賃金と同じく、派遣元の使用者が負うことになる。

　ところで、派遣中の労働者については、業務遂行上の指揮命令をするのは、派遣先の使用者であるので、法定時間外労働等を行わせるのは派遣先の使用者ということになる。すなわち、派遣先の使用者が派遣中の労働者に法定時外労働等を行わせた場合に、派遣元の使用者が割増賃金の支払義務を負うことになる。この割増賃金の支払は、派遣中の労働者に法定時間外労働等を行わせたという事実があれば法律上生じる義務であり、当該派遣中の労働者に法定時間外労働等を行わせることが労基法違反であるかどうか、あるいは、労働者派遣契約上派遣先の使用者に法定時間外労働等を行わせる権限があるかどうかを問わない。したがって、派遣先の使用者が労働者派遣契約に違反して派遣中の労働者に法定時間外労働をさせた場合にも、派遣先の使用者に対する損害賠償請求の問題が生じることは別として、派遣元の使用者は割増賃金支払義務を免れない。

（２）労働時間・休憩・休日に関する事項

イ　概説

（イ）労基法第４章（第39条を除く。）は、労働時間、休憩、休日に関する最低基準を定めている。労働時間については、１週40時間、１日８時間を原則とし、変形労働時間制、非常災害時又は公務のための時間外労働、労使協定による時間外労働、業種の特殊性による労働時間の特例、業種又は業務の性質による適用除外の例外を定めている。また、複数事業場で労働する場合の労働時間の通算の規定がある。休日については、１週１休日制を原則とし、４週４休日制、労使協定による休日労働その他の例外を定めている。さらに、休憩については、労働が６時間を超える場合は45分、８時間を超える場合は60分以上の休憩時間を与えること、休憩時間は一斉に与えること及び休憩時間は自由に利用させることという原則を定め、これに対するいくつかの例外を定めている。

（ロ）派遣中の労働者の労働時間、休憩、休日に関する派遣元と派遣先との権限関係は次のようになっている。派遣労働者の所定労働時間、所定休日、時間外・休日労働の有無等労働時間等の枠組みの設定に関する事項は、派遣労働者の労働条件の一部として、派遣元の事業主と派遣労働者との間の労働契約で定められる。一方、派遣先は、労働者派遣契約に基づき、同契約において上記労働時間等の枠組みの範囲内で定められる当該派遣先における就業条件に従って、派遣労働者を現実に就労させる。このように、派遣労働者の労働時間等の枠組みの設定は派遣元の権限であり、派遣先の事業場における具体的な労働時間等の決定は派遣先の権限である。したがって、労働時間、休憩、休日に関する規定に基づく義務については、このような派遣元及び派遣先のそれぞれの権限に応じて負わせる必要がある。

　労働者派遣法第44条第２項は、派遣中の労働者の労働時間等の枠組みの設定に係る事項である労基法第32条の２第１項、第32条の３並びに第32条の４第１項及び第２項の変形労働時間制の手続及び同法第36条第１項の時間外、休日労働協定の締結及

び届出については、派遣元の使用者が行うこととし、それ以外の労基法の労働時間、休憩、休日に関する規定に基づく義務は、派遣先の使用者に負わせることとした。

ロ　法定労働時間

（イ）労基法第32条は1週40時間、1日8時間を超えて労働させることを禁止している。この原則については、これを貫くことが困難な場合もあるので、変形労働時間制、労使協定による時間外労働等いくつかの例外が設けられている。これらの例外の場合を除いて、使用者は労働者に1週40時間、1日8時間を超えて労働させてはならない。

（ロ）この義務は、労働者派遣法における特例によって、派遣先の使用者が負うことになる。派遣先の使用者は、労基法に定める例外の場合を除いて、派遣中の労働者に1週40時間、1日8時間を超えて労働させてはならず、これに反して、例えば1日9時間労働させた場合には、当該労働をさせた派遣先の使用者が労基法第32条第2項違反の責任を問われることになる。なお、この義務は法律上の義務であるので、仮に労働者派遣契約上においては、派遣労働者の就業時間を9時間と定め、派遣元との間においては1日9時間労働させる権限を有していたとしても、法定除外事由がない限り、1日9時間労働させれば派遣先の使用者は労基法違反の責任を免れられない。

（ハ）労基法第40条は、一定の事業について、厚生労働省令で、労働時間等の規定に関する特例を設けることができるとしている。現在のところ、労働時間については、労基法施行規則において、列車等の乗務員の予備勤務者並びに常時10人未満の労働者を使用する商業、映画・演劇業（映画の製作の事業を除く）、サービス業（保健衛生業、接客娯楽業をいう。以下同じ）について特例がある。これらの特例については、派遣中の労働者は派遣先の事業のみに使用されるものとみなして適用することとされているので、派遣先の事業がこの要件に該当するかどうかによって、特例

の適用の有無が判断されることになる。したがって、常時10人未満の労働者を使用する商業、映画・演劇業（映画の製作の事業を除く。）、サービス業については、1週44時間、1日8時間という特例が適用されているが、派遣中の労働者をこの特例により1週44時間、1日8時間まで労働させることができるのは、派遣先の事業が商業、映画・演劇業（映画の製作の事業を除く。）、サービス業に該当し、かつ、当該事業場において派遣先の事業主に雇用されている労働者と当該事業場に派遣されている派遣労働者を合わせて常時10人未満である場合である。

ハ　変形労働時間制

（イ）労基法では、1週40時間、1日8時間労働の原則に対して、同法第32条の2の1か月単位の変形労働時間制をはじめとするいわゆる「変形労働時間制」の規定を設けており、同法第32条に規定する1週40時間、1日8時間の例外を認めている。

（ロ）派遣中の労働者に関しては、労基法第32条に基づく義務は派遣先の使用者が負うこととされており、これに対する例外である変形労働時間制の規定についても派遣先の使用者に適用されることになる。

　派遣先の使用者は、以下に説明する所定の要件に該当する場合には、派遣中の労働者を変形労働時間制により労働させることができることになる。

（ハ）労基法第32条の2の1か月単位の変形労働時間制は労使協定又は就業規則その他により、1か月以内の期間を平均して1週40時間を超えない定めをした場合、特定の週に40時間を超え、特定の日に8時間を超えて労働させることができるものである。

　1か月単位の変形労働時間制を採用するためには、労使協定又は就業規則その他によりその定めをする必要があるが、労働者派遣法第44条第2項後段の読替規定により、派遣中の労働者に関して労基法第32条の2の変形労働時間の定めをするのは、派遣元の使用者である。

　派遣元の使用者は、労使協定又は就業規則その他これに準ずるものにおいて、1か月以内の一定期間を平均して1週間の労働時間が法定労働時間（原則40時間、特例対象事業場は44時間）を超えない範囲において、各週及び各日の労働時間を具体的に特定することが必要である。労使協定については所轄労働基準監督署長へ届出が必要である。単に1週間40時間あるいは44時間の範囲内であれば、使用者が必要なときに必要な時間、自由に労働させることができるというものではなく、あらかじめ労使協定又は就業規則その他これに準ずるものにより、各週、各日の労働時間の長さを特定することが必要である。

　労使協定は、派遣元の使用者において、当該派遣元の事業場に労働者の過半数で組織する労働組合がある場合にはその労働組合と協定し、過半数で組織する労働組合がない場合には労働者の過半数を代表する者と協定することになる。この場合の労働者とは、当該派遣元の事業場のすべての労働者であり、内勤労働者と派遣労働者との両者を含むものである。なお、登録型の労働者派遣事業においては、登録の時点ではまだ労働契約関係がないので、登録しているだけの者は当該事業場の労働者に含まれないことは当然である。

　当該事業場の過半数で組織する労働組合がない場合には、労働者の過半数を代表する者を選出することとなるが、当該代表者は、1）労基法第41条第2号に規定する監督又は管理の地位にある者でないこと、2）労基法に規定する協定等をする者を選出することを明らかにして実施される投票、挙手等の方法による手続により選出された者であること、のいずれにも該当している必要がある。

　したがって、1）労働者を代表する者を、使用者が一方的に指名している場合、2）親睦会の代表者が、自動的に労働者代表となっている場合、3）一定の役職者が自動的に労働者代表となることとされている場合、4）一定の範囲の役職者が互選により、労働者代表を選出することとしている場合等は、適法な選出手続

とはいえない。

　派遣先の使用者は、派遣元の使用者が労基法に定める要件を満たす変形労働時間の定めをした場合に限り、派遣中の労働者に特定の週に40時間を超え、特定の日に８時間を超えて労働させることができる。したがって、例えば、労働者派遣契約で月水金は１日10時間、火木は１日５時間という就業時間を定めた場合であっても、派遣元の使用者が、労使協定又は就業規則等で変形労働時間の定めをしていない場合、又は、変形労働時間の定めをしても、その定めが月水金は１日９時間、火木は１日６時間というように労働者派遣契約の就業時間と適合していない場合には、派遣先の使用者は労働者派遣契約に定める就業時間どおりに派遣中の労働者に労働させることはできないのである。また、派遣先の使用者は、自分の事業場の労使協定又は就業規則その他これに準ずるものにより変形労働時間制が定められていたとしても、派遣元の使用者が必要な定めをしていない場合には、派遣中の労働者を変形労働時間制により労働させることはできない。

　なお、この変形労働時間制によって労働者を労働させる場合には、育児を行う者、老人等の介護を行う者、職業訓練又は教育を受ける者その他特別の配慮を要する者については、これらの者が育児等に必要な時間を確保できるような配慮をしなければならないものとされている。

（二）労基法第32条の４の１年単位の変形労働時間制は、季節等によって業務に繁閑の差があり、繁忙期には相当の時間外労働が生ずるが、閑散期には所定労働時間に見合うほどの業務量がないような事業場について、労使協定により１か月を超え１年以内の期間を平均して１週40時間を超えない定めをした場合、特定の週に40時間を超え、特定の日に８時間を超えて労働させることができるものである。

　１年単位の変形労働時間制を採用するためには、労使協定において必要な協定事項を定め、所轄労働基準監督署長に届け出ることが必要であるが、労働者派遣法第44条第２項後段の読替規定

により、派遣中の労働者に関して同条の1年単位の変形労働時間制の定めをするのは派遣元の使用者である。

　派遣元の使用者は、労使協定において、1）対象労働者の範囲、2）対象期間、3）特定期間、4）労働日及び労働日ごとの労働時間（対象期間を平均して1週間の労働時間が40時間を超えない範囲内）、5）労使協定の有効期間、を定めることが必要である。なお、労使協定の締結当事者については、（ハ）と同じである。

　ただし、労使協定で定める労働日及び労働日ごとの労働時間は、労基法施行規則第12条の4第3項から第5項まで、第65条、第66条に規定する限度に適合していなければならない。

　1年単位の変形労働時間制の場合も、1か月単位の変形労働時間制と同様、あらかじめ労働日及び労働日ごとの労働時間が特定されていなければならず、対象期間における労働時間の枠内で、使用者が業務の都合により任意に労働日、労働日ごとの労働時間を変更したり、あるいは、対象期間の満了時に、総労働時間が当初定めた枠内におさまっていればよいというものではない。

　したがって、業務の性質上1日8時間、1週40時間を超えて労働させる日又は週の労働時間をあらかじめ定めておくことが困難な業務又は労使協定で定めた時間が業務の都合によって変更されることがしばしば行われるような業務については、本条による1年単位の変形労働時間制を適用する余地はない（平成6年1月4日基発第1号、平成11年3月31日基発第168号）。

　また、常時10人以上の労働者を使用する派遣元の使用者は、労基法第89条の規定により、就業規則を定め、又は変更する必要がある。

　なお、この変形労働時間制によって労働者を労働させる場合には、育児を行う者、老人等の介護を行う者、職業訓練又は教育を受ける者その他特別の配慮を要する者については、これらの者が育児等に必要な時間を確保できるような配慮をしなければならないものとされている。

　派遣元の使用者が行った1年単位の変形労働時間制の定めと労

働者派遣契約の関係等については、（ハ）と同じである。

ニ　フレックスタイム制

（イ）労基法第32条の３のフレックスタイム制は、１週、１か月、３か月など一定の期間における総労働時間を定め、労働者はその範囲内で各日の始業及び終業の時刻を自分で決定して労働するものである。

　　　　フレックスタイム制を採用するためには、第一に、始業及び終業の時刻を労働者の決定にゆだねることを、就業規則その他これに準ずるものにおいて規定すること、第二に労使協定で、対象となる労働者の範囲、清算期間、清算期間中の総労働時間その他の事項を協定することが必要であるが、労働者派遣法第44条第２項後段の読替規定により、派遣中の労働者に関して同条のフレックスタイム制の定めをするのは、派遣元の使用者である。

（ロ）フレックスタイム制では始業及び終業の時刻の決定が労働者の自主性にゆだねられることが担保されていることが必要であり、派遣元の使用者は、就業規則その他これに準ずるもので、その旨を明記しなければならない。これによって、労働者が始業及び終業の時刻を自主的に決定できる労働契約上の権利を持つことが明らかになるものである。

　　　　フレックスタイム制は、始業及び終業の時刻の両方を労働者の決定にゆだねるものでなければならず、その一方だけを労働者にゆだね、他方は使用者が決定するもの、あるいは始業又は終業の時刻の一方が就業規則等で特定されているもの、後述のフレキシブルタイムの時間帯が極端に短い場合などは、本条にいうフレックスタイム制とは認められない（昭和63年１月１日基発第１号・婦発第１号）。

　　　　また、清算期間が１か月を超える場合には、当該清算期間を１か月に区分した各期間ごとに当該各期間を平均し、１週間当たりの労働時間の50時間を超えないようにする必要がある（法第32条の３第２項）。

　なお、次に述べる労使協定の協定事項は、広い意味で就業規則の必要記載事項の一つである「始業及び終業の時刻」に関する事項に該当するので、それら協定事項も併せて就業規則に規定しておく必要がある。

（ハ）派遣元の使用者は労使協定において次の事項について協定しなければならない。なお、労使協定の締結当事者については変形労働時間制の場合と同じである。

（ⅰ）対象となる労働者の範囲

　業務内容によっては、フレックスタイム制には不適当なものもあることから、フレックスタイム制の対象となる労働者の範囲を定める必要がある。

（ⅱ）清算期間

　「清算期間」とは、労働契約上労働者が労働すべき時間を定める一定の期間である。清算期間の長さは、3か月が上限である。

（ⅲ）清算期間における総労働時間

　清算期間における総労働時間とは、契約上労働者が清算期間において労働すべき時間として定められた時間の総枠のことで、これはいわば、清算期間を単位とする所定労働時間である。この時間は、清算期間を平均し、1週間の労働時間が法定労働時間（週40時間）の範囲内となるように定めなければならない。

　清算期間が1か月を超える場合は、これに加えて、1か月ごとの労働時間が週平均50時間を超えないように定めなければならない。

（ⅳ）標準となる1日の労働時間

　年次有給休暇をとった日等について、それが何時間に相当するかが決まっていないと、清算期間中の総労働時間を計算することができないので、その際に計算の基準となる1日の労働時間を協定する必要がある。例えば、年次有給休暇を1日とった場合、その日にこの「標準となる1日の労働時間」労働したものとして取り扱われることになる。

（ⅴ）労働者が労働しなければならない時間帯を定める場合には、その時間帯の開始及び終了の時刻

　　いわゆる「コアタイム」を設ける場合には、その開始の時刻と終了の時刻を協定する必要がある。

（ⅵ）労働者がその選択により労働することができる時間帯に制限を設ける場合には、その時間帯の開始及び終了の時刻

　　いわゆる「フレキシブルタイム」を設ける場合には、その開始の時刻と終了の時刻を協定する必要がある。

　　派遣元の使用者が行ったフレックスタイム制の定めと労働派遣契約の関係等については、変形労働時間制の場合と同じである。

ホ　法定休日

　労基法第35条は、使用者に毎週1日又は4週4日以上の休日を与えることを義務づけている。この休日は、原則として、暦日単位すなわち午前0時から午後12時までを単位として与えなければならない。

　この規定に基づく義務は、派遣先の使用者が負うこととされているので、派遣先の使用者は、派遣中の労働者に対し、毎週1日又は4週4日以上の休日を与えなければならない。仮に労働者派遣契約における派遣就業すべき日が毎日となっていたとしても、労基法上の除外事由なしに、派遣先の使用者が派遣中の労働者に法定休日を与えずに毎日労働させれば、派遣先の使用者が労基法違反の責任を問われることになる。

ヘ　災害時等の時間外・休日労働

（イ）労基法第33条は、災害その他避けることのできない事由によって臨時の必要がある場合には、労働基準監督署長の許可（許可を受ける暇がない場合には事後の遅滞なき届出）を条件として、法定労働時間を超えて労働させ、又は法定休日に労働させることができると規定している。

　　災害その他避けることのできない事由とは、天災地変その他こ

れに準ずるもの及び業務運営上通常予見し得ない事由であって、時間外・休日労働協定や要員の配置等によって対処することが困難なものである。そのような事由のため臨時の必要がある場合には、使用者は、前記所定の手続をとれば、その必要の限度において法定労働時間外又は法定休日に労働させることができる。

(ロ) 派遣中の労働者に関しては、労基法第32条等に基づく義務は派遣先の使用者が負うこととされているところであり、これに対する例外規定である労基法第33条も、派遣先の使用者に適用されることになる。したがって、派遣先の使用者は、派遣先の事業場において、災害その他避けることのできない事由により臨時の必要がある場合には、派遣中の労働者に、法定労働時間外又は法定休日に労働させることができる。この場合に、事前に労働基準監督署長の許可を受け、又はその暇がない場合に事後に遅滞なく届出をする義務を負うのは、派遣先の使用者である。

また、労基法第33条第2項は、事後の届出がなされた場合について、労働基準監督署長は、当該法定労働時間又は法定休日における労働が不適当と認める場合には、使用者に代休等の付与を命じることができると規定している。派遣中の労働者に関して、この代休等の付与命令の名宛人になるのは、派遣先の使用者である。派遣先の使用者は、代休等の付与を命じられた場合には、これに従う義務がある。

ト　時間外・休日労働協定

(イ) 労基法第36条は、使用者と労働者の過半数で組織する労働組合又は労働者の過半数を代表する者とが書面による協定を締結し、これを労働基準監督署長に届け出た場合には、その協定に定めるところにより、法定労働時間を超えて労働させ、又は法定休日に労働させることができると規定している。

同条は、法定労働時間外又は法定休日における労働を適法に行うための要件として協定の締結とその届出を規定しているものであり、すなわち、協定の直接的効力は、法定労働時間外又は法定

休日に労働させることの刑事上の免責であるということになる。使用者は、同条所定の手続を行えば、その協定の範囲内で、労働者に法定労働時間外又は法定休日に労働させても、労基法第32条等の違反とはならないのであり、すなわち、この規定は労基法第32条等の例外規定ということになる。

　派遣中の労働者に関しては、労基法第32条等に基づく義務は派遣先の使用者が負うこととされているところであり、これに対する例外を定めた同法第36条も派遣先の使用者に適用される。派遣先の使用者は、以下に説明する所定の要件に該当する場合には、派遣中の労働者に、法定労働時間外又は法定休日に労働させることができる。

（ロ）労基法第36条により時間外・休日労働を行うためには、時間外・休日労働協定の締結及びその届出が必要である。労働者派遣法第44条第2項後段において、労基法第36条第1項本文は、「使用者は、派遣元の使用者が、当該派遣元の事業の事業場に、労働者の過半数で組織する労働組合がある場合においてはその労働組合、労働者の過半数で組織する労働組合がない場合においては労働者の過半数を代表する者との書面による協定をし、これを行政官庁に届け出た場合においては、第32条から第32条の5まで若しくは第40条の労働時間又は前条の休日に関する規定にかかわらず、その協定で定めるところによって労働時間を延長し、又は休日に労働させることができる」と読替えられることとされており、派遣中の労働者の時間外・休日労働に必要な時間外・休日労働協定を締結しその届出をする義務を負うのは、派遣元の使用者である。

　派遣元の使用者は、当該派遣元の事業場に労働者の過半数で組織する労働組合がある場合にはその労働組合と協定をし、過半数で組織する労働組合がない場合には労働者の過半数を代表する者と協定をすることになる。この場合の労働者とは、当該派遣元の事業場のすべての労働者であり、内勤労働者と派遣労働者との両者を含むものである。なお、登録型の労働者派遣事業においては、

登録の時点ではまだ労働契約関係がないので、登録しているだけの者は当該事業場の労働者には含まれないことは当然である。

　当該事業場の過半数で組織する労働組合がない場合には、労働者の過半数を代表する者を選出することとなるが、当該代表者は、1）労基法第41条第2号に規定する監督又は管理の地位にあるものでないこと、2）労基法に規定する協定等をする者を選出することを明らかにして実施される投票、挙手等の方法による手続により選出された者であること、のいずれにも該当している必要がある。

　したがって、1）労働者を代表する者を、使用者が一方的に指名している場合、2）親睦会の代表者が、自動的に労働者代表となっている場合、3）一定の役職者が自動的に労働者代表となることとされている場合、4）一定の範囲の役職者が互選により、労働者代表を選出することとしている場合等は、適法な選出手続とはいえない。

（ハ）時間外・休日労働協定は、書面によって行い、その内容としては、以下について定める必要がある。

① 　時間外・休日労働の対象となる労働者の範囲（対象となる「業務の種類」及び「労働者数」）

② 　対象期間

③ 　時間外又は休日の労働をさせる必要のある具体的事由

④ 　1日、1か月及び1年のそれぞれの期間について延長することができる時間又は休日の日数

⑤ 　時間外・休日労働を適正なものとするために必要な事項として厚生労働省令で定める事項

　　ⅰ）有効期間の定め

　　ⅱ）1年について労働時間を延長して労働させることができる時間の起算日

　　ⅲ）時間外労働及び休日労働を合算した時間数は、1箇月について100時間未満でなければならず、かつ2箇月から6箇月までを平均して80時間を超過しないこととする規定を遵守

すること

iv）限度時間を超えて労働させることができる具体的事由

v）限度時間を超えて労働させる労働者に対する健康福祉確保
措置の内容

vi）限度時間を超えた労働に係る割増率

vii）限度時間を超えて労働させる場合の手続

（ニ）限度時間

　時間外労働ができる時間には、以下の限度時間が定められており、協定で定めるに当たっては、当該事業場の業務量、時間外労働の動向その他の事情を考慮して通常予見される時間外労働の範囲内において、以下の限度時間を超えない時間に限るとされている[7]。

> 1か月　　45時間
> 1年　　360時間
> （ただし、対象期間が3か月を超える1年単位の変形労働時間制においては1か月42時間及び1年について320時間）

（ホ）特別条項を設ける場合の延長時間等

　当該事業場における通常予見することのできない業務量の大幅な増加等に伴い臨時的に限度時間を超えて労働させる場合がある場合に、あらかじめ限度時間を超えて1か月について時間外・休日労働させることができる時間並びに1年について時間外労働をさせることができる時間を定めることができる。この場合の1か月について時間外及び休日労働させることができる時間については、上記（ハ）にて協定した時間を含め100時間未満とする必要

---

(7)　この限度時間は、平成31年4月1日（中小企業については令和2年4月1日）に施行された改正労基法において導入されたものであるが、新たな技術、商品又は役務の研究開発にかかる業務については、適用が除外されている。また、工作物の建設その他これに関連する事業、自動車の運転の事業、医業に従事する医師及び鹿児島県及び沖縄県における砂糖を製造する事業については適用が猶予されており、令和6年3月31日までの間は適用がない。

があり、また、１年について時間外労働させることができる時間は720時間以内とする必要がある。

　なお、時間外労働の時間が１か月に45時間を超えることができる月数は１年について６か月以内の範囲で定める必要がある。

（ヘ）派遣元の使用者が時間外労働協定を締結し、これを労働基準監督署長に届け出た場合には、派遣先の使用者は、その協定に定める限度内で、派遣中の労働者に法定時間外又は法定休日に労働させても労基法第32条等に違反しないこととなる。時間外・休日労働協定は刑事上の免責的効力を有するものであり、同協定が締結され、届け出られている限りにおいて、その範囲内で適法に法定労働時間外又は法定休日に労働させることができるものである。労働者派遣契約において派遣先の使用者が派遣中の労働者に法的労働時間外に労働を命じる旨定めたとしても、派遣元の使用者がこれに必要な時間外・休日労働協定の締結、届出をしていなければ、派遣中の労働者に法定労働時間外に労働させることはできない。また、派遣元の使用者の締結した時間外・休日労働協定において、例えば、１日の時間外労働の限度が２時間と定められていれば、派遣先の使用者は２時間を超えて法定労働時間外に労働をさせることはできない。派遣先の使用者は派遣元の事業場における時間外・休日労働協定の内容に注意を払う必要がある。

　派遣先の事業場における時間外・休日労働協定は、派遣中の労働者については、刑事上の免責的効力を有しないので、派遣先の使用者は、派遣先の事業場で時間外・休日労働協定を締結している場合であっても、派遣元の事業場で締結されていない限り、適法に派遣中の労働者を法定労働時間外又は法定休日に労働させることはできないので注意を要する。

（ト）時間外・休日労働協定により労働させる場合の実労働時間の上限

　労基法第36条６項は、時間外・休日労働協定で定めるところにより時間外・休日労働を行わせる場合であっても、以下の①から③の要件を満たすものとしなければならないとされている。

①　坑内労働その他厚生労働省令で定める健康上特に有害な業務について1日における時間外労働時間が2時間を超えないこと。

②　1か月における時間外及び休日労働の時間数が100時間未満であること

③　対象期間の初日から1か月ごとに区分した各期間の直前の1か月、2か月、3か月、4か月及び5か月の期間を加えたそれぞれの期間における時間外・休日労働時間数が1か月当たりの平均で80時間以下であること。

　なお、労基法は第38条で、労働時間は事業場を異にする場合においても通算する旨を定めているところ、ここでいう「事業場を異にする」は、事業主が異なる場合も含むと解されている。

　そのため、派遣先は、受け入れている派遣労働者が他の派遣先等、他の事業場において労働した時間がある場合は、その労働時間と通算して上記①ないし③の要件を満たす必要があることには留意すべきである。

チ　休憩

（イ）労基法第34条第1項は、労働時間が6時間を超える場合には少なくとも45分、8時間を超える場合には少なくとも60分の休憩時間を、労働時間の途中に与えなければならないと規定している。休憩時間とは、労働者が権利として労働から離れることを保障されている時間であり、現実に作業はしていないが、使用者からいつ就労の要求があるかもしれない状態で待機している手待時間は含まれない。この規定に基づく義務は、派遣先の使用者が負うこととされているので、派遣先の使用者は、派遣中の労働者に上記のように休憩時間を労働時間の途中に与えなければならない。なお、労基法施行規則第32条には運送業等においては休憩時間を与えないことができることとされている。

（ロ）同条第2項は、休憩時間は一斉に与えなければならないと規定している。この規定に基づく義務も派遣先の使用者が負うこと

とされているので、派遣先の使用者は、当該事業場の自己の労働者と派遣中の労働者とを含めて、全体に対して一斉に休憩を与えなければならない。派遣中の労働者に対して、自己の労働者と別に時間帯に休憩時間を与えることは許されない。ただし、平成11年3月31日以前に労働基準監督署長の許可を受けている場合、労使協定において、一斉に休憩を与えないことを定めた場合、労基法第40条に基づき同法施行規則第31条において一斉休憩の原則が適用除外されている業種、すなわち、運送業、商業、金融・広告業、映画・演劇業、通信業、保健衛生業、接客娯楽業及び現業以外の官公署はこの限りでない。なお、労基法第34条第2項については、労働者派遣法第44条第2項後段に読替規定を設けていないため、労使協定は派遣先の使用者が締結することとなる。

（ハ）労基法第34条第3項は、休憩時間は自由に利用させなければならないと規定しており、派遣先の使用者は、派遣中の労働者に休憩時間を自由に利用させなければならない。ただし、休憩時間の利用について事業場の規律保持上必要な制限を加えることは、休憩の目的を損なわない限り差し支えないとされている。

リ　労働時間等の適用除外

労基法第41条には、同法第4章（第32条以下の労働時間等）、第6章（第56条以下の年少者）及び第6章の2（第64条の2以下の妊産婦等）で定める労働時間、休憩及び休日に関する規定の適用が除外される労働者が定められている。これに該当する労働者については、労基法第32条、第34条、第35条、第36条、第40条等の適用はないので、派遣先の使用者は、これらの規定に基づく義務は負わない。ただし、この場合にも、派遣先の使用者は労働者派遣契約に定める就業条件にしたがって派遣中の労働者を労働させなければならない。

（イ）第一は、農林の事業（林業を除く。）又は水産等の事業に従事する労働者である。派遣先の事業が、農林の事業又は水産等の事

業に該当する場合には、派遣先の使用者は当該事業に派遣されている労働者について、労基法の労働時間等の規定に基づく義務を負わない。

（ロ）第二は、監督若しくは管理の地位にある労働者又は機密の事務を取り扱う労働者である。これらの者は事業経営の管理者的立場にある者又はこれと一体をなす者であるので、労働時間等の規定の規制を超えて活動しなければならない企業経営上の必要から認められるものである。これに該当するかどうかは実態に即して判断されるべきものであるが、他の事業主から派遣されてきている派遣労働者がこれに該当することは一般的にはないと考えられる。

（ハ）第三は、監視又は断続的労働に従事する労働者で、労働基準監督署長の許可を受けた者である。これには、本来勤務が監視又は断続的業務である場合と宿直又は日直の勤務の場合とがある。使用者が、従事する労働の態様及び員数について労働基準監督署長の許可を受ければ、当該業務に従事する者に対する労働時間等の規定の適用は除外される。派遣先の使用者がある業務について許可を受けたならば、当該業務に派遣中の労働者を従事させる場合に、労働時間等の規定に基づく義務を負わない。この許可は、派遣中の労働者について、自己の労働者とは別途に受ける必要はない。

ヌ　労働時間の計算

（イ）同一の派遣労働者が、一定の期間に相前後して、複数の事業所に派遣される場合における労働時間に関する規定の適用について、労基法第38条は、労働時間は、事業所を異にする場合においても、労働時間に関する規定の適用については通算すると規定している。これは、労働時間に関する規定を適用する場合における労働時間の計算の規定である。この規定は、派遣中の労働者に関しても適用されるので、一定期間の相前後して複数の事業所に派遣された場合には、労基法の労働時間に関する規定の適用につ

いては、それぞれの事業場において労働した時間が通算される。したがって、派遣労働者が甲事業場に派遣されて4時間労働した後に乙事業場に派遣された場合には、労基法第32条の適用について、甲事業場及び乙事業場において労働した時間が通算されるので、乙事業の使用者は、派遣元の使用者が時間外・休日労働協定の締結・届出をしていない限り、当該派遣労働者を4時間を超えて労働させることはできない。4時間を超えて労働させた場合には、法定の除外事由がない限り、当該乙事業の使用者は労基法違反の責任を問われることになる。

　派遣労働者の労働時間等の労働条件は、派遣元の事業主と派遣労働者との間の労働契約で定められる。その際に、甲事業場で4時間労働し、次いで乙事業場で5時間労働することを予定して、1日の労働時間を9時間と定めた場合には、派遣元が直ちに労基法違反の責任を問われることになるわけではないが、時間外・休日労働協定の締結・届出をしておらず労基法第32条が適用される場合、1日の労働時間を9時間とする定めは、労基法の最低基準を下回るものであるので、同法第13条により無効となり、当該派遣労働者の労働契約上の1日の労働時間は8時間に縮減される。すなわち、派遣労働者の派遣元に対する労働義務は、1日8時間ということになる。また、派遣元の事業主が労基法上の労働時間に関する規定（同法第32条）に抵触することとなる労働者派遣契約を各派遣先の事業主と締結して同一の派遣労働者を派遣した場合における派遣元の使用者の責任に関しては、後述の「派遣元の使用者に対する罰則の特例等」（**248頁以下**）における説明も参照されたい。

（ロ）労基法第38条の2第1項は、労働者が労働時間の全部又は一部について事業場外で業務に従事し、労働時間を算定し難い場合、いわゆる「事業場外労働」の場合には、所定労働時間又は当該業務の遂行に通常必要とされる時間労働したものとみなすとし、みなし労働時間制について規定している。また、同条第2項は、労使協定において、当該業務の遂行に通常必要とされる時間

を定め、当該協定を所轄労働基準監督署長に届け出た場合には、
当該労使協定で定めた時間を当該業務の遂行に通常必要とされる
時間とすることができると規定している。

　労働者派遣法第44条第５項において、労基法第38条の２第２
項について読替規定が設けられており、事業場外労働に係るみな
し労働時間についての労使協定の締結・届出は、派遣元の使用者
が行うこととされている。したがって、派遣元の使用者が労使協
定を締結・届出をすれば、派遣先の使用者は、派遣中の労働者が
事業場外労働を行った場合、当該協定に定められた時間をみなし
労働時間とすることができることになる。

　なお、労使協定の締結当事者については、**（６）**のロと同じで
ある。

（ハ）労基法第38条の３第１項は、労使協定において、業務の性質
　　上その遂行の方法を大幅に当該業務に従事する労働者の裁量にゆ
　　だねる必要がある業務を定めるとともに、当該業務の遂行方法及
　　び時間配分の決定等に関し当該業務に従事する労働者に対し具体
　　的な指示をしないこととすること及びみなし労働時間等を定め、
　　当該協定の届出を行った場合には、当該協定で定める時間労働し
　　たものとみなすとして、いわゆる「専門業務型裁量労働制」につ
　　いて規定している。

　　労働者派遣法第44条第５項について、労基法第38条の３第１
　　項について読替規定が設けられており、いわゆる「専門業務型裁
　　量労働制」について派遣元の使用者が労使協定を締結・届出を行っ
　　た場合において、派遣先の使用者が派遣中の労働者を当該協定で
　　定める業務に就かせたときは、当該協定で定める時間労働したも
　　のとみなすことができることになる。

　　専門業務型裁量労働制の対象となる業務は、研究開発の業務そ
　　の他の業務であって、その業務の性質上その業務の遂行方法を大
　　幅に労働者の裁量にゆだねる必要があるため、その業務の遂行の
　　手段や時間の配分の決定などに関し、具体的な指示をすることが
　　困難な業務である。

具体的には、労基法施行規則第24条の2の2において、

①　新商品若しくは新技術の研究開発又は人文科学若しくは自然科学に関する研究の業務

②　情報処理システムの分析又は設計の業務

③　新聞若しくは出版の事業における記事の取材若しくは編集の業務又は放送法第2条第28号に規定する放送番組の制作のための取材若しくは編集の業務

④　衣服、室内装飾、工業製品、広告等の新たなデザインの考案の業務

⑤　放送番組、映画等の制作の事業におけるプロデューサー又はディレクターの業務

⑥　①〜⑤のほか、厚生労働大臣の指定する業務

が定められており、⑥については、

（ⅰ）広告、宣伝等における商品等の内容、特長等に係る文章の案の考案の業務

（ⅱ）事業運営において情報処理システム（労基法施行規則第24条の2の2第2項第2号に規定する情報処理システムをいう。）を活用するための問題点の把握又はそれを活用するための方法に関する考案若しくは助言の業務

（ⅲ）建築物内における照明器具、家具等の配置に関する考案、表現又は助言の業務

（ⅳ）ゲーム用ソフトウェアの創作の業務

（ⅴ）有価証券市場における相場等の動向又は有価証券の価値等の分析、評価又はこれに基づく投資に関する助言の業務

（ⅵ）金融工学等の知識を用いて行う金融商品の開発の業務

（ⅶ）学校教育法に規定する大学における教授研究の業務（主として研究に従事する者に限る。）

（ⅷ）公認会計士の業務

（ⅸ）弁護士の業務

（ⅹ）建築士の業務

（ⅺ）不動産鑑定士の業務

（xii）弁理士の業務

（xiii）税理士の業務

（xiv）中小企業診断士の業務

の業務が指定されている（平成 9 年 2 月14日労働省告示第 7 号）。

　なお、労使協定の締結当事者については、ヘの（ロ）と同じである。

ル　公民権行使の保障

　労基法第 7 条は、労働者が労働時間中に公民としての権利を行使し、又は公の職務を執行するために必要な時間を請求した場合には、拒んではならないと規定している。公民としての権利とは、公民に認められた国家又は公共団体の公務に参加する権利であり、選挙権、被選挙権、憲法改正の国民投票、地方自治法による住民の直接請求権等が含まれる、また、公の職務の執行とは、公民としての権利に併存する公民の義務の観点からの公の職務の執行であり、国会、地方議会の議員の職務、訴訟法上の証人としての出廷等が含まれる。この規定に基づく義務は派遣先の使用者が負うこととされているので、派遣先の使用者は、派遣中の労働者から以上のような権利行使又は職務執行のために必要な時間を請求された場合には、これを拒むことは許されない。ただし、同条ただし書は、権利の行使や公の職務の執行に妨げがない限り、請求された時刻を変更することを認めている。

（3）年次有給休暇に関する事項

イ　概説

　労基法第39条は、年次有給休暇について規定している。年次有給休暇は、労働者の心身の疲労を回復させ、労働力の維持培養を図ることを目的とするものである。年次有給休暇については、①付与日数は継続勤務年数等によって算定されるが、これらは派遣元の事業主との労働契約関係において算定されるべきものであること、②年次有給休暇の性格上から事前に請求して取得するものであり、計

画的に取得することが望ましいものであるので、当該労働者の派遣の実施を管理している派遣元が付与することが適当であること、③年次有給休暇は休暇を与えるとともに、休暇取得日に係る賃金を支払わなければならないが、賃金は派遣元が支払うものであること等から、派遣元が責任を負うべき事項とされている。したがって、派遣元の使用者は、派遣中の労働者に対して、労基法に定めるところにより、年次有給休暇を付与しなければならない。

ロ　年次有給休暇の付与要件

　年次有給休暇権の付与要件の第一は、6か月以上の継続勤務である。この場合における継続勤務とは、労働契約の存続期間、すなわち事業場における在籍期間を意味する。常用雇用の場合には当然継続雇用に該当するが、それ以外の場合についてもこれに該当するかどうかは勤務の実態に即して実質的に判断すべきものであり、短期契約労働者であっても実態からみて引き続き使用していると認められる場合には継続勤務に該当することになる。登録型の派遣労働者については、登録している時点では労働契約は締結されておらず、具体的に派遣先が決まった時点で労働契約が締結されることになるが、その労働契約が締結されている期間を全体として判断して、実態として引き続き使用していると認められる場合には、継続勤務に該当することになる。

　要件の第二は、前年度（雇入れ直後は6か月間。その後は1年間）において全労働日の8割以上出勤することである。全労働日とは、労働契約上労働義務の課されている日であり、具体的には、労働契約等で労働日として定められた日である。派遣労働者の労働日は派遣元の事業主との間で締結する労働契約によって定められ、その労働日のうち8割以上を出勤したかどうかで判断される。特に登録型の派遣労働者の場合には、個人ごとに労働日が異なることがあるので、出勤率の計算に当たって注意が必要である。なお、業務上の負傷又は疾病による休業期間、育児・介護休業をした期間、産前産後休業の期間及び前年度に年次有給休暇として休んだ期間は、出勤率

の計算に当たって出勤したものとみなして計算しなければならない。

ハ　年次有休休暇の日数

　以上の2要件を満たした労働者の年次有休休暇日数は、雇入れ後6か月継続勤務で10日、1年6か月継続勤務で11日、2年6か月継続勤務で12日、以後継続勤務年数1年ごとに、2日増とした日数となり、最高は20日となる。この計算については、例えば、2年6か月継続勤務した時点で8割以上出勤していなかったため、年次有給休暇権が発生しなかった労働者についても、その後3年6か月までの1年間に8割以上出勤した場合には、3年6か月継続勤務した時点で発生する年次有給休暇の日数は12日ではなく14日となる。

　なお、昭和62年の労基法改正により、週所定労働日数が4日以下の労働者、所定労働日数が週単位で定められていない労働者にあっては年間所定労働日数が216日以下の労働者に対して、新たに年次有給休暇の比例付与方式が導入された。ただし、所定労働日数が少なくても所定労働時間数が通常の労働者のそれと同程度である労働者については、比例付与ではなく、通常の労働者と同様に年次有給休暇を付与することが妥当と考えられるので、週の所定労働時間数が30時間以上の労働者については、比例付与方式の対象としないこととしている。

　比例付与方式による年次有給休暇の具体的な日数は次頁の表のとおりである。

週 所 定労働日数	4日	3日	2日	1日
1 年 間 の所定労働日数	169日～216日	121日～168日	73日～120日	48日～72日
勤続年数　6か月	7日	5日	3日	1日
1年6か月	8日	6日	4日	2日
2年6か月	9日	6日	4日	2日
3年6か月	10日	8日	5日	2日
4年6か月	12日	9日	6日	3日
5年6か月	13日	10日	6日	3日
6年6か月以上	15日	11日	7日	3日

ニ　時季変更権

　年次有給休暇は、原則として労働者の請求する時季に与えなければならない。ただし、労働者の指定した時季に有給休暇を与えることが事業の正常な運営を妨げる場合には、使用者は時季を変更する事が認められている。派遣中の労働者が年次有給休暇を請求した場合には、事業の正常な運営が妨げられるかどうかの判断は、派遣元の事業に関して行われる。したがって、当該派遣中の労働者が年次有給休暇を取得して派遣先の事業において就労しないことが派遣先の事業の正常な運営を妨げる場合であっても、派遣元は代替労働者を派遣することが可能である場合もあるので、派遣元の事業との関係においては事業の正常な運営を妨げる場合に当たらない場合もありうる。派遣元の使用者は、派遣中の労働者の年次有給休暇に関する時季変更権を行使する際には、代替労働者の派遣の可能性も含めて派遣元の事業の正常な運営を妨げるかどうかを判断しなければならない。

　なお、昭和62年の労基法改正により、年次有給休暇の計画的付与の制度が導入された。これは、年次有給休暇の取得日数を増やすため労使協定で具体的な付与日を特定するもので、事業場全体で行う一斉付与、個人別に年次有給休暇計画表により行う付与権があり、各労働者が有している年次有給休暇のうち5日を超える部分が

対象となる。いったん労使協定で計画付与が決まった日数については、個々の労働者には時季変更権がなくなるとともに使用者の時季変更権も行使できないこととなる。

ホ　年5日の年次有給休暇の確実な取得

　平成30年の法改正により、年10日以上の年次有給休暇が付与される労働者に対して、年次有給休暇の日数のうち5日については、使用者が取得の時季を指定して取得させることが義務付けられた。

　これは、「働き方改革」の一環で、年次有給休暇の取得促進のために使用者に義務付けられた制度である。ここでいう「5日」について「時季を指定する」とは、年次有給休暇を付与した日（基準日）から1年以内に5日について、年次有給休暇を取得させることを指し、この時季指定に際しては、使用者は、労働者の意見を聴取し、出来る限り労働者の希望に沿った取得時季となるよう聴取した意見を尊重して指定することが求められている。

　また、使用者は、労働者ごとに年次有給休暇の取得時季、日数、基準日等を明らかにした年次有給休暇管理簿を作成し、年次有給休暇を与えた期間の満了後3年間は、これを保存する必要がある。

　派遣労働者に対して、年5日の年次有給休暇を確実に取得させる義務を負うのは派遣元である。そのため、派遣元としては、年10日以上の年次有給休暇を付与する派遣労働者に対して計画的に取得時季の希望等を聴取し、確実に年次有給休暇を取得させることができるよう派遣先とも連携して対応する必要があろう。

ヘ　年次有給休暇の単位

　年次有給休暇は、労働者の請求に基づき、継続し、又は分割して与えられる。この場合に分割を認められる最低単位は1労働日と解されており、労働日は原則として暦日計算によるものとされている。すなわち、年次有給休暇は、午前0時から午後12時までを単位として付与しなければならない。

　なお、平成20年の労基法改正により、仕事と生活の調和を図る

観点から、年次有給休暇を有効に活用できるようにすることを目的として、労使協定により、年次有給休暇について5日の範囲内で時間を単位として与えることができることとされた。これは、労働者が時間を単位とする年次有給休暇を請求した場合に、労働者が請求した時季に時間を単位とする年次有給休暇を与えることができるものである。

ト　年次有給休暇を与えた場合に支払う賃金

使用者は、年次有給休暇を与えた場合には賃金を支払う必要がある。支払うべき賃金としては、1）平均賃金、2）所定労働時間労働した場合に支払われる通常の賃金、3）健康保険法による標準報酬日額に相当する金額の三つが定められており、そのうちいずれかを支払えばよいこととされている。いずれの賃金によるかは就業規則その他において定める必要があり、労働者各人についてその都度恣意的に選択し得るわけではない。なお、健康保険法による標準報酬日額に相当する金額を選択する場合には、労使協定が必要である。派遣元の使用者は、派遣中の労働者に年次有給休暇を与えた場合には、派遣元の事業場における就業規則その他で定めるところによって、上記1）〜3）のいずれかの賃金を支払わなければならない。

チ　買上げ、繰越

年次有給休暇は、労働者に対して与えなければならないものであり、現実に所定労働日に休業しない場合に金銭を支給することでは与えたことにはならない。また、年次有給休暇を事前に買上げることは許されない。

年次有給休暇が発生した年度にその権利が行使されなかった場合には、残った休暇日数は、労基法第115条により2年間の消滅時効となる。

リ　不利益取扱い

　　労基法第136条は、使用者は、労働者が年次有給休暇を取得した
ことを理由として、精皆勤手当の減額あるいは不支給、賞与・一時
金の算定に当たり年次有給休暇を取得した日を欠勤扱いするなどの
不利益な取扱いをしないようにしなければならないことを規定して
いる。

（4）年少者に関する事項

イ　概説

　　労基法第6章は、満18歳未満の年少者の労働に関し、特別の保
護規定を定めている。

　　第一に労働者として使用することのできる最低年齢に関する規
定、第二に年少者を使用する場合の年齢証明書の備付け等に関する
規定、第三に解雇された年少者が帰郷する場合における帰郷旅費の
使用者負担に関する規定であるが、これらの規定は年少者の採用及
び解雇に関するものであるので、派遣中の労働者についても、労働
契約の当事者である派遣元の使用者が義務を負うべき事項とされて
いる。

　　第四に労働時間及び休日に関する特例規定、第五に深夜業の禁止
に関する規定、第六に一定の危険有害業務の就業制限に関する規
定、第七に坑内労働の禁止に関する規定であるが、これらの規定は、
派遣先の事業場における具体的な就業に関するものであるので、派
遣中の労働者については特例が設けられ、派遣中の労働者に対して
業務遂行上の指揮命令権を有する派遣先の使用者が義務を負うべき
事項とされている。

ロ　最低年齢と年少者の証明

　　労基法第56条は、原則として、満15歳に達した日以後の最初の
3月31日が終了するまでの者を労働者として使用することを禁止
している。

　　労働契約は派遣元の事業主と派遣労働者との間で締結されるもの

であるので、本条については、原則どおり労働契約を締結する派遣元が義務を負うこととなる。

　労基法第57条は、満18歳未満の年少者を使用する場合は年少者の年齢を証明する戸籍証明書を事業場に備え付けるべきことを規定している。年少者の年齢については、労働契約の当事者である派遣元が当然確認しておかなければならない事項であるので、年齢を証明する書類の備え付けについても、派遣元の使用者が義務を負うこととなる。したがって、派遣先の使用者は、派遣中の労働者が満18歳未満の年少者であることを知っていた場合であっても、事業場に年齢の戸籍証明書を備え付ける義務を負うものではない。

ハ　労働時間及び休日

　労基法第60条は、満18歳未満の年少者については、1か月単位の変形労働時間制、フレックスタイム制、1年単位の変形労働時間制及び1週間単位の非定型的変形労働時間制の各規定並びに、いわゆる「36規定」による時間外及び休日の労働及び労働時間の特例に関する規定を適用しないと規定している。しかし、労働させることを認めている。

　この規定については、労働者派遣法第44条第2項により、成年についてと同様、派遣中の年少労働者は派遣先の事業のみに使用されるものとみなされ、派遣先の使用者が義務を負うこととされている。

ニ　深夜業

　労基法第61条第1項は、満18歳未満の年少者について、午後10時から午前5時までの間に労働させることを原則として禁止している。

　この規定については、労働者派遣法第44条第2項により、派遣中の労働者が派遣先の事業にのみ使用されるものとみなされ、派遣先の使用者が義務を負うこととされている。したがって、派遣中の満18歳未満の年少労働者を午後10時から午前5時までの間に労働

させた場合には、派遣先の使用者が労基法違反の責めを負うことになる。また、派遣元において締結し、届出がなされている時間外・休日労働協定に定められた限度時間の範囲内であっても、午後10時から午前5時までの間に労働させた場合には派遣先の使用者は労基法違反の責めを免れない。

　労基法第61条第1項ただし書き、第3項及び第4項は、満18歳未満の年少者について、次の場合、深夜業禁止の例外が認められることを規定している。第一に満16歳以上の男性であって交替制により勤務する者（ここで、「交替制」とは、労働者個人について一定期間ごとに昼間勤務と夜間勤務との勤務替えのある勤務形態をいう。）である場合、第二に交替制による事業において労働基準監督署長の許可により、午後10時30分まで労働させ、又は厚生労働大臣が午後11時から午前6時までの労働を禁じた期間等にあっては午前5時30分から労働させることが可能となる場合、第三に非常災害の場合、第四に農林の事業、水産等の事業若しくは保健衛生の事業又は電話交換の業務に使用される者である場合である。

　労基法第61条については、以上のとおり派遣先の使用者がその義務を負うものであるが、さらに労働者派遣法第44条第3項及び第4項により、派遣元の使用者は、派遣先の使用者が労働者派遣契約に定める派遣就業の条件にしたがって派遣労働者を労働させたならば、労基法第61条等の規定又はこれらの規定に基づいて発する命令の規定に抵触することとなるときにおいては、労働者派遣をしてはならないとされ、これに違反した場合には、派遣元の使用者は労基法第61条等の規定に違反したものとみなして、同法第119条等の罰則規定を適用するとされている。

ホ　危険有害業務の就業制限等
　労基法第62条は、満18歳未満の年少者に、運転中の機械等の危険な部分の掃除、注油等をさせ、動力によるクレーンの運転をさせるなどの危険な業務に就かせ、又は重量物を取り扱う業務に就かせてはならないことを規定している。これら年少者の就業が制限され

る業務については、年少者労働基準規則第7条から同第8条におい
て具体的に規定されている。

　この規定については、労働者派遣法第44条第2項により派遣中
の労働者は派遣先の事業のみに使用されるものとみなされ、派遣先
の使用者が義務を負うこととされている。

　したがって、派遣先の使用者が、これらの危険有害業務の就業制
限の規定に反して、派遣中の満18歳未満の年少労働者を上表の危
険又は有害な業務に就かせた場合には、派遣先の使用者が労基法違
反の責任を問われることになる。また危険有害業務への就業は、通
常従事する業務として就業させることはもとより、臨時に就業させ
る場合であっても禁止されており、例えば通常は他の労働者が従事
しているが、当該労働者が欠勤したため、派遣中の満18歳未満の
年少労働者を、当該危険有害業務にその日だけ就業させた場合で
あっても派遣先の使用者はその責めを負うことになる。

　坑内労働については、労基法第63条において、満18歳未満の年
少者を坑内で労働させることが禁止されている。この規定について
も、労働者派遣法第44条第2項により、危険有害業務の就業制限
と同じく派遣先の使用者が義務を負うこととされている。

　労基法第62条及び第63条については、このように派遣先の使用
者が義務を負うものであるが、さらに労働者派遣法第44条第3項
及び第4項により、派遣元の使用者は、派遣先の使用者が労働者派
遣契約に定める派遣就業の条件にしたがって派遣労働者を労働させ
たならば、労基法第62条、第63条等の規定又はこれらの規定に基
づいて発する命令の規定に抵触することとなるときにおいては、労
働者派遣をしてはならないとされ、これに違反した場合には、派遣
元の使用者は労基法第62条、第63条等の規定に違反したものとみ
なして、同法第119条等の罰則規定を適用するとされている。

ヘ　その他
　以上のほか、満18歳未満の年少者については、下記の保護規定
がある。

　労基法第64条は、満18歳未満の年少者が、解雇の日から14日以内に帰郷する場合における帰郷旅費を使用者が負担すべきことを規定している。

　本条は、満18歳未満の年少者を解雇した場合に関する規定であるので、労働契約を終了させることのできる権限を有する派遣元の使用者が義務を負うこととなる。

　ここでいう「解雇」とは、派遣元の使用者が一方的に労働契約を解除する場合のことをいい、派遣中の労働者からする退職や契約期間の満了による労働契約の終了の場合は含まれない。また、労働契約と労働者派遣契約とは別個のものであるから、労働者派遣契約が解除された場合や派遣先が当該派遣中の労働者の就労を拒否した場合も、ここでいう「解雇」には含まれない。ただし、その結果労働契約が解除されれば本条の適用があることはいうまでもない。

（5）妊産婦等に関する事項

イ　概説

　女性の労働基準については、従来年少者の労働基準とまとめて、労基法の第6章において規定されていたが、雇用の分野における男女の均等な機会及び待遇の確保を促進するためには、男女が同一の基盤で働くことができるようにすることが必要であるとの観点から、第6章は大幅な見直しがなされ女性の労働基準については、年少者についての特別な保護規定と分けて、第6章の2として新たに章が設けられた。さらに、平成11年4月1日からは、女性の時間外・休日労働及び深夜業に関する規制が解消され、同日以降は男性と同様の取扱いがなされている。

　労基法第6章の2では女性について、第一に坑内業務の就業制限に関する規定、第二に妊娠中及び産後1年を経過しない女性（以下「妊産婦」という。）等に係る危険有害業務の就業制限に関する規定、第三に妊産婦に係る時間外及び休日の労働並びに深夜業に関する規定、第四に育児時間に関する規定、第五に生理日の就業が著しく困難な女性に対する措置に関する規定を置いているが、これらの規定

は、いずれも派遣中の労働者に対する派遣先の事業場における具体的な就業にかかわるものであるので、派遣中の労働者についての特例が適用され、派遣先の使用者が義務を負うべき事項とされている。

　第六に、産前産後の保護に関する規定であるが、この規定は具体的な業務遂行上の制限ではなく、就業そのものを禁止するものであるので、派遣中の労働者についても派遣元の使用者が義務を負うべき事項とされている。

ロ　坑内業務及び危険有害業務の就業制限
　労基法第64条の2は、女性を坑内で行われる業務に就かせてはならないと規定している。坑内で行われるすべての業務に就かせてはならない女性は、妊娠中の女性及び坑内で行われる業務に従事しない旨を使用者に申し出た産後1年を経過しない女性である。この妊娠中の女性等以外の満18歳以上の女性は、坑内で人力により行われる土石、岩石等の掘削の業務等に就かせてはならない（女性労働基準規則第1条）。また、労基法第64条の3は、妊産婦に重量物を取り扱う業務、有毒ガスを発散する場所における業務その他妊娠、出産、哺育等に有害な業務で命令で定める業務に就かせてはならないことを規定し、さらに、妊産婦以外の女性についても、妊娠又は出産に係る機能に有害な業務で命令で定める業務に就かせてはならないことを規定している。

　これらの規定については、労働者派遣法第44条第2項により派遣中の労働者は派遣先の事業のみに使用されるものとみなされ、派遣先の使用者が義務を負うこととされている。また、労働者派遣法第44条第3項及び第4項により、派遣元の使用者は、派遣先の使用者が労働者派遣契約に定める派遣就業の条件にしたがって派遣労働者を労働させたならば、労基法第64条の2、第64条の3等の規定又はこれらの規定に基づいて発する命令の規定に抵触することとなるときにおいては、労働者派遣をしてはならないとされ、これに違反した場合には、派遣元の使用者は労基法第64条の2、第64条

の 3 等の規定に違反したものとみなして、同法第119条等の罰則規定を適用するとされている。

ハ　妊産婦の労働時間、時間外労働、休日労働及び深夜業

　　労基法第66条は、妊産婦が請求した場合には、変形労働時間制（フレックスタイム制を除く。）によって労働させてはならず、また、時間外労働、休日労働及び深夜業をさせてはならないことを規定している。

　　労働時間、時間外労働、休日労働及び深夜業に関する規定については、すでに述べたとおり派遣先の使用者が権限を有する指揮命令権の行使にかかわるものであることから、労働者派遣法第44条第 2 項により、派遣先の使用者が本条に基づく義務を負う。したがって妊産婦は派遣先の使用者に対しこれらの請求を行うことになる。なお、その際、時間外労働、休日労働及び深夜業のすべてについて従事しないことを請求してもよいし、このいずれかのみについて従事しないことを請求することも、また、それぞれについての部分的な請求も認められる。派遣先の使用者は、請求された範囲内でこれらの労働に従事させてはならない義務を負い、請求があったにもかかわらず時間外労働、休日労働又は深夜業をさせたときは、労基法違反の責任を負うことになる。

ニ　産前産後休業

　　労基法第65条は、産前休業について、 6 週間（多胎妊娠の場合は14週間）以内に出産する予定の女性が休業を請求した場合はその者を就業させてはならないことを、また、産後休業については、産後 8 週間を経過していない女性を就業させてはならないことを規定している。産前産後休業は、母性保護の見地から、女性を産前産後の一定期間就業させることを禁止するものであり、これは、女性を当該期間中に使用すること自体を禁止しているものであって、派遣中の労働者に対する業務遂行上の指揮命令権の行使にかかわるものではないので、産前産後休業に関する規定に基づく義務について

は、特例を設けず、原則どおり派遣元の使用者に責任を負わせることとされている。

　したがって、派遣中の女性が産前休業を請求する場合は、派遣元の使用者に対して行えば足り、派遣先の使用者に対して請求する必要はない。派遣元の使用者はこの請求に反して当該派遣中の女性を休業させなかった場合は労基法違反の責任を問われることになる。

　なお、産前休業については、請求があった場合には、その期間使用してはならないとするものであって、請求の有無にかかわらず産前6週間は使用してはならないとするものではない。これに対して産後休業については、請求の有無にかかわらず産後8週間は使用してはならない。ただし、産後6週間を経過した女性が請求した場合においてその者について医師が支障がないと認めた業務に就かせることは差し支えない。

ホ　その他

　労基法第67条は、生後1年に達しない生児を育てる女性が育児時間（生児を育てるための時間。休憩時間のほかに、1日2回各々少なくとも30分）を請求したときは、その時間に労働させてはならないことを規定している。

　また、労基法第68条は、生理日の就業が著しく困難な女性が休暇を請求したときは、その者を生理日に就業させてはならないことを規定している。

　これらの規定は、いずれも派遣先の事業場における派遣中の労働者に対する業務遂行上の指揮命令権の行使にかかわるものであるので、労働者派遣法第44条第2項により派遣先の使用者がその義務を負うことになる。

　したがって、派遣中の女性は、育児時間及び生理日における休暇については、派遣先の使用者に対して請求することになり、派遣先の使用者はその請求に応じて育児時間を与え、また当該生理日に就業させてはならないことになる。

（6）就業規則に関する事項

イ　概説

　　多数の労働者を使用する事業場では、事業場内での規律を保持するため、その事業場で働く労働者の労働時間、賃金等の労働条件を画一的に定めて就労させるとともに、就業上守るべき職場規律を統一的に定める必要がある。このような目的のために、事業場において労働者の就業上の諸条件や勤務上守らなければならない職場規律等に関する具体的な細目について定めたものが就業規則である。

　　就業規則に関する労基法の規定については、労働者派遣法に特例は設けられておらず、原則どおり派遣元が義務を負うこととなる。

　　したがって、就業規則の作成及び届出の義務（労基法第89条）、就業規則の作成（変更）手続としての労働者の団体的意見の聴取義務（労基法第90条）及び就業規則で定める減給の制裁規定の制限（労基法第91条）については、派遣元の使用者がその義務を負うものである。

ロ　就業規則の作成

（イ）労基法第89条は常時10人以上の労働者を使用する使用者は、就業規則を作成して労働基準監督署長に届け出なければならないと規定している。労働者派遣を行う事業における「労働者」とは、派遣中の労働者のみをいうのではなく、派遣元の事業場で事務等に従事する派遣中の労働者以外の労働者も当然含まれる。したがって、派遣中の労働者と派遣中の労働者以外の労働者を合計して常時10人以上である場合、例えば、常態として事務職員等が4人、派遣中の労働者が6人以上であるような場合には、派遣元の使用者は就業規則を作成し、届け出なければならないこととなる。

（ロ）就業規則に記載する事項は、労基法第89条第1号から第10号までに掲げられている。

　　就業規則に記載される事項は絶対的必要記載事項、相対的必要記載事項及び任意記載事項に分類される。

　　絶対的必要記載事項とは、就業規則に必ず記載しなければならない事項で、同条第1号から第3号まで（始業及び終業の時刻、休憩、休日、休暇、賃金の決定等及び退職に関する事項）である。絶対的必要記載事項については、どれかひとつでも記載していないと派遣元の使用者は本条違反の責を免れない。

　　相対的必要記載事項とは、その事項を規定することは必ずしも必要ではないが、その事項に関して何らかの定めをするのであれば必ず就業規則の中に記載しなければならない事項で、同条第3号の2以下の事項（退職手当、賞与、労働者の費用負担、安全衛生、職業訓練、災害補償、表彰、制裁等に関する事項）である。

　　なお、慣行によりこれらの事項について決まりがある場合には、これを就業規則中に成文化することが必要である。

　　任意記載事項とは、上記以外の事項であって、就業規則に記載することが労基法上義務づけられていない事項である。

ハ　作成等の手続

（イ）派遣元の使用者が就業規則を作成し、又は変更する場合には、労基法第90条に基づき、事業場に労働者の過半数で組織する労働組合がある場合にはその労働組合、労働者の過半数で組織する労働組合がない場合は労働者の過半数を代表する者の意見を聴かなければならない。意見を聴取するに当たり、過半数組合があれば問題はないが、過半数組合がない場合には過半数代表から意見を聴かなければならないことになるので、それぞれ派遣先の事業場で就労している派遣中の労働者を含めた全労働者の過半数代表をどのようにして選出するかが問題となる。この場合の選出方法については、1）労基法第41条第2号に規定する監督又は管理の地位にある者でないこと、2）労基法に規定する協定等をする者を選出することを明らかにして実施される投票、挙手等の方法による手続により選出された者であることのいずれにも該当している必要がある。

　　なお、過半数代表は、派遣中の労働者であっても派遣中の労働

　者以外の労働者であってももちろん差し支えない。

　　派遣元の使用者が、過半数労働組合又は過半数代表の意見を聴かずに就業規則を作成し、又は変更したときは、労基法違反の責任を問われる。また、就業規則を労働基準監督署長に届け出るときは、上記の意見を記した書面を添付しなければならず、意見書の添付がないときは原則として受理されない。

（ロ）派遣元は派遣労働者に係る事項について就業規則を作成し、又は変更しようとするときは、あらかじめ当該事業所において雇用する派遣労働者の過半数を代表すると認められるものの意見を聴くよう努めなければならない（法第30条の6）。

　　上記の労基法が定める過半数代表者は、当該事業場の全労働者が母数となるのに対して、ここでいう過半数代表者は、母数は派遣元が雇用する派遣労働者であり、相違することに留意する必要がある。

二　制裁の制限

　　派遣労働者に対しては、前記のように派遣元の就業規則に定められた服務規律や懲戒処分の規定が適用される。派遣元の使用者は、就業規則中に労働者に対する制裁に関する事項を定める場合には、その制裁の種類・程度は法令、公序良俗や労働協約に反しない限り、任意に定めることができる。しかし、減給については、労働の結果既に発生した賃金債権を減額するものであることから、その額があまりに多額であると労働者の生活を脅かすおそれがある。そのため、労基法第91条は、減給は、1回の額が平均賃金の1日分の半額を超え、総額が一賃金支払期における賃金の総額の10分の1を超えてはならないと規定している。したがって、派遣元の使用者がこの制限に反して減給を行った場合には、労基法違反の責任を問われることになる。

　　この「1回の額が平均賃金の1日分の半額を超えてはならない」とは、1回の事案に対する減給の額は平均賃金の1日分の半額以内でなければならないことの意味であるから、1回の事案について平

均賃金の1日分の半額ずつ何日にもわたって減給することはできない。

なお、就業規則を適用して制裁を行う場合について、労契法では、使用者が労働者を懲戒することができる場合において、当該懲戒が、当該懲戒に係る労働者の行為の性質及び態様その他の事情に照らして、客観的に合理的な理由を欠き、社会通念上相当であると認められない場合は、その権利を濫用したものとして、当該懲戒は、無効とすると規定している（労契法第15条）。このように、制裁を行う場合には、権利を濫用したものとして無効となることがあることに留意が必要である。

（7）その他の労基法に関する事項

イ　概説

労働者派遣法第44条第5項は、同条の労基法の適用に関する特例が適用される場合の監督等の規定について、所要の読替規定を設けている。この読替規定により、派遣先の使用者も、労基法第104条第2項(申告を理由とする不利益取扱いの禁止)、第104条の2（報告等の義務）、第106条（法令等の周知義務）及び第109条（記録の保存）の規定に基づく義務を負うことになる。したがって、これらの規定については、派遣元の使用者がその義務を負うほか、派遣先の使用者もその義務を負うことになる。しかし、この場合、一つの労基法違反の事実について、派遣元の使用者及び派遣先の使用者の双方が連帯して義務を負うのではなく、それぞれが権限と義務を有する事項について各々独立して責任を負うのである。例えば、派遣先の使用者が法令等の周知を怠り労基法違反の責任を負う場合には、法令等の周知を行っている派遣元の使用者も労基法違反の責任を問われるということではない。

労基法第107条（労働者名簿）及び第108条（賃金台帳）の規定については、読替規定は設けられておらず、また、労基法の適用に関する特例も設けられていないので、これらの規定に基づく義務は派遣元の使用者だけが負うことになる。

ロ　申告を理由とする不利益取扱いの禁止

（イ）労基法第104条は、事業場に、労基法、労基法施行規則等に
　　　違反する事実がある場合には、労働者は、その事実を行政官庁又
　　　は労働基準監督官に申告することができ（第1項）、使用者は、
　　　その申告をしたことを理由として、労働者に対して解雇その他不
　　　利益な取扱いをしてはならない（第2項）と規定している。

（ロ）本条については、派遣元の使用者がその義務を負うほか、労
　　　働者派遣法第44条第5項に定める読替規定により、派遣先の使
　　　用者もその義務を負うこととされている。

　　　　この読替規定により、派遣中の労働者は、派遣元の事業場又は
　　　派遣先の事業場における労基法、労基法施行規則等又は労働者派
　　　遣法第44条第3項の規定に違反する事実について、行政官庁又
　　　は労働基準監督官に申告することができ、また、派遣元の使用者
　　　及び派遣先の使用者は、派遣中の労働者が申告をしたことを理由
　　　として、当該派遣中の労働者に対して不利益な取扱いをしてはな
　　　らない義務を負うことになる。

　　　　派遣中の労働者は、派遣元又は派遣先のいずれの事業場におけ
　　　る違反の事実についても申告することができる。例えば、派遣元
　　　の事業場に関しては、賃金の不払、遅払があること、時間外労働
　　　及び休日労働に対する割増賃金が支払われていないこと、年次有
　　　給休暇が与えられていないこと等であり、派遣先の事業場に関し
　　　ては、派遣元の事業場で締結し、届出のなされた時間外・休日労
　　　働協定の定める範囲を超えて時間外労働を行わせ又は休日に労働
　　　させていること、休憩時間を与えていないこと、年少者に深夜業
　　　を行わせていること等である。また、労働者派遣法第44条第3
　　　項の規定に基づく派遣元の使用者の義務に関するものについて
　　　は、休日労働又は深夜業の予定されている派遣先に年少労働者を
　　　派遣した場合、時間外労働協定の締結・届出をせずに時間外労働
　　　の予定されている派遣先へ労働者を派遣した場合、変形労働時間
　　　制の定めをせずに変形労働時間により就労することが予定されて
　　　いる派遣先へ労働者を派遣した場合等である。

　　なお、これらの違反行為に対する責任は、当該事項について権限と義務のある派遣元の使用者又は派遣先の使用者が負うのであって、派遣元の使用者と派遣先の使用者が連帯して責任を負うものではないことはすでに述べたとおりである。

（ハ）申告に対する不利益取扱いの禁止については、派遣元の使用者及び派遣先の使用者のいずれもがその義務を負っているので、派遣元の事業場に関する事項について申告がなされた場合に、派遣元の使用者が不利益取扱いをすることはもとより、派遣先の使用者が不利益取扱いをすることも許されない。また、派遣先の事業場に関する事項についての申告の場合も同様に、派遣先の使用者も、また派遣元の使用者も不利益取扱いをすることは許されない。

　　なお、「不利益取扱い」とは、労働組合法第7条第1号の不当労働行為の場合と同様であって、解雇、派遣先の変更、賃金の引下げ、配置転換等、他の者に比べて不利益な取扱いをすることをいう。

ハ　法令等の周知

（イ）労基法第106条第1項は、労基法、労基法施行規則等の要旨、就業規則、労使協定及び決議を、常時各作業場の見やすい場所に掲示し、又は備え付けること、書面を交付すること等の方法によって、労働者に周知させなければならないと規定している。

　　本条については、派遣元の使用者がその義務を負うほか、労働者派遣法第44条第5項に定める読替規定により、派遣先の使用者もその義務を負うこととされている。

　　この読替規定により、派遣元の使用者及び派遣先の使用者は、それぞれの事業場において、労基法、労基法施行規則等及び労働者派遣法第44条の規定の要旨を周知しなければならない義務を負う。なお、就業規則については、その作成義務が派遣元の使用者のみにあることから、派遣先の使用者はその周知義務を負わない。

　　また、労働者派遣法第44条の規定についても周知義務が課せられているが、同条は、労基法の適用関係について特例を設け、派遣元の使用者のみが義務を負う規定、派遣先の使用者のみが義務を負う規定及び派遣元の使用者と派遣先の使用者双方が義務を負う規定を明らかにするとともに、派遣元の使用者に対する罰則の特例も定めているので、この労基法の適用関係についての特例については、十分に周知しなければならない。

（ロ）労基法、労基法施行規則等については要旨を周知すれば足りるとされているが、就業規則、労使協定等については要旨で足りるとはされていないので、就業規則、労使協定等を各人に配布する等により周知することになる。なお、ここで「要旨」とは、労基法等の内容が容易に理解できるように抜き出して整理したものをいう。

　　本条の義務については、派遣元の使用者及び派遣先の使用者にそれぞれ課せられているので、それぞれが各自の事業場において周知をしなければならない。したがって、派遣元の事業場では周知がなされているが、派遣先の事業場では周知がなされていない場合には、派遣先の使用者は本条違反の責任を免れない。

ニ　労働者名簿及び賃金台帳

（イ）労基法第107条は、事業場ごとに労働者名簿を作成しなければならないこと、また、第108条は、事業場ごとに賃金台帳を作成しなければならないことを規定している。

　　これらの規定については、労働者派遣法に特例は設けておらず、労働契約関係の当時者であり、賃金支払義務者である派遣元の使用者がこれらの規定に基づく義務を負うことになる。

　　この労働者名簿には、派遣中の労働者の氏名、生年月日、履歴、性別、住所、従事する業務の種類、雇入の年月日、解雇又は退職の年月日及び解雇の理由並びに死亡の年月日及びその原因を記載しなければならず、賃金台帳には、派遣中の労働者の氏名、性別、賃金計算期間、労働日数、労働時間数、非常災害時における延長

労働時間数及び休日労働時間数、時間外労働及び休日労働の時間数並びに深夜労働時間数、基本給、手当その他賃金の種類ごとにその額、賃金控除協定に基づく控除の額を記載しなければならないこととされている。

(ロ)　また、派遣元事業主は、労働者派遣法第37条により派遣元管理台帳を派遣労働者ごとに作成しなければならず、この台帳には、派遣先の氏名又は名称、事業所の所在地その他派遣就業の場所、労働者派遣の期間及び派遣就業をする日、始業及び終業の時刻、従事する業務の種類等を記載しなければならない。

これらの労働者名簿、賃金台帳及び派遣元管理台帳（以下「労働者名簿等」という。）については、原則としてそれぞれ別個に作成することが予定されているものであるが、共通する記載事項もあり、法令上記載しなければならない事項が具備されていれば、必ずしも別個に作成しなければならないものではなく、労働者名簿等を合わせ一つの台帳を作成することとしても差し支えない。

なお、労働者派遣法第42条第3項は、派遣先に対し派遣中の労働者に係る派遣就業をした日、派遣就業をした日ごとの始業・終業時刻及び休憩時間等の事項を派遣元事業主に通知することを義務づけているが、その通知を受けた派遣元の使用者は、これらの事項のうち賃金台帳の法定記載事項に係るものについてはこれを取りまとめ、賃金台帳に記載しなければならないこととなるので注意する必要がある。

ホ　記録の保存

(イ)　労基法第109条は、使用者は、労働者名簿、賃金台帳及び雇入、解雇、災害補償、賃金その他労働関係に関する重要な書類を3年間保存しなければならないと規定している。

労基法第109条については、派遣元の使用者がその義務を負うほか、労働者派遣法第44条第5項に定める読替規定により、派遣先の使用者もその義務を負うこととされている。

（ロ）労基法第109条に基づく義務については、この読替規定により、派遣元の使用者及び派遣先の使用者がそれぞれその義務を負うことになるが、当該書類について作成義務を負う者だけが保存義務を負うことはいうまでもない。したがって、例えば、労働者名簿、賃金台帳、雇入及び解雇に関する書類については派遣元の使用者のみが保存義務を負う。また、出勤簿、タイムカード等出退勤の記録、日々の労働時間数及び時間外労働時間数の記録等は、労働関係に関する重要な書類に該当するので、これらの書類を作成する派遣先の使用者が、その保存義務を負うことになる。

なお、書類等の保存期間は3年間であるが、その起算日は次のとおりである（労基法施行規則第56条）。

1）労働者名簿については、労働者の死亡、退職又は解雇の日、2）賃金台帳については、最後の記入をした日、3）雇入、解雇又は退職に関する書類については、労働者の解雇、退職又は死亡の日、4）災害補償に関する書類については、災害補償を終わった日、5）賃金その他労働関係に関する重要な書類については、その完結の日である。

ヘ　報告義務

（イ）労基法第104条の2は、労基法を施行するため必要があると認めるときは、行政官庁又は労働基準監督官は、使用者又は労働者に対し、必要な事項を報告させ、又は出頭を命ずることができると規定している。

労基法第104条の2についても、派遣元の使用者がその義務を負うほか、労働者派遣法第44条第5項に定める読替規定により、派遣先の使用者もその義務を負うこととされている。

（ロ）労基法第104条の2については、読替規定により、派遣元の使用者及び派遣先の使用者がそれぞれ義務を負うことになるとともに、労基法のほか労働者派遣法第44条の規定の施行に関しても、行政官庁又は労働基準監督官から要求があれば、報告又は出頭しなければならないことになる。

　なお、会社を設立したとき、支店、営業所等を設置したとき等は、その旨を遅滞なく労働基準監督署長に報告しなければならない（労基法施行規則第57条）。

ト　罰則
（イ）労基法第13章は、同法各条に違反した者に対する罰則（懲役刑、罰金刑）を定めている。
　労基法は、ほとんどすべての条文において、使用者をこの法律上の義務者とし、違反のあった場合に責任を負わせることとしている。そして、本法の履行確保のため、現実の行為者を使用者として把握し本法の責任の主体とするとともに、第121条においていわゆる「両罰規定」を設け、利益の帰属者である事業主にも責任を負わせることとしている。
（ロ）ところで、使用者の定義については、労基法第10条において、「事業主又は事業の経営担当者その他その事業の労働者に関する事項について、事業主のために行為をするすべての者をいう」と定められている。そして、ここで「事業主」とは、事業の経営の主体をいい、個人企業ではその企業主個人、会社その他の法人組織ではその法人そのものをいう。「経営担当者」とは、事業経営一般について権限と責任を負う者をいい、会社の取締役、会社や個人企業の支配人等がこれに当たる。また、「その他その事業の労働者に関する事項について、事業主のために行為をするすべての者」とは、人事、給与等の労働条件の決定、労務管理、業務命令の発出、具体的な指揮監督等の権限を与えられている者をいう。
　したがって、このような権限を与えられている者であれば職階の上下に関係なくすべて使用者たり得るので、例えば、派遣中の労働者の労働時間の管理について権限を与えられている派遣中の労働者を指揮命令する派遣先の担当者が、時間外労働協定がないことを知りながら1日8時間を超えて派遣中の労働者を労働させた場合には、当該派遣先の担当者は派遣先の使用者として労基法

違反の責任を問われることになる。

（ハ）労基法第121条第1項は、違反行為をした者が、当該事業の労働者に関する事項について、事業主のために行為した代理人、使用人その他の従業者である場合は、事業主が違反の防止に必要な措置をした場合を除き、事業主も処罰することを、第2項は、事業主が違反の計画を知りその防止に必要な措置を講じなかった場合、違反行為を知り、その是正に必要な措置を講じなかった場合又は違反を教唆した場合は、事業主も行為者として処罰することを規定している。

　労基法は、このいわゆる「両罰規定」を設け、違反行為をした者が事業主でない場合には、利益の帰属主体である事業主にも責任を負わせることとし、本法の違反防止を完全ならしめようとしている。

　派遣元の使用者が労基法違反をした場合には、両罰規定により派遣元の事業主にも罰金刑が科せられる。また、両罰規定は派遣先の事業主にも適用があるので、派遣中の労働者に関する事項について違反行為をした者が当該派遣先の事業主の雇用する従業者である場合には、当該派遣先の事業主は本条により罰金刑が科せられる。前記の時間外労働の例でいえば、派遣先の従業者が時間外労働を行わせたことにより労基法に違反した場合には、その雇用主である派遣先の事業主も処罰されることになる。ただし、事業主が違反の防止に必要な措置を講じたときは処罰を免れることができる。したがって、事業主が処罰されるのは、違反の防止に必要な措置を講じなかった場合ということになる。

　なお、「違反の防止に必要な措置」とは、単に一般的、抽象的に違反行為をしないように指示をしていただけでは足りず、特に当該事項について具体的に指示し、違反の防止に努めたことを要すると解されている。また、次の場合には労基法第121条第2項により、派遣先の事業主は当該違反行為の行為者として罰せられる。

　第一に、違反の計画を知り、その防止に必要な措置を講じな

かった場合である。例えば、時間外労働協定がないにもかかわらず派遣中の労働者に時間外労働を行わせることを知りながら、その防止のための指示、命令その他客観的に必要な措置を講じなかった場合である。

　第二に、違反行為を知り、その是正に必要な措置を講じなかった場合である。前述の時間外労働の例でいえば、事業主が時間外労働が行われていることを知りながら中止の指示又は結果発生による不法事態の回復是正のため必要な措置を講じなかった場合である。

　第三に、違反をそそのかした場合である。例えば、派遣中の労働者の労働時間の管理について権限を有する派遣先の従業者に、時間外労働協定がないにもかかわらず、派遣中の労働者に時間外労働を命ずることを決意させたような場合である。

（8）派遣元の使用者に対する罰則の特例等

イ　趣旨

（イ）労働者派遣法第44条第3項は、派遣元の使用者は、派遣先の使用者が労働者派遣契約に定める派遣就業の条件に従って派遣労働者を労働させた場合に、派遣先の使用者が、同条第2項により責任を負うこととされた事項のうち、労働時間、休憩、休日、深夜業、危険有害業務の就業制限又は坑内労働の就業制限の規定に抵触することとなる場合には、当該労働者派遣をしてはならないと規定している。

　また、労働者派遣法第44条第4項は、派遣元の使用者が、同条第3項の規定に違反して労働者派遣をした場合であって、現実に派遣先の使用者が、労基法の該当規定に抵触した場合には、当該派遣元の使用者も当該規定に違反したものとみなして罰則規定を適用すると規定している。

（ロ）労基法においては、労働契約、就業規則等において労基法の定める最低基準に満たない労働条件を定めただけでは処罰の対象とせず、実際に最低基準を下回る労働条件で労働させた場合に処

罰することとしている。労働者派遣事業においては、派遣元の使用者が、労働契約に定める労働条件の範囲内で労働者派遣契約によって派遣先における派遣労働者の具体的な就業条件を定めることとなるが、その就業条件に従って実際に労働させるのは派遣先の使用者である。したがって、労働時間等の規定に関する労基法違反について責任を問われるのは実行行為者である派遣先の使用者となるが、その労基法違反の行為については、派遣先における具体的な就業条件を定めた労働者派遣契約の一方の当事者である派遣元の使用者に責任を問うことが適切な場合がある。そこで、派遣元の使用者にも責任がある場合について、派遣先における労基法抵触の前提となる労働者派遣をしてはならないこととし、これに違反した場合であって派遣先の使用者が現実に労基法に抵触した場合については、派遣元の使用者も罰することとしたものである。

ロ　派遣元の使用者に対する特別の規制

　　労働者派遣法第44条第3項の規定は、派遣先の使用者が、派遣元との間で締結された労働者派遣契約に定める就業条件に従って、派遣されてきた労働者を労働させれば、派遣先の使用者が労基法の労働時間、休憩、休日、深夜業の禁止、危険有害業務の就業制限等一定の規定に抵触することとなる場合には、派遣元の使用者は当該労働者を派遣してはならないこととしているものである。

　　各条文について該当する事例として次のようなものが考えられる。

（イ）第32条（労働時間）関係

　　労働者派遣契約において、1日3時間までの法定時間外労働を命じる旨を定めている場合に、時間外労働協定を締結することなく労働者を派遣し、あるいは、時間外労働協定は締結し届け出ているが、延長することのできる時間が1日3時間未満であるのに労働者を派遣すること。

（ロ）第34条（休憩）関係

　　労働者派遣契約において、始業時刻午後5時、終業時刻午後9時、休憩時間なしという就業条件が定められている場合に、当日他の事業場ですでに4時間労働しているため、派遣先の事業場において労働時間の途中に休憩を与えなければならなくなる労働者を派遣すること。

（ハ）第35条（休日）関係

　　労働者派遣契約において、休日に労働を命じうる旨を定めている場合に、休日労働協定を締結することなく労働者を派遣すること。

（ニ）第36条第1項ただし書（有害業務に係る時間外労働）関係

　　労働者派遣契約において、例えば従事する業務の種類が有害業務であり、就業時間は午前9時から午後6時まで（休憩1時間）という就業条件が定められている場合に、派遣先の事業場において有害業務に午前9時から午後6時まで従事させた後、引き続いて3時間の時間外労働に従事させ、有害業務における労働時間の延長の限度である2時間を超えて労働させたこと。

（ホ）第61条（年少者の深夜業）関係

　　労働者派遣契約において、労働時間が午後10時から午前5時までの間にわたる旨を定めている場合に、本条により当該時間帯に労働させることが禁止されている18歳未満の労働者を派遣すること。

（ヘ）第62条（年少者の危険有害業務の就業制限）関係

　　労働者派遣契約において、従事する業務の種類として危険有害業務が定められている場合に、本条により当該危険有害業務に就くことが禁止されている18歳未満の労働者を派遣すること。

（ト）第63条（年少者の坑内労働の禁止）関係

　　労働者派遣契約において、坑内労働に従事することのある旨を定めている場合に、本条により坑内で労働させることが禁止されている18歳未満の労働者を派遣すること。

（チ）第64条の2（女性の坑内業務の就業制限）関係

　　労働者派遣契約において、坑内労働に従事することのある旨を定めている場合に、本条により坑内で労働させることが禁止されている妊娠中の女性労働者を派遣すること。

（リ）第64条の3（妊産婦等の危険有害業務の就業制限）関係

　　労働者派遣契約において、従事する業務の種類として危険有害業務が定められている場合に、本条により当該危険有害業務に就くことが禁止されている妊産婦等である労働者を派遣すること。

ハ　派遣元の使用者に対する罰則の特例

　　労働者派遣法第44条第4項の規定は、派遣元の使用者が同条第3項に違反して労働者を派遣した場合であって、派遣先の使用者が当該派遣された労働者を労働させたことにより労基法に抵触することとなったときは、派遣元の使用者も当該違反行為の実行行為者とみなして処罰することとしているものである。

　　この場合、派遣先の使用者が派遣された労働者を労働させたことが、客観的に労働時間、休憩等の規定に抵触することを要するが、派遣先の使用者に故意があり、刑事責任を負うことまでを要求するものではない。したがって、客観的に当該規定に抵触すれば、派遣先の使用者に故意がなく刑事責任を負わない場合であっても、派遣元の使用者は処罰を免れないことになる。例えば、労働者派遣契約において従事する業務の種類として危険有害業務が定められている場合に、派遣先の使用者が、派遣された18歳未満の労働者が18歳未満であることを知らずに当該危険有害業務に就かせたときは、派遣先の使用者は故意がないものとして労基法違反の責任を問われないこともあるが、客観的には同法に抵触しているので、派遣元の使用者は処罰を免れないことになる。

　　なお、同項については、両罰規定を適用することとされているので、派遣元の使用者が違反行為をした場合には、派遣元の事業主は罰金刑を科されることがある。

（9）安全衛生に関する事項

イ　安全衛生管理体制

　　安衛法は、事業者の設置すべき安全管理体制として、総括安全衛生管理者、安全管理者、安全衛生推進者、作業主任者及び安全委員会を規定している。

　　労働者の安全を確保するためには、その労働者が就業している場所において、業務遂行上の具体的な指揮命令権を有し、設備等の設置・管理権を有する者が責任をもって所要の措置を講ずることが必要不可欠である。このため、派遣中の労働者に関しては、派遣先の事業者に安全確保のための措置義務を課すとともに、これらの義務を確保するための安全管理者、作業主任者等の安全管理体制の設置に係る義務について派遣先の事業者にのみ課すこととした。

　　派遣元の事業者に派遣中の労働者に関する安全管理者、作業主任者等の安全管理体制の設置義務を負わせないこととしたのは、派遣元の事業者は派遣先の事業場における派遣労働者に指揮命令し、また設備等を管理する者でないため、実効性を期待できないからである。

　　なお、派遣労働者に対する雇入れ時の安全教育及び派遣期間中、派遣元の事業者の都合で作業内容を変更した場合の派遣中の労働者に対する安全教育は、派遣元の事業者に実施義務が課せられている。これら安全教育の確実な実施のためにのみ派遣元の事業者に安全管理者、作業主任者等の安全管理体制を設けることはしなかったが、派遣元の事業者は担当者を置く等確実に行わせる措置をとることが望ましい。

　　安衛法は、事業者の設置すべき衛生管理体制として、総括安全衛生管理者、衛生管理者、安全衛生推進者又は衛生推進者、産業医及び衛生委員会を規定している。

　　派遣労働者は、前後して異なる派遣先に派遣されることが予想されるため、派遣労働者の健康管理については、原則として職場における具体的な衛生管理は派遣先の事業者が行い、一般的健康管理は雇用主である派遣元の事業者が継続的に行うことが適当である。こ

のため、派遣先、派遣元それぞれの事業者において、派遣労働者の健康に係るそれぞれの義務を確保しうるよう衛生管理体制を確立させることとしたものである。

　それぞれの義務の確実な実施を確保するため、それぞれ総括安全衛生管理者、衛生管理者、安全衛生推進者又は衛生推進者及び産業医を選任し、衛生委員会を設置することとなる。

（イ）安全管理者
　①　概説
　　　安衛法は、事業者は一定の業種及び規模の事業場ごとに、一定の資格を有する者のうちから、安全管理者を選任し、その者に当該事業場の安全に係る技術的事項を管理させなければならないと規定している（安衛法第11条）。

　　　安全管理者の選任を義務づけられる事業場は、常時50人以上の労働者を使用する次の業種に属するものである。

（ⅰ）建設業等屋外産業的業種（林業、鉱業、建設業、運送業及び清掃業）
（ⅱ）製造業等工業的業種（製造業（物の加工業を含む。）、電気業、ガス業、熱供給業、水道業、通信業、自動車整備業及び機械修理業）
（ⅲ）商業的業種（各種商品卸売業、家具・建具・じゅう器等卸売業、各種商品小売業、家具・建具・じゅう器小売業、燃料小売業、旅館業、ゴルフ場業）

　　　選任すべき安全管理者の数については、法律上の規定は一般的には置かれていないが、化学設備のうち爆発、火災等を生ずるおそれのあるものを設置する事業場であって、所轄都道府県労働局長が指定するものは、指定する生産施設の単位ごとに管理に必要な数の安全管理者を選任しなければならないこととされている。

　　　安全管理者の職務は、次に掲げる業務のうち安全に係る技術

的事項とされている。

> （i）労働者の危険又は健康障害を防止するための措置に関すること。
>
> （ii）労働者の安全又は衛生のための教育の実施に関すること。
>
> （iii）健康診断の実施その他健康の保持増進のための措置に関すること
>
> （iv）労働災害の原因の調査及び再発防止対策に関すること。
>
> （v）その他労働災害を防止するため必要な業務。

② 派遣労働者に関する特例

（i）派遣中の労働者に関して、安全管理者の選任義務は、派遣先の事業者のみに課されている（労働者派遣法第45条第3項、第5項）。このため、前記イの（イ）の①の（i）～（iii）の表に該当する業種で、常時50人以上の労働者を使用する事業場に係る派遣先の事業者は、安全管理者を選任し、派遣中の労働者も含めて安全管理を行わせなければならない。この場合、「常時○○人以上の労働者を使用する」とは、常態として使用する労働者の数が一定数以上であることをいうものであり、雇用形態を問わない。したがって、常用労働者だけでなく、常態として使用するものであれば、日雇労働者、パートタイマー、派遣労働者を含む。このため、派遣中の労働者を含めて当該事業場の労働者数をカウントし、選任の要否を判定することとなる。

なお、派遣元の事業場が安全管理者を選任すべき一定の業種に属する場合は、派遣元の事業者は派遣されている派遣労働者数を差し引いて、派遣元の事業場における安全管理者の選任の要否を判定することとなる。

（ii）安全管理者は、その事業場に専属の者を選任しなければならないとされている。ここで「専属の者」とは、通常の勤務時間をその事業場のみに勤務する者をいうとされているか

　ら、派遣労働者を派遣先の事業場の安全管理者に選任することはできないものである。

（ロ）作業主任者

①　概説

　　安衛法は、事業者は労働災害を防止するための管理を必要とする一定の危険又は有害な作業については、一定の資格を有する者のうちから、作業主任者を選任し、その者に当該作業に従事する労働者の指揮その他の事項を行わせなければならないと規定している（安衛法第14条）。

　　作業主任者を選任すべき作業は、安衛法施行令（昭和47年政令第318号）第6条により、高圧室内作業等の作業が定められている。

　　作業主任者の職務は、各安全衛生関係省令に具体的に定められているが、概ね、次の業務である。

（ⅰ）作業の方法等を決定し、当該作業を直接指揮すること。

（ⅱ）取扱う機械及びその安全装置を点検すること。

（ⅲ）取扱う機械及びその安全装置に異常を認めたときに、直ちに必要な措置をとること。

（ⅳ）作業中、器具、工具等の使用状況を監視すること。

②　派遣労働者に関する特例

　　派遣中の労働者に関しては、作業主任者の選任義務は、派遣先の事業者に課し、派遣元の事業者には課さないこととしている（法第45条第3項、第5項）。派遣労働者のみによって事業を行う派遣先の事業者は、新たに作業主任者を選任しなければならず、また、派遣労働者と自己の労働者によって事業を行う派遣先の事業者は、選任している作業主任者に派遣労働者も対象に含めてその職務を行わせなければならない。

（ハ）安全委員会

① 概説

　　安衛法は、事業者は一定の業種及び規模の事業場ごとに、労働者の危険を防止するための基本対策等について調査審議させるため、安全委員会を設置しなければならないと規定している（安衛法第17条）。

　　安全委員会を設置すべき事業場の業種及び規模は、次の表のとおりである。

業　　　種		事業場の規模 （常時使用する 労働者の数）
屋外産業的 業　　　種	林業、鉱業、建設業、運送業のうち道路貨物運送業及び港湾運送業、清掃業	50人以上
	運送業（道路貨物運送業及び港湾運送業を除く。）	100人以上
工業的業種	製造業のうち木材・木製品製造業、化学工業、鉄鋼業、金属製品製造業及び輸送用機械器具製造業、自動車整備業、機械修理業	50人以上
	製造業（木材・木製品製造業、化学工業、鉄鋼業、金属製品製造業及び輸送用機械器具製造業を除く。）、通信業、電気業、ガス業、水道業、熱供給業	100人以上
商業的業種	各種商品卸売業、家具・建具・じゅう器等卸売業、各種商品小売業、家具・建具・じゅう器小売業、燃料小売業、旅館業、ゴルフ場業	100人以上

② 安全委員会の構成

　　安全委員会の構成は、

（ⅰ）総括安全衛生管理者又は総括安全衛生管理者以外の者で、当該事業場においてその事業の実施を総括管理するもの若しくはこれに準ずる者のうちから事業者が指名した者

（ⅱ）安全管理者のうちから事業者が指名した者

（ⅲ）当該事業場の労働者で、安全に関し経験を有するもののうちから事業者が指名した者

とされ、（ⅰ）の委員が議長となることとされている。また、事業者は、（ⅱ）及び（ⅲ）の委員の半数については、当該事業場に労働者の過半数で組織する労働組合があるときはその労働組合、そのような労働組合がないときは労働者の過半数を代表する者の推薦に基づき指名しなければならないとされている。

　安全委員会の調査審議事項は、次のとおりである。

（ⅰ）労働者の危険を防止するための基本となるべき対策に関すること。

（ⅱ）労働災害の原因及び再発防止対策で、安全に係るものに関すること。

（ⅲ）その他労働者の危険の防止に関する重要事項。

③　派遣労働者に関する特例

　（ⅰ）派遣中の労働者に関しては、安全委員会の設置義務は、派遣先の事業者のみに課せられている（法第45条第3項、第5項）。派遣先の事業者は、前記の業種に属する事業場に常時使用する労働者数が50人以上又は100人以上のときは安全委員会を設けなければならないが、設置の要否を判定するに当たって、派遣労働者をどのようにカウントするかについては、前述の安全管理者の場合と同じである。また、派遣中の労働者を派遣している派遣元の事業場が安全委員会を設置すべき業種に該当している場合に、設置の要否を判定するに当たって派遣中の労働者をカウントしないことについても、安全管理者の場合と同じである。

　（ⅱ）事業者は、議長を除く委員の半数は、事業場の過半数の労働者を組織する労働組合又は労働者の過半数を代表する者の推薦に基づき指名しなければならないが、その場合、派遣中の労働者は派遣先のみに使用される労働者とみなされるので、派遣中の労働者は派遣先の事業場の労働者数の過半数を算出する際の分母に含まれ、派遣元の事業場の過半数を算出する際の分母に含まれないものである。

　　派遣先の事業者は、派遣中の労働者が安全に関し経験を有

257

する者であれば安全委員会の委員に指名しうるものであるが、この場合、当該派遣中の労働者の派遣期間が委員の任期中に終了しないよう配慮すべきである。

(ニ)　総括安全衛生管理者

① 概説

安衛法は、事業者は一定の業種及び規模の事業場ごとに総括安全衛生管理者を選任し、その者に安全管理者、衛生管理者等の指揮をさせるとともに、当該事業場の安全衛生に関する業務の統括管理を行わせなければならないと規定している（安衛法第10条）。

総括安全衛生管理者の選任を義務づけられる事業場の業種は、次の業種の区分ごとに、それぞれ常時一定数以上の労働者を使用するものである。

総括安全衛生管理者は、当該事業場においてその事業の実施を統括管理する者を充てなければならないとされている。

業　種	労働者数
建設業等屋外産業的業種（林業、鉱業、建設業、運送業及び清掃業）	100人以上
製造業等工業的業種（製造業（物の加工業を含む。）、電気業、ガス業、熱供給業、水道業、通信業、自動車整備業及び機械修理業）	300人以上
商業的業種（各種商品卸売業、家具・建具・じゅう器等卸売業、各種商品小売業、家具・建具・じゅう器小売業、燃料小売業、旅館業、ゴルフ場業）	300人以上
その他の業種	1,000人以上

総括安全衛生管理者の職務は、安全管理者、衛生管理者又は労働者の救護に関する技術的事項を管理する者（安衛法第25条の2）を指揮することのほか、以下の業務を統括管理することである。

（ⅰ）労働者の危険又は健康障害を防止するための措置に関すること。

（ⅱ）労働者の安全又は衛生のための教育の実施に関すること。

（ⅲ）健康診断の実施その他健康の保持増進のための措置に関すること。

（ⅳ）労働災害の原因の調査及び再発防止対策に関すること。

（ⅴ）その他労働災害を防止するため必要な業務。

② 　派遣労働者に関する特例

　　派遣中の労働者に関して、総括安全衛生管理者の選任の義務は、派遣先の事業者及び派遣元の事業者の双方に課されている（労働者派遣法第45条第 1 項）。派遣先の事業者については、派遣中の労働者を含めてその事業場に常態として働く労働者をカウントして総括安全衛生管理者の選任の要否を判定することとなる。また、派遣元の事業者については、派遣先の事業場に派遣されている派遣中の労働者も含めて派遣元の事業場に常態として働く労働者をカウントして総括安全衛生管理者の選任の要否を判定する。

　　このように、派遣中の労働者に関して派遣先の事業者及び派遣元の事業者双方の総括安全衛生管理者が業務を行うこととなるが、この業務が重複しないよう、次のように派遣先安全衛生管理業務と派遣元安全衛生管理業務を区分している（労働者派遣法第45条第 1 項中段、第 2 項）。

〈派遣先安全衛生管理業務〉

（ⅰ）労働者の危険又は健康障害を防止するための措置に関すること。

（ⅱ）労働者の安全又は衛生のための特別の教育に関すること。

（ⅲ）健康診断の実施その他健康管理に関すること（一般健康診断の実施とこれに基づく健康管理に関することを除く。）。

（ⅳ）労働災害の原因の調査及び再発防止対策に関すること。

〈派遣元安全衛生管理業務〉

（ⅴ）労働者の安全又は衛生のための教育の実施に関すること（（ⅱ）の業務を除く。）。

（ⅵ）一般健康診断の実施とこれに基づく健康管理に関するこ

と。

（vii）その他労働災害を防止するため必要な業務。

　派遣先の事業者が選任した総括安全衛生管理者は派遣中の労働者に関して「派遣先安全衛生管理業務」を、派遣元の事業者が選任した総括安全衛生管理者は当該派遣中の労働者に関して「派遣元安全衛生管理業務」をそれぞれ行うこととなる。

（ホ）衛生管理者

①　概説

　安衛法は、事業者は常時50人以上の労働者を使用する事業場ごとに、一定の資格を有する者のうちから衛生管理者を選任し、その者に当該事業場の衛生に係る技術的事項を管理させなければならないと規定している（安衛法第12条）。

　なお、選任すべき衛生管理者の数については、次表のとおりとされている。

事業場の規模（常時使用する労働者数）	衛生管理者数
50人以上200人以下	1人以上
200人を超え500人以下	2人以上
500人を超え1,000人以下	3人以上
1,000人を超え2,000人以下	4人以上
2,000人を超え3,000人以下	5人以上
3,000人を超える場合	6人以上

　衛生管理者の職務は、総括安全衛生管理者の職務のうち衛生に係る技術的事項とされているが、具体的には下記のようなものである。

（ⅰ）健康に異常のある者の発見及び処置に関すること。

（ⅱ）作業環境の衛生上の調査に関すること。

（ⅲ）作業条件、施設等の衛生上の改善に関すること。

（ⅳ）労働衛生保護具、救急用具等の点検及び整備に関すること。

（ⅴ）衛生教育、健康相談その他労働者の健康保持に必要な事

項に関すること。

（vi）労働者の負傷及び疾病、それによる死亡、欠勤及び移動に関する統計の作成に関すること。

（vii）その事業の労働者が行う作業が他の事業の労働者が行う作業と同一の場所において行われる場合における衛生に関し必要な措置に関すること。

（viii）その他衛生日誌の記載等職務上の記録の整備に関すること等。

② 派遣労働者に関する特例

派遣中の労働者に関して、衛生管理者の選任義務は派遣先の事業者及び派遣元の事業者双方に課されている（法第45条第1項）。派遣先の事業者及び派遣元の事業者は、事業場において常時使用する労働者数が50人以上のときは衛生管理者を選任しなければならないが、選任の要否の判定に当たって、派遣中の労働者をどのようにカウントするかについては、前述の総括安全衛生管理者の場合と同じである。

派遣先の事業者及び派遣元の事業者双方が選任した衛生管理者が、派遣中の労働者に関し重複した業務を行わないよう、派遣先の事業者の衛生管理者は「派遣先安全衛生管理義務」の衛生に係る技術的事項を、派遣元の事業者の衛生管理者は「派遣元安全衛生管理業務」の衛生に係る技術的事項をそれぞれ行うこととなる。

なお、衛生管理者は、その事業場に専属の者を選任しなければならないこととされている。ここで「専属の者」とは、通常の勤務時間をその事業場のみに勤務する自社の労働者をいうとされているから、派遣中の労働者を派遣先又は派遣元の事業場の衛生管理者に選任することはできないものである。

このように従前は解されていたところ、危険有害要因の少ない業種における衛生管理の措置については、事業場の特性に左右される余地がほとんどないことから、自社の労働者以外の者であっても一定の要件を満たす場合には衛生管理者として選任

しても差し支えないとされ、農林畜水産業、鉱業、建設業、製造業（物の加工業を含む）、電気業、ガス業、熱供給業、運送業、自動車整備業、機械修理業、医療業及び清掃業以外の業種（安衛則第7条第3号ロ）については危険有害要因が少なく、派遣中の労働者であっても衛生管理に関して適切な措置を講じることができる場合は、派遣中の労働者であってもその事業場に「専属の者」に該当するものとされており（平成18年3月31日基発第0331004号）、派遣中の労働者を派遣先の事業場の衛生管理者に選任することは可能である。

（ヘ）　安全衛生推進者等

① 概説

安衛法は、常時10人以上50人未満の労働者を使用する事業場は、一定の資格を有する者のうちから、安全衛生推進者又は衛生推進者を選任し、その者に当該事業場の安全衛生に係る業務を担当させなければならないと規定しており（安衛法第12条の2）、前記（イ（ロ））の屋外産業的業種、工業的業種、商業的業種の事業場にあっては安全衛生推進者を、それ以外の業種の事業場においては衛生推進者を選任することとされている。

安全衛生推進者の職務は、安衛法第10条第1項の各号の業務（前記イ（ニ）の（ⅰ）から（ⅴ）までの業務）とされ、また、衛生推進者の業務はこのうち衛生に係る業務に限ることとされている。

② 派遣労働者に関する特例

派遣中の労働者に関して、安全衛生推進者又は衛生推進者の選任義務は、派遣先の事業者及び派遣元の事業者双方に課されている（法第45条第1項）。派遣先の事業者及び派遣元の事業者は、事業場において常時使用する労働者数が10人以上50人未満のときは安全衛生推進者又は衛生推進者を選任しなければならないが、選任の要否の判断に当たって、派遣中の労働者を

どのようにカウントするかについては、前述の総括安全衛生管理者の場合と同じである。

また、派遣先の事業者及び派遣元の事業者双方が選任した安全衛生推進者又は衛生推進者が、派遣中の労働者に対し重複した業務を行わないよう、派遣先では「派遣先安全衛生管理業務」を、派遣元では「派遣元安全衛生管理業務」をそれぞれ担当することとなる。

なお、安全衛生推進者及び衛生推進者は、その事業場に専属の者で選任しなければならないとされ、従前、派遣中の労働者を選任することはできないとされていたが、衛生推進者については一定の要件のもとに派遣中の労働者を派遣先の衛生推進者に選任できることは衛生管理者の場合と同様である。

（ト）産業医

① 概説

安衛法は、常時50人以上の労働者を使用する事業場においては、一定の要件を備えた医師のうちから産業医を選任し、その者に労働者の健康管理に関する事項を行わせなければならないと規定している（安衛法第13条第1項）。

産業医は、労働者の健康管理を行うのに必要な医学に関する知識に基づいて誠実にその職務を行うことが求められており（同条第3項）、産業医の身分の安定性を担保し、その職務の独立性・中立性を高めるため、事業者は、産業医が辞任したとき又は産業医を解任したときは遅滞なくその旨・その理由を衛生委員会又は安全衛生委員会に報告しなければならないとされている（同条第4項）。

一方、50人未満の事業場においては、医師その他一定の要件を満たす保健師に労働者の健康管理を行わせるよう努めなければならないと規定している（安衛法第13条の2、安衛則第15条の2第1項）。

また、常時使用する労働者の数が3,000人を超える事業場に

あっては、産業医を2人以上選任しなければならないこととされている。

なお、常時1,000人以上の労働者を使用する事業場又は一定の有害物を取り扱う業務等に常時500人以上の労働者を従事させる事業場にあっては、専属の者を選任することとされている。

産業医の職務は、下記の事項で医学に関する専門的知識を必要とするものである（安衛則第14条第1項）。

（i）健康診断の実施及びその結果に基づく労働者の健康を保持するための措置に関すること。

（ii）安衛法第66条の8第1項、66条の8の2第1項及び66条の8の4第1項に規定する面接指導並びに安衛法第66条の9に規定する必要な措置の実施並びにこれらの結果に基づく労働者の健康を保持するための措置に関すること。

（iii）安衛法第66条の10第1項に規定する心理的な負担の程度を把握するための検査の実施並びに同条第3項に規定する面接指導の実施及びその結果に基づく労働者の健康を保持するための措置に関すること。

（iv）作業環境の維持管理及び作業の管理その他労働者の健康管理に関すること。

（v）健康教育、健康相談その他労働者の健康の保持増進を図るための措置に関すること。

（vi）衛生教育に関すること。

（vii）労働者の健康障害の原因の調査及び再発防止のための措置に関すること。

なお、産業医を選任した事業者は、産業医に対し、健康診断、長時間労働者に対する面接指導、ストレスチェックに基づく面接指導実施後の措置等の情報及び時間外・休日労働が1日あたり80時間を超えた労働者の氏名等の情報並びに産業医が労働者の健康管理等を適切に行うために必要と認める業務に関する情報を提供しなければならない（安衛法第13条第4項、第13

条の2第2項、安衛則第14条の2第1項、第2項、第15条の2第3項)。

　また、事業者は、長時間労働者に対する面接指導等を実施するため、労働時間の状況を把握することが求められている（安衛法第66条の8の3)。

② 　派遣労働者に関する特例

　派遣中の労働者に関して、産業医選任の義務規定及び義務のない場合の努力規定は派遣先の事業者及び派遣元の事業者双方に適用される（法第45条第1項)。派遣先の事業者及び派遣元の事業者は、事業場において常時使用する労働者数が50人以上のときは産業医を選任しなければならないが、選任の要否の判定に当たって、派遣中の労働者をどのようにカウントするかについては、前記の総括安全衛生管理者の場合と同じである。

　派遣先の事業者及び派遣元の事業者双方が選任した産業医が、派遣中の労働者に関し重複した職務を行わないよう、それぞれの業務が労働者派遣法施行規則（第40条第2項、第4項)で規定されている（法第45条第1項後段、第2項)。

〈派遣先の産業医の職務〉

（ⅰ）健康診断の実施及びその結果に基づく労働者の健康を保持するための措置に関すること（一般健康診断の実施及びその結果に基づく労働者の健康を保持するための措置に関することを除く。）で、医学に関する専門的知識を必要とするもの。

（ⅱ）作業環境の維持管理、作業の管理その他労働者の健康管理に関することで、医学に関する専門的知識を必要とするもの。

（ⅲ）労働者の衛生のための特別の教育で医学に関する専門的知識を必要とするもの。

（ⅳ）労働者の健康障害の原因調査及び再発防止のための措置に関することで、医学に関する専門的知識を必要とするもの。

〈派遣元の産業医の職務〉

（ⅴ）一般健康診断の実施及びその結果に基づく労働者の健康を保持するための措置で、医学に関する専門的知識を必要とするもの。

（ⅵ）安衛法第66条の8第1項、第66条の8の2第1項、及び第66条の8第4項に規定する面接指導並びに安衛法第66条の9に規定する必要な措置の実施並びにこれらの結果に基づく労働者の健康を保持するための措置で、医学に関する専門的知識を必要とするもの。

（ⅶ）安衛法第66条の10第1項に規定する心理的な負担の程度を把握するための検査の実施並びに同条第3項に規定する面接指導の実施及びその結果に基づく労働者の健康を保持するための措置で、医学に関する専門的知識を必要とするもの。

（ⅷ）健康教育、健康相談その他労働者の健康の保持増進を図るための措置で、医学に関する専門的知識を必要とするもの（（ⅱ）の業務を除く。）。

（ⅸ）労働者の雇入れ時及び作業内容の変更時に従事する業務に関する衛生のための教育で、医学に関する専門的知識を必要とするもの。

なお、産業医は、前述のように、一定の規模の又は一定の業務が含まれる事業場においては、専属の者を選任しなければならないとされている。ここで「専属の者」とは、通常の勤務時間をその事業場のみに勤務する者をいうとされているから、医師の資格を有する派遣中の労働者を派遣先又は派遣元の産業医に選任することはできないものである。

（チ）衛生委員会

① 概説

安衛法は、事業者は常時50人以上の労働者を使用する事業場ごとに、労働者の健康障害を防止するための基本対策等について調査審議させるため、衛生委員会を設置しなければならな

いと規定している（安衛法第18条）。

　衛生委員会を設置すべき事業場は、常時50人以上の労働者を使用する事業場である。

② 衛生委員会の構成

　衛生委員会の構成は、

（ⅰ）総括安全衛生管理者又は総括安全衛生管理者以外の者で当該事業場においてその事業の実施を統括管理するもの若しくはこれに準ずる者のうちから事業者が指名した者

（ⅱ）衛生管理者のうちから事業者が指名した者

（ⅲ）産業医のうちから事業者が指名した者

（ⅳ）当該事業場の労働者で、衛生に関し経験を有するもののうちから事業者が指名した者

とされ、（ⅰ）の委員が議長となる。事業者は、議長以外の委員の半数については、当該事業場に労働者の過半数で組織する労働組合があるときはその労働組合、そのような労働組合がないときは労働者の過半数を代表する者の推薦に基づいて指名しなければならないとされている。また、事業者は、当該事業場の労働者で作業環境測定を実施している作業環境測定士であるものを衛生委員会の委員として指名することができる。

　衛生委員会の調査審議事項は、下記のとおりである。

（ⅰ）労働者の健康障害を防止するための基本となるべき対策に関すること。

（ⅱ）労働者の健康の保持増進を図るための基本となるべき対策に関すること。

（ⅲ）労働災害の原因及び再発防止対策で、衛生に係るものに関すること。

（ⅳ）その他労働者の健康障害の防止及び健康の保持増進に関する重要事項。

③ 派遣労働者に関する特例

（ⅰ）派遣中の労働者に関して、衛生委員会の設置義務は、派遣先の事業者及び派遣元の事業者双方に課されている（法第

45条第１項)。派遣先の事業者及び派遣元の事業者は、事業場において常時使用する労働者が50人以上のときは衛生委員会を設置しなければならないが、設置の要否の判定に当たって、派遣中の労働者をどのようにカウントするかについては、前記の総括安全衛生管理者の場合と同じである。

　派遣先の事業者及び派遣元の事業者双方が設置した衛生委員会が、派遣中の労働者に関し重複した調査審議を行わないよう、それぞれの調査審議事項が労働者派遣法施行規則(第40条第３項、第５項)で規定されている(法第45条第１項後段、第２項)。

＜派遣先の衛生委員会における調査審議事項＞

ⓐ　労働者の健康障害を防止するための基本となるべき対策に関すること(ⓗを除く。)。

ⓑ　有害業務に係る健康診断その他医師の診断、診察、処置の結果及びその結果に対する対策の樹立に関すること。

ⓒ　衛生のための特別の教育の実施計画の作成に関すること。

ⓓ　労働災害の原因及び再発防止対策で衛生に係るものに関すること。

ⓔ　化学物質の有害性の調査及びその結果に対する対策の樹立に関すること。

ⓕ　作業環境測定の結果及びその結果の評価に基づく対策の樹立に関すること。

ⓖ　新規に採用する機械等又は原材料に係る健康障害の防止に関すること。

ⓗ　長時間にわたる労働による労働者の健康障害の防止を図るための対策の樹立に関すること。

ⓘ　労働者の精神的健康の保持増進を図るための対策の樹立に関すること。

ⓙ　労働基準監督官等から文書により勧告、指導等を受けた

　　事項のうち、労働者の健康障害の防止に関すること。

　　＜派遣元の衛生委員会における調査審議事項＞

　ⓚ　一般健康診断の実施とその結果及び有害業務に従事させ
　　たことのある派遣中の労働者に対する健康診断の結果並び
　　にこれらの結果に基づき労働者の健康を保持するための規
　　程の作成及び対策の樹立に関すること。

　ⓛ　労働者の健康の保持増進を図るための基本となるべき対
　　策及びその実施計画の作成に関すること。

　ⓜ　労働者の雇入れ時及び作業内容の変更時の従事する業務
　　に関する衛生のための教育の実施計画の作成に関するこ
　　と。

（ⅱ）事業者は、議長を除く委員の半数は、事業場の過半数の
　　労働者を代表する労働組合又は労働者の過半数を代表する者
　　の推薦に基づき指名しなければならないが、この場合、派遣
　　中の労働者は派遣先及び派遣元双方に使用される労働者とみ
　　なされるので、派遣中の労働者は派遣先の事業場及び派遣元
　　の事業場の労働者数の過半数を算出する際の分母に含まれる
　　ものである。

　　　派遣先の事業者は、派遣中の労働者が衛生に関し経験を有
　　する者であれば衛生委員会の委員に指名しうるものである
　　が、この場合、当該派遣中の労働者の派遣期間が委員の任期
　　中に終了しないよう配慮すべきである。

（リ）安全衛生委員会

　①　概説

　　　安衛法は、事業者は、安全委員会及び衛生委員会を設けな
　　ればならないときはそれぞれの委員会の設置に代えて、安全衛
　　生委員会を設置することができると規定している（安衛法第
　　19条）。

　　安全衛生委員会の構成は、

（ⅰ）総括安全衛生管理者又は総括安全衛生管理者以外の者で
　　当該事業場においてその事業の実施を統括管理するもの若し
　　くはこれに準ずる者のうちから事業者が指名した者

（ⅱ）安全管理者及び衛生管理者のうちから事業者が指名した
　　者

（ⅲ）産業医のうちから事業者が指名した者

（ⅳ）当該事業者の労働者で、安全に関し経験を有するものの
　　うちから事業者が指名した者

（ⅴ）当該事業場の労働者で、衛生に関し経験を有するものの
　　うちから事業者が指名した者

とされ、（ⅰ）の委員が議長となる。事業者は、議長以外の委
員の半数については、当該事業場に労働者の過半数で組織する
労働組合があるときはその労働組合、そのような労働組合がな
いときは労働者の過半数を代表する者の推薦に基づいて指名し
なければならないとされている。また、事業者は、当該事業場
の労働者で、作業環境測定を実施している作業環境測定士であ
るものを安全衛生委員会の委員として指名することができる。

②　派遣労働者に関する特例

　　派遣中の労働者が派遣されている派遣先の事業場に関して
は、当該事業場が安全委員会及び衛生委員会双方を設置しなけ
ればならない場合、すなわち、1）安全委員会の設置について、
所定の業種に該当し、派遣中の労働者を含めて労働者数をカウ
ントしたとき所定数に達するためその設置が必要とされ、2）
衛生委員会の設置について、派遣中の労働者を含めて労働者数
をカウントしたとき所定数に達するためその設置が必要とされ
るとき、それぞれの委員会の設置に代えて安全衛生委員会を設
置できる。

　　この場合において、当該事業場の労働者の過半数は派遣中の
労働者を含めて算出するものであり、派遣先の事業者は派遣中
の労働者を安全衛生委員会の委員として指名できることは、前

述の派遣先の事業場に設置される安全委員会及び衛生委員会の場合と同じである。

　派遣労働者を派遣している派遣元の事業場に関しては、1）安全委員会の設置について所定の業種に該当し、派遣中の労働者を差し引いて労働者数をカウントしたとき所定数に達するためその設置が必要とされ、2）衛生委員会の設置について派遣中の労働者を含めて労働者数をカウントしたとき所定数に達するためその設置が必要とされるとき、それぞれの委員会の設置に代えて安全衛生委員会を設置できる。

　この場合において、当該事業場の労働者の過半数は派遣中の労働者を含めて算出するものであり、派遣元の事業者が、派遣中の労働者を派遣元の事業場の安全衛生委員会の委員に指名することは、衛生に関し経験を有する者としてならば可能であると解される。

ロ　事業者の講ずべき安全衛生措置
（イ）危険又は健康障害の防止措置
　①　概説
　　安衛法は、事業者が労働者の危険又は健康障害を防止するため次の措置をとるべき義務を規定している。
　（ⅰ）下記の危険を防止するため必要な措置を講ずること（安衛法第20条、第21条）。
　　ⓐ　機械、器具その他の設備（以下「機械等」という。）による危険
　　ⓑ　爆発性の物、発火性の物、引火性の物等による危険
　　ⓒ　電気、熱その他のエネルギーによる危険
　　ⓓ　掘削、採石、荷役、伐木等の業務における作業方法から生ずる危険
　　ⓔ　労働者が墜落するおそれのある場所、土砂等が崩壊するおそれのある場所等に係る危険
　（ⅱ）下記の健康障害を防止するため必要な措置を講ずること

（安衛法第22条）。

ⓐ　原材料、ガス、蒸気、粉じん、酸素欠乏空気、病原体等による健康障害

ⓑ　放射線、高温、低温、超音波、騒音、振動、異常気圧等による健康障害

ⓒ　計器監視、精密工作等の作業による健康障害

ⓓ　排気、排液又は残さい物による健康障害

（ⅲ）労働者を就業させる建築物その他の作業場について、通路、床面、階段等の保全並びに換気、採光、照明、保温、防湿、休養、避難及び清潔に必要な措置その他労働者の健康、風紀及び生命の保持のため必要な措置を講じること（安衛法第23条）。

（ⅳ）労働者の作業行動から生ずる労働災害を防止するため必要な措置を講じること（安衛法第24条）。

（ⅴ）労働災害発生の急迫した危険があるときは、直ちに作業を中止し、労働者を作業場から退避させるなど必要な措置を講じること（安衛法第25条）。

（ⅵ）建設業に属する事業の仕事で一定のものを行う事業者は、爆発、火災等が生じたことに伴い労働者の救護に関する措置がとられる場合における労働災害（いわゆる「二次災害」）の発生を防止するため、下記の措置を講ずること（安衛法第25条の2）。

ⓐ　労働者の救護に関し必要な機械等の備付け及び管理を行うこと。

ⓑ　労働者の救護に関し必要な事項についての訓練を行うこと。

ⓒ　その他爆発、火災等に備えて、労働者の救護に関し必要な事項を行うこと。

　また、事業者は一定の資格を有する者のうちから、上記の措置のうち技術的事項を管理する者を選任し、その者に当該技術的事項を管理させなければならない。

（vii）一定の建設物、設備、原材料、ガス、蒸気、粉じん等による、又は、作業行動その他業務に起因する危険性又は有害性等（一定の化学物質による危険性又は有害性等を除く。）を調査し、その結果に基づいて、安衛法等関係法令上の措置を講ずるほか、労働者の危険又は健康障害を防止するため必要な措置を講ずるように努めなければならないこと。ただし、当該調査のうち、化学物質、化学物質を含有する製剤その他の物で労働者の危険又は健康障害を生ずるおそれのあるものに係るもの以外のものについては、製造業等一定の業種に属する事業者に限る（安衛法第28条の２）。

② 派遣労働者に関する特例

（ⅰ）派遣中の労働者に関する上記の危害防止義務の履行責任については、派遣先の事業者に課し、派遣元の事業者に課さないこととされている（法第45条第３項、第５項）。

（ⅱ）派遣先の救護に関する技術的事項を管理する者は、派遣中の労働者に関しても派遣先の事業場の労働者と同様に救護に関する技術的事項を管理しなければならない。なお、派遣先の事業者が派遣中の労働者を救護に関する技術的事項を管理する者に選任できるかについては、救護に関する技術的事項に関する者は「専属の者」を選任することとされているから、選任することはできないものである。

（ロ）定期自主検査

① 概説

機械等の安全を確保するためには、事業者が当該機械等の使用過程において一定の期間ごとに自主的にその機能をチェックし、異常の早期発見と補修に努めることが必要である。このため、安衛法では、動力プレス機械、小型ボイラー、局所排気装置等一定の機械等について、事業者に定期自主検査の実施とその結果の記録を義務づけている（安衛法第45条）。

また、事業者は、これらの機械等のうち、動力プレス機械、

フォークリフト等特に検査が技術的に難しく、また一度事故が発生すると重篤な災害をもたらすおそれのある機械等については、一定の資格を有する労働者又は厚生労働大臣若しくは都道府県労働局長に申請して登録を受けた検査業者に検査（以下「特定自主検査」という。）を行わせなければならない。

② 派遣労働者に関する特例

（ⅰ）派遣中の労働者に関して定期自主検査の規定の履行責任は、実際の就労場所の安全を確保するという理由により、派遣先の事業者に課し、派遣元の事業者に課さないこととされている（法第45条第3項、第5項）。したがって、派遣中の労働者のみを指揮命令して事業を行う派遣先の事業者も定期自主検査を行う義務がある。

（ⅱ）派遣中の労働者に関して特定自主検査の規定の履行責任も、定期自主検査と同じく派遣先の事業者に課し、派遣元の事業者に課さないこととされている（法第45条第3項、第5項）。この場合において、派遣先の事業者は一定の資格を有する派遣中の労働者に特定自主検査を行わせることができるかということが問題となるが、検査業者制度を設けた趣旨を考慮して、検査業者に行わせなければならないこととされている（法第45条第3項では、安衛法第45条第2項は除かれており、特定自主検査の規定の適用については、派遣先は派遣中の労働者を使用するものとみなすことはできない。）。

(ハ) 化学物質の有害性の調査及び譲渡時の有害性等の情報の通知

近年、事業場で使用される化学物質は、その範囲においても量においても著しく増加し、また、新しい化学物質等も次々と開発されている。これらの物質は必ずしも労働衛生上有害なものばかりではないが、その有害性等について未知のまま職場に持ち込み、使用することは労働者の健康障害の発生につながるおそれがある。

このため、安衛法は、事業者に化学物質の有害性の調査を行う

よう求めている。

　（ⅰ）事業者は、安衛法第57条によりその容器等に名称等を表示すべき物及び同法第56条第１項に規定する通知対象物による危険性又は有害性等を調査し、その結果に基づいて、安衛法等関係法令上の措置を講じるほか、労働者の危険又は健康障害を防止するため必要な措置を講ずるように努めなければならない（安衛法第57条の３）。

　（ⅱ）新規化学物質を製造し、又は輸入しようとする事業者は、あらかじめ、一定の有害性の調査（がん原性の調査。通常、がん原性の有無の手懸りとなる微生物を用いた変異原性の有無の調査）を行い、当該新規化学物質の名称、有害性の調査の結果等を厚生労働大臣に届け出なければならない。有害性の調査を行った事業者は、その結果に基づいて、当該新規化学物質による労働者の健康障害を防止するため必要な措置を速やかに講じなければならない。厚生労働大臣は、当該届出があった場合には、有害性の調査の結果について学識経験者の意見を聴き、当該届出に係る化学物質による労働者の健康障害を防止するため必要があると認めるときは、届出をした事業者に対し、施設又は設備の設置又は整備、保護具の備付けその他の措置を講ずべきことを勧告することができる（安衛法第57条の４）。

　（ⅲ）厚生労働大臣は、化学物質で、がんその他の重度の健康障害を労働者に生ずるおそれのあるものについて、当該化学物質による労働者の健康障害を防止するため必要があると認めるときは、学識経験者の意見を聴いて、当該化学物質を製造し、輸入し、又は使用している事業者等に一定の有害性の調査（実験動物を用いて吸入投与、経口投与等の方法により行うがん原性の調査）を行い、その結果を報告すべきことを指示することができる。当該指示を受けて有害性の調査を行った事業者は、その結果に基づいて、当該化学物質による労働者の健康障害を防止するため必要な措置を速やかに講じ

なければならない（安衛法第57条の5）。

(ニ) 作業環境測定

① 概説

作業環境管理の基礎データを入手するため、安衛法は、事業者は有害な業務を行う屋内作業場等一定の作業場において、定期的に一定の測定事項について厚生労働大臣の定める作業環境測定基準に従って作業環境測定を行い、その結果を記録しておかなければならないと規定している（安衛法第65条）。

さらに、事業者は、厚生労働大臣の定める作業環境評価基準に従って作業環境測定の評価を行い、結果を記録するとともに、作業環境測定の結果の評価に基づいて、労働者の健康を保持するため必要があると認めるときは、施設又は設備の設置又は整備、健康診断の実施その他の適切な措置を講じなければならないとされている（安衛法第65条の2）。

② 派遣労働者に関する特例

派遣中の労働者に関して作業環境測定の実施及び改善措置の履行責任は、派遣先の事業者に課し、派遣元の事業者に課さないこととされている（法第45条第3項、第5項）。また、派遣先の事業者は、派遣中の労働者も含めて、作業環境測定の結果に基づいて、設備等の改善、健康診断の実施等必要な措置を講じなければならない。

(ホ) 作業時間の制限

① 概説

安衛法は、事業者は、潜水業務その他の健康障害を生ずるおそれのある業務で一定のものに従事させる労働者については、所定の作業時間についての基準に反して当該業務に従事させてはならないと規定している（安衛法第65条の4）。

② 派遣労働者に関する特例

派遣中の労働者に関する作業時間の制限の履行責任は、派遣

先の事業者に課し、派遣元の事業者には課さないこととされている（法第45条第3項、第5項）。なお、派遣元の事業者は、派遣先の事業者が労働者派遣契約に定める派遣就業の条件に従って派遣予定の労働者を労働させたならば、作業時間の制限の規定に抵触することとなるとき（例えば、派遣先で初回の潜水作業を行わせている派遣労働者に、当日別の派遣先で初日の潜水であるとして潜水作業に派遣するとき）は、派遣をしてはならないとされ、これに違反した場合、派遣元の事業者は同規定に違反したものとみなされることとされている（法第45条第6項、第7項)。

（ヘ）　健康診断

①　一般健康診断

安衛法は、事業者は、常時使用する労働者に対し、雇い入れた時又は定期に一定の項目につき医師による健康診断（一般健康診断）を行わなければならないと規定している（安衛法第66条第1項、労働安全衛生規則（以下「安衛法施行規則」又は「安衛則」という。）第43条、第44条）。

「定期」とは、毎年一定の時期に、という意味であってその時期については各事業場が適宜決めることとされている。

一定の項目とは、一般健康診断においては、下記のとおりである。

（ⅰ）既往歴及び業務歴の調査

（ⅱ）自覚症状及び他覚症状の有無の検査

（ⅲ）身長、体重、腹囲、視力及び聴力の検査

（ⅳ）胸部エックス線検査及び喀痰検査（ただし、雇入時の一般健康診断では喀痰検査は定められていない）

（ⅴ）血圧の測定

（ⅵ）貧血検査

（ⅶ）肝機能検査

（ⅷ）血中脂質検査

（ⅸ）血糖検査

（ⅹ）尿検査

（ⅺ）心電図検査

　ただし、（ⅲ）の身長の検査、（ⅳ）、（ⅵ）〜（ⅸ）及び（ⅺ）については、厚生労働大臣が定める基準に基づき、医師が必要でないと認めるときは省略することができる。

　また、安衛則第13条第１項第３号に掲げる有害物を扱う等一定の有害業務に常時従事する労働者に対しては、当該業務への配置替えの際及び６か月以内ごとに１回、定期に、定期の一般健康診断と同じ項目の健康診断を実施しなければならない（安衛則第45条）。

② 　一般健康診断に係る派遣労働者に関する適用

　これらの健康診断は、労働者の一般的な健康の確保を図ることを目的としたものであり、雇用期間中は一人の事業者のもとで行われ、その結果の管理、それに基づく措置も同一の事業者が行うことが、その趣旨からも望ましい。したがって、派遣中の労働者に対する一般健康診断の履行義務については、派遣元の事業者に課すこととし、派遣先の事業者には課さないこととされている。なお、都道府県労働局長は、派遣労働者の健康を保持するため必要があると認めるときは、派遣元の事業者に対し、臨時の一般健康診断の実施その他必要な事項を指示することができる。（安衛法第66条第４項）。

　派遣中の労働者は、派遣元の事業者が行う一般健康診断を受けなければならない。ただし、派遣元の事業者の指定した医師が行う一般健康診断を受けることを希望しない場合において、他の医師の行う一般健康診断に相当する健康診断を受け、その結果を証明する書面を派遣元の事業者に提出したときはこの限りでない（安衛法第66条第５項）。

　派遣元の事業者は、一般健康診断の結果（派遣中の労働者から提出されたその結果を証明する書面及び深夜業に従事する労働者が受けた自発的健康診断の結果を含む。）を記録しておか

なければならない（安衛法第66条の3）。派遣元の事業者及び派遣先の事業者は、一般健康診断の結果、派遣中の労働者の実情を考慮して、就業場所の変更、作業の転換、労働時間の短縮、深夜業の回数の減少等の措置を講ずるほか、作業環境測定の実施、施設又は設備の設置又は整備、当該派遣中の労働者の一般健康診断の結果に基づく医師又は歯科医師から聴取した意見の衛生委員会若しくは安全衛生委員会又は労働時間等設定改善委員会への報告その他の適切な措置を講じなければならない（安衛法第66条の5）。

③　特殊健康診断

　　安衛法は、事業者は、高圧室内作業等一定の有害な業務に常時従事する労働者に対し、医師あるいは歯科医師による特別の項目についての健康診断（特殊健康診断）を行わなければならないと規定している（安衛法第66条第2項前段及び第3項）。

④　特殊健康診断に係る派遣労働者に関する特例

（ⅰ）特殊健康診断は、一定の有害な業務に従事する労働者に対し、特別の項目について健康診断を行い、当該労働者の健康状態をチェックするとともに事業場の衛生管理にも役立てようとするものであり、当該有害業務の遂行と密接な関連性を有する。したがって、派遣中の労働者に対する特殊健康診断の履行義務は、派遣先の事業者に課すこととし、派遣元の事業者には課さないこととされている（法第45条第3項、第5項）。

（ⅱ）特殊健康診断は、過去にある事業者の下で、一定の有害な業務に就いていた労働者であって、現に当該事業者に使用されているものに行うこととされている（安衛法第66条第2項後段）。派遣中の労働者でこれに該当する者は、ある派遣先で一定の有害な業務に従事した後、引き続き同一の派遣先において有害な業務以外の業務に従事している者が考えられる。これらの者に対する前記の特殊健康診断の履行義務は、派遣先の事業者に課すこととし、派遣元の事業者には課

さないこととされている（法第45条3項、第5項）。しかし、ある派遣先で一定の有害な業務に従事した後、派遣の期間が満了して、現在は派遣元において、又は他の派遣先に派遣されて、当該有害業務以外の業務に就いている者に対する特殊健康診断の履行義務は、当該派遣元の事業者に課すこととし、一定の有害な業務に対し派遣を受けた派遣先の事業者に課さないこととされている。

（ⅲ）都道府県労働局長は、派遣中の労働者の健康を保持するため必要があるときは、派遣先の事業者に対し、臨時の特殊健康診断その他必要な事項を指示することができる（安衛法第66条第4項、法第45条第3項）。派遣中の労働者は、派遣先の事業者が行う特殊健康診断を受けなければならない。ただし、派遣先の事業者の指定した医師が行う特殊健康診断を受けることを希望しない場合において、他の医師の行う特殊健康診断に相当する健康診断を受け、その結果を証明する書面を派遣先の事業者に提出したときは、この限りでない（安衛法第66条第5項、法第45条第3項）。派遣先の事業者は、特殊健康診断の結果（派遣中の労働者から提出されたその結果を証明する書面を含む。）を記録しておかなければならない（安衛法第66条の3、法第45条の第3項）。派遣元の事業者及び派遣先の事業者は、特殊健康診断の結果、派遣中の労働者の実情を考慮して、就業場所の変更、作業の転換、労働時間の短縮、深夜業の回数の減少等の措置を講ずるほか、作業環境測定の実施、施設又は設備の設置又は整備、当該派遣中の労働者の特殊健康診断の結果に基づく医師又は歯科医師から聴取した意見の衛生委員会若しくは安全衛生委員会又は労働時間等設定改善委員会への報告その他の適切な措置を講じなければならない（安衛法第66条の5、法第45条第1項）。なお、派遣元の事業者及び派遣先の事業者双方が、安衛法第66条の5の健康診断実施後の措置の義務を負うこととなるが、両者が連帯して義務を負うのではなく、それぞれが派遣

中の労働者について権限を有する範囲で、別々に義務を負う
ものである。
（ⅳ）特殊健康診断の結果は、一般健康診断の結果と併せて活
用されることにより、派遣中の労働者にとってよりよい健康
管理が行われるので、派遣先の事業者が派遣中の労働者に対
し特殊健康診断を行ったとき、又は当該派遣中の労働者から
健康診断の結果を証明する書面の提出があったときは、遅滞
なくこれらの健康診断の結果を記載した書面を作成し、派遣
元の事業者に送付しなければならないとしている（法第45
条第10項）。本書面の送付を受けた派遣元の事業者は、当該
書面を5年間（当該書面が特定化学物質障害予防規則第40
条第2項に規定する特別管理物質を製造し、又は取り扱う業
務に常時従事し、又は従事した労働者に係るものである場
合、電離放射線障害防止規則第57条に規定する放射線業務
に常時従事する者で管理区域に立ち入るもの又は緊急作業に
係る業務に従事する放射線業務従事者に係るものである場合
及び東日本大震災により生じた放射性物質により汚染された
土壌等を除染するための業務等に常時従事する者に係るもの
である場合には、30年間、石綿障害予防規則第40条に規定
する石綿等の取扱い又は試験研究のための製造に伴い石綿の
粉じんを発散する場所における業務に常時従事する者に係る
ものである場合には当該労働者が当該事業場において常時当
該業務に従事しないこととなった日から40年間）保存しな
ければならない（法第45条第11項、労働者派遣法施行規則
第40条第7項）。これらの規定に違反した者は、30万円以下
の罰金が科される（法第45条第12項）。

（ト）面接指導
　①　概説
　　安衛法は、事業者は、休憩時間を除き1週間当たり40時間
を超えて労働させた場合におけるその超えた時間が1月当たり

80時間を超え、かつ、疲労の蓄積が認められる労働者に対し、当該労働者の勤務の状況、疲労の蓄積の状況、労働者の心身の状況について確認した上で、医師による問診その他の方法により心身の状況を把握し、これに応じて面接により必要な指導（以下「面接指導」という。）を行わなければならないと規定している（安衛法第66条の8第1項）。

休憩時間を除き、1週間当たり40時間を超えて労働させた場合におけるその超えた時間が1月当たり100時間を超える研究開発業務従事者及び1週間当たりの健康管理時間が40時間を超えた場合におけるその時間について1月当たり100時間を超える高度プロフェッショナル制度対象者に対しても面接指導を行わなければならないと規定している（安衛法第66条の8の2第1項、第66条の8の4第1項）。

また、事業者は、医師による面接指導が行われた後、又は労働者が事業者が指定した医師以外の医師の面接指導を受け、その結果の証明書を事業者に提出した後、遅滞なく、当該労働者の健康を保持するために必要な措置について医師の意見を聴かなければならないと規定している（安衛法第66条の8第4項）。

このほか、事業者は、医師の意見を勘案し、その必要があると認めるときは、当該労働者の実情を考慮して、就業場所の変更、作業の転換、労働時間の短縮、深夜業の回数の減少等の措置を講ずるほか、当該医師の意見の衛生委員会若しくは安全衛生委員会又は労働時間等の設定の改善に関する特別措置法第7条に規定する労働時間等設定改善委員会への報告その他の適切な措置を講じなければならないと規定している（安衛法第66条の8第5項）。

事業者は、面接指導が必要な労働者以外の労働者で、長時間の労働により、疲労の蓄積が認められ、又は健康上の不安を有している労働者で、健康への配慮が必要なものについては、当該労働者の申出により、面接指導の実施又は面接指導に準ずる措置を講ずるように努めなければならないと規定している（安

衛法第66条の９）。

　さらに、長時間労働者に対する医師の面接指導が確実に実施されるように、事業者は、タイムカードによる記録、パーソナルコンピュータ等の電子計算機の使用時間の記録等の客観的な方法その他の適切な方法により労働者の労働時間の状況を把握しなければならないとされている（安衛法第66条の８の３）。

② 　派遣労働者に関する特例

　面接指導は、労働者の健康の保持を図ることを目的としたものであり、雇用期間中は１人の事業者のもとで行われ、その結果の管理、それに基づく措置も同一の事業者が行うことが、その趣旨からも望ましい。したがって、派遣中の労働者に対する面接指導の履行義務については、派遣元の事業者に課すこととし、派遣先の事業者には課さないこととしている。

　ただし、派遣中の労働者の労働時間管理は派遣先により行われることから、労働時間の状況の把握義務は派遣先の事業者に課されている。

（チ）心理的な負担の程度を把握するための検査等

① 　概　要

　安衛法は、事業者は、常時使用する労働者に対し、１年以内ごとに１回、定期に、医師、保健師等による労働者の心理的な負担による心身の自覚症状に関する項目等について心理的な負担の程度を把握するための検査を行わなければならないと規定している（安衛法第66条の10（第１項）、安衛則第52条の９）。

　事業者は、この検査を受けた労働者に対し、検査を行った医師、保健師等から当該検査の結果が通知されるようにしなければならない。また、検査を行った医師、保健師等は、あらかじめ検査を受けた労働者の同意を得ないで、当該労働者の検査の結果を事業者に提供してはならないとされている（安衛法第66条の10第２項）。

　事業者は、検査の結果、心理的な負担の程度が高い者であっ

て、面接指導を受ける必要があると検査を行った医師、保健師等が認めたものが医師による面接指導を受けることを希望する旨を申し出たときは、申出をした労働者に対し、医師による面接指導を行い、面接指導の結果に基づき、労働者の健康を保持するために必要な措置について、遅滞なく医師の意見を聴かなければならないと規定している（安衛法第66条の10第3項、安衛則第52条の16）。

　事業者は、医師の意見を勘案し、その必要があると認めるときは、当該労働者の実情を考慮して、就業場所の変更、作業の転換、労働時間の短縮、深夜業の回数の減少等の措置を講ずるほか、当該医師の意見の衛生委員会若しくは安全衛生委員会又は労働時間等設定改善委員会への報告その他の適切な措置を講じなければならない（安衛法第66条の10第6項）。

　事業者は、検査を行った場合は、検査を行った医師、保健師等に、検査の結果を当該事業場の部署に所属する労働者の集団その他の集団ごとに集計させ、その結果について分析させ、その分析の結果を勘案し、その必要があると認めるときは、当該集団の労働者の実情を考慮して、集団の労働者の心理的な負担を軽減するための適切な措置を講ずるよう努めなければならない（安衛則第52条の14）。

　常時50人以上の労働者を使用する事業者は、1年以内ごとに1回、定期に、心理的な負担の程度を把握するための検査結果等報告書を所轄労働基準監督署長に提出しなければならないと規定している（安衛則第52条の21）。

② 派遣労働者に関する特例

　心理的な負担の程度を把握するための検査は、メンタルヘルス不調となることの未然防止を強化するためのものであり、雇用期間中は1人の事業者のもとで行われ、その結果に基づく措置も同一の事業者が行うことが望ましい。したがって、派遣中の労働者に対する心理的な負担の程度を把握するための検査及び面接指導の履行義務は、派遣元の事業者に課すこととし、派

遣先の事業者には課さないこととしている。

（リ）　病者の就業禁止
　①　概説
　　　安衛法は、伝染性の疾病その他の疾病で一定のものにかかった労働者の就業を禁止しなければならないと規定している（安衛法第68条）。

　　　病者の就業禁止には、下記のとおり一般的に業務への就業を禁止すべき疾病と特定の業務への就業を禁止すべき疾病がある。

（ⅰ）一般的に就業を禁止すべき疾病
　　　事業者は、次の疾病にかかった労働者については、その就業を禁止しなければならない（安衛則第61条第1項）。
　ⓐ　病毒伝ぱのおそれのある伝染性の疾病にかかった者。これに該当するものとしては、伝染させるおそれが著しいと認められる結核にかかっている者がある。ただし、伝染予防の措置を講じた場合には、就業禁止の対象としないこととされ、ツベルクリン皮内反応陽性者のみに接する業務に就かせることがこれに該当する。
　ⓑ　心臓、腎臓、肺等の疾病で労働のため病勢が著しく増悪するおそれのあるものにかかった者。これに該当するものとしては、心臓、腎臓、肺等の疾病にかかり、その病勢増悪、例えば、体動により息ぎれ、浮腫、チアノーゼ、高度の発熱、意識そう失等の症状が容易に発現する程度の心、血管、腎、肺及び気管支、肝等の疾患にかかっていることが明らかであるため労働することが不適当であると認められた者がある。
　　　なお、病者の就業を禁止しようとする場合には、それが慎重、かつ、適正に行われるよう、まず、その労働者の疾病の種類、程度等について、産業医、専門の医師の意見を事前に聴取しなければならない（安衛則第61条第2項）。

（ⅱ）特定の業務への就業を禁止すべき疾病

下の表の左欄に掲げる疾病にかかっている労働者を同表の右欄に掲げる業務に就かせることは、禁止されている。

疾病	業務
鉛中毒	鉛業務
四アルキル鉛中毒	四アルキル鉛等業務
貧血症等一定の疾病	高気圧業務

② 派遣労働者に関する特例

派遣中の労働者に関する病者の就業禁止の履行責任は、派遣先の事業者に課し、派遣元の事業者には課さないこととされている（法第45条第3項、第5項）。なお、派遣元の事業者は、派遣先の事業者が労働者派遣契約に定める派遣就業の条件にしたがって派遣中の労働者を労働させたならば、病者の就業禁止の規定に抵触することとなるとき（例えば、派遣予定の労働者が病者であることを知って、当該労働者を派遣するとき）は、派遣をしてはならないとされ、これに違反した場合、派遣元の事業者は同規定に違反したものとみなされることとされている（法第45条第6項、第7項）。

（ヌ）受動喫煙の防止

① 概説

安衛法は、事業者に対して、室内又はこれに準ずる環境における労働者の受動喫煙を防止するため、当該事業者および事業場の実情に応じ適切な措置を講ずる努力義務を定めている（安衛法第68条の2）。

一方、受動喫煙については、平成30年の健康増進法の改正により、国民の健康の向上を目的として、多数の者が利用する施設等の管理権原者等に、当該多数の者の望まない受動喫煙を防止するための措置義務が課された。

この改正健康増進法の施行を踏まえ、「職場における受動喫煙防止のためのガイドライン」（令和元年7月1日基発0701第

1号）が発出されており、事業者は、衛生委員会、安全衛生委員会等の場を通して、労働者の受動喫煙防止対策についての意識・意見を十分に把握し、事業場の実情を把握した上で、各々の事業場における適切な措置を決定するとともに、推進計画の策定等受動喫煙防止対策を組織的に進めることが必要であるとされている。また、健康増進法では、多数の者が利用する施設のうち、学校、病院、児童福祉施設等、受動喫煙により健康を損なう恐れが高い者が主として利用する第一種施設については、原則敷地内禁煙とし、多数の者が利用する施設のうち、第一種施設及び喫煙目的施設以外の施設（一般の事務所や工場、飲食店等も含まれる。）である第二種施設については、原則屋内禁煙とされていることを踏まえ、同ガイドラインは、事業者に対し、かかる定めに沿った対応をすることを求めている。

② 派遣労働者に関する特例

　派遣中の労働者に関する受動喫煙の防止にかかる努力義務は、派遣先の事業者に課し、派遣元の事業者には課さないこととされている（法第45条第3項、第5項）。なお、派遣元の事業者は、派遣先の事業者が労働者派遣契約に派遣就業の条件にしたがって派遣中の労働者を労働させたならば同規定に抵触することとなるときに派遣をしてはならないことは、病者の就業禁止の規定と同様である。

（ル）労働者の健康の保持増進

① 概説

　労働者の職場における安全と健康を確保するためには、事業者は単に健康障害を防止するという観点からではなく、さらに進んで心身両面にわたる積極的な健康の保持増進措置を目指して必要な措置を講じることが望ましい。このため、安衛法は、事業者に対し労働者の健康の保持増進を図るため次の努力義務を規定している。

（ⅰ）健康の保持増進

　　事業者は、労働者に対する健康教育及び健康相談その他労働者の健康の保持増進を図るため必要な措置（ＴＨＰ＝トータル・ヘルスプロモーション・プランともいう。）を継続的かつ計画的に講ずるように努めなければならない（安衛法第69条）。

　　ＴＨＰは、労働者の健康測定を実施し、その結果に基づいて、産業医を中心とするスタッフが労働者に対して心身両面から健康指導（運動指導、メンタルヘルスケア、栄養指導、保健指導）を行うというものであるが、事業者が行う措置には労働者自らが行う健康の保持増進のための活動に対する援助、勤務面での配慮なども含まれる。

　　また、厚生労働大臣は、ＴＨＰの適切かつ有効な実施を図るため、その原則的な実施方法として、「事業場における労働者の健康保持増進のための指針」（昭和63年９月１日健康保持増進のための指針公示第１号、最終改正：令和３年２月８日健康保持増進のための指針公示第８号）を定めた。

（ⅱ）体育活動・レクリエーション等の促進

　　事業者は、労働者の健康の保持増進を図るため、体育活動、レクリエーションその他の活動についての便宜を供与するなど必要な措置を講ずるように努めなければならない（安衛法第70条）。例えば、体育施設を設置運営すること、レクリエーション活動を企画したり、援助すること、健康指導やカウンセリングのサービスを与えること等が挙げられる。

② 派遣労働者に関する特例

　　派遣中の労働者に対する一般的健康管理の責任は労働契約関係の当事者である派遣元の事業者にあるから、派遣元の事業者が本条の義務を負うことは当然であるが、派遣先の事業者も派遣中の労働者を指揮命令し労働させ、作業場所における健康管理を行う義務が課されており、その範囲内において派遣中の労働者の健康の保持増進措置を講ずるよう努める義務を課すこと

が適当であることから、派遣中の労働者に関する本条の義務の履行責任は、派遣先の事業者及び派遣元の事業者の双方に課すこととされている（法第45条第1項）。

（ヲ）快適な職場環境の形成のための措置

　①　概説

　　安衛法は、事業者は、事業場における安全衛生の水準の向上を図るため、下記の措置を継続的かつ計画的に講ずることにより快適な職場環境を形成するように努めなければならないと規定している（安衛法第71条の2）。

　　（ⅰ）作業環境を快適な状態に維持管理するための措置

　　（ⅱ）労働者の従事する作業についてその方法を改善するための措置

　　（ⅲ）作業に従事することによる労働者の疲労を回復するための施設又は設備の設置又は整備

　　（ⅳ）その他快適な職場環境を形成するため必要な措置

　②　派遣労働者に関する特例

　　派遣中の労働者に関して、快適な職場環境は作業場所において実現されている必要があることから、その努力義務は派遣先の事業者に課し、派遣元の事業者に課さないこととされている（法第45条第3項、第5項）。

（ワ）安全衛生教育

　①　雇入れ時の安全衛生教育

　　（ⅰ）概説

　　　安衛法は、事業者は、労働者を雇い入れたときは、当該労働者に対し、その従事する業務に関する安全衛生教育を行わなければならないと規定している（安衛法第59条第1項）。

　　　安全衛生教育の項目については、下記のように定められている（安衛則第35条）。

　　　ⓐ　機械等、原材料等の危険性又は有害性及びこれらの取扱

い方法に関すること。

ⓑ　安全装置、有害物抑制装置又は保護具の性能及びこれらの取扱い方法に関すること。

ⓒ　作業手順に関すること。

ⓓ　作業開始時の点検に関すること。

ⓔ　当該業務に関して発生するおそれのある疾病の原因及び予防に関すること。

ⓕ　整理、整頓及び清潔の保持に関すること。

ⓖ　事故時等における応急措置及び退避に関すること。

ⓗ　その他当該業務に関する安全又は衛生のために必要な事項。

（ⅱ）派遣労働者に関する適用

　派遣労働者に関する雇入れ時の安全衛生教育の規定の履行責任に関しては、本教育は必要最小限の基本的なものであり、少なくとも派遣前に行われていることが、派遣労働者の危険と健康障害の防止上必要であることから、派遣元の事業者に課すこととし、派遣先の事業者には課さないこととされている（この場合、派遣元の事業者は派遣労働者と労働契約関係があるため、安衛法第59条第1項について特例規定を設けていない。）。前述の安全委員会を設置すべき事業場の表にある屋外産業的業種、工業的業種及び商業的業種の事業場以外の業種の事業場の労働者については（ⅰ）のⓐからⓓまでの事項は省略することができるが、少なくともⓔからⓗまでの事項について安全衛生教育を行うこととされていることから派遣労働者に関しても当該労働者が屋外産業的業種等に属する業種の事業場に派遣されることが予定されているものであれば、（ⅰ）のⓐからⓗまでの全部の事項、当該派遣労働者がそれ以外の業種に属する業種の事業場に派遣されることが予定されているものであれば、少なくともⓔからⓗまでの事項について安全衛生教育を行うこととなる。

　なお、安全衛生教育はできるだけ具体的に行われるべきで

あるから、一般的知識は別として、派遣先の事業場の機械、設備に即して安全衛生教育を行うことが望ましい項目については、派遣元の事業者は派遣先の事業者に実施を委託しても差し支えない（このような委託は、労働者派遣契約の「安全及び衛生に関する事項」（法第26条第１項第６号）に規定されることとなろうが、この委託に反して派遣先の事業者が委託に係る事項につき安全衛生教育を行わなかった場合、実施の責任は派遣元の事業者に依然残されていることから、原則として派遣元の事業者は安全衛生教育義務違反を免れ得ないものである。）。

　派遣先は、当該委託の申入れがあった場合には可能な限りこれに応じるよう努める等、派遣労働者の安全衛生に係る措置を実施するために必要な協力や配慮を行うこととされている（派遣先指針第２の17）。

② 作業内容変更時の安全衛生教育

（ⅰ）概説

　安衛法は、事業者は、労働者の作業内容を変更したときは、当該労働者に対し、その従事する業務に関する安全衛生教育を行わなければならないと規定している（安衛法第59条第２項）。

　安全衛生教育の項目については、雇入れ時の安全衛生教育と同じである。

（ⅱ）派遣労働者に関する特例

　派遣中の労働者に関する作業内容変更時の安全衛生教育の規定の履行責任に関しては、派遣中の労働者の作業内容の決定は労働契約関係の当事者である派遣元の事業者の権限に属する事項であるから、原則として派遣元の事業者に課すべきものであるが、具体的事情によっては派遣先の事業者に課すことが適当である場合（例えば、派遣先が新方式の機械・器具等を導入し、今まで旧方式のものを取扱っていた派遣中の労働者に引き続き操作させようとするような場合）もあるた

め、派遣先の事業者及び派遣元の事業者双方に課すこととされている（法第45条第1項）。

③　特別の安全衛生教育

（ⅰ）概説

　　安衛法は、事業者は、アーク溶接、エックス線撮影等一定の危険又は有害な業務に労働者を就かせるときは、当該業務に関する安全又は衛生のための特別の教育を行わなければならないと規定している（安衛法第59条第3項）。

　　この特別の教育における科目及びその教育時間は、業務の種類に応じ、安全衛生特別教育規程等で示されている。

（ⅱ）派遣労働者に関する特例

　　派遣中の労働者に関する特別の安全衛生教育の規定の履行責任に関しては、特別の安全衛生教育は危険有害業務の遂行と密接な関連性を有し、また事業場の設備等の実情に即して行われる必要があるため、派遣先の事業者に課すこととし、派遣元の事業者には課さないこととされている（法第45条第3項、第5項）。

　　事業者は、安全衛生教育の科目・項目の全部又は一部について十分な知識及び技能を有していると認められる労働者については、当該科目・項目についての安全衛生教育を省略することができるとされている。この場合、例えば、派遣元の事業者が派遣労働者は安全衛生教育の科目・項目の全部又は一部について十分な知識技能を有していないのに有しているとして、当該労働者を派遣したときは、派遣先の事業者が安全衛生教育を省略することにより、安全衛生教育の規定に抵触することとなるおそれがあるので、特別の安全衛生教育について、派遣元の事業者に対し罰則の特例を設けている（法第45条第6項、第7項）。

（カ）就業制限

　①　概説

　　　安衛法は、事業者は、クレーンの運転、ボイラーの取扱いの
　　業務、ガス溶接の業務等特に危険な一定の業務については、都
　　道府県労働局長の免許を受けた者又は技能講習等を修了した資
　　格者でなければ、当該業務に就かせてはならないと規定してい
　　る（安衛法第61条第1項）。

　②　派遣労働者に関する特例

　　　派遣中の労働者に関する就業制限の規定の履行責任は、派遣
　　先の事業者に課し、派遣元の事業者には課さないこととされて
　　いる（法第45条第3項、第5項）。しかし、派遣元の事業者は、
　　派遣先が労働者派遣契約に定める派遣就業の条件に従って派遣
　　予定の労働者を労働させたならば、就業制限の規定に抵触する
　　こととなるとき（例えば、派遣される業務に係る免許を取得し
　　ていない労働者を当該免許を取得しているとして派遣する場合
　　等）は、当該労働者を派遣してはならないこととされ、これに
　　違反した場合には派遣元の事業者は同規定に違反したものとみ
　　なされ罰則規定が適用されることとされている（法第45条第
　　6項、第7項）。

（ヨ）中高年齢者等についての配慮

　①　概説

　　　安衛法は、事業者は、中高年齢者その他労働災害の防止上そ
　　の就業に当たって特に配慮を必要とする者については、これら
　　の者の心身の条件に応じて適正な配置を行うよう努めなければ
　　ならないと規定している（安衛法第62条）。この規定は、事業
　　者に労働災害を未然に防止する観点から、一定の要保護者につ
　　いては、その者の心身の条件がその者に行わせる作業の安全な
　　遂行上特に問題がないかどうかなどについて個別的に考慮する
　　よう努めることを求めたものである。

② 派遣労働者に関する特例

派遣中の労働者に関する中高年齢者等についての配慮の規定の履行責任は、その内容からして派遣先の事業者及び派遣元の事業者双方がそれぞれの権限の範囲内で行うことが適当であるので、派遣先の事業者及び派遣元の事業者双方に課すこととされている（法第45条第1項）。例えば、派遣元の事業者は脚力や敏捷性が求められる高所作業を伴う業務には、それらの能力が低下している特定の中高年齢者を派遣することを回避するよう努めるべきであり、また、派遣先の事業者は、そのような作業には、派遣労働者のうちそれらの能力が低下していない者をつけるよう努めなければならないものである。

ハ　特別規制
（イ）元方事業者の義務
① 概説

安衛法は、元方事業者（一の場所において行う事業の仕事の一部を請負人に請け負わせている事業者をいう。下請関係が重畳化し、このような者が2人以上あることとなるときは、最先次の請負契約における注文者とする。）に通常の事業者の義務に加え次の義務を課している。

（ⅰ）関係請負人及びその労働者が、安衛法等関係法令に違反しないよう必要な指導を行うこと（安衛法第29条第1項）。

（ⅱ）関係請負人又はその労働者が安衛法等関係法令に違反していると認めるときは、是正のため必要な指示を行うこと（安衛法第29条第2項）。

（ⅲ）建設業の元方事業者は、土砂等が崩壊するおそれのある場所及び建設機械等が転倒するおそれのある場所等において関係請負人の労働者が作業を行う場合に、危険防止措置が適正に講じられるように技術上の指導等を行うこと（安衛法第29条の2）。

（ⅳ）製造業等の業種（建設業及び造船業を除く。）に属する元

方事業者は、その労働者及び関係請負人の労働者の作業が同一の場所において行われることによって生ずる労働災害を防止するため、下記の事項に関する措置を講じなければならないと規定している（安衛法第30条の2第1項）。

ⓐ　作業間の連絡及び調整

ⓑ　クレーン等の運転についての合図の統一

ⓒ　事故現場の標識の統一

ⓓ　有機溶剤又は有機溶剤含有物の容器の集積箇所の統一

ⓔ　警報の統一

（ⅴ）救護に関する技術的事項を管理する者の選任を必要とされる仕事を行う場合には、当該一の場所において当該仕事の作業に従事するすべての労働者に関し、次に掲げる措置を講じ、かつ、救護に関する技術的事項を管理する者を選任すること（安衛法第30条の3第1項、第5項）。

ⓐ　労働者の救護に関し必要な機械等の備付け及び管理を行うこと。

ⓑ　労働者の救護に関し必要な事項についての訓練を行うこと。

ⓒ　その他、爆発、火災等に備えて、労働者の救護に関し必要な事項を行うこと。

② 派遣労働者に関する特例

（ⅰ）派遣中の労働者に関しては、派遣中の労働者が関係請負人に派遣されるケースと元方事業者に派遣されるケースが考えられる。この場合、元方事業者には、当該派遣中の労働者を関係請負人又は自らの労働者とみなして、①の（ⅰ）～（ⅳ）の措置を講ずる責任を課すこととされている（法第45条第3項、第5項）。また、派遣中の労働者は、元方事業者又は関係請負人の講ずる措置に応じて必要な事項を守り、当該措置の実施を確保するための指示に従わなければならないこととされている（安衛法第29条第3項、第32条第6項、第7項、法第45条第15項）。

　（ⅱ）派遣先の事業者は労働者派遣法第45条第10項により、その実施した特殊健康診断の結果を記載した書面を作成し、派遣元の事業者に送付する義務を負っているが、関係請負人が派遣先の事業者である場合には、安衛法第29条の読替えにより元方事業者は当該関係請負人に労働者派遣法第45条第10項の規定又はこれに基づく命令に違反しないよう必要な指導を行うとともに、違反していると認めるときは是正のため必要な指示を行わなければならないこととされている（法第45条第3項後段）。

（ロ）特定元方事業者の義務
　① 概説
　（ⅰ）安衛法は、特定元方事業者（元方事業者であって、建設業又は造船業を行う者をいう。）は、その労働者及び関係請負人の労働者の数が一定以上である場合には、その労働者及び関係請負人の労働者の作業が同一の場所において行われることによって生ずる労働災害を防止するため、下記の事項に関する必要な措置を講じなければならないと規定している（安衛法第15条第1項、第30条第1項）。
　　ⓐ　協議組織の設置及び運営を行うこと。
　　ⓑ　作業間の連絡及び調整を行うこと。
　　ⓒ　作業場所を巡視すること。
　　ⓓ　関係請負人が行う労働者の安全又は衛生のための教育に対する指導及び援助を行うこと。
　　ⓔ　仕事の工程に関する計画及び作業場所における機械、設備等の配置に関する計画を作成するとともに、当該機械、設備等を使用する作業に関し関係請負人が安衛法等関係法令に基づき講ずべき措置についての指導を行うこと（建設業に係る特定元方事業者に限る。）。
　　ⓕ　その他当該労働災害を防止するため必要な事項
　（ⅱ）特定元方事業者は、その労働者及び関係請負人の労働者

が一の場所において作業を行うとき（これらの労働者の数が
常時50人（ずい道等の建設の仕事、橋梁の建設の仕事又は
圧気工法による作業を行う仕事にあっては常時30人）以上
のときに限る。）は、混在作業によって生じる労働災害を防
止するため、統括安全衛生責任者を選任し、その者に元方安
全衛生管理者（後述）の指揮をさせるとともに、（ⅰ）の@
から(f)までの事項を統括管理させなければならないこととさ
れている（安衛法第15条）。

　また、統括安全衛生責任者を選任した特定元方事業者で建
設業に属する事業を行うものは、一定の資格を有するものを
元方安全衛生管理者に選任し、その者に（ⅰ）の@から(f)ま
での事項のうち技術的事項を管理させなければならないこと
とされている（安衛法第15条の2）。

　統括安全衛生責任者を選任すべき事業者以外の請負人で、
当該仕事を自ら行うものは、安全衛生責任者を選任し、その
者に統括安全衛生責任者との連絡、統括安全衛生責任者から
連絡を受けた事項の関係者への連絡等を行わせなければなら
ない（安衛法第16条）。

② 　派遣労働者に関する特例
　派遣中の労働者に関しては、当該労働者が特定元方事業者以
外の請負人に派遣されるケースと特定元方事業者に派遣される
ケースが考えられる。これらの場合、特定元方事業者は、当該
派遣中の労働者を特定元方事業者以外の請負人又は自らの雇用
する労働者とみなして、①の（ⅰ）の@～(f)の措置を講ずる責
任及び特別な安全衛生体制を確立する責任を果たすこととされ
ている（法第45条第3項、第5項）。また、派遣中の労働者は、
特定元方事業者又は特定元方事業者以外の請負人の講ずる措置
に応じて必要な事項を守り、当該措置の実施を確保するための
指示に従わなければならないこととされている（安衛法第32
条第6項、第7項、法第45条第15項）。なお、特定元方事業者
は、一の場所において作業を行う場合、当該場所において混在

作業を行う労働者数が一定数のときは、統括安全衛生責任者を選任しなければならないこととされているが、派遣中の労働者がいる場合には当該労働者を労働者数に含めてカウントすることとなる。

(ハ) 注文者の義務

① 概説

　安衛法は、建設業又は造船業の仕事を自ら行う注文者に次の義務を課している。

（ⅰ）建設業又は造船業の仕事を自ら行う注文者（当該仕事が数次の請負契約により、注文者が2以上あるときは、最先次の請負契約の当事者である注文者）は、一定の建設物、設備又は原材料を、当該仕事を行う場所においてその請負人（当該仕事が数次の請負契約によって行われるときは、当該請負人の請負契約の後次のすべての請負契約の当事者である請負人を含む。）の労働者に使用させるときは、当該建設物等について、当該労働者の労働災害を防止するため必要な措置を講じること（安衛法第31条）。

（ⅱ）化学物質又は化学物質を含有する製剤等を製造し、又は取り扱う一定の設備の改造、修理、清掃等で、当該設備を分解する作業又は当該設備の内部に立ち入る作業に係る仕事の注文者は、当該化学物質又は化学物質等を含有する製剤等について、当該仕事にかかる請負人の労働者の労働災害を防止するために必要な措置を講じること（安衛法第31条の2）。

（ⅲ）建設業の仕事を行う2以上の事業者の労働者が一つの現場において一定の建設機械等を用いる作業を行う場合において、建設機械等を用いる仕事全体を統括している注文者（建設機械等作業を自ら行う発注者又はこれを全部請け負い一部を自ら行い、一部を請け負わせている注文者）は、建設機械等作業に従事するすべての労働者の労働災害を防止するために必要な措置を講じること（安衛法第31条の3）。

（iv）注文者は、その請負人に対し、その指示にしたがって請
負人の労働者を労働させたならば、安衛法等の規定に違反す
ることとなる指示をしてはならないこと（安衛法第31条の
4）。

② 派遣労働者に関する特例

派遣中の労働者に関しては、当該労働者が請負人に派遣され
るケースが考えられる。この場合、当該派遣中の労働者を請負
人の労働者とみなして、注文者に、当該派遣中の労働者を含め
て①の（i）、（ii）の措置を講ずる責任を課し、（iv）の違法
な指示を禁止することとしている。（iii）については、派遣先
のみに責任を課している（（i）（ii）（iv）について法第45条
第15項、（iii）について法第45条第3項、第5項）。また、派
遣中の労働者は注文者又は請負人の講ずる措置に応じて必要な
事項を守り、当該措置の実施を確保するための指示に従わなけ
ればならないこととされている（安衛法第32条第6項、第7項、
法第45条第15項）。

（二）ジョイント・ベンチャーに対する適用

① 概説

2以上の建設業の事業者が一つの場所において行われる当該
事業の仕事を共同連帯して請け負った場合（いわゆる「ジョイ
ント・ベンチャー方式」の施工方式。共同連帯して請け負った
事業者の労働者が一体となって工事を施工する共同施工方式の
場合をいい、工事の場所を分割してそれぞれ施工する場合を含
まない。）は、指揮命令系統が複雑で労働災害防止上の措置義
務者が不明確であるため、安衛法は、複数の事業者のうち一の
者を代表者に決め、この者に同法上の労働災害の措置義務を一
元的に履行させることとしている（安衛法第5条）。例えば、
A社とB社がジョイント・ベンチャーを構成した場合、その代
表者となったA社は、自らの労働者に関して、安衛法上の義務
を履行するだけではなく、B社の労働者に関しても同法上の義

務を負うこととなる。

② 派遣労働者に関する特例

　派遣中の労働者に関しては、当該労働者が代表者又は代表者以外のジョイント・ベンチャーを構成する事業者に派遣される場合が考えられる。後者の場合、派遣中の労働者に関して、派遣先の事業者である代表者以外のジョイント・ベンチャーを構成する事業者が労働者派遣法により負うこととされるべき安衛法上の義務については、ジョイント・ベンチャーの代表者に課すこととされている（法第45条第8項）。また、派遣先の事業者が行う特殊健康診断の結果の通知義務についても、当該代表者のみに課すこととされている（法第45条第10項かっこ書）。

　例えば、A社とB社とがジョイント・ベンチャーを構成し、A社が代表者とされた場合、A社はB社の雇用労働者につき安衛法上の事業者としての義務を負うほか、派遣先としてB社に派遣中の労働者についてもB社に課されるべき安衛法上の義務をB社に代わって負うこととなる。

（ホ）機械等貸与者の義務

① 概説

　安衛法は、一定の機械等（つり上げ荷重が0.5トン以上の移動式クレーン、車両系建設機械で動力を用い、かつ、不特定の場所に自走できるもの等）を相当の対価を得て業として他の事業者に貸与する者（機械等貸与者）は、当該機械等の貸与を受けた事業者の事業場における当該機械等による労働災害を防止するため必要な下記の措置を講じなければならないと規定している（安衛法第33条第1項、安衛則第665条、第666条）。

（ⅰ）当該機械等をあらかじめ点検し、異常を認めたときは、補修その他必要な整備を行うこと。

（ⅱ）当該機械等の貸与を受ける事業者に対し、能力、特性、使用上注意すべき事項を書面で通知すること。

　また、当該機械等を操作する者が、貸与を受けた事業者の労

働者でない場合は、当該機械等の貸与を受けた者は、下記の措置を講じなければならないとされている（安衛法第33条第２項、安衛則第667条）。

（ⅰ）機械等を操作する者が当該機械等の操作について安衛法等関係法令上必要な資格又は技能を有する者であることを確認すること。

（ⅱ）機械等を操作する者に対し、作業の内容、指揮の系統、連絡・合図等の方法、運行の経路、制限速度等機械の運行に関すること等及び機械等の操作による労働災害を防止するため必要な事項を通知すること。

機械等を操作する者は、機械等の貸与を受けた者が講ずる上記の措置に応じて、必要な事項を守らなければならない（安衛法第33条第３項）。

② 派遣労働者のみによって事業を行う者に関する特例

派遣労働者のみによって事業を行う者が、当該機械等の貸与を受ける場合があるが、この者は事業者（事業を行い労働者を使用する者）とはいえないため、機械等貸与者は安衛法第33条第１項の措置を講ずる義務はないこととなる。

しかし、派遣先の事業場における当該機械等による労働災害の防止をするため、このような者に対しても労働者派遣法により機械等貸与者は当該措置を講ずることとされている（法第45条第15項）。

（ヘ）建築物貸与者の義務

① 概説

安衛法は、事務所又は工場の用に供される建築物を２以上の事業者に貸与する者（建築物貸与者）は、当該建築物の貸与を受けた事業者の事業に係る当該建築物による労働災害を防止するため必要な措置を講じなければならないと規定している（安衛法第34条）。

必要な措置とは、具体的には下記の事項等である（安衛則第

670条から第678条、石綿則第10条第1項）。

（ⅰ）　避難用出入口等の表示及び容易な利用の保持

（ⅱ）　共用の警報設備の設置及び有効作動の保持

（ⅲ）　局所排気装置等の機能の保持

（ⅳ）　給水設備の水質基準の確保

（ⅴ）　排水設備の機能の保持

（ⅵ）　清掃及びこん虫等の防除

（ⅶ）　所定の数の便所の設置等

（ⅷ）　警報及び標識の統一

（ⅸ）　2以上の事業者が共用する壁等に吹き付けられた石綿等が損傷、劣化等によりその粉じんを発散させ、及び労働者がその粉じんにばく露するおそれがある場合の、当該石綿等の除去、封じ込め、囲い込み等

②　派遣労働者のみによって事業を行う者に関する特例

　　派遣労働者のみによって事業を行う者が当該建築物の貸与を受ける場合があるが、派遣先の事業場における建築物による労働災害を防止するため、（ホ）の機械等貸与者の場合と同様、このような者についても建築物貸与者は①の措置を講ずることとされている（法第45条第15項）。

（ト）　ガス工作物等設置者の義務

①　概説

　　安衛法は、ガス工作物、電気工作物、熱供給施設及び石油パイプラインを設けている者は、当該工作物の所在する場所又はその附近で工事その他の仕事を行う事業者から、当該工作物による労働災害の発生を防止するために講ずべき措置について教示を求められたときは、これを教示しなければならないと規定している（安衛法第102条）。

②　派遣労働者のみによって事業を行う者に関する特例

　　派遣中の労働者に関しては、派遣労働者のみによって事業を行う者がガス工作物等の所在する場所又はその附近で工事その

他の仕事を行う場合があるが、派遣先の事業場におけるガス工作物等による労働災害を防止するため、（ホ）の機械等貸与者の場合と同様、このような者についてもガス工作物等設置者は当該措置を講ずることとされている（法第45条第15項）。

二　計画の届出、審査制度等
（イ）計画の届出等
①概説
　安衛法は、下記のような計画の届出、審査制度を設けている（安衛法第88条、第89条、第89条の２）。
（ⅰ）事業者は一定の機械等（ボイラー、クレーン等の機械、設備、装置等）を設置し、若しくは移転し、又はこれらの主要構造部分を変更しようとするときは、その計画を当該工事の開始の日の30日前までに、労働基準監督署長に届け出なければならないこと。ただし、安衛法第28条の２第１項に規定する措置等を講じているものとして、労働基準監督署長が認定した事業者については、この限りでないこと。
（ⅱ）事業者は、建設業の仕事のうち重大な労働災害を生ずるおそれのある特に大規模な仕事で一定のもの（一定規模の塔、ダム、橋梁、ずい道等の建設の仕事）を開始しようとするときは、その計画を当該工事の開始の日の30日前までに、厚生労働大臣に届け出なければならないこと。
（ⅲ）事業者は、建設業又は土石採取業の仕事（建設業の仕事にあっては（ⅱ）の仕事を除く。）で、10m以上の地山の掘削の作業を行う仕事等を開始しようとするときは、その計画を当該工事の開始の日の14日前までに、労働基準監督署長に届け出なければならないこと。
（ⅳ）労働基準監督署長は、（ⅰ）又は（ⅲ）の届出があった場合、厚生労働大臣は（ⅱ）の届出があった場合、それぞれ届出に係る事項が安衛法等関係法令に違反すると認めるときは、当該届出をした事業者に対し、その届出に係る工事若し

くは仕事の開始を差し止め、又は当該計画を変更すべきこと
を命ずることができること。

（ⅴ）厚生労働大臣は、（ⅰ）、（ⅱ）又は（ⅲ）の届出のあった
計画のうち高度の技術的検討を要するものについて審査する
ことができ、当該審査の結果必要があると認めるときは、届
出をした事業者に対し、労働災害の防止に関する事項につい
て必要な勧告又は要請をすることができること。

（ⅵ）都道府県労働局長は、（ⅰ）又は（ⅲ）の届出があった計
画のうち、高度の技術的検討を要するものに準ずるものにつ
いて審査をすることができ、審査の結果必要があると認める
ときは、届出をした事業者に対し、労働災害の防止に関する
事項について必要な勧告又は要請をすることができること。

②　派遣労働者のみによって事業を行う者に関する特例

派遣労働者のみによって事業を行う者が、①の機械等を設置
等する場合がある。このような者は事業者（事業を行い、労働
者を使用する者）とはいえないため、計画の届出の義務はなく、
工事等の差止め及び厚生労働大臣の審査の対象とはならないこ
ととなるが、派遣先の事業場における機械、設備、工法等によ
る労働災害を防止するため、このような者であっても上記の計
画の届出義務を課し、その工事は工事等の差止め及び厚生労働
大臣等の審査の対象とすることとされている（法第45条第3項、
第5項）。なお、①の（ⅰ）〜（ⅲ）の計画のうち一定のもの
を作成するに当たり、一定の資格を有する者を参画させなけれ
ばならないこととされている（安衛法第88条第4項）が、当
該一定の資格を有する者は派遣労働者であっても差し支えない
とされている。

（ロ）法令の周知

①　概説

安衛法は、事業者は、この法令及びこれに基づく命令の要旨
を常時各作業場の見やすい場所に掲示し又は備え付けること等

の方法により、労働者に周知させなければならないとしている
（安衛法第101条）。

　なお、他の周知方法としては、関係法令を分り易く整理し、
それを書面にして労働者に交付したり、磁気ディスク等に記録
し、各作業場に労働者が当該記録の内容を常時確認できる機器
を設置することでもよい。

② 　派遣労働者に関する特例

　派遣中の労働者に関しては、安衛法上の各義務が派遣先の事
業者、派遣元の事業者のいずれか一方又は双方に課せられるこ
ととされているため、派遣先の事業者及び派遣元の事業者の双
方に法令の周知義務を課することとされ、かつ、周知すべき法
令として労働者派遣法第45条の規定が適用される安衛法の各
規定並びに労働者派遣法第45条第6項（派遣元の事業者が労
働者派遣を行ってはならない場合）、第10項（派遣先の事業者
の通知義務）の規定並びにこれらの規定に基づく命令の規定と
されている（法第45条第15項）。この場合、派遣先の事業者又
は派遣元の事業者は、それぞれが関係する条項について、派遣
中の労働者に上記①の方法により分り易く周知されることが必
要である。

（ハ）　書類の保存等

① 　概説

　安衛法は、事業者は、この法律又はこれに基づく命令の規定
に基づいて作成した書類を保存しなければならないとされてい
る（安衛法第103条第1項）。

② 　派遣労働者に関する特例

　派遣中の労働者に関しては、労働者派遣法の規定により安衛
法上の各義務が派遣先の事業者、派遣元の事業者のいずれか一
方又は双方に課せられることとされ、また、当該各義務に書類
を作成すべきことが含まれることがあるため、派遣先の事業者
及び派遣元の事業者の双方に課すこととされている（法第45

条第15項）。派遣先の事業者及び派遣元の事業者それぞれが保存義務を負うべき書類は、下記のとおりである。

〈派遣先の事業者の保存すべき書類〉

　（ⅰ）救護に関する訓練の記録（安衛則第24条の4）

　（ⅱ）特別教育の記録（安衛則第38条）

　（ⅲ）定期自主検査の記録（安衛則第135条の2、クレーン則第38条等）

　（ⅳ）地山の形状、地質等の調査結果の記録（安衛則第379条等）

　（ⅴ）作業環境測定の結果の記録（安衛則第590条等）

　（ⅵ）特殊健康診断の結果の記録（有機則第30条等）

　（ⅶ）作業の記録（特化則第38条の4）

　（ⅷ）線量当量率の測定結果の記録（電離則第54条）

〈派遣元の事業者の保存すべき書類〉

　一般健康診断の結果の記録（安衛則第51条）

〈双方の事業主がそれぞれ保存すべき書類〉

　衛生委員会における議事で重要なものに係る記録（安衛則第23条）

（ニ）労働者の義務

　①　概説

　　安衛法は、労働者の一般的な義務として、第4条に「労働者は、労働災害を防止するため必要な事項を守るほか、事業者その他の関係者が実施する労働災害の防止に関する措置に協力するように努めなければならない」と規定し、さらに具体的には、下記のような規定がある。

　（ⅰ）労働者は、事業者が安衛法第20条から第25条まで及び第25条の2第1項に基づき講ずる措置に応じて、必要な事項を守らなければならない（安衛法第26条。罰則あり）。

　（ⅱ）関係請負人の労働者は、元方事業者の指示に従わなければならない（安衛法第29条第3項）。

（ⅲ）労働者は、特定元方事業者、元方事業者、注文者及び関係請負人の講ずる措置に応じて必要な事項を守り、又は当該措置を確保するためにする指示に従わなければならない（安衛法第32条第6項、第7項。罰則あり）。

（ⅳ）労働者は、事業者の行う健康診断を受けなければならない（安衛法第66条第5項）。

（ⅴ）労働者は、事業者が行う医師による面接指導を受けなければならない。その労働時間の状況その他の事項が労働者の健康の保持を考慮して、休憩時間を除き1週間当たり40時間を超えて労働した場合におけるその超えた時間が1月当たり80時間を超え、かつ、疲労の蓄積が認められる労働者に対して、勤務、疲労の蓄積及び労働者の心身の状況について、事業者が行う医師による面接指導を受けなければならない（安衛法第66条の8第2項）。

（ⅵ）休憩時間を除き1週間当たり40時間を超えて労働した場合におけるその超えた時間が1月当たり100時間を超えた研究開発業務に従事する労働者又は健康管理時間が1週間当たり40時間を超えた場合におけるその超えた時間が1月当たり100時間を超えた高度プロフェッショナル制度の対象となる労働者に対して事業者が行う医師による面接指導を受けなければならない（安衛法第66条の8の2第2項、同法第66条の8の4第2項）。

（ⅶ）労働者は健康の保持増進を図るため事業者が講ずる措置を利用して健康の保持増進に努めなければならない（安衛法第69条第2項）。

（ⅷ）労働者は、安全衛生改善計画を守らなければならない（安衛法第79条）。

② 派遣労働者に関する特例

（ⅰ）派遣中の労働者に関しては、労働者派遣法の安衛法の適用の特例の規定により、1）履行責任が派遣元の事業者には課されず、派遣先の事業者に課されている場合は、派遣中の

労働者も派遣先の事業者の講ずる措置に応じて所要の義務を果たすことが必要であり、また、2）元方事業者、特定元方事業者等が派遣中の労働者に関して特別規制に係る措置を講ずる義務を負う場合は、派遣中の労働者もまた、当該元方事業者等の講ずる義務に応じて所要の義務を果たすことが必要である。

（ⅱ）安衛法第4条の労働者の一般義務については、派遣中の労働者は派遣先等の講ずる措置に応じて協力すべき場合だけでなく、派遣元の事業者の講ずる措置に応じて協力すべき場合（例えば、一般健康診断の受診への協力）もあることから、派遣先の事業者及び派遣元の事業者の双方が実施する措置に協力しなければならないこととされている（法第45条第1項）。

（ホ）労働災害防止計画

①　概説

安衛法は、厚生労働大臣は労働政策審議会の意見を聞いて、労働災害の防止のための主要な対策に関する事項その他労働災害の防止に関し重要な事項を定めた計画（労働災害防止計画）を策定しなければならないと規定している（安衛法第6条）。労働災害防止計画は、総合的かつ計画的な労働災害防止対策の推進を図るため、事業者、労働者をはじめ労働災害防止団体その他の関係者を広く対象とし、その指針となるよう策定されたものであり、厚生労働大臣は労働災害防止計画の的確かつ円滑な実施のため必要があると認めるときは、事業者、事業者の団体その他の関係者に対し、労働災害の防止に関する事項について必要な勧告又は要請をすることができると規定している（安衛法第9条）。

②　派遣労働者のみによって事業を行う者に関する特例

派遣中の労働者に関しては、派遣先の事業者又は派遣元の事業者が労働者派遣法に規定する安衛法の適用の特例により、安

衛法による義務を負うこととされ、また、派遣労働者のみによって事業を行う者も厚生労働大臣の勧告又は要請の対象とする必要があることから、厚生労働大臣が派遣中の労働者の安全衛生に関して労働災害防止計画の実施上必要な勧告又は要請を行う場合には、派遣元の事業者だけでなく派遣先の事業者（派遣労働者のみによって事業を行う者を含む。）に対しても行えることとされている（法第45条第15項）。

（ヘ）指針の公表等

①　概説

安衛法は、厚生労働大臣は、下記の指針を公表し、必要があると認めるときは、事業者又はその団体に対し、当該指針等に関し必要な指導等を行うことができると規定している。

（ⅰ）労働災害の防止のための業務に従事する者に対する能力向上教育に関する指針（安衛法第19条の2）

（ⅱ）技術上の指針（安衛法第28条）

（ⅲ）安衛法第28条第3項の規定に基づき厚生労働大臣が定める化学物質による健康障害を防止するための指針（安衛法第28条）

（ⅳ）危険性又は有害性等の調査等に関する指針（安衛法第28条の2）

（ⅴ）移動式クレーン、局所排気装置等に係る定期自主検査指針（安衛法第45条）

（ⅵ）化学物質等による危険性又は有害性等の調査等に関する指針（安衛法第57条の3）

（ⅶ）労働者の安全衛生教育のための指針（安衛法第60条の2）

（ⅷ）健康診断結果に基づき事業者が講ずべき措置に関する指針（安衛法第66条の5）

（ⅸ）事業場における労働者の健康保持増進のための指針（安衛法第70条の2）

（ⅹ）労働者の心の健康の保持増進のための指針（安衛法第70

　　条の2）

　(xi)　事業者が講ずべき快適な職場環境の形成のための指針（安衛法第71条の3）

　　また、安衛法施行規則において、厚生労働大臣は、自主的活動等一定の事項を促進するため必要な指針を公表することができると規定している。

　(xii)　労働安全衛生マネジメントシステムに関する指針（安衛則第24条の2）

　(xiii)　機械譲渡者等が行う機械に関する危険性等の通知の促進に関する指針（安衛則第24条の13）

　(xiv)　化学物質等の危険性又は有害性等の表示又は通知等の促進に関する指針（安衛則第24条の16）

②　派遣労働者に関する特例

　　派遣中の労働者に関しては、前記の労働災害防止計画の実施上必要な勧告又は要請を行う場合と同様、厚生労働大臣が指針等に関し必要な指導等を行う場合には、派遣元の事業者だけでなく、派遣先の事業者（派遣労働者のみによって事業を行う者を含む。）に対しても行うことができることとされている（①の（iv）等は、派遣先の事業者に対してのみ指導等を行うことができることとされている。）（法第45条第1項、第3項、第5項、第15項）。

(ト)　国の援助等

①　概説

　　安衛法は、下記のような国の事業者に対する援助等の規定を置いている。

　(i)　化学物質の有害性の調査の適切な実施に資するため、施設の整備、資料の提供その他必要な援助に努めること（安衛法第58条）。

　(ii)　事業者が行う安全又は衛生のための教育の効果的実施を図るため、指導員の養成及び資質の向上のための措置、教育

指導方法の整備及び普及、教育資料の提供その他必要な施策
の充実に努めること（安衛法第63条）。

（ⅲ）労働者の健康の保持増進に関する措置の適切な実施を図
るため、必要な資料の提供、作業環境測定及び健康診断の実
施の促進、受動喫煙の防止のための設備の設置の促進、事業
場における健康教育等に関する指導員の確保及び資質の向上
の促進その他必要な援助に努めること（安衛法第71条）。

（ⅳ）労働災害の防止に資するため、事業者が行う安全衛生施
設の整備、特別安全衛生改善計画又は安全衛生改善計画の実
施その他の活動について、金融上の措置、技術上の助言その
他必要な援助を行うよう努めること（安衛法第106条）。

②　派遣労働者に関する特例

派遣中の労働者に関しては、前記労働災害防止計画の実施上
必要な勧告又は要請を行う場合と同様、国の援助等の対象とし
ては、①の（ⅱ）、（ⅳ）については派遣元の事業者だけでなく
派遣先の事業者（派遣中の労働者のみによって事業を行う者を
含む。）も含めることとされている（法第45条第15項）。また、
①の（ⅰ）については、派遣先の事業者を国の援助等の対象と
することとされている（法第45条第3項、第5項）。

ホ　国の事業者に対する監督等

（イ）特別安全衛生改善計画及び安全衛生改善計画

①　概　説

安衛法は、厚生労働大臣は、一定の重大な労働災害が発生し
た場合において、重大な労働災害の再発を防止するため必要が
ある場合として一定の場合に該当すると認めるときは、事業者
に対し、その事業場の安全又は衛生に関する改善計画（特別安
全衛生改善計画）を作成し、これを厚生労働大臣に提出すべき
ことを指示することができると規定している（安衛法第78条
第1項）。事業者は、特別安全衛生改善計画を作成しようとす
る場合には、当該事業場に労働者の過半数で組織する労働組合

があるときにおいてはその労働組合、労働者の過半数で組織する労働組合がないときにおいては労働者の過半数を代表する者の意見を聴かなければならない（安衛法第78条第2項）。また、事業者及びその労働者は、特別安全衛生改善計画を守らなければならないこととされている（安衛法第78条第3項）。

　厚生労働大臣は、特別安全衛生改善計画が重大な労働災害の再発の防止を図る上で適切でないと認めるときは、事業者に対し、当該特別安全衛生改善計画を変更すべきことを指示することができるとされている（安衛法第78条第4項）。また、厚生労働大臣は、事業者が特別安全衛生改善計画を守っていないと認める場合等において、重大な労働災害が再発するおそれがあると認めるときは、当該事業者に対し、重大な労働災害の再発の防止に関し必要な措置をとるべきことを勧告することができ、勧告を受けた事業者がこれにしたがわなかったときは、その旨を公表することができることとされている（安衛法第78条第5項、第6項）。

　安衛法は、都道府県労働局長は、事業場の施設その他の事項について労働災害の防止を図るための総合的な改善措置を講ずる必要があると認めるときは、事業者に対し、当該事業場の安全又は衛生に関する改善計画（安全衛生改善計画）を作成すべきことを指示することができると規定している（安衛法第79条第1項）。事業者は、安全衛生改善計画を作成しようとする場合、当該事業場に労働者の過半数で組織する労働組合があるときにおいてはその労働組合、労働者の過半数で組織する労働組合がないときにおいては労働者の過半数を代表する者の意見を聴かなければならないとされている（安衛法第79条で準用する安衛法第78条第2項）。また、事業者及びその労働者は、安全衛生改善計画を守らなければならないこととされている（安衛法第79条で準用する安衛法第78条第3項）。

② 　派遣労働者に関する特例

　派遣中の労働者に関しては、派遣先が業務遂行上の具体的指

揮命令権を有していること、また、設備等の設置、管理権を有していることから、実効性の観点からみて、特別安全衛生改善計画及び安全衛生改善計画の作成義務は派遣元の事業者には課さず、派遣先の事業者に課すこととされている（法第45条第3項、第5項）。派遣先の事業者は、特別安全衛生改善計画及び安全衛生改善計画を作成しようとする場合、当該事業場の過半数で組織する労働組合又は過半数を代表する者の意見をきかなければならないが、この過半数のカウントに当たっては、派遣中の労働者が含まれるものである。他方、派遣元の事業場においては、その過半数のカウントに当たっては、派遣中の労働者は除外されることとなる。

（ロ）使用停止命令等

①　概説

　　安衛法は、都道府県労働局長又は労働基準監督署長は、下記の場合、事業者、注文者、機械等貸与者又は建築物貸与者に対して、作業の全部又は一部の停止、建設物等の全部又は一部の使用の停止又は変更その他労働災害を防止するための必要な事項を命ずることができると規定している（安衛法第98条第1項、第99条第1項）。

（ⅰ）事業者が安衛法第20条から第25条まで又は第25条の2第1項に、元方事業者が第30条の3第1項又は第4項に、注文者が第31条第1項又は第31条の2に、機械等貸与者が第33条第1項に、建築物貸与者が第34条にそれぞれ違反したとき。

（ⅱ）事業者が（ⅰ）に掲げる以外の場合であって、労働災害発生の急迫した危険があり、かつ、緊急の必要があるとき。

②　派遣労働者に関する特例

　　派遣中の労働者に関しては、①の（ⅰ）に掲げる安衛法の規定の遵守義務は、派遣先の事業者である事業者、元方事業者、注文者、機械等貸与者、建築物貸与者に課したところであるか

ら、使用停止命令等の相手方も当然これらの者とされている
（法第45条第３項、第５項、第15項）。また、①の（ⅱ）の場
合の使用停止命令等の対象となる事業者についても、派遣中の
労働者に関しては、派遣先の事業者とされている（法第45条
第15項）。

（ハ）疫学的調査等

　①　概説

　　　安衛法は、厚生労働大臣は、労働者がさらされる化学物質等
又は労働者の従事する作業と労働者の疾病との相関関係をは握
するため必要があると認めるときは、疫学的調査その他の調査
を行うことができると規定している。また、厚生労働大臣又は
厚生労働大臣から疫学的調査等の実施の事務の委託を受けた者
は、疫学的調査等の実施に関し必要があると認めるときは、事
業者、労働者その他の関係者に対し、質問し、又は必要な報告
若しくは書類の提出を求めることができるとされている（安衛
法第108条の２）。

　②　派遣労働者のみによって事業を行う者に関する特例

　　　派遣中の労働者に関しては、当該労働者のみによって事業を
行う者については、事業者（事業を行う者であって労働者を使
用するもの。）とはいえないため、厚生労働大臣等はこのよう
な者に対して、疫学的調査等のため必要な質問をし、報告等を
求めることはできないこととなる。しかし、疫学的調査等はで
きるだけ広い範囲の関係者を対象とすることが望ましいため、
派遣中の労働者のみによって事業を行う者についても疫学的調
査等に協力させることとされている（法第45条第15項）。

（ニ）報告等

　①　概説

　　　安衛法は、厚生労働大臣、都道府県労働局長又は労働基準監
督署長は、この法律を施行するため必要があると認めるとき

は、事業者、労働者等関係者に対し必要な事項を報告させ、又
は出頭を命ずることができると規定している（安衛法第100条）。
②　派遣労働者に関する特例
（ⅰ）派遣中の労働者に関しては、労働者派遣法の規定により
　　安衛法上の各義務が派遣先の事業者、派遣元の事業者のいず
　　れか一方又は双方に課せられることとされているため、当該
　　義務の履行状況の報告等の義務については、派遣先の事業者
　　及び派遣元の事業者の双方に課すこととされている（法第
　　45条第15項）。派遣先の事業者及び派遣元の事業者それぞれ
　　が報告等の義務を負うべき報告は、例えば下記のとおりであ
　　る。

〈派遣先の事業者が行うべき報告〉
　　ⓐ　安全管理者の選任届（安衛則第4条第2項）
　　ⓑ　事業場又はその附属建設物内で、火災等の事故が発生
　　　した場合の届出（安衛則第96条）

〈派遣元の事業者が行うべき報告〉
　　　常時50人以上の労働者を使用する事業者の定期健康診
　　断結果報告（安衛則第52条）

〈双方の事業者がそれぞれ行うべき報告〉
　　ⓐ　総括安全衛生管理者の選任届（安衛則第2条第2項）
　　ⓑ　衛生管理者の選任届（安衛則第7条第2項）
　　ⓒ　産業医の選任届（安衛則第13条第2項）
　　ⓓ　労働者が労働災害その他就業中又は事業場内若しくは
　　　その附属建設物内における負傷、窒息又は急性中毒によ
　　　り死亡し、又は休業した場合の労働者死傷病報告書の提
　　　出（安衛則第97条、労働者派遣法施行規則第42条）

　　労働者派遣法施行規則は、派遣先の事業者は、派遣中の労
　働者に係る労働者死傷病報告書を所轄労働基準監督署長に提
　出したときは、遅滞なく、その写しを当該派遣中の労働者を
　雇用する派遣元の事業者に送付しなければならないと規定し
　ている。

（ii）また、労働者派遣法により特別に設けられた派遣先の事業者又は派遣元の事業者の義務（法第45条第6項（労働者派遣を禁止する場合）、第10項（特殊健康診断の結果の通知）、第11項（特殊健康診断の結果の保存））についても、その履行状況の報告等の義務については、それぞれの義務を負う派遣先の事業者又は派遣元の事業者に課すこととされている（法第45条第15項）。

（ホ）労働者の申告

① 概説

安衛法は、労働者は、事業場にこの法律又はこれに基づく命令の規定に違反する事実があるときは、その事実を都道府県労働局長、労働基準監督署長又は労働基準監督官に申告して是正のため適当な措置をとるよう求めることができると規定している。また、事業者は、労働者が申告をしたことを理由として、当該労働者に対し、解雇その他不利益な取扱いをしてはならないと規定している（安衛法第97条）。

② 派遣労働者に関する特例

（i）派遣中の労働者に関しては、労働者派遣法の規定により安衛法の各義務が派遣先の事業者、派遣元の事業者のいずれか一方又は双方に課せられることとされているため、派遣中の労働者は派遣元の事業者の安衛法令違反についてだけでなく、派遣先の事業者の労働者派遣法による安衛法の適用の特例違反についても労働基準監督機関に申告ができることとされている。

（ii）また、労働者派遣法により特別に設けられた派遣先の事業者又は派遣元の事業者の義務（法第45条第6項（労働者派遣を禁止する場合）、第10項（特殊健康診断の結果の通知）、第11項（特殊健康診断の結果の保存））についても、派遣中の労働者は違反の事実があるときは労働基準監督機関に申告ができることとされている（法第45条第15項）。

（ⅲ）派遣先の事業者及び派遣元の事業者は、派遣中の労働者が申告をしたことを理由として、当該派遣中の労働者に対して解雇その他の不利益な取扱いをしてはならないこととされている（法第45条第15項）。派遣先の事業者は、派遣中の労働者との間に労働契約関係がないので解雇を行うことはあり得ないが、当該派遣中の労働者の派遣期間満了前に労働基準監督機関に申告をしたことを理由として当該派遣を中止するよう派遣元の事業者に申し入れるような場合は、不利益取扱いに該当すると考えられる。

（ヘ）罰則の特例等

①　罰則の特例の趣旨

　　派遣中の労働者に関して派遣先の事業者に課された安衛法の規定の遵守については、基本的にはその違反について当該派遣先の事業者を処罰することで足りる。しかし、就業制限（安衛法第61条第１項）の規定を例にとれば、派遣先と派遣元が締結する労働者派遣契約において、派遣元が有資格者である労働者を派遣することとされているにもかかわらず、無資格者を派遣して、派遣先が当該派遣中の労働者を就業制限に係る業務に就労させたような場合、派遣先の事業者に故意が阻却されるときは派遣先の事業者は不可罰となり、派遣元の事業者も実際に当該業務に就かせたとはいえないため、結局責任を負う者がなくなることとなり、同条が確実には遵守されないおそれがある。

　　このため、派遣元が派遣労働者の属性等を偽り、それが法違反につながるおそれのある安衛法の一定の規定について、派遣元の事業者に対する規制及び罰則の特例が必要である。

②　派遣元の事業者に対する特別の規制

　　派遣元の事業者は、労働者を派遣する場合であって、派遣先が労働者派遣契約に定める派遣就業の条件にしたがって当該派遣労働者を労働させたならば、安衛法第59条第３項（危険有

害業務についての特別の安全衛生教育）、第61条第1項（就業制限）、第65条の4（作業時間の制限）又は第68条（病者の就業禁止）に抵触することとなるときは、当該労働者派遣をしてはならないこととされている（法第45条第6項）。

　各条文について該当する事例としては、次のようなものが考えられる。

（ⅰ）第59条第3項（危険有害業務についての特別の安全衛生教育）関係

　　労働者派遣契約において派遣元の事業者は、特別の安全衛生教育を修了した者を派遣するとされているにもかかわらず、実際には、全くの未経験者を派遣し、そのような事情を知らずに派遣先が当該派遣中の労働者を直ちに危険有害業務に就労させる場合

（ⅱ）第61条第1項（危険有害業務についての就業制限）関係

　　労働者派遣契約において、派遣元の事業者はボイラー運転等についての有資格者である労働者を派遣するとされているにもかかわらず、実際には無資格者を派遣し、そのような事情を知らずに派遣先が当該派遣中の労働者を就業制限に係る業務に就労させる場合

（ⅲ）第65条の4（健康障害を生ずるおそれのある業務に係る作業時間の制限）関係

　　派遣元の事業者が、当日、他の事業主の事業場で潜水作業を行ってきた労働者を、そのような事実を秘匿して、当日何らの潜水作業に従事したこともない者として、派遣先に派遣し、当該派遣先がそのような事情を知らずに、当日の初回の潜水作業として潜水作業に従事させ、作業時間についての基準を破ることとなる場合

（ⅳ）第68条（病者の就業禁止）関係

　　派遣元の事業者が、当該労働者が伝染病等の疾病にかかっていることを秘匿して労働者を派遣し、派遣先が労働者派遣契約の定めに従い、当該派遣中の労働者を就業させる場合

③　派遣元の事業者に対する罰則の特例

　　派遣元の事業者が安衛法第59条第3項等に違反して労働者派遣を行い、派遣先の事業者がこれらの安衛法の規定に抵触することとなったときは、当該派遣元の事業者は、当該安衛法の規定に違反したものとみなして、罰則（安衛法第119条）及び両罰規定（安衛法第122条）を適用することとされている（法第45条第7項）。この場合、「抵触する」とは、派遣先の事業者の行為が当該規定の構成要件に該当することを要するが、派遣先の事業者に故意がなく、刑事責任が成立しない場合を含むものである。

（ト）登録等の欠格事由等の特例

①　概説

　　安衛法は、種々の資格、業務の許認可等について規定しているが、当該資格、業務の許認可等の欠格事由又は取消し等の処分事由の一つとして、安衛法違反又は同法に基づく命令違反を挙げている。

　　安衛法の一定の資格、許認可等の欠格事由、取消事由等とは、具体的には下記のとおりである。

（ⅰ）登録製造時等検査機関の登録の欠格事由及び登録の取消し等の事由（安衛法第46条、第53条）

（ⅱ）登録性能検査機関の欠格事由及び取消し等の事由（安衛法第53条の3）

（ⅲ）登録個別検定機関の登録の欠格事由及び取消し等の事由（安衛法第54条）

（ⅳ）登録型式検定機関の指定の欠格事由及び取消し等の事由（安衛法第54条の2）

（ⅴ）検査業者の登録の欠格事由及び取消し等の事由（安衛法第54条の3、第54条の6）

（ⅵ）有害物質の製造の許可の取消し事由（安衛法第56条第6項）

（ⅶ）免許の欠格事由及び取消し等の事由（安衛法第72条、第

74条）

（ⅷ）指定試験機関の指定の欠格事由及び取消し等の事由（安衛法第75条の3、第75条の11）並びにその役員及びその免許試験員の解任命令事由（安衛法第75条の4、第75条の5）

（ⅸ）指定教習機関の指定の欠格事由及び取消し等の事由（安衛法第77条）

（ⅹ）指定コンサルタント試験機関の指定の欠格事由及び取消し等の事由（安衛法第83条の3）

（ⅺ）労働安全コンサルタント及び労働衛生コンサルタントの登録の欠格事由及び取消し等の事由（安衛法第84条、第85条）

②　派遣労働者に関する特例

派遣中の労働者に関しては、例えば、派遣先の事業者が労働者派遣法による安衛法の特例に違反する場合、派遣元の事業者が労働者派遣法により特別に設けられた義務（法第45条第6項（労働者派遣が禁止される場合）、第11項（特殊健康診断の結果に係る書面の保存））に違反する場合、派遣中の労働者が労働者派遣法による安衛法の特例に違反する場合が考えられるが、このような違反は実質上安衛法違反と何ら変わりがない。したがって、労働者派遣法により適用される安衛法の規定、労働者派遣法が特別に規定する規定又はこれらの規定に基づく命令に違反した者は、当該資格、業務の許認可等の欠格事由、取消し事由等に該当することとされている（法第45条第16項）。

へ　じん肺健康診断の実施

じん肺法は、じん肺健康診断をその実施の時期及びその対象労働者から、就業時健康診断、定期健康診断、定期外健康診断及び離職時健康診断の4種類に分類している。じん肺健康診断は、粉じん作業に起因する職業性疾病であるじん肺及びその合併症を早期に発見し、じん肺の進行防止のための措置を講ずるための基本的情報を得、また作業環境測定の結果とあわせて粉じん作業場の作業環境管理を進めるに当たっての情報を把握する目的を有することから、そ

の性格は安衛法第66条第２項及び第３項に規定するいわゆる「特殊健康診断」に類するものである。このため、派遣中の労働者に対するじん肺健康診断の実施義務については、派遣元の事業者に課さず、派遣先の事業者に課すこととされている（法第46条第１項、第２項）。

　また、じん肺健康診断の結果は、派遣元が当該派遣中の労働者に関して一般的な健康管理を行うに当たって重要な資料でもあるので、派遣中の労働者にじん肺健康診断を行った派遣先の事業者はじん肺健康診断の結果を記載した書面を作成し、遅滞なく、派遣元の事業者に送付しなければならないこととされている（法第46条第７項）。この場合、送付すべきじん肺健康診断の結果を記載した書面とは、じん肺法施行規則第22条第１項に規定する様式第３号の写しのことであり、エックス線写真の方は送付する必要はない。なお、派遣先の事業者が、本送付義務を果たしても当該派遣中の労働者に係るじん肺健康診断の結果の記録の保存を７年間行う義務を免れないことはいうまでもない。

（イ）就業時健康診断
　①　概説
　　　じん肺法は、事業者は、新たに常時粉じん作業に従事することとなった労働者のうち、一定のものに対して、その就業の際、じん肺健康診断を行わなければならないと規定している（じん肺法第７条）。
　　　じん肺のり患の有無及びじん肺の程度が明らかで、かつ、じん肺の程度の判断の時点からじん肺がさほど進行していないと認められる下記の者等については、就業時健康診断の目的から、その実施が必要でないため、除外できることとされている。
　　（ⅰ）新たに常時粉じん作業に従事することとなった日前に常時粉じん作業に従事すべき職業に従事したことがない労働者
　　（ⅱ）新たに常時粉じん作業に従事することとなった日前１年以内にじん肺健康診断を受けて、じん肺の所見がないと診断

され、又はじん肺管理区分が管理1と決定された労働者

（iii）新たに常時粉じん作業に従事することとなった日前6か月以内にじん肺健康診断を受けて、じん肺管理区分が管理3のロと決定された労働者

②　派遣労働者に関する特例

派遣中の労働者に関する就業時健康診断の履行責任については、派遣元の事業者が負わず、派遣先の事業者が負うこととされている（法第46条第1項、第2項）。派遣先の事業者は、派遣中の労働者が当該派遣先の事業場において新たに粉じん作業に従事する場合であっても、①の健康診断の除外対象者に該当するときは、就業時健康診断の実施を免除されるが、その確認は派遣元の事業者の保有するじん肺管理区分決定通知書（様式第4号）の写し等によって確実に行う必要がある。

（ロ）定期健康診断

①　概説

じん肺法は、事業者は、次の表に掲げる労働者に対して、同表に掲げる定期健康診断の期間以内ごとに1回、定期的に、じん肺健康診断を行わなければならないと規定している（じん肺法第8条）。

対象労働者		定期健康診断の　期　間
粉じん作業従事の有無	じん肺管理区分	
常時粉じん作業に従事	1	3年以内に1回
	2、3	1年以内に1回
常時粉じん作業に従事させたことがあり現に粉じん作業以外の作業に常時従事	2	3年以内に1回
	3	1年以内に1回

②　派遣労働者に関する特例

派遣中の労働者に関する定期健康診断の履行責任については、派遣元の事業者が負わず、派遣先の事業者が負うこととされている（法第46条第1項、第2項）。なお、派遣中の労働者

が「常時粉じん作業に従事させたことのある労働者で、現に粉
じん作業以外の作業に常時従事しているもの」（じん肺法第8
条第1項第3号、第4号）に該当する場合としては、例えば、
派遣中の労働者がある派遣先の事業者の行う粉じん作業を含む
業務に派遣された後、当該派遣先の事業者の行う粉じん作業以
外の作業を含む業務に派遣され、当該業務に常時従事している
ケースが考えられる。

（ハ）定期外健康診断
　①　概説
　　じん肺法は、事業者は、次の労働者に対して、遅滞なく、じ
ん肺健康診断を行わなければならないと規定している（じん肺
法第9条）。
　（ⅰ）常時粉じん作業に従事する労働者（じん肺管理区分が管
　　理2、管理3又は管理4と決定された労働者を除く。）で、
　　安衛法第66条第1項又は第2項の健康診断において、じん
　　肺の所見があり、又はじん肺にかかっている疑いがあると診
　　断されたもの。
　（ⅱ）合併症により、1年を超えて療養のため休業した労働者
　　で、医師により療養のため休業を要しなくなったと診断され
　　たもの。
　（ⅲ）その他、じん肺法施行規則第11条で規定する場合に該当
　　する者。
　②　派遣労働者に関する特例
　　派遣中の労働者に関する定期外健康診断の履行責任について
は、派遣元の事業者が負わず、派遣先の事業者が負うこととさ
れている（法第46条第1項、第2項）。なお、派遣中の労働者
に対する安衛法第66条第1項の一般健康診断は派遣元の事業
者が行い、また、同条第2項後段の特殊健康診断についても当
該有害な業務に対する派遣が終了した場合において派遣元の事
業者が行うことがある（例えば、その労働者をある派遣先の特

定化学物質を取り扱う業務に派遣した後、現に、当該労働者を当該派遣先以外の派遣先の粉じん作業を含む業務に派遣をしている場合）ため、これらの健康診断において派遣中の労働者についてじん肺の所見があり、又はじん肺にかかっている疑いがあると診断されたときは、当該派遣元の事業者は、遅滞なく、その旨を当該派遣先の事業者に通知しなければならないこととされている（法第46条第９項。罰則は同条第10項）。

(二) 離職時健康診断
　① 概説
　　じん肺法は、事業者は、次の表の左欄に掲げる労働者で、離職の日まで引き続き１年を超えて使用していたものが、直前にじん肺健康診断を受けた日から離職の日までの期間が次の表の右欄の期間以上であるときは、その事業者は労働者の請求によりじん肺健康診断を行わなければならないと規定している（じん肺法第９条の２）。

対　象　労　働　者		
粉じん作業従事との関連	じん肺管理区分	直前のじん肺健康診断から離職までの期間
常時粉じん作業に従事	1	１年６か月以上
	2、3	６か月以上
常時粉じん作業に従事したことがあり現に粉じん作業以外の作業に常時従事	2、3	６か月以上

　② 派遣労働者に関する特例
　　派遣中の労働者に関する離職時健康診断の履行責任については、派遣元の事業者が負わず、派遣先の事業者が負うこととされている。派遣中の労働者に関しては、派遣先の事業者との間で「離職」ということはあり得ないため、じん肺法第９条の２の適用に当たっては、「離職」は「労働者派遣の役務の提供の終了」と読み替えられている（法第46条第１項後段）。すなわち、

派遣先の粉じん作業を含む業務に1年を超えて派遣されている、①の表の要件を満たす派遣中の労働者は、派遣の役務の終了の際、当該派遣先の事業者にじん肺健康診断の実施を求めることができる。なお、派遣中の労働者が「常時粉じん作業に従事させたことのある労働者で、現に粉じん作業以外の作業に常時従事しているもの」（じん肺法第9条の2第1項第3号）に該当する場合としては、派遣中の労働者がある派遣先の粉じん作業を含む業務に派遣された後、当該派遣先の粉じん作業以外の作業を含む業務に派遣され、当該業務に常時従事しているケースが考えられる。

（ホ）労働者の受診義務

①　概説

　じん肺法は、関係労働者は、正当な理由がある場合を除き、じん肺法第7条から第9条まで（前記就業時健康診断、定期健康診断及び定期外健康診断）の規定により事業者が行うじん肺健康診断を受けなければならない（じん肺法第11条）。ただし、事業者が指定した医師の行うじん肺健康診断を受けることを希望しない場合において、他の医師の行うじん肺健康診断を受け、当該エックス線写真及びじん肺健康診断の結果を証明する書面等を事業者に提出したときはこの限りでないと規定している（じん肺法第11条ただし書）。

②　派遣労働者に関する特例

　派遣中の労働者に関するじん肺健康診断の受診義務については、じん肺法第7条から第9条まで（前記就業時健康診断、定期健康診断及び定期外健康診断）の規定により事業者が行うじん肺健康診断の実施義務は派遣先の事業者に課すこととしているので、派遣中の労働者は受診義務を派遣先の事業者に対して負うこととしている（法第46条第1項）。

（ヘ）安衛法の健康診断との関係

　　じん肺法は、事業者はじん肺健康診断を行った場合において
は、その限度において、安衛法第66条第1項又は第2項の健康
診断を行わなくともよいと規定している（じん肺法第10条）。

　　派遣中の労働者に関しては、じん肺健康診断は原則として派遣
先の事業者が行うこととされるが、安衛法第66条第1項の一般
健康診断は当該労働者の派遣元の事業者が行い、安衛法第66条
第2項の特殊健康診断については、同条前段の特殊健康診断につ
いては派遣先の事業者が、同条後段の特殊健康診断については当
該有害業務に派遣中は当該派遣先の事業者が、当該有害業務への
派遣が終了した後は当該派遣元の事業者が行うこととされる。こ
のため、派遣中の労働者に関するじん肺法第10条の適用は、下
記のようになる。

①　派遣先の事業者が派遣中の労働者にじん肺健康診断を行った
　場合は、派遣先の事業者は、その限度において、派遣中の労働
　者に対して、安衛法第66条第2項の健康診断を行わなくとも
　よい（例えば、派遣先の事業者が派遣中の労働者を粉じん作業
　を含む業務に就労させた後、特定化学物質を取り扱う業務に従
　事させている場合）。

②　派遣先の事業者が派遣中の労働者にじん肺健康診断を行った
　場合は、派遣元の事業者はその限度において、派遣中の労働者
　に対して、安衛法第66条第1項の健康診断又は第2項の健康
　診断を行わなくともよい（後者の場合は、例えば、派遣元の事
　業者がその労働者をある派遣先の特定化学物質を取扱う業務に
　派遣した後、現に、当該労働者を当該派遣先の事業者以外の派
　遣先の事業者の粉じん作業を含む業務に派遣しているとき。）。

ト　じん肺管理区分の決定手続
　（イ）通常の申請手続
　　①　じん肺健康診断の結果、医師によりじん肺の所見があると診
　　　断された者のじん肺管理区分は、地方じん肺診査医の診断又は

審査に基づいて、都道府県労働局長が決定することとされている（じん肺法第13条第２項）。ただし、じん肺健康診断の結果、じん肺の所見がないと診断された者についてのじん肺管理区分の決定まで都道府県労働局長の決定に係らしめる必要はないことから、このような者のじん肺管理区分は管理１とし（じん肺法第13条第１項）、法律の規定に応じた健康管理を行うこととされている。

②　派遣中の労働者に関するじん肺管理区分の決定手続に係る規定の履行責任に関しては、事業者は決定されたじん肺管理区分に応じて労働者に健康管理を行うべきこととされることから、派遣中の労働者に関し、じん肺健康診断を実施し、それに基づいて粉じん作業場における健康管理を行う派遣先の事業者に課し、派遣元の事業者には課さないこととされている（法第46条第１項、第２項）。このため、派遣中の労働者に対してじん肺健康診断を実施した派遣先の事業者は、遅滞なく当該派遣労働者に係るエックス線写真及びじん肺健康診断の結果を証明する書面を都道府県労働局長に提出し、都道府県労働局長から当該派遣中の労働者に係るじん肺管理区分の決定の通知を受け、当該じん肺管理区分を当該派遣中の労働者に通知することとなる（じん肺法第12条、第14条第２項）。

　また、派遣中の労働者に係るじん肺管理区分は、派遣元にとっても健康管理上重要な資料であるので、派遣先の事業者が都道府県労働局長から派遣中の労働者に係るじん肺管理区分の決定の通知を受けたときは、当該通知の内容を記載した書面を作成し、遅滞なく、当該派遣元の事業者に送付しなければならないこととされている（法第46条第７項）。

（ロ）随時申請

①　労働者が行う場合

（ⅰ）じん肺法は、常時粉じん作業に従事する労働者又は常時粉じん作業に従事する労働者であった者は、いつでも、じん

327

肺健康診断を受けて、都道府県労働局長にじん肺管理区分を決定すべきことを申請することができると規定している（じん肺法第15条）。

（ⅱ）派遣中の労働者に関しても、じん肺管理区分の随時申請を行いうることはいうまでもない。一般に労働者の随時申請が行われた場合、都道府県労働局長は決定したじん肺管理区分を当該労働者及び当該労働者を雇用する事業者に通知することとされている（じん肺法第15条第3項）が、派遣中の労働者については、通知の宛先は当該派遣中の労働者及び当該派遣中の労働者の派遣を受けている派遣先の事業者ということとなる。

なお、じん肺管理区分決定申請書（様式第6号）には、申請者が常時粉じん作業に従事した者である場合においては、常時粉じん作業に従事した事業場のうち最終の事業場の事業者が当該労働者が常時粉じん作業に従事していた旨証明する欄が設けられている。派遣中の労働者の場合、このいわゆる最終粉じん作業場とは、最終の派遣先の粉じん作業場となる。

この場合、「常時粉じん作業に従事した労働者」に該当する派遣中の労働者の例としては、派遣先の粉じん作業を含む業務に派遣されたことがあり、現に当該派遣先の粉じん作業以外の業務に派遣されている派遣中の労働者が考えられる。

② 事業者が行う場合

（ⅰ）じん肺法は、事業者は、いつでも常時粉じん作業に従事する労働者又は常時粉じん作業に従事する労働者であった者について、じん肺健康診断を行い、都道府県労働局長にじん肺管理区分を決定すべきことを申請することができると規定している（じん肺法第16条）。

（ⅱ）派遣中の労働者に関する事業者の行う随時申請の履行責任に関しては、派遣中の労働者が派遣されている期間における当該労働者のじん肺に係る健康管理の責任は派遣先の事業

　　者に課されているため、派遣先の事業者に課し、派遣元の事業者には課さないこととされている（労働者派遣法第46条第1項、第2項）。

（ハ）エックス線写真等の提出命令等
　①　じん肺法は、都道府県労働局長は、常時粉じん作業に従事する労働者又は常時粉じん作業に従事する労働者であった者について、適正なじん肺管理区分を決定するため必要があると認めるときは、事業者に対して、エックス線写真及びじん肺健康診断の結果を証明する書面を提出すべきことを命ずることができると定めている（じん肺法第16条の2）。
　　　また、都道府県労働局長は、事業者からエックス線写真及びじん肺健康診断の結果を証明する書面が提出された場合であっても、地方じん肺診査医の意見により、じん肺管理区分の決定を行うため必要があると認めるときは、事業者に対して、期日若しくは方法を指定してエックス線写真の撮影若しくは一定の範囲内の検査を行うべきこと又はその指定する物件を提出すべきことを命ずることができると規定している（じん肺法第13条第3項。随時申請を行う労働者に対しては第15条第3項により、随時申請を行う事業者に対しては第16条第2項により、提出を命ずることができる。）。
　②　派遣中の労働者に関するこれらの規定の履行責任については、当該派遣中の労働者に対してじん肺健康診断を行うこととされている派遣先の事業者に課し、派遣元の事業者には課さないこととしている（法第46条第1項、第2項）。

チ　健康管理のための措置
　（イ）概説
　　　じん肺法は、事業者は、じん肺健康診断の結果、労働者の健康を保持するため必要があると認めるときは、当該労働者の実情を考慮して、就業上適切な措置を講ずるように努めるとともに、適

切な保健指導を受けることができるための配慮をするように努めなければならないと規定している（じん肺法第20条の2）。じん肺健康診断の結果あるいはじん肺管理区分に応じて定められる健康管理のための諸措置は、じん肺法の中枢をなすものであり、具体的に作業時間の短縮等、作業転換の措置が定められているが（**下図参照**）、本条は事業者の一般的責務として、健康管理措置義務を規定したものである。

　派遣中の労働者に関する事業者の健康管理に係る一般的責務に関する規定の履行責任については、派遣先の事業者のほか、一般的健康管理に責任を有する派遣元の事業者にも課すことが適当であるため、派遣先の事業者、派遣元の事業者双方に課すこととしている（法第46条第4項）。

健康管理のための措置

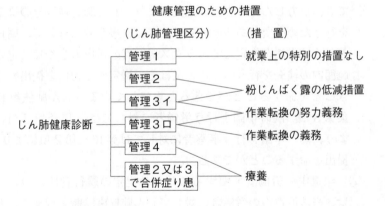

　また、じん肺法においては、事業者及び粉じん作業に従事する労働者は、じん肺の予防に関し、安衛法及び鉱山保安法の規定によるほか、粉じんの発散の防止及び抑制、保護具の使用その他について適切な措置を講ずるように努めなければならないと規定している（じん肺法第5条）。

　派遣中の労働者に関するじん肺の予防の責務に関する規定の履行責任については、粉じん作業場の機械、設備等を管理し、派遣中の労働者を指揮命令する派遣先の事業者に課すこととしている

（法第46条第1項、第2項）。

（ロ）作業時間の短縮等

①　じん肺法は、事業者はじん肺管理区分が管理2又は管理3イ
である労働者について、粉じんにさらされる程度を低減させる
ため、就業場所の変更、粉じん作業に従事する作業時間の短縮
その他の適切な措置を講ずるよう努めなければならないと規定
している（じん肺法第20条の3）。

②　派遣中の労働者に関する作業時間の短縮等の履行責任につい
ては、派遣中の労働者の労働条件を決定する派遣元に負わせる
ことが適当であるが、具体的事情によっては派遣先に負わせる
ことが適切である場合もあることから、派遣元の事業者及び派
遣先の事業者双方に課すこととされている（法第46条第4項）。
この場合、双方の事業者が連帯して義務を負うのではなく、そ
れぞれが派遣中の労働者について権限を有する範囲で、別々に
義務を負うこととなる。

（ハ）作業転換

①　じん肺法は、都道府県労働局長は、じん肺管理区分が管理3
イである労働者が現に常時粉じん作業に従事している場合は、
事業者に対して、その者を粉じん作業以外の作業に常時従事さ
せるべきことを勧奨することができ、さらに当該労働者のじん
肺管理区分が管理3ロであって、地方じん肺診査医の意見によ
り、当該労働者の健康を保持するため必要があると認めるとき
は、事業者に対して、その者を粉じん作業以外の作業に常時従
事させるべきことを指示することができると規定している。ま
た、事業者は、都道府県労働局長の勧奨を受けたとき、又はじ
ん肺管理区分が管理3ロである労働者が現に常時粉じん作業に
従事しているときは、当該労働者を粉じん作業以外の作業に常
時従事させるように努めなければならないと規定している（じ
ん肺法第21条）。

②　派遣中の労働者に関する作業転換の履行責任については、派遣中の労働者の労働条件を決定する派遣元に負わせることが適切であるが、具体的事情によっては派遣先に負わせることが適切である場合もあることから、派遣元の事業者及び派遣先の事業者双方に課すこととしている（法第46条第4項）。この場合、双方の事業者が連帯して義務を負うのではなく、都道府県労働局長に指示された派遣元の事業者又は派遣先の事業者のうちいずれか一方が義務を負うこととなる。

(ニ) 教育訓練

①　じん肺法は、事業者は、じん肺管理区分が管理3である労働者を粉じん作業以外の作業に常時従事させるため必要があるときは、その者に対して、作業の転換のための教育訓練を行うよう努めなければならないと規定している（じん肺法第22条の2）。

②　派遣中の労働者に関する作業転換のための教育訓練の履行責任については、作業転換の義務が派遣元と派遣先の双方に課されていることから、双方の事業者に課すこととされている（法第46条第4項）。

なお、じん肺法は、事業者は、安衛法及び鉱山保安法の規定によるほか、常時粉じん作業に従事する労働者に対してじん肺に関する予防及び健康管理のために必要な教育を行わなければならないと規定している（じん肺法第6条）。ここでいう教育とは、粉じん作業の実態に応じた教育をいい、派遣先の粉じん作業場の実態に即して行われる必要があるので、派遣先の事業者に課し、派遣元の事業者には課さないこととされている（法第46条第1項、第2項）。

(ホ) 転換手当

①　概説

じん肺法は、事業者は、労働者が常時粉じん作業に従事しな

くなったときは一定の場合を除き、その日から7日以内に次の表の労働者ごとに一定額の転換手当を、その者に支払わなければならないと規定している（じん肺法第22条）。

作業転換の勧奨を受けた労働者又はじん肺管理区分が管理3ロである労働者（下の欄に掲げる労働者を除く。）	平均賃金30日分
作業転換の指示を受けた労働者	平均賃金60日分

　事業者が転換手当の支払を免除される場合とは、下記のとおりである。

（ⅰ）法第7条の規定によるじん肺健康診断（じん肺法第7条に規定する場合におけるじん肺法第11条ただし書の規定によるじん肺健康診断を含む。）を受けて、じん肺管理区分が決定される前に常時粉じん作業に従事しなくなったとき、又はじん肺管理区分が決定された後、遅滞なく、常時粉じん作業に従事しなくなったとき。

（ⅱ）新たに常時粉じん作業に従事することとなった日から3か月以内に常時粉じん作業に従事しなくなったとき（（ⅰ）に該当する場合を除く。）。

（ⅲ）疾病又は負傷による休業その他その事由がやんだ後に従前の作業に従事することが予定されている事由により常時粉じん作業に従事しなくなったとき。

（ⅳ）天災地変その他やむを得ない事由のために事業の継続が不可能となったことにより離職したとき。

（ⅴ）労働者の責めに帰すべき事由により解雇されたとき。

（ⅵ）定年その他労働契約を自動的に終了させる事由（労働契約の期間の満了を除く。）により離職したとき。

（ⅶ）その他厚生労働大臣が定めるとき。

②　派遣労働者に関する特例

　転換手当の支払には、じん肺にり患している者の作業転換を促進するという側面があり、粉じん作業を含む業務に当該労働者を派遣しているのは派遣元の事業者であり、作業転換の支払

も本来派遣元の事業者が行うべきものであるので、派遣中の労働者に関する転換手当の支払の履行責任については、派遣元の事業者に課すこととし、派遣先の事業者には課さないこととされている（法第46条第5項）。

リ　派遣労働者が粉じん作業に従事しなくなった場合の適用

（イ）じん肺法は、事業者は、常時粉じん作業に従事させたことのある労働者であって現に粉じん作業以外の作業に常時従事しているものに対してもじん肺健康診断を行い、その結果に基づいて決定されたじん肺管理区分に従い、健康管理を行うこととしている。

　　派遣労働者に関して、これに該当する場合としては、1）ある派遣先の事業場において常時粉じん作業に従事した後、引き続き当該事業場において常時粉じん作業以外の作業に従事している場合、2）ある派遣先の事業場において常時粉じん作業に従事した後、現在は、派遣元の事業場において、又は他の派遣先に派遣され、その事業場において、常時粉じん作業以外の作業に従事している場合が考えられる。労働者派遣法は、1）の派遣中の労働者については派遣先の事業者にじん肺法の関係規定の履行責任を課しているが、2）の労働者については、その者と労働契約関係にある派遣元の事業者に次のじん肺法の関係規定を適用することとしている（法第46条第6項）。

（i）就業前の健康診断を除くじん肺健康診断の実施に係る規定（じん肺法第8条〜第11条）。

（ii）じん肺管理区分の決定手続に係る規定（じん肺法第12条〜第14条、第15条第3項、第16条、第16条の2）。

（iii）じん肺健康診断の結果の記録の作成及び保存（じん肺法第17条）

（iv）じん肺管理区分に応じた健康管理措置に係る規定（じん肺健康診断の結果に係る規定（じん肺法第20条の2）、作業転換のための教育訓練に係る規定（じん肺法第22条の2）、法令の

　　周知に係る規定（じん肺法第35条の2））。

（ロ）（イ）の②に該当する労働者について、派遣元の事業者がじん肺健康診断を行ったときは、当該派遣元の事業者は、その限度において、安衛法第66条第1項の一般健康診断又は同条第2項の特殊健康診断を行わなくてもよい。また、その労働者の派遣を受け、粉じん作業以外の作業に従事させる派遣先の事業者も、その限度において、安衛法第66条第2項の特殊健康診断を行わなくともよいこととされている（法第46条第6項後段、第13項）。

ヌ　その他の規定に関する特例

　　以上のほか、じん肺法は、法令の周知、心身の状態に関する情報の取扱い、書類の保存等、報告、労働者の申告などについて規定しているが、派遣中の労働者に関する特例の考え方及び内容は、安衛法の各規定についてと同様である。

（10）災害補償に関する事項

イ　概説

　　労災保険法は、第3条第1項で「労働者を使用する事業を適用事業とする」と規定しており、国の直営事業等を除き、労働者を使用する事業を適用事業とし、事業の開始された日に保険関係が成立する（暫定任意適用事業である一定の農林水産業は、労災保険の加入の申請について厚生労働大臣の認可のあった日に労災保険に係る保険関係が成立する。）。この「使用する」は労基法等における「使用する」と同様労働契約関係（雇用関係）にあるという意味に解されていること、労働者派遣事業に対する労災保険法の適用に当たっては、派遣労働者を雇用し、賃金を支払う派遣元の事業を派遣労働者に係る適用事業とすることが適切であること等から、労働者派遣法においては、労災保険法の適用について特例措置は講じられていない。

　　また、労基法の災害補償責任について、労働者派遣法において特例は設けられず、派遣元の事業主に災害補償責任を負わせることと

されている。

　なお、労働基準法研究会報告「派遣・出向等複雑な労働関係に対する労働基準法等の適用について」において、「労基法上の「使用者」として災害補償に関する責任を負う者は派遣元の事業主と解すべきである」と述べており、また、「労災保険の適用については派遣元の事業主を労災保険法上の事業主と解すべきである」と述べている。

ロ　労災保険法の適用関係

　労災保険事業（労災保険給付の支給と労働福祉事業）の運営に要する費用に充てるための財源は、主として、事業主から徴収する保険料で賄っている（労災保険法第30条参照）。保険料については、労災保険制度が事業主の災害補償責任を基礎としているところから、労災保険に加入している事業主が負担することとなっている。

　前記のとおり、派遣元の事業主の事業を労災保険の適用事業とすることとし、特例措置は設けられていないことから、派遣元の事業主は、その事業の開始された日から当然に保険者である政府に保険料を納付する義務を負うことになる（労働保険徴収法第3条）。

　なお、「派遣元事業主が講ずべき措置に関する指針」及び「派遣先が講ずべき措置に関する指針」では、派遣労働者に対する労働保険の適用に関して次のように述べている。

派遣元事業主が講ずべき措置に関する指針（抄）

（平成11年労働省告示第137号　最終改正：令和2年厚生労働省告示第346号）
4　労働・社会保険の適用の促進
　派遣元事業主は、その雇用する派遣労働者の就業の状況等を踏まえ、労働・社会保険の適用手続を適切に進め、労働・社会保険に加入する必要がある派遣労働者については、加入させてから労働者派遣を行うこと。ただし、新規に雇用する派遣労働者について労働者派遣を行う場合であって、当該労働者派遣の開始後速やかに労働・社会保険の加入手続を行うときは、この限りでないこと。

> ### 派遣先が講ずべき措置に関する指針（抄）
>
> （平成11年労働省告示第138号　最終改正：令和2年厚生労働省告示第346号）
> 8　労働・社会保険の適用の促進
> 　派遣先は、労働・社会保険に加入する必要がある派遣労働者については、労働・社会保険に加入している派遣労働者（派遣元事業主が新規に雇用した派遣労働者であって、当該派遣先への労働者派遣の開始後速やかに労働・社会保険への加入手続が行われるものを含む。）を受け入れるべきであり、派遣元事業主から派遣労働者が労働・社会保険に加入していない理由の通知を受けた場合において、当該理由が適正でないと考えられる場合には、派遣元事業主に対し、当該派遣労働者を労働・社会保険に加入させてから派遣するよう求めること。

ハ　労災保険料と労災保険率の適用

　労災保険料は、賃金総額（事業主がその事業に使用するすべての労働者に支払う賃金の総額をいう。）に「事業の種類」ごとに災害率等に応じて定められている保険料率を乗じて算定される（徴収法第11条、第12条第1項）。したがって、個別の事業がどの「事業の種類」に該当するかということは、事業主にとっては、保険料負担の公平化という観点から重要になってくる。「事業の種類」は、現在50種類余に区分されている。労働者派遣事業に対する労災保険率の適用に当たっても、事業主間の負担の公平を失することのないよう、個々の作業実態をみて判断することになる。派遣労働者を含めてその事業実態からみて、例えば、清掃業の事業の実態にあると判断されるものについては清掃業の事業（1000分の12）の労災保険率を、また、決算等の会計・経理の処理を行う実態にあると判断されるものについては、その他の各種事業（1000分の3）の労災保険率を適用することになる。このように、労働者派遣事業について特別に労災保険率を設定することはしていない。

　「賃金」とは、賃金、給料、手当、賞与その他名称のいかんを問わず、労働の対償として事業主が労働者に支払うもの（通貨以外の

もので支払われるものであつて、一定の範囲外のものを除く。）を
いうとされている（労働保険徴収法第2条第2項）。通貨以外のも
ので支払われるものについて、賃金に算入すべき通貨以外のもので
支払われる賃金の範囲は、食事、被服及び住居の利益のほか、所轄
労働基準監督署長又は所轄公共職業安定所長の定めるところによる
と規定しており（労働保険徴収法施行規則第3条）、食事、被服及
び住居の利益は賃金に含まれる。

ニ　保険給付

（イ）派遣労働者が、派遣先の事業場等において業務を行っている
　　際に負傷等を被った場合、派遣労働者が自宅から派遣先の事業場
　　に向かう通勤の途中で負傷等をした場合、それぞれ業務災害又は
　　通勤災害として保険給付が支給される。

　　　労災保険法は、保険給付として、1）労働者の業務上の負傷、
　　疾病、障害又は死亡に関する保険給付、2）労働者の通勤による
　　負傷、疾病、障害又は死亡に関する保険給付、3）二次健康診断
　　等給付を規定している（労災保険法第7条第1項）。

　　　1）の業務災害は、負傷、疾病等の原因が労働契約に基づいて
　　事業主の支配下にあることにより発生したことを要し、業務と負
　　傷、疾病等との間の原因結果の関係が労災保険法からみて相当と
　　判断されることが必要である。

　　　この「事業主の支配下にあることにより発生した」とは、負傷、
　　疾病等の原因が業務であるということである。したがって、負傷、
　　疾病等が勤務時間中に生じるか否かにより判断されるものではな
　　い。

　　　疾病については、業務に起因するかどうかを判断することが困
　　難であることから、業務上の疾病は労基法施行規則別表第1の2
　　に掲げる疾病とし、同表に「業務上の負傷に起因する疾病」のほ
　　か、物理的因子や化学物質等による一定の疾病等が掲げられてい
　　る（労基法施行規則第35条）。

　　　2）の通勤災害は、通勤に通常伴う危険が具体化して負傷、疾

病等が発生したことを要する。

　「通勤」とは、労働者が、就業に関し、住居と就業の場所との間の往復等の移動を、合理的な経路及び方法により行うことをいい、業務の性質を有するものを除くものとされている。労働者が、住居と就業の場所との間の往復等の移動の経路を逸脱し、又は中断した場合においては、当該逸脱又は中断の間及びその後の住居と就業の場所との間の往復等の移動は、通勤としないとされている。ただし、当該逸脱又は中断が、日用品の購入等日常生活上必要な行為であって一定のものをやむを得ない事由により行うための最小限度のものである場合は、当該逸脱又は中断の間を除き、通勤とされている（労災保険法第 7 条第 2 項、第 3 項）。

　　二次健康診断等給付は、安衛法第 66 条第 1 項又は第 5 項の規定による一般健康診断において、血圧検査、血液検査その他業務上の事由による脳血管疾患及び心臓疾患の発生にかかわる身体の状態に関する検査で一定のもののいずれの項目にも異常の所見があると診断されたときに、当該労働者に対し、その請求に基づいて行うこととされており、二次健康診断等給付の範囲は、脳血管及び心臓の状態を把握するために必要な検査とその結果に基づき、脳血管疾患及び心臓疾患の発生の予防を図るため、面接により行われる医師又は保健師による保健指導とされている（労災保険法第 26 条）。

（ロ）業務災害に関する保険給付は、療養補償給付、休業補償給付、障害補償給付、遺族補償給付、葬祭料、傷病補償年金、介護補償給付及び複数事業労働者に対するそれらと同様の給付とされている（労災保険法第 12 条の 8 、同法第 20 条の 2 ）。通勤災害に関する保険給付は、療養給付、休業給付、障害給付、遺族給付、葬祭給付、傷病年金、介護給付とされている（労災保険法第 21 条）。

　　保険給付は、補償を受けるべき被災した労働者、遺族等に対し、その請求に基づいて行うこととされており、被災した労働者、遺族等が所轄労働基準監督署長等に請求書を提出して行う。労災保険の請求書には事業主の証明が必要となっており、事業主は、保

険給付を受けるべき者から保険給付を受けるために必要な証明を求められたときは、すみやかに証明をしなければならないとされている（労災保険法施行規則第23条第2項）。

　補償を受けるべき者は、労働者、遺族又は葬祭を行う者である。遺族は、労働者の配偶者、子、父母、孫、祖父母及び兄弟姉妹であって、労働者の死亡の当時その収入によって生計を維持していたものである。法人の取締役、理事等であっても、定款等に基づいて業務執行権を有すると認められる者以外の者で、事実上、業務執行権を有する取締役、理事等の指揮を受けて労働に従事し、その対償として賃金を得ている者は、労働者とされる。労働者とされる取締役、理事等であっても、法人の機関構成員としての職務執行中に生じた負傷、疾病等は保険給付の対象にはならない。

　休業補償について、労基法は、労働者が業務上負傷し、又は疾病に罹った場合に療養のため、労働することができないために賃金を受けないときには、使用者は、労働者の療養中平均賃金の100分の60の休業補償を行わなければならないとしており（労基法第76条）、一方、労災保険法では、休業補償給付は、賃金を受けない日の4日目から支給するものとするとされており、また、労基法では、同法に規定する災害補償の事由について労災保険法等に基づいて給付が行われる場合においては、使用者は補償の責めを免れるとされている（労災保険法第14条、労基法第84条）。このため、使用者は、3日間については労基法第76条に基づき休業補償を行わなければならない。

（ハ）事業者は、労働者が労働災害により死亡し、又は休業したときは、労働者死傷病報告書を所轄労働基準監督署長に提出しなければならない（安衛則第97条）。

　業務災害や通勤災害が事業主の安全配慮義務違反、不法行為、工作物の瑕疵によって発生した場合には、事業主は、労災保険とは別に損害賠償を行う義務がある。

（11）派遣労働者の待遇に関する事項

イ　派遣元事業主において講ずべき措置

　　派遣元事業主は、派遣労働者の待遇を決定するに際しては、①派遣先の通常の労働者との均等待遇・均衡待遇を確保する「派遣先均等・均衡方式」（法第30条の3第1項及び第2項）、又は、②一定の要件をみたす労使協定を締結し、それに基づいて待遇を決定する「労使協定方式」（法第30条の4第1項）のいずれかによらなければならないとされている（法第30条の3第1項及び第2項、法第30条の4第1項）。このうち、派遣先均衡方式（法第30条の3第1項）による場合には、派遣元事業主は、派遣労働者の賃金の決定に際し、派遣先に雇用される通常の労働者との均衡を考慮しつつ、その雇用する派遣労働者の職務の内容、職務の成果、意欲、能力又は経験その他の就業の実態に関する事項を勘案して、その賃金（通勤手当、家族手当、住宅手当、別居手当、子女教育手当その他名称の如何を問わず職務の内容に密接に関連して支払われるものではない賃金を除く）を決定するよう務めなければならないとされている（法第30条の5）。

　　また、派遣元事業主は、その雇用する派遣労働者に対し、派遣労働者が段階的かつ体系的に派遣就業に必要な技能及び知識を習得することができるように実施しなければならないとされている（法第30条の2第1項）。

　　さらに、派遣元事業主は、その雇用する派遣労働者又は派遣労働者として雇用しようとする労働者について、各人の希望、能力及び経験に応じた就業の機会及び教育訓練の機会の確保、労働条件の向上その他雇用の安定を図るために必要な措置を講ずることにより、これらの者の福祉の増進を図るように務めなければならないとされている（法第30条の7）

ロ　派遣先において講ずべき措置

　　派遣先は、その指揮命令の下に労働させる派遣労働者について、派遣元事業主からの求めに応じ、派遣労働者が従事する業務と同種の業務に従事する派遣先に雇用される労働者が従事する業務の遂行

に必要な能力を付与するための教育訓練については、当該派遣労働者が当該業務に必要な能力を習得することができるようにするため、当該派遣労働者に対しても実施する等、必要な措置を講じる必要がある（ただし、当該派遣労働者がすでに当該業務に必要な能力を有している場合及び当該教育訓練を派遣元事業主がすでに実施した場合又は実施することができる場合を除く。）（法第40条第2項）。

　また、派遣先は、当該派遣先に雇用される労働者に対して利用の機会を与える給食施設、休憩室、更衣室については、その指揮命令の下に労働させる派遣労働者に対しても利用の機会を与えなければならないとされている（法第40条第3項）。さらに、派遣先は、給食施設、休憩室、更衣室以外の診療所等の施設についても、現に派遣先に雇用される労働者が通常利用しているものについては、その利用に関する便宜の供与等の措置を講じるように配慮しなければならないとされている（法第40条第4項）。

（12）解雇・退職に関する事項

イ　労働契約法第16条は、客観的に合理的な理由を欠き、社会通念上相当であると認められない解雇は、その権利を濫用したものとして、無効であるとし、労基法第19条は、業務上の傷病又は産前産後の休業期間並びにその後の30日間における解雇を禁止し、同法第20条は、使用者が労働者を解雇する場合に、30日前に解雇の予告をすること、あるいは、予告に代えて30日分以上の平均賃金を支払うことを義務づけている。なお、同法第19条、第20条には、一定の例外が定められ、また、同法第21条に第20条の解雇予告制度の適用を除外する場合が定められている。

　解雇とは、労働契約を将来に向かって解約する使用者側の一方的意思表示であり、退職とは、労働者側の一方的意思表示である。

ロ　派遣元の使用者は、派遣労働者が業務上の傷病又は産前産後のため休業している期間及びその後30日間は、当該派遣労働者を解雇することはできない。ただし、使用者が打切補償を支払った場合及び天災事変等のために事業の継続が不可能となり、その事由につい

て労働基準監督署長の認定を受けた場合はこの限りでないこととされている。この場合に事業の継続が不可能であるかどうかの判断は、派遣元の事業について行われるので、仮に、当該派遣労働者が派遣されている派遣先の事業の継続が不可能となったとしても、これには該当しない。

ハ　また、派遣元の使用者は派遣労働者を解雇しようとする場合には、30日前に予告するか、30日分以上の平均賃金を支払わなければならない。天災事変等のために事業の継続が不可能となった場合又は派遣労働者の責に帰すべき事由に基づいて解雇する場合で、労働基準監督署長の認定を受けたときはこの限りでないとされている。この場合も、事業の継続が不可能であるかどうかの判断は派遣元の事業について行われる。なお、日々雇用される者、2か月以内の期間を定めて使用される者等には、この解雇予告制度の適用はない（例えば、日々雇入れられる者が1か月を超えて引き続き使用されるに至った場合、2か月以内の期間を定めて使用される者がその所定の期間を超えて引き続き使用されるに至った場合には、解雇の予告をしなければならない。）。

ニ　使用者は、期間の定めのある労働契約（以下「有期労働契約」という。）について、やむを得ない事由がある場合でなければ、その契約期間が満了するまでの間において、労働者を解雇することができないとされている（労契法第17条）。また、労働者において有期労働契約の契約期間の満了時に有期労働契約が更新されるものと期待することについて合理的な理由があると認められることなどに該当する有期労働契約の契約期間が満了する日までの間に労働者が有期労働契約の更新の申込みをした場合等であって、使用者が当該申込みを拒絶することが、客観的に合理的な理由を欠き、社会通念上相当であると認められないときは、使用者は、従前の有期労働契約の内容である労働条件と同一の労働条件で当該申込みを承諾したものとみなすとされている（労契法第19条）。

　なお、期間の定めのない労働契約の場合には、労働者はいつでも退職することができる。ただ、退職の申入れ後、2週間を経過しな

いと労働契約は終了しないとされている（民法第627条）。

ホ　労働者派遣の場合には、派遣先の事業主による労働者派遣契約の解除が、派遣労働者の就業機会を失わせ、ひいては派遣労働者の解雇につながることもありうるが、そもそも、派遣労働者の労働契約と当該派遣労働者を派遣する労働者派遣契約とは別個のものであるので、派遣先の事業主による労働者派遣契約の解除について、労基法の解雇に関する規制が適用されることはない。したがって、派遣先の事業主が、派遣中の労働者の解雇制限期間中に労働者派遣契約を解除し、又は、予告期間なしに即時に解除することは労基法上の問題はないが、派遣元の事業主が当該派遣されていた労働者を解雇しようとする場合には、当然、労基法の規制が適用されるので、解雇制限期間中は解雇できず、また、解雇予告等の手続が必要となる。

ヘ　労基法第22条は、労働者の就業活動の便宜のため使用者の退職時の証明書の交付義務を定めるとともに、いわゆる「ブラックリスト」を禁止しており、同法第23条は、労働者の退職等の場合には、7日以内に賃金の支払い及び労働者の権利に属する金品の返還を義務づけている。

ト　派遣元の使用者は、派遣労働者が退職の際に、使用期間、業務の種類、その事業における地位、賃金又は退職の事由（退職の事由が解雇の場合にあっては、その理由を含む。）に関する証明書を請求した場合には、労働者が請求した事項に関する証明書を遅滞なく交付しなければならない。また解雇を予告した派遣労働者から、解雇の理由を記載した証明書の請求があった場合には、解雇日の前であっても、解雇の理由を記載した証明書を交付しなければならない。

なお、労働者の請求しない事項を記入することはできない。

また、派遣元の使用者は、あらかじめ第三者と謀り、労働者の就業を妨げることを目的として、労働者の国籍、信条、社会的身分若しくは労働組合運動に関する通信を行うこと及び退職時の証明書に秘密の記号を記入することが禁止される。

派遣元の使用者は、派遣労働者が死亡し又は退職した場合であっ

　て、権利者から請求があったときには、7日以内に賃金を支払い、積立金等労働者の権利に属する金品を返還しなければならない。

（13）男女雇用機会均等に関する事項

イ　職場における性的な言動等に関して雇用管理上講ずべき措置

　男女雇用機会均等法第11条第1項は、事業主は、職場において行われる性的な言動に対するその雇用する労働者の対応により当該労働者がその労働条件につき不利益を受け、又は当該性的な言動により当該労働者の就業環境が害されることのないよう当該労働者からの相談に応じ、適切に対応するために必要な体制の整備、その他の雇用管理上必要な措置を講じなければならないことを規定している。また、労働者が、この相談を行ったこと又は相談への対応に協力して事実を述べたことを理由に解雇その他不利益な取扱いをしてはならないと定めている（同条第2項）。さらに、事業主は、他の事業者からセクシュアルハラスメント防止の措置に関し必要な協力を求められた場合には、これに対応するよう努めなければならないとされている（同条第3項）。

　同条第4項に基づき「事業主が職場における性的な言動に起因する問題に関して雇用管理上講ずべき措置についての指針」（平成18年厚生労働省告示第615号）が定められており、その主な内容は次のとおりである。

（イ）職場におけるセクシュアルハラスメントを防止するために、事業主は、その方針として、職場におけるセクシュアルハラスメントの内容及び職場におけるセクシュアルハラスメントがあってはならない旨の方針を明確化し、労働者に周知・啓発するとともに、職場におけるセクシュアルハラスメントに係る性的な言動を行った者については、厳正に対処する旨の方針及び対処の内容を就業規則等に規定し、労働者に周知・啓発しなければならない。

（ロ）事業主は、労働者からの相談に対し、その内容や状況に応じ適切かつ柔軟に対応するために必要な体制の整備として、あらかじめ相談窓口を定め、相談窓口の担当者が相談に対し、その内容

や状況に応じ適切に対応できるようにしなければならない。

（ハ）事業主は、職場におけるセクシュアルハラスメントに係る相談の申出があった場合においては、その事案に係る事実関係を迅速かつ正確に確認し、職場におけるセクシュアルハラスメントが生じた事実が確認できたときにおいては、速やかに被害者と行為者を引き離すための配置転換、行為者の謝罪等の被害者に対する配慮のための措置を適正に行い、就業規則等における職場におけるセクシュアルハラスメントに関する規定等に基づき、行為者に対して必要な懲戒その他の措置を講じるとともに、改めて職場におけるセクシュアルハラスメントに関する方針を周知・啓発するなどの再発防止に向けた措置を講じなければならない。

（ニ）また、事業主は、職場におけるセクシュアルハラスメントに係る相談者・行為者等の情報は相談者・行為者等のプライバシーに属するものであることから、相談への対応又は当該セクシュアルハラスメントに係る事後の対応に当たっては、相談者・行為者等のプライバシーを保護するために、あらかじめマニュアルを定め、相談窓口の担当者に必要な研修を行うなどの措置を講じるとともに、その旨を労働者に周知しなければならない。さらに、事業主は、職場におけるセクシュアルハラスメントに関し相談したこと又は事実関係の確認に協力したこと等を理由として、不利益な取扱いを行ってはならない旨を定め、労働者に周知しなければならない。

ロ　職場における妊娠・出産等に関する言動に起因する問題に関する雇用管理上の措置

　　男女雇用機会均等法第11条の2第1項は、事業主は、職場において行われる雇用する女性労働者に対する当該女性労働者が妊娠したこと、出産したこと、産前休業を請求し、又は産前産後休業をしたことその他の妊娠又は出産に関する事由に関する言動により女性労働者の就業環境が害されることのないよう、女性労働者からの相談に応じ、適切に対応するために必要な体制の整備その他の雇用管

理上必要な措置を講じなければならないとしている。

　また、労働者が相談を行ったこと又は相談への対応に協力して事実を述べたことを理由に解雇その他不利益な取扱いをしてはならないと定めている（同条第3項）。そして、同第3項に基づき、「事業主が職場における妊娠・出産等に関する言動に起因する問題に関して雇用管理上講ずべき措置等についての指針」（平成28年8月2日厚生労働省告示第312号、最終改正：令和2年1月15日厚生労働省告示第6号）が定められている。

ハ　婚姻、妊娠・出産等を理由とする不利益取扱いの禁止

　男女雇用機会均等法第9条第3項は、事業主は、その雇用する女性労働者が妊娠したこと、出産したこと、産前休業を請求し、又は産前産後休業をしたことその他の妊娠又は出産に関する事由を理由として、当該女性労働者に対して解雇その他不利益な取扱いをしてはならないとしている。

ニ　妊娠中・出産後の健康管理に関する措置

　男女雇用機会均等法第12条は、事業主は、その雇用する女性労働者が母子保健法の規定による保健指導又は健康診査を受けるために必要な時間を確保することができるようにしなければならないことを規定している。

　また、男女雇用機会均等法第13条第1項は、上記の保険指導又は健康診査に基づく指導事項を守ることができるようにするため、勤務時間の変更、勤務の軽減等必要な措置を講じなければならないと規定し、同条第2項に基づいて定められた「妊娠中及び出産後の女性労働者が保健指導又は健康診査に基づく指導事項を守ることができるようにするために事業主が講ずべき措置に関する指針」（平成9年労働省告示第105号）において、妊娠中の通勤緩和、休憩に関する措置及び妊娠中又は出産後の症状等に対応する措置等が示されている。

ホ　派遣中の労働者に関する特例

　　派遣労働者については、労働者派遣法第47条の2により、派遣先の事業主も前記イないしニの男女雇用機会均等法第11条第1項や第11条の2第1項あるいは第9条第3項の規定及び第12条や第13条第1項の規定に基づき、必要な措置を講ずる必要がある。

（14）育児・介護休業に関する事項

イ　育児休業

　　労働者は、その養育する1歳に満たない子について、事業主に申し出ることにより、育児休業をすることができる。期間を定めて雇用される者にあっては、次の1）及び2）のいずれにも該当するものに限り、育児休業の申出をすることができる（育児介護休業法第5条）。

1）当該事業主に引き続き雇用された期間が1年以上である者

2）その養育する子が1歳6か月に達する日までに、その労働契約（労働契約が更新される場合にあっては、更新後のもの）が満了することが明らかでない者

　　子の1歳に達する日において育児休業をしている場合において、保育所等における保育の利用の申込みを行っているが、子が1歳に達する日後の期間について、当面その実施が行われないとき等には、1歳6か月に達するまで育児休業をすることができる。また、子の1歳6か月に達する日において育児休業をしている場合において、同じく保育所等における保育の利用の申込みを行っているが、子が1歳6か月に達する日後の期間について、当面その実施が行われないとき等には、2歳に達するまで育児休業をすることができる。

　　両親がともに育児休業を取得する場合には、子が1歳2か月に達するまでの間で1年間育児休業を取得することができる。

　　事業主は、事業主に引き続き雇用された期間が1年に満たない労働者等のうち、過半数労働組合又は過半数代表者との書面による協定で育児休業をすることができないものとして定められた労働者を

除き、労働者からの育児休業の申出があったときは、育児休業の申出を拒むことができない。

ロ　介護休業

　労働者は、事業主に申し出ることにより、要介護状態にある対象家族について３回まで、介護休業をした日数が93日に達するまで、介護休業をすることができる。期間を定めて雇用される者にあっては、次の１）及び２）のいずれにも該当するものに限り、介護休業の申出をすることができる（育児介護休業法第11条）。

１）当該事業主に引き続き雇用された期間が１年以上である者

２）介護休業開始予定日から起算して93日を経過する日から６か月を経過する日までに、その労働契約（労働契約が更新される場合にあっては、更新後のもの）が満了することが明らかでない者

　事業主は、事業主に引き続き雇用された期間が１年に満たない労働者等のうち、過半数労働組合又は過半数代表者との書面による協定で介護休業をすることができないものとして定められた労働者を除き、労働者からの介護休業の申出があったときは、介護休業の申出を拒むことができない。

ハ　子の看護休暇

　小学校就学の始期に達するまでの子を養育する労働者は、事業主に申し出ることにより、一の年度（４月１日から翌年３月31日まで）において５労働日（小学校就学の始期に達するまでの子が２人以上の場合にあっては、10労働日）を限度として、負傷し、又は疾病にかかった子の世話等を行うために時間単位で子の看護休暇を取得することができる（育児介護休業法第16条の２、同法施行規則第34条第１項）。

　事業主は、労働者からの子の看護休暇の申出があったときは、子の看護休暇の申出を拒むことができない。

ニ　介護休暇

　　要介護状態にある対象家族の介護等を行う労働者は、事業主に申
　し出ることにより、一の年度（4月1日から翌年3月31日まで）
　において5労働日（要介護状態にある対象家族が2人以上の場合に
　あっては、10労働日）を限度として、時間単位で介護休暇を取得
　することができる（育児介護休業法第16条の5、同法施行規則第
　40条）。

　　事業主は、労働者からの介護休暇の申出があったときは、介護休
　暇の申出を拒むことができない。

ホ　所定外労働の制限

　　事業主は、事業主に雇用された期間が1年に満たない労働者及び
　1週間の所定労働日数が2日以下の労働者のうち過半数労働組合又
　は過半数代表者との書面による協定で所定外労働の制限についての
　請求をできないものとして定められた労働者を除き、3歳に満たな
　い子を養育する労働者が子を養育するために請求した場合において
　は、所定労働時間を超えて労働させてはならない（育児介護休業法
　第16条の8）。この規定は、要介護状態にある対象家族を介護する
　労働者について準用されており、要介護状態にある対象家族を介護
　する労働者が対象家族を介護するために請求した場合においては、
　所定労働時間を超えて労働させてはならないとされている（育児介
　護休業法第16条の9）。

ヘ　時間外労働の制限

　　事業主は、事業主に引き続き雇用された期間が1年に満たない労
　働者及び1週間の所定労働日数が2日以下の労働者を除き、小学校
　就学の始期に達するまでの子を養育する労働者が子を養育するため
　に請求したときは、1月について24時間、1年について150時間（制
　限時間）を超えて労働時間を延長してはならない（育児介護休業法
　第17条）。この規定は、要介護状態にある対象家族を介護する労働
　者について準用されており、要介護状態にある対象家族を介護する

労働者が対象家族を介護するために請求したときは、1月について24時間、1年について150時間を超えて労働時間を延長してはならないとされている（育児介護休業法第18条）。

ト　深夜業の制限

　　事業主は、事業主に引き続き雇用された期間が1年に満たない労働者、午後10時から午前5時までの間において常態として子を保育することができる同居の家族がいる労働者等を除き、小学校就学の始期に達するまでの子を養育する労働者が子を養育するために請求した場合においては、午後10時から午前5時までの間において労働させてはならない（育児介護休業法第19条）。この規定は、要介護状態にある対象家族を介護する労働者について準用されており、要介護状態にある対象家族を介護する労働者が対象家族を介護するために請求したときは、午後10時から午前5時までの間において労働させてはならないとされている（育児介護休業法第20条）。

チ　所定労働時間の短縮措置等

　　事業主は、雇用する労働者のうち、1日の所定労働時間が6時間以下の労働者を除き、3歳に満たない子を養育する労働者であって育児休業をしていないものに関して、労働者の申出に基づき所定労働時間を短縮することにより労働者が就業しつつ子を養育することを容易にするための措置を講じなければならない。ただし、事業主に引き続き雇用された期間が1年に満たない労働者、業務の性質又は業務の実施体制に照らして育児のための所定労働時間の短縮措置を講ずることが困難と認められる業務に従事する労働者等のうち過半数労働組合又は過半数代表者との書面による協定で所定労働時間を短縮することにより労働者が就業しつつ子を養育することを容易にするための措置を講じないものとして定められた労働者に該当する労働者については、この限りでない（育児介護休業法第23条第1項）。

　　事業主は、ただし書の規定により、業務の性質又は業務の実施体

制に照らして育児のための所定労働時間の短縮措置を講ずることが
困難と認められる業務に従事する労働者であって3歳に満たない子
を養育するものについて育児のための所定労働時間の短縮措置を講
じないこととするときは、当該労働者に関して、フレックスタイム
制により労働させること、始業又は終業の時刻を繰り上げ又は繰り
下げること等労働者が就業しつつ子を養育することを容易にするた
めの措置を講じなければならない（育児介護休業法第23条第2項）。
　事業主は、雇用する労働者のうち、要介護状態にある対象家族を
介護する労働者であって介護休業をしていないものに関して、労働
者の申出に基づく連続する3年の期間以上の期間における所定労働
時間の短縮の制度を設けること、フレックスタイム制を設けるこ
と、始業又は終業の時刻を繰り上げ又は繰り下げる制度を設けるこ
と等労働者が就業しつつ要介護状態にある対象家族を介護すること
を容易にするための措置を講じなければならない。ただし、事業主
に引き続き雇用された期間が1年に満たない労働者又は1週間の所
定労働日数が2日以下の労働者のうち過半数労働組合又は過半数代
表者との書面による協定で介護のための所定労働時間の短縮等の措
置を講じないものとして定められた労働者に該当する労働者につい
ては、この限りでない（育児介護休業法第23条第3項）。

リ　職場における育児休業等に関する言動に関して雇用管理上講ずべ
　き措置
　　事業主は、職場において行われる雇用する労働者に対する育児休
業、介護休業その他の子の養育又は家族の介護に関する制度又は措
置の利用に関する言動により労働者の就業環境が害されることのな
いよう、労働者からの相談に応じ、適切に対応するために必要な体
制の整備その他の雇用管理上必要な措置を講じなければならない
（育児介護休業法第25条）。また、労働者が相談を行ったこと又は
相談への対応に協力して事実を述べたことを理由として解雇、その
他不利益な取扱いをしてはならない（同条第2項）。

ヌ　職場における育児休業等に関する言動に起因する問題に対する事業主の責務

　　事業主は，育児休業等に関する言動に起因する問題（以下「育児休業等関係言動問題」という。）に対するその雇用する労働者の関心と理解を深めるとともに，当該労働者が他の労働者に対する言動に必要な注意を払うよう研修の実施等必要な配慮をするほか，国の措置に協力するよう努めなければならない（育児介護休業法第25条の2第2項）。また、事業主（その者が法人である場合は、その役員）は，自らも育児休業等関係言動問題に対する理解と関心を深め労働者に対する必要な注意を払うように努めなければならないとされている（同条第3項）。

ル　不利益取扱いの禁止

　　事業主は、労働者が育児休業、介護休業等の申出をし、又は育児休業、介護休業等をしたことを理由として、労働者に対して解雇その他不利益な取扱いをしてはならない（育児介護休業法第10条、第16条、第16条の4、第16条の7、第16条の10、第18条の2、第20条の2、第23条の2）。

ヲ　派遣中の労働者に関する特例

　　派遣中の労働者に関しては、労働者派遣法第47条の3により、上記リの職場における育児休業等に関する言動に関して雇用管理上講ずべき措置及びヌの育児休業、介護休業等の申出等による不利益な取扱いの禁止については、派遣元の事業主及び派遣先の事業主がその義務を負うものであり、イからチまでは派遣元の事業主がその義務を負うものである。

ワ　令和3年6月改正

　　育児介護休業法は、令和3年6月に一部改正された（令和3年6月3日成立、同月9日公布）。

この改正の概要は次のとおりである。

（イ）出生時育児休業の新設（公布後1年6か月以内の政令で定める日に施行予定）

　　　男性の育児休業取得促進のため、従前の育児休業制度に加えて、子の出生後8週間以内に4週間まで、原則休業の2週間前までに申し出ることにより、育児休業を取得することができることとする。

（ロ）育児休業を取得しやすい雇用環境整備及び妊娠・出産の申出をした労働者に対する個別の周知、意向確認の措置の義務づけ（令和4年4月1日施行）

　①　事業主には、育児休業の申出・取得を円滑にするための雇用環境の整備に関する措置を講ずることが求められる。

　②　妊娠・出産（本人又は配偶者）の申出をした労働者に対して、事業主から個別の周知、意向確認の措置を講ずることが義務づけられる。

（ハ）育児休業の分割取得（公布後1年6か月以内の政令で定める日に施行予定）

　　　育児休業（上記①を除く）について、分割して2回まで取得することが可能となる。

（ニ）育児休業の取得の状況の公表の義務付け（令和5年4月1日施行）

　　　常時雇用する労働者数が1,000人超の事業主には、育児休業の取得の状況について公表することが義務づけられる。

（ホ）有期雇用労働者の育児・介護休業取得要件の緩和（令和4年4月1日施行）

　　　有期雇用労働者の育児休業及び介護休業の取得要件のうち「事業主に引き続き雇用された期間が1年以上である者」という要件が廃止される（ただし、労使協定にて事業主に引き続き雇用された期間が1年未満である労働者を対象から除外することは可能である）。

（15）労働施策総合推進法に関する事項

イ　基本的理念および事業主の責務

　　労働施策総合推進法は、その基本理念において、労働者は、その職業生活の設計が適切に行われ、並びにその設計に即した能力の開発および向上並びに転職に当たっての円滑な再就職の促進等の措置が効率的に実施されることにより職業の安定が図られるよう配慮されるものとする（同法第3条第1項）とともに、労働者は職務の内容及び職務に必要な能力、経験その他の職務遂行上必要な事項の内容が明らかにされ、能力等を公正に評価され、当該評価に基づく処遇を受けること等によりその職業の安定が図られるように配慮されるものと定めている（同条第2項）。

　　これを踏まえて、事業主の責務として、事業主は、その雇用する労働者の労働時間の短縮その他の労働条件の改善その他の労働者が生活との調和を保ちつつ、その意欲及び能力に応じて就業することができる環境の整備に務めなければならないとされている（同法第6条第1項）。

ロ　募集及び採用における年齢に関わりない均等な機会の確保

　　事業主は、以下の場合を除いては、労働者の募集及び採用について、その年齢に関わりなく均等な機会を与えなければならないとされている（同法第9条）。

（イ）定年の定めをしている場合に定年年齢を下回ることを条件として労働者の募集及び採用を行うとき。

（ロ）労働基準法その他の法令により特定の年齢の範囲に属する労働者の就業が禁止又は制限されている業務について、当該年齢の範囲に属する労働者以外の労働者の募集及び採用を行うとき。

（ハ）募集及び採用における年齢制限を必要最小限とする観点から見て合理的な制限である以下のいずれかに該当するとき。

　　①　長期勤続によるキャリア形成を図る観点から若年者等を期間の定めのない労働契約の対象として募集・採用する場合

　　②　技能・ノウハウの継承の観点から特定の職種において労働者

数が相当程度少ない特定の年齢層に限定し、かつ、期間の定めのない労働契約の対象として募集・採用する場合

③　芸術・芸能の分野における表現の真実性などの要請がある場合

④　60歳以上の高年齢者、就職氷河期世代の不安定就労者・無業者又は特定の年齢層の雇用を促進する施策（国の施策を活用しようとする場合に限る）の対象となる者に限定して募集・採用する場合

ハ　外国人の雇用管理の改善、再就職の促進等の措置

　事業主は、その雇用する外国人（日本国籍を有していない者をいい、外交又は公用の資格を持って在留する者および特別永住者を除く。）が、その有する能力を有効に発揮できるよう、職業に適応することを容易にするための措置の実施その他の雇用管理の改善に努めることとされている（同法第7条）。また、同法第7条に基づいて「外国人労働者の雇用管理の改善等に関して事業主が適切に対処するための指針」（平成19年8月3日厚生労働省告示第276号）が定められており、事業主は、同指針に従って必要な措置を講じることが求められている。

　さらに、事業主は、新たに外国人を雇い入れた場合又はその雇用する外国人が離職した場合には、外国人雇用状況の届出をしなければならないとされており（同法第28条）、この届出に際しては、当該外国人の氏名、在留資格等を在留カード等で確認しなければならない。

ニ　パワーハラスメント防止措置

（イ）事業主のパワーハラスメント防止措置義務

　　労働施策総合推進法は、第30条の2第1項において、事業主は、職場において行われる優越的な関係を背景とした言動であって、業務上必要かつ相当な範囲を超えたものによりその雇用する労働者の就業環境が害されること（以下、「職場におけるパワーハラ

スメント」という。）のないよう、当該労働者からの相談に応じ、適切に対応するために必要な体制の整備その他の雇用管理上必要な措置を講じなければならないことを規定している（ただし、同条については、中小企業に関しては、令和4年4月1日まで施行が猶予されている）。

　また、労働者がこの相談を行ったこと又は相談への対応に協力した際に事実を述べたことを理由として、解雇その他不利益な取り扱いをしてはならないとしている（同条第2項）。

　同条第3項に基づき、「事業主が職場における優越的な関係を背景とした言動に起因する問題に関して雇用管理上講ずべき措置に関する指針」（令和2年1月15日厚生労働省告示第5号）が定められている。同指針では、職場におけるパワーハラスメントとは、職場において行われる①優越的な関係を背景とした言動であって、②業務上必要かつ相当な範囲を超えたものにより、③労働者の就業環境が害されるものであり、①から③までの要素を全て満たすものをいうと定めた上で、事業主に対して、職場におけるパワーハラスメント防止のために措置を講じることを求めている。その主な内容は次のとおりである。

ⅰ）事業主の方針等の明確化及びその周知・啓発

　　事業主は、職場におけるパワーハラスメントに関する方針を明確化し、労働者に対して周知・啓発するとともに、職場におけるパワーハラスメントを行なった者については、厳正に対処する旨の方針及び対処の内容を就業規則等に規定し、労働者に周知・啓発しなければならない。

ⅱ）相談（苦情を含む。以下同じ。）に応じ、適切に対応するために必要な体制の整備

　　事業主は、労働者からの相談に対し、その内容や状況に応じ適切かつ柔軟に対応するために必要な体制の整備として、あらかじめ相談窓口を定め、相談窓口の担当者が相談に対し、その内容や状況に応じ適切に対応してできるようにしなければならない。

ⅲ）職場におけるパワーハラスメントに係る事後の迅速かつ適切
な対応

　事業主は、職場におけるパワーハラスメントに係る相談の申
出があった場合においては、その事案に係る事実関係を迅速か
つ正確に確認し、職場におけるパワーハラスメントが生じた事
実が確認できたときにおいては、事案の内容や状況に応じ、被
害者と行為者の間の関係改善に向けての援助、被害者と行為者
を引き離すための配置転換、行為者の謝罪、被害者の労働条件
上の不利益の回復、管理監督者又は事業場内産業保健スタッフ
等による被害者のメンタルヘルス不調への相談対応等の措置を
講じ、就業規則等におけるパワーハラスメントに関する規定等
に基づき、行為者に対して必要な懲戒その他の措置を講じると
ともに、改めて職場におけるパワーハラスメントに関する方針
を周知・啓発するなどの再発防止に向けた措置を講じなければ
ならない。

ⅳ）上記ⅰ）からⅲ）までの措置と併せて講ずべき措置

　事業主には、上記の措置と併せて講ずべき措置として、職場
におけるパワーハラスメントに係る相談者・行為者等の情報は
当該相談者・行為者等のプライバシーに属するものであること
から、相談への対応又は当該パワーハラスメントに係る事後の
対応に当たっては、相談者・行為者等のプライバシーを保護す
るために必要な措置を講ずるとともに、その旨を労働者に対し
て周知することが求められる。なお、相談者・行為者等のプラ
イバシーには、性的指向・性自認や病歴、不妊治療等の機微な
個人情報も含まれる。

　また、事業主には、労働者が職場におけるパワーハラスメン
トに関し相談をしたこと若しくは事実関係の確認等の事業主の
雇用管理上講ずべき措置に協力したこと、都道府県労働局に対
して相談、紛争解決の援助の求め若しくは調停の申請を行った
こと等を理由として、解雇その他不利益な取扱いをされない旨
を定め、労働者に周知・啓発することが求められる。

ⅴ）その他望ましい取組

　事業主は、上記ⅰ）の職場におけるパワーハラスメントを行ってはならない旨の方針の明確化等を行う際に、当該事業主が雇用する労働者以外の者（他の事業主が雇用する労働者、就職活動中の学生等求職者及び労働者以外の者）に対する言動についても同様の方針を併せて示すことが望ましいとされている。

　また、事業主は、取引先等の他の事業主が雇用する労働者又は他の事業主（その者が法人てある場合にあってはその役員）からのパワーハラスメントや顧客等からの著しい迷惑行為(暴行、脅迫、ひどい暴言、著しく不当な要求等）により、その雇用する労働者が就業環境を害されることのないよう、雇用管理上の配慮として、例えば相談に応じ、適切に対応するために必要な体制の整備、被害者への配慮のための取組等を行うことが望ましいとされている。

（ロ）事業主及び労働者の責務

　事業主は、職場のパワーハラスメントに対するその雇用する労働者の関心と理解を深めるとともに、当該労働者が他の労働者に対する言動に必要な注意を払うよう研修の実施等の必要な配慮をするほか国の講ずる措置に協力するよう務めなければならない（法第30条の3第2項）。

　また、事業主（その者が法人である場合は役員）は、自らも、職場のパワーハラスメントに対する関心と理解を深め、労働者に対する言動に必要な注意を払うよう務めなければならず、労働者もまた、職場のパワーハラスメントに対する関心と理解を深め、他の労働者に対する言動に必要な注意を払うとともに事業主の講ずる措置に協力するよう努めることが求められている。

ホ　事業主による再就職の援助を促進するための措置

（イ）再就職援助計画等の作成

　事業主は、一つの事業場において1か月以内に30人以上の離職者を生じさせる事業規模の縮小・事業転換等を生じさせようと

するときは、当該離職を余儀なくされる労働者の再就職の援助の
ための措置に関する計画（再就職援助計画）を作成しなければな
らない。

（ロ）大量の雇用変動等の届出

　事業主は、一つの事業場において1か月以内に30人以上の離
職者の発生が見込まれるときは、大量雇用変動届けをハローワー
クに提出しなければならない。

ヘ　派遣中の労働者の特例

　派遣中の労働者の派遣就業に関しては、職場のパワーハラスメン
ト防止措置に係る規定（同法第30条の2第1項）、および職場のパ
ワーハラスメントに起因する問題に関する事業主の責務の規定（同
法第30条の3第2項）に関しては、派遣先の使用者も事業主とし
ての責任を負う（同法第47条の4）。

第2章

派遣労働者の労務・安全衛生管理Q&A

1 労働時間等管理関係

Q1 派遣先は、派遣労働者の労働時間の管理について、どのようなことに留意しなければなりませんか？

A 派遣先は、適用の特例などが定められている労基法などの関係法令を遵守することはもとより、派遣労働者の労働時間の枠組みについての派遣元との連絡調整や派遣労働者の労働時間の実績を通知することなどにより、労働時間の管理をしなければならない。

派遣先は、派遣労働者について、労働者派遣法により適用の特例等が定められている労基法等の関係法令を遵守することはもとより、次の点に留意して、労働時間の管理をしなければなりません。

① 派遣先が履行しなければならない労基法などの規定や労働者派遣契約に定める派遣労働者の就業日、就業の開始・終了の時刻、休憩時間、時間外・休日労働の定めをした場合のその日数や時間数を、派遣先責任者や派遣労働者を直接指揮命令する者等の関係者に、説明会の開催や書面の交付等により周知すること

② 派遣元の事業所の36協定の内容や派遣労働者の労働時間の枠組みについての派遣元からの情報提供等について、派遣元との連絡調整を適切に行うこと

③ 定期的に派遣労働者が就業する場所を巡回し、労働時間などに関し、法令や労働者派遣契約に違反していないことを確認すること

361

④　労働時間等に関し、派遣労働者を直接指揮命令する者から、定期的に派遣労働者が就業している状況について報告を求め、法令や労働者派遣契約に違反していないことを確認すること

⑤　労働時間等に関し、派遣労働者を直接指揮命令する者に対し、法令や労働者派遣契約の内容に違反する業務上の指示を行わないことについて指導を徹底すること

⑥　労働時間等に関し、法令や労働者派遣契約の定めに反する事実を知った場合には早急に是正し、違反行為を行った者や派遣先責任者に対し法令や労働者派遣契約を守らせるために必要な取組みを速やかに行うとともに、派遣元と十分に協議をした上で善後処理をすること

⑦　派遣労働者から労働時間等に関し、苦情の申出を受けたときは、苦情の内容を派遣元に通知するとともに、派遣元との密接な連携の下に、誠意をもって、遅滞なく、その苦情の適切かつ迅速な処理をすること。また、派遣労働者から苦情があったことを理由として、労働者派遣契約を解除するなど派遣労働者に対して不利益な取扱いをしないこと

⑧　派遣先管理台帳を作成し、その台帳に派遣労働者ごとに、派遣労働者が実際に就業した日や始業・終業の時刻、休憩時間の実績を記載し、労働者派遣の終了の日から3年間保存すること

⑨　就業した日や就業した日ごとの始業・終業時刻、休憩した時間を、派遣元に1か月ごとに1回以上、一定の期日を定めて派遣労働者ごとに書面（又はファクシミリ・電子メールの送信）により通知すること

Q2 派遣労働者に対する変形労働時間制の適用は、どうなっていますか？

A ①　１週間単位の非定型的変形労働時間制については、労働者派遣事業には適用されないが、１か月単位の変形労働時間制、フレックスタイム制及び１年単位の変形労働時間制については、派遣労働者にも適用される。

②　変形労働時間制を適用するためには、派遣元が、労基法に定められた要件である労使協定の締結や就業規則への記載、労働基準監督署長への届出などを行う必要がある。

③　派遣元の就業規則又は労使協定における変形労働時間制の定めは、その大綱について定めることで差し支えない。

変形労働時間制には、１か月単位の変形労働時間制、１年単位の変形労働時間制、１週間単位の非定型的変形労働時間制及びフレックスタイム制があります。

このうち、１週間単位の非定型的変形労働時間制については、小売業、旅館、料理店及び飲食店の事業で、常時使用する労働者の数が30人未満のものに限って認められていますので、労働者派遣事業には適用されません。

これに対し、それ以外の１か月単位の変形労働時間制、フレックスタイム制及び１年単位の変形労働時間制については、派遣労働者にも適用されます。

これらの変形労働時間制を適用するためには、派遣元が、労基法に定められた要件である労使協定の締結や就業規則への記載、労働基準監督署長への届出等を行う必要があります。

なお、変形労働時間制での労働時間等の定めは、派遣先によって様々であるため、派遣元の就業規則又は労使協定では、その枠組み及び具体的な労働条件の定め方を規定し、各日ごとの勤務割は変形期間

の開始前までに具体的に特定するなどの方法でも差し支えありません（昭61. 6. 6基発第333号）。

Q3 派遣労働者に1か月単位の変形労働時間制を適用するには、どのような手続が必要ですか？

A ①　派遣労働者に1か月単位の変形労働時間制を適用するには、派遣元が労使協定又は就業規則その他これに準ずるものにおいて1か月単位の変形労働時間制の定めをしなければならない。

②　派遣元が1か月単位の変形労働時間制の定めをした場合には、派遣先は、対象期間として定められた期間を平均し1週間当たりの労働時間が40時間（派遣先が特例措置の業種に該当し、かつ、派遣先が雇用する労働者とその事業所に派遣されている派遣労働者を合わせて常時10人未満である場合には44時間）を超えない範囲において、その定めるところにより、特定された週において40時間（44時間）又は特定された日において8時間を超えて、派遣労働者を労働させることができる。

派遣労働者に1か月単位の変形労働時間制を適用するには、派遣元が次の定めをしなければなりません。

①　派遣元における労使協定又は就業規則その他これに準ずるものに必要事項を定めること

②　1か月以内の一定期間を変形期間として定めること

③　変形期間を平均して1週間の労働時間が40時間を超えないものとすること

④　それぞれの週及び日の労働時間を具体的に特定すること

この場合の労使協定とは、派遣元が過半数労働組合又は過半数代表者と締結する協定をいい、この協定については、有効期間を定めた上

で、派遣元が所轄の労働基準監督署長に届け出なければなりません。

　また、派遣元が就業規則を作成し、又は変更した場合には、過半数労働組合又は過半数代表者の意見を聴かなければならず、その意見を記した書面を添付して、就業規則を労働基準監督署長に届け出るとともに、次の①から③までのいずれかの方法によって、派遣労働者を含む労働者に周知しなければなりません。

① 　常時各作業場の見やすい場所へ掲示し、又は備え付けること

② 　書面を派遣労働者を含む労働者に交付すること

③ 　磁気テープ、磁気ディスク等に記録し、かつ、各作業場に派遣労働者を含む労働者が記録の内容を常時確認できる機器を設置すること

　就業規則その他これに準ずるものの「その他これに準ずるもの」とは、派遣労働者を含め常時10人未満の労働者を使用する派遣元の事業場では就業規則の作成義務がないため、派遣元が就業規則と同様の定めをしたものをいいます。このような定めをしたときについても、①から③までのいずれかの方法に準じて、派遣労働者を含む労働者に周知しなければならず（労基法施行規則第12条）、このような周知がない場合には、「定め」がなされたとは認められません（昭29．6．29基発第355号）。

　1か月単位の変形労働時間制では、変形期間の労働時間の総枠は、1週間の法定労働時間40時間に変形期間の日数を7で除した数を乗じて得られます。

$$\text{変形期間における労働時間の上限} = \text{1週間の法定労働時間} \times \frac{\text{変形期間の日数}}{7}$$

　また、法定時間外労働となる時間は、

① 　1日については、その日に8時間を超える定めをした日についてはその時間を超えて労働した時間、それ以外の日は8時間を超えて働いた時間

② 　1週間については、その週に40時間を超える定めをした週につ

いてはその時間を超えて働いた時間、それ以外の週は40時間を超えて働いた時間（①で法定外労働時間となる場合は除く）

③　変形期間については、変形期間の労働時間の総枠を超えて働いた時間（①又は②で法定外労働時間となる場合は除く）

以上のとおり、派遣元が１か月単位の変形労働時間制の定めをした場合には、派遣先は、対象期間として定められた期間を平均し１週間当たりの労働時間が40時間を超えない範囲内において、その定めるところにより、特定された週において40時間又は特定された日において８時間を超えて、派遣労働者を労働させることができます。

Q4　派遣労働者に１年単位の変形労働時間制を適用するには、どのような手続が必要ですか？

A　①　派遣労働者に１年単位の変形労働時間制を適用するためには、派遣元が、派遣元の事業所の過半数労働組合等との書面による労使協定により、１年単位の変形労働時間制に関する定めをし、所轄の労働基準監督署長に届け出なければならない。

②　派遣元が①の定めをした場合には、派遣先は、対象期間を平均し、１週間当たりの労働時間が40時間を超えない範囲内において、その労使協定で定めるところにより、特定された週において40時間又は特定された日において８時間を超えて、派遣労働者を労働させることができる。

　１年単位の変形労働時間制を利用することにより、繁忙期には時間外労働の必要があり、逆に閑散期には所定労働時間を短くしても問題のない事業所においては、効率的な労働時間の配分ができます。

　１年単位の変形労働時間制を派遣労働者に適用するには、派遣元が、派遣元の事業所の過半数労働組合又は過半数代表者との書面による協

定により、次の事項を定め、所轄の労働基準監督署長に届け出なければなりません。

① 　対象とする派遣労働者の範囲

② 　対象期間

③ 　特に業務が繁忙な期間（特定期間）

④ 　対象期間における労働日及びその労働日ごとの労働時間

⑤ 　有効期間の定め

　1 年単位の変形労働時間制は、労働時間や労働日の設定について、次の要件を満たす必要があります。

① 　対象期間を平均して 1 週間の労働時間が40時間を超えないこと

$$対象期間における所定労働時間の上限 = 40時間 \times \frac{対象期間の日数}{7}$$

② 　対象期間内の所定労働日数は、原則として 1 年当たり280日までとすること

③ 　所定労働時間は、原則として 1 日10時間、 1 週52時間以内とすること

④ 　対象期間内において、その労働時間が週48時間を超える週は、連続 3 週間以内とすること

⑤ 　対象期間を起算日から 3 か月ごとに区切った各期間において、週48時間を超える所定労働時間の週は 3 週以内とすること

⑥ 　連続して労働させることができる日数は 6 日以内とすること。ただし、特定期間については、週に 1 日の休日が確保できる範囲で所定労働日を設定できること

⑦ 　対象期間の労働日と労働日ごとの労働時間を定めること。ただし、対象期間の中を 1 か月以上の期間ごとに区分した場合は、最初の期間の労働日と労働日ごとの労働時間と残りの各期間の労働日数、総労働時間を定め、以降は定められた労働日数と総労働時間の範囲内で各区分期間の30日前までに過半数労働組合又は過半数代表者の同意を得て各労働日と労働日ごとの労働時間を書面で定める

こと

⑧　中途採用者等、対象期間の一部しか勤務しなかった者について、その期間を平均し、1週間当たり40時間を超えているときは、労基法第37条の規定の例により割増賃金を支払うこと

以上のとおり、派遣元がこの定めをした場合には、派遣先は、その労使協定で対象期間として定められた期間を平均し1週間当たりの労働時間が40時間を超えない範囲内において、その労使協定で定めるところにより、特定された週において40時間又は特定された日において8時間を超えて、派遣労働者を労働させることができます。

Q5 派遣労働者にフレックスタイム制を適用するには、どのような手続が必要ですか？

A
①　派遣労働者にフレックスタイム制を適用するには、派遣元が、就業規則その他これに準ずるものにより、始業及び終業の時刻を派遣労働者の決定にゆだねることとし、派遣元の事業所の過半数労働組合等との書面による労使協定により、フレックスタイム制に関する定めをしなければならない。

②　フレックスタイム制においては、3か月以内とされる清算期間を通算して、その清算期間に対応する法定労働時間を超えない限り、派遣労働者が派遣先において、自主的に、1日について8時間を超えて働いても、1週間について40時間を超えて働いても、時間外労働にはならず、割増賃金の対象となる法定時間外労働は、清算期間における法定労働時間の総枠を超えた時間である。

派遣労働者にフレックスタイム制を適用するには、派遣元が、就業規則その他これに準ずるものにより、始業及び終業の時刻を派遣労働

者の決定にゆだねることとし、派遣元の事業場の過半数労働組合又は過半数代表者との書面による労使協定により、次の事項を定めなければなりません。

① 対象となる労働者の範囲

② 清算期間（3か月以内）

③ 清算期間における総労働時間

④ 標準となる1日の労働時間

⑤ 労働しなければならない時間帯（コアタイム）、又は労働者の選択により労働することができる時間帯（フレキシブルタイム）を設ける場合には、その開始及び終了の時刻

⑥ 有効期間（ただし清算期間が1か月を超える場合のみ）

　フレックスタイム制においては、3か月以内とされる清算期間を通算して、その清算期間に対応する法定労働時間を超えない限り（清算期間が1か月を超える場合には、その清算期間に対応する法定労働時間を超えず、かつ1か月ごとに区分した各期間ごとに各期間を平均し、1週間当たりの労働時間が50時間を超えない限り）、派遣労働者が派遣先において、自主的に、1日について8時間を超えて働いても、また、1週間について40時間を超えて働いても、時間外労働にはなりません。

　したがって、割増賃金の対象となる法定時間外労働は、清算期間における法定労働時間の総枠を超えた時間ということになります。

Q6 派遣労働者に事業場外労働に関するみなし労働時間制を適用するには、どのような手続が必要ですか？

A ① 事業場外労働に関するみなし労働時間制の対象となるのは、事業所外で業務に従事し、かつ、使用者の具体的な指揮監督が及ばず、労働時間を算定することが困難な業務である。

② 派遣労働者の事業場外労働については、原則として所定労働時間

労働したものとみなし、その業務を遂行するためには通常所定労働
時間を超えて労働することが必要となる場合には、その業務の遂行
に通常必要とされる時間労働したものとみなす。その業務を遂行す
るために必要な労働時間について、派遣元の事業所で過半数労働組
合等との労使協定が締結されている場合には、その労使協定で定め
る時間を、派遣労働者の「業務の遂行に通常必要とされる時間」と
みなす。

事業場外労働に関するみなし労働時間制とは、事業場外で業務に従
事し、かつ、使用者の具体的な指揮監督が及ばず、労働時間を算定し
難いときは、所定労働時間労働したものとみなす制度で、その業務を
遂行するためには通常所定労働時間を超えて労働することが必要とな
る場合には、その業務の遂行に通常必要とされる時間労働したものと
みなし、さらに、「業務の遂行に通常必要とされる時間」について、
労使協定が締結された場合には、その労使協定で定める時間を、「業
務の遂行に通常必要とされる時間」とします（労基法第38条の2）。

事業場外労働に関するみなし労働時間制の対象となるのは、事業場
外で業務に従事し、かつ、使用者の具体的な指揮監督が及ばず、労働
時間を算定することが困難な業務ですので、派遣労働者が派遣先の指
揮命令を受けながら就業する場合はもとより、事業場外で業務に従事
する場合であっても、例えば、①グループリーダーがいて、労働時間
の把握ができること、②携帯電話などによって常時使用者の指揮命令
を受けて業務を行っているなど派遣先の具体的な指揮監督が及んでい
る場合については、労働時間の算定が可能ですから、みなし労働時間
制の対象とはなりません。

派遣労働者の事業場外労働に関するみなし労働時間制は、派遣元に
適用され、その対象となる事業場外の業務に従事する派遣労働者につ
いては原則として派遣元で定めた所定労働時間労働したものとみなし
ます。派遣労働者がその業務を遂行するためには通常所定労働時間を
超えて労働することが必要となる場合には、その業務の遂行に通常必
要とされる時間労働したものとみなし、派遣元の事業場で過半数労働

組合又は過半数代表者と労使協定が締結されている場合には、その労使協定で定める時間を、派遣労働者の「業務の遂行に通常必要とされる時間」とします。

Q7 派遣労働者に対し、休憩時間はどのように与えなければなりませんか？

A　① 　休憩時間とは、労働者が権利として労働から離れることを保障されている時間をいうが、派遣労働者の場合には、派遣先が、派遣労働者の労働時間が 6 時間を超える場合には少なくとも45分、8 時間を超える場合には少なくとも 1 時間の休憩時間を労働時間の途中に与えなければならない。

② 　休憩時間について、派遣先は、一斉休憩を適用しないことについての労使協定を派遣先の事業所において定めている場合などを除き、派遣労働者と派遣先が雇用する労働者全体に対し、一斉に与えなければならない。

③ 　休憩時間は自由に利用させなければならないが、休憩時間の利用について、派遣先の事業所の規律保持上必要な制限を加えることは、休憩の目的を害さない限り差し支えない。

休憩時間は、労働者が権利として労働から離れることを保障されている時間をいいます。単に作業に従事していない手待ち時間は労働時間であり、休憩時間ではありません。

派遣労働者の場合にも、派遣先は、派遣労働者の労働時間が 6 時間を超える場合には少なくとも45分、8 時間を超える場合には少なくとも 1 時間の休憩時間を労働時間の途中に与えなければなりません（労基法第34条第 1 項）。

休憩時間について、派遣先は、次の場合を除き、派遣労働者と派遣

先が雇用する労働者に対し、一斉に与えなければなりません。

① 　運輸交通業、卸売業・小売業・理美容業等の商業、金融・保険・広告等の事業、映画・演劇等の興行の事業、郵便・通信の事業、病院等の保健衛生の事業、飲食店・旅館業等の接客娯楽業及び官公署の事業である場合

② 　派遣先の事業場において、一斉休憩を適用しないことについての労使協定を締結した場合。ただし、この労使協定には、一斉に休憩を与えない派遣労働者を含む労働者の範囲及びこれらの労働者に対する休憩の与え方について定めなければなりません（平11. 1.29基発第45号）

③ 　平成11年3月31日以前に一斉休憩の適用除外について、派遣先の事業所が所轄の労働基準監督署長の許可を得ている場合

　休憩時間は自由に利用させなければなりません（労基法第34条第3項）。ただし、休憩時間の利用について、派遣先の事業所の規律保持上必要な制限を加えることは、休憩の目的を害さない限り差し支えありません（昭22. 9.13発基第17号）。

Q8　雇用している従業員が休憩時間のときに、派遣労働者に電話及び来客の応対をさせたいと考えていますが、どのようなことに注意する必要がありますか？

A　① 　昼食の休憩時間中に使用者から電話や来客の当番を命じられたときは、その時間は労働時間として取扱われるので、その派遣労働者には他の時間帯に休憩を与えなければならず一斉休憩の適用除外要件を満たす必要がある。

② 　電話及び来客の当番をする派遣労働者の労働時間が6時間を超える場合には少なくとも45分、8時間を超える場合には少なくとも

１時間の休憩時間を労働時間の途中で電話及び来客の当番をする時間以外の時間に与え、自由に利用させなければならない。

　昼食の休憩時間中に使用者から電話や来客の当番を命じられたときは、その時間は労働時間として取り扱われます。

　したがって、その事業場では、一斉休憩が適用されないことになりますので、Ｑ７の①から③までのいずれかの要件を満たす必要があります。

　また、電話及び来客の当番をする派遣労働者の労働時間が６時間を超える場合には少なくとも45分、８時間を超える場合には少なくとも１時間の休憩時間を労働時間の途中で電話及び来客の当番をする時間以外の時間に与え、自由に利用させなければなりません。

　このように、休憩時間を与えなくともよいということにはなりませんので、注意が必要です。

Q9 派遣労働者の休日を振り替えるには、どのような手続が必要ですか？

A　派遣労働者の休日を振り替えるには、派遣元の就業規則に「休日を振り替えることができる」旨の規定がなければならない。

　あらかじめ休日と定められた日に業務の都合により働かせざるを得ない事情が生じた場合、休日の振替により休日労働としないこともできます。具体的には、あらかじめ休日と定められた日を労働日とし、その代わりに他の労働日を休日とするためには、就業規則に休日を振り替えることができる旨の規定を設け、これによって休日を振り替える前にあらかじめ振り替えるべき日を特定して振り替えなければなり

ません（昭23. 4.19基収第1397号等）。

　派遣労働者に適用される就業規則は派遣元の就業規則ですので、派遣労働者の休日を振り替えるには、派遣元の就業規則に「休日を振り替えることができる」旨の規定がなければなりません。

　また、休日を振り替えたことによってその週の労働時間が法定労働時間を超えるときは、その超えた時間については時間外労働となりますので、派遣元において、時間外労働に関する過半数労働組合又は過半数代表者との協定を締結し、これを労働基準監督署長に届け出ることと割増賃金の支払いが必要となります。

Q10　派遣労働者に代休を与えるには、どのような手続が必要ですか？

A 　派遣労働者に代休を与える場合であっても、現に行われた休日労働が法定の休日である場合には、派遣元において、休日労働に関する過半数労働組合等との労使協定の締結と割増賃金の支払いが必要になる。

　「代休」は、休日労働の代償措置として、事後に特定のある日の労働義務を免除する制度で、現に休日労働が行われた後に、業務の閑散な時期を選んで使用者が日を指定したり、あるいは労働者の希望する時期に与えたりするものです。

　したがって、現に行われた休日労働が、このような代休によって休日労働でなくなるものではありませんので、法定の休日（毎週１回の休日又は４週間を通じ４日の休日）である場合には、派遣元において、休日労働に関する過半数労働組合又は過半数代表者との協定の締結と、労働基準監督署長への届出及び割増賃金の支払いが必要になります。

　なお、代休制度を設ける場合は、代休の取得方法や賃金の計算方法などのルールを就業規則その他これに準ずるものに定めておくようにしましょう。

Q11　派遣労働者に関する36協定は、どのように締結する必要がありますか？

A　①　派遣先が36協定を締結していても、派遣元が36協定を締結していなければ、派遣先は派遣労働者に時間外・休日労働をさせることはできない。

②　派遣先は、派遣元が締結している36協定の延長することのできる時間などを超えて派遣労働者に時間外労働・休日労働をさせることはできない。

　派遣先が派遣労働者に労基法第32条等で定められている原則週40時間、１日８時間の労働時間を超えて、又は同法第35条で定められている原則週１回の休日に労働させるためには、派遣元がその事業場の過半数労働組合又は過半数代表者と次の事項を定めた書面による時間外・休日労働協定（36協定）を締結し、所轄の労働基準監督署長に届け出なければなりません（労基法第36条）。
①　対象となる労働者の範囲（対象となる業務の種類及び労働者数）
②　対象期間
③　時間外又は休日の労働が必要な具体的な事由
④　対象期間における１日、１か月及び１年間についての延長時間又は労働させることができる休日の日数
⑤　協定の有効期間
⑥　その他厚生労働省令で定める事項
　このように、派遣労働者の時間外労働や休日労働については、派遣

元の36協定が適用されますので、派遣先が36協定を締結していても、派遣元が36協定を締結していなければ、派遣先は派遣労働者に時間外労働や休日労働をさせることはできません。また、派遣先は、派遣元が36協定を締結している場合にも、その36協定で定める延長できる時間等を超えて、派遣労働者に時間外労働や休日労働をさせることはできません。

　なお、法定の原則週40時間、1日8時間を超えるまでの労働時間や週1回の休日を上回る休日に労働させる場合には、派遣元は36協定を締結する必要はありません。

　また、36協定の締結の相手方である労働者の過半数の代表者は、労基法の管理監督者に当たらない者で、かつ36協定の締結当事者等を選出することを明らかにして派遣労働者を含む労働者により実施される投票、挙手等の方法による手続により選出されたものであり（労基法施行規則第6条の2）、使用者の意向によって選出されたものではないこと（平11. 1.29基発第45号）が必要です。例えば、上記の手続によらず、親睦団体の代表が自動的に過半数代表となって締結された36協定は無効となります（トーコロ事件　最二小判平13. 6.22）。

Q12 派遣労働者の時間外労働や休日労働については、どのように管理する必要がありますか？

A　① 派遣元及び派遣先は、労働者派遣契約において、派遣元の36協定の定めの範囲内で派遣労働者に時間外労働をさせる場合の時間数及び休日労働をさせる場合の日数の上限について定めなければならない。

② 派遣労働者の時間外・休日労働は、労働者派遣契約に定められた時間外労働をさせる場合の時間数及び休日労働をさせる場合の日数の上限を超えることはできない。

③　派遣元は、派遣元の36協定や労働者派遣契約の定めの範囲内で、派遣労働者に対して時間外・休日労働があること、また、延長することのできる時間や休日労働をさせる場合の日数の上限に関する事項を、労働者派遣を行う際に明示しなければならない。

④　派遣先は、派遣労働者の時間外労働や休日労働の実績を記載するとともに、これを１か月ごとに１回以上、一定の期日を定めて派遣労働者ごとに書面などにより、派遣元に対し通知しなければならない。

派遣元及び派遣先は、労働者派遣契約において、派遣労働者に時間外労働をさせる場合の時間数及び休日労働をさせる場合の日数の上限について定めなければなりません。この上限は、派遣元の36協定で定めたものを上回ることはできません。仮に、労働者派遣契約に定める時間外・休日労働の範囲が36協定で定める範囲を超えていて、派遣先が派遣元の36協定を超えて時間外・休日労働を命じた場合には、派遣元も派遣先も労基法違反の責任が問われることになります。

また、派遣労働者に時間外労働や休日労働を行わせる場合は、労働者派遣契約に定められた時間外労働をさせる場合の時間数及び休日労働をさせる場合の日数の上限を超えることはできません。

さらに、派遣元は、派遣労働者に対して時間外・休日労働があること、また、延長することのできる時間や休日労働をさせる場合の日数の上限に関する事項を、労働者派遣を行う際に明示しなければなりません。この場合も派遣元の36協定及び労働者派遣契約で定めた延長できる時間を上回ることはできません。

また、派遣先は、派遣労働者の時間外労働や休日労働の実績を記載するとともに、これを１か月ごとに１回以上、一定の期日を定めて派遣労働者ごとに書面（又はファクシミリ・電子メールの送信）により、派遣元に対し通知しなければなりません（労働者派遣法第42条）。

Q13 時間外労働や休日労働を行った派遣労働者に対しては、割増賃金の派遣元、派遣先のどちらが支払わなければなりませんか？

A ①　時間外労働や休日労働を行った派遣労働者に対しては、派遣元は時間外労働や休日労働についての割増賃金を支払わなければならない。

②　時間外労働や休日労働の場合の割増率は、法定労働時間を超えた場合2割5分以上、法定の休日の場合3割5分以上である。

　時間外労働や休日労働を行った派遣労働者に対しては、派遣元は時間外労働や休日労働についての割増賃金を支払わなければなりません（労基法第37条）。また、この場合には、派遣先は、労働者派遣契約に定めることにより、派遣労働者が行った時間外労働や休日労働に対応した労働者派遣料金の支払いが必要になります。このような意味でも、派遣元、派遣先及び派遣労働者の3者にとって、派遣先が派遣労働者の時間外労働や休日労働の実績を記載し、これを1か月ごとに1回以上、一定の期日を定めて派遣労働者ごとに派遣元に通知することは、極めて重要です。

　なお、時間外労働や休日労働を行った派遣労働者に対して派遣元が支払わなければならない割増賃金の算定の基礎となる賃金には、次の賃金は算入しません。

①　家族手当
②　通勤手当
③　別居手当
④　子女教育手当
⑤　住宅手当
⑥　臨時に支払われた賃金
⑦　1か月を超える期間ごとに支払われる賃金

これらの手当は、名称にかかわらず実質によって取り扱うこととされています（昭22. 9.13発基第17号、平11. 3 .31基発第170号）。したがって、例えば、扶養家族数又はこれを基礎とする家族手当額を基準として算出した手当は物価手当、生活手当その他名称の如何を問わず家族手当として取扱い、割増賃金の基礎となる賃金の計算においてはこれを除くことになります。

Q14 派遣労働者について、800時間就業しなければ年次有給休暇を与えないという取扱いは可能ですか？

A 800時間就業しなければ年次有給休暇を与えないという取扱いは、労基法第39条第１項に違反する。

労基法第39条第１項は、雇入れの日から起算して６か月継続勤務し全労働日の８割以上出勤した労働者に対し10労働日の有給休暇を与えなければならない旨規定していますから、６か月継続勤務し、派遣元から派遣先において就業すべきであると指示された全労働日の８割以上出勤していれば年休権が発生します。したがって、800時間就業しなければ年次有給休暇を与えないという取扱いは、労基法第39条第１項に違反します（ユニ・フレックス事件　東京高判平11. 8.17）。

もともと、「○時間勤務した場合に年次有給休暇を与える」という定め自体が労基法の規定を無視したものですので、このような扱いはできません。

［参考１］　派遣労働者の年次有給休暇に関する裁判例

派遣労働者が勤務開始後６か月経過して体調不良で仕事を休んだため、年休で処理してもらいたいと依頼したところ、派遣元は就業時間を基準として半年間に800時間以上稼働することが「全労働日の８割

以上」に当たるとして要求を拒んだことに基づき、年休として認められず、欠勤扱いとされた分の損害賠償の支払を求めたことについて、「労働基準法第39条１項は、雇入れの日から起算して６箇月継続勤務し全労働日の８割以上出勤した労働者に対し10労働日の有給休暇を与えなければならない旨規定しているところ、本件においては６箇月継続勤務したということができる。全労働日の８割以上の出勤という要件については、当時派遣元は、派遣労働者について、その就業日を基準にして、半年間で800時間就業しなければ年休権を取得しないとの扱いをしていた。しかし、労働基準法第39条１項の規定が全労働日の８割以上の出勤を年休権取得の要件としたのは、労働者の勤怠の状況を勘案して、特に出勤率の低い者を除外する趣旨であると解されるから、派遣労働者の場合には、使用者から派遣先において就業すべきであると指示された全労働日、すなわち派遣先において就業すべき日とされている全労働日をもって全労働日とするのが相当である。したがって、派遣元の取扱いは、労働基準法第39条１項の規定に違反する」（前掲ユニ・フレックス事件）。

Q15　派遣労働者から半日や時間単位で年次有給休暇の請求がありますが、どのように対応すればよいですか？

A　現在の労基法の年次有給休暇については、派遣元は、半日単位や時間単位の年休を与える義務はないが、派遣元が進んで半日年休を付与する取扱いをすることは問題ない。

労基法第39条は、使用者は、その雇入れの日から起算して６か月間継続勤務し全労働日の８割以上出勤した労働者に対して、継続し、又は分割した10労働日の有給休暇を与えなければならないとし、また、同条第４項は、使用者は、過半数労働組合又は過半数代表者との

書面による協定により、一定の事項を定めた場合には、時間を単位として有給休暇を与えることができると規定しています。

　具体的には、使用者は、過半数労働組合又は過半数代表者との書面による協定により、次の事項を定めた場合には、①の労働者が時間単位の有給休暇を請求したときは、5日以内については、協定で定めるところにより時間を単位として有給休暇を与えることができます。

① 　時間を単位として有給休暇を与えることができることとされる労働者の範囲

② 　時間を単位として与えることができることとされる有給休暇の日数（5日以内に限ります。）

③ 　時間を単位として与えることができることとされる有給休暇1日の時間数（1日の所定労働時間数を下回らないものとします。）

④ 　1時間以外の時間を単位として有給休暇を与えることとする場合には、その時間数

　なお、上記のとおり、時間単位での年次有給休暇は、5日以内に限られていることに留意してください。

　また、年次有給休暇は一労働日を単位とするものであるため、使用者は半日単位で付与する義務はありませんが、労働者が半日単位の取得を求めた場合に使用者がこれに応じて半日単位で付与することは差し支えないとされています。

Q16 派遣労働者から年次有給休暇の請求があった場合に、拒否することは可能ですか？

A ① 　派遣労働者から請求された時季に有給休暇を与えることが派遣元の事業の正常な運営を妨げる場合には、他の時季に与えることができる。

② 　「事業の正常な運営を妨げる場合」とは、年休を取得しようとす

る日の仕事が、その担当している業務や一定の組織の業務運営に不可欠であり、代替労働者を確保することが困難な状態をいう。

③　派遣元は、できるだけ派遣労働者が請求した時季に休暇を取れるよう配慮しなければならない。

派遣労働者から請求された時季に有給休暇を与えることが事業の正常な運営を妨げる場合には、他の時季に与えることができます（労基法第39条第5項）。この年次有給休暇の時季変更権は、派遣先ではなく、派遣元にありますので、派遣労働者の年次有給休暇について事業の正常な運営が妨げられるかどうかは派遣先の事業でなく派遣元の事業について判断されます。したがって、派遣元は、実際に時季変更権を行使するに当たって、代替労働者を派遣することが可能かなど派遣元の事業全体の中で時季変更権を行使できるか判断することになります（昭61.6.6基発第333号）。

また、ここでいう「事業の正常な運営を妨げる場合」とは、年休を取得しようとする日の仕事が、その担当している業務や一定の組織の業務運営に不可欠であり、代替労働者を確保することが困難な状態をいいます（新潟鉄道郵便局事件　最二小判昭60.3.11、千葉中郵便局事件　最一小判昭62.2.19）。なお、この場合には、派遣元は、できるだけ派遣労働者が請求した時季に休暇を取れるよう配慮しなければなりませんので、通常の配慮をすれば代替労働者を配置することが客観的に可能であるにもかかわらず、配慮をしないことにより代替労働者が配置されないときは、派遣元の事業の正常な運営を妨げる場合には当たらないと考えられています（弘前電報電話局事件　最二小判昭62.7.10）。

Q17　派遣労働者からの年次有給休暇の請求を2日前までとするのは、問題ありませんか？

A 人員確保などの必要性から、就業規則などで年次有給休暇の請求は一定期日前までに行うと定めることは、その期日に合理性がある場合には、労基法に違反しない。

　労働者の年休権は、労基法第39条1項、2項の要件を充足することにより当然に生ずる権利であり、労働者の「請求」及び使用者の「承認」は不要と解されています（全林野白石営林署事件　最二小判昭48.3.2）。そのため、派遣労働者が年次有給休暇の時季を指定して請求した場合は、原則としてその時季に休暇を取得することができます。もっとも、人員確保等の必要性から、就業規則等でその請求は一定期日前までに行うと定めることは、その期日に合理性がある場合には労基法に違反せず、有効と考えられます。

　裁判例では、労働協約で職員の勤務割の変更は前々日の勤務終了時までに関係職員に通知することとされていた場合において、年休の時季指定を原則として前々日までとする就業規則の定めは、時季変更権の行使についての判断の時間的余裕を与え、代替職員の確保を容易にし、時季変更権の行使をなるべく不要ならしめようとする配慮に出たもので合理的なものであり、労働者の特定の時季を指定した年休の請求に対し、使用者がこれを承認し又は不承認とする旨の応答は使用者が時季変更権を行使しない又は時季変更権の行使の意思表示をしたものと解するのが相当であるとして、労働者の時季指定が休暇の始期にきわめて接近しており、使用者に時季変更権を行使するか事前に判断する時間的な余裕がなかったようなときは、労働者が指定した休暇期間が開始した後の時季変更権の行使も有効と判断したものもあります（此花電報電話局事件　最一小判昭57.3.18）。

Q18 派遣労働者から公民権行使のための時間の請求があった場合には、どのように対応すればよいですか？

A 派遣労働者は、労働時間の途中に、選挙権の行使などの公民としての権利を行使し、又は裁判員などの公の職務を執行するために必要な時間を請求することができ、派遣先は、この請求を拒否することはできない。ただし、公民としての権利の行使や公の職務の執行に妨げがない限り、請求された時刻を変更することはできる。

派遣労働者は、労働時間の途中に、選挙権の行使等の公民としての権利を行使し、又は裁判員等の公の職務を執行するために必要な時間を請求することができます。

公の職務を執行するために必要な時間については、職務の種類や性質によって異なりますが、どの程度の時間が必要となるかは客観的に判断され、その必要な時間の請求を派遣先は拒むことはできません。ただし、公の職務の執行に妨げがない限り、請求された時刻を変更することはできます（労基法第７条）。

なお、この時間については、有給とする必要はありません。この間の賃金の扱いについては、就業規則等の定めによることになります。

2　安全衛生管理関係

Q19 派遣労働者に対する安全衛生管理は、通常の労働者に対する安全衛生管理とどのような点で違いがありますか？

A 派遣労働者の場合には、派遣元が派遣労働者を雇用する一方、派遣先が派遣労働者の就業に関する指揮命令や生産設備などの設置や管理を行っているため、派遣元及び派遣先がそれぞれの果たすべき役割を適切に講ずるとともに、両者が緊密に連携し、連絡調整を行うことが特に必要となる。

　職場において仕事をする際には、労働者を危険にさらす要因や健康障害を発生させる要因が存在します。例えば、作業施設や設備、機械器具・機材等の生産設備や原材料等に不備や欠陥があり、危険なものであれば、労働者が作業を行う上で、労働災害などに被災する可能性があります。同様に、労働者が作業を行う上で、安全でない作業方法や行動を取った場合に、それが原因で労働災害が発生することもあります。さらに、複数の労働者がそれぞれ別の作業を行っている場合に、労働者の作業間の連絡調整が適切に行われないことにより、労働災害が発生することもあります。

　派遣労働者にも労働災害などが発生する可能性がありますが、一般の労働者と異なる点は、派遣労働者の場合には、労働者派遣事業を行う派遣元が派遣労働者を雇用しており、その雇用関係を維持しながら、派遣先が派遣労働者の就業に関し具体的な指揮命令をし、作業環境の重要な要素である作業施設や設備、機械器具・機材などの生産設備や原材料等の設置や管理を行っていることです。

　このため、派遣労働者の安全衛生管理を適切に行うには、派遣元及

び派遣先がそれぞれの果たすべき役割を適切に講ずるとともに、両者が緊密に連携し、連絡調整を行うことが特に必要となります。このような点において、派遣労働者の安全衛生管理には、通常の労働者に対する安全衛生管理にはない特殊性があるといえます。

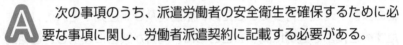

Q20 派遣労働者の安全衛生について、労働者派遣契約には、どのようなことを記載する必要がありますか？

A 次の事項のうち、派遣労働者の安全衛生を確保するために必要な事項に関し、労働者派遣契約に記載する必要がある。
① 派遣労働者の危険又は健康障害を防止するための措置
② 健康診断の実施等の健康管理
③ 換気、採光、照明等の作業環境
④ 安全衛生教育
⑤ 免許の取得、技能講習の修了の有無等の就業制限
⑥ 安全衛生管理体制
⑦ その他の安全衛生を確保するための措置

　労働者派遣契約の締結に当たっては、派遣労働者の就業条件をできるだけ具体的かつ明確に定める必要があり、派遣労働者の安全衛生については、次の事項のうち、派遣労働者が派遣先において業務を遂行するに当たって、その安全衛生を確保するために必要な事項について記載する必要があります。
① 派遣労働者の危険又は健康障害を防止するための措置
　　例えば、派遣労働者を危険有害業務に従事させる場合には、その業務の内容やその業務による危険又は健康障害を防止するための措置の内容等です。
② 健康診断の実施等の健康管理

　例えば、有害業務従事者に対する特別の項目についての健康診断が必要な業務に派遣労働者を就かせる場合には、その実施に関する事項等です。

③　換気、採光、照明等の作業環境
④　安全衛生教育
　例えば、派遣元及び派遣先で派遣労働者に対し実施する安全衛生教育の内容等です。
⑤　免許の取得、技能講習の修了の有無等の就業制限
　例えば、派遣労働者に就業制限業務を行わせる場合には、その業務を行うために必要な免許や技能講習の種類等です。
⑥　安全衛生管理体制
⑦　その他の安全衛生を確保するための措置

Q21　その他、労働者派遣契約の締結に当たり留意することはありますか？

　A　派遣先が労働者派遣契約に定める就業条件に従って派遣労働者を就業させた場合に、安衛法の就業制限、病者の就業禁止などの規定に違反したときは、派遣元もこれらの法律に違反したものとして罰則が適用される。

　労働者派遣契約の締結に当たり、その内容が安衛法等に違反することのないようにしなければなりません。特に、派遣先が労働者派遣契約に定める就業条件に従って派遣労働者を就業させた場合に、安衛法の就業制限、病者の就業禁止等の規定に違反したときは、派遣元もこれらの法律に違反したものとして罰則が適用されます（労働者派遣法第44条第3項・第4項、第45条第6項・第7項）ので、留意する必要があります。

Q22

派遣元は、派遣先における派遣労働者の就業に関し、派遣労働者の安全衛生を確保するために、どのような措置を講じなければなりませんか？

A 派遣元は、安衛法などに違反することがないようにすることはもとより、派遣先と十分な連絡調整を行い、派遣先を定期的に巡回するなど派遣労働者の安全衛生を確保するための措置を講じなければならない。

　派遣労働者の就業に当たり、派遣元は、安衛法等に違反することがないようにすることはもとより、派遣労働者の安全衛生を確保するために次のような措置を講じなければなりません（労働者派遣法第31条）。

① 派遣先を定期的に巡回するなどにより、派遣労働者の就業に関し、労働者派遣契約や安衛法等の定めに反していないことを確認し、必要な場合にはその違反を是正すること

② 派遣労働者の安全衛生を確保するため、きめ細かに情報提供を行うこと

③ 派遣労働者の安全衛生を確保するために、派遣先との連絡調整のための体制を整備し、十分な連絡調整を行うこと

④ 派遣先に適用される安衛法等の法令の内容を十分習得しておくこと

⑤ 派遣元や派遣先が講じなければならない措置や安衛法等の法令の内容を派遣先責任者や派遣労働者に対し直接指揮命令する者等の関係者に十分周知するため、説明会を開催し、文書を配布すること

⑥ 派遣元責任者に派遣先の事業所を巡回させ、安衛法などに違反することがないよう事前にチェックすること

⑦ 安衛法等に違反している場合には、その是正を派遣先に要請し、法に違反する派遣先に対しては、労働者派遣を停止し、又は労働者

派遣契約を解除すること

⑧　派遣先と密接に連携して、派遣先において発生した安全衛生等に関する問題や派遣労働者からの苦情について迅速かつ的確に解決を図ること

Q23 派遣労働者に対する雇入れ時の安全衛生教育は、どのように実施する必要がありますか？

A ①　雇入れ時の安全衛生教育は、派遣労働者を雇い入れたときにその者に対してその従事する業務に関して実施しなければならないので、その責任は派遣元が負い、派遣先に実施を委託することが適当である事項について、派遣先がその安全衛生教育を行わなかった場合であっても、派遣元は安全衛生教育の実施の義務違反を免れない。

②　派遣先指針では、派遣元が雇入れ時の安全衛生教育を適切に行えるよう、派遣先で使用する機械・設備の種類・型式の詳細、作業内容の詳細、派遣先の事業所において雇入れ時の安全衛生教育を行う際に使用している教材、資料などを積極的に提供することや派遣元から雇入れ時の安全衛生教育の委託の申入れがあった場合には可能な限りこれに応じるよう努めることなど派遣先が必要な協力や配慮を行うことを求めている。

雇入れ時の安全衛生教育の実務としては、派遣元において基本的な安全衛生教育を行い、その内容を派遣先に通知した上で、派遣先において、これに加えて、派遣先の事業所の機械、設備に即して安全衛生教育を行うことが適当です。

労働者を雇い入れたときには、原則として次の事項のうちその労働者が従事する業務に関する安全又は衛生のために必要な事項につい

て、教育を行わなければなりません（安衛法第59条第1項、安衛則第35条）。ただし、林業、鉱業、運送業、清掃業、物の加工業を含む製造業、電気業、ガス業、熱供給業、水道業、通信業、各種商品卸売業、家具・建具・じゅう器等卸売業、各種商品小売業、家具・建具・じゅう器等小売業、燃料小売業、旅館業、ゴルフ場業、自動車整備業及び機械修理業以外の業種の事業所においては、①から④までの事項についての教育を省略することができます。また、十分な知識又は技能を有していると認められる労働者については、その事項についての教育を省略することができます。

① 機械等、原材料等の危険性又は有害性及びこれらの取扱い方法に関すること
② 安全装置、有害物抑制装置又は保護具の性能及びこれらの取扱い方法に関すること
③ 作業手順に関すること
④ 作業開始時の点検に関すること
⑤ その業務に関して発生するおそれのある疾病の原因及び予防に関すること
⑥ 整理、整頓及び清潔の保持に関すること
⑦ 事故時等における応急措置及び退避に関すること
⑧ その他就労する業務に関する安全又は衛生のために必要な事項

　雇入れ時の安全衛生教育は、派遣労働者を雇い入れたときにその者に対してその従事する業務に関して実施しなければならないので、その責任は派遣元が負います。この場合に、派遣先の機械や設備に即して安全衛生教育を行うことが適当である項目については、派遣元は、派遣先に実施を委託することが適当であると考えられますが、派遣先がその事項について安全衛生教育を行わなかった場合であっても、実施の責任は派遣元にありますので、派遣元は、安全衛生教育の実施義務違反を免れません。

　一方、派遣先指針では、派遣元が雇入れ時の安全衛生教育を適切に行えるよう、派遣先が次の措置を講ずることなどにより、派遣労働者の安全衛生に係る措置を実施するために必要な協力や配慮を行うこと

を求めています。

①　派遣労働者が従事する業務に係る情報を派遣元に対し積極的に提供すること

②　派遣元から雇入れ時の安全衛生教育の委託の申入れがあった場合には可能な限りこれに応じるよう努めること

③　派遣元が健康診断等の結果に基づく就業上の措置を講ずるにあたって、当該措置に協力するよう要請があった場合はこれに応じ、必要な協力を行うこと等

Q24 派遣労働者に対する作業内容変更時の安全衛生教育は、どのように実施する必要がありますか？

A 派遣労働者に対する作業内容変更時の安全衛生教育については、派遣先の変更により作業内容が変更したときは派遣元に、同一の派遣先において新方式の機械や器具などを導入するような場合など作業内容が変更したときは派遣先にその実施が義務づけられている。

労働者の作業内容を変更したときにも、Q 23の雇入れ時の安全衛生教育と同様の項目について安全衛生教育を行う必要があります（安衛法第59条第2項）。

派遣労働者に対する作業内容変更時の安全衛生教育については、派遣先の変更により作業内容が変更したときは派遣元に、同一の派遣先において新方式の機械や器具等を導入するような場合など作業内容が変更したときは派遣先にその実施が義務づけられています。具体的には、それぞれQ23に掲げる内容について、教育を行うことが必要です。

Q25 派遣労働者に対する危険又は有害業務に従事する際の特別な安全衛生教育は、どのように実施する必要がありますか？

A 派遣労働者に対する危険又は有害業務に従事する際の特別な安全衛生教育は、業務の遂行と密接な関連を有し、また、事業所の設備などの実情に即して行われる必要があるため、派遣先にその実施が義務づけられている。

　派遣労働者に対する危険又は有害業務に従事する際の特別な安全衛生教育は、業務の遂行と密接な関連を有し、また、事業所の設備等の実情に即して行われる必要があるため、派遣先にその実施が義務づけられています。

　具体的には、一定の危険又は有害な業務に労働者を就かせるときは、その業務に関する安全又は衛生のための特別の教育を行わなければなりません（安衛法第59条第3項、安衛則第36条）。ただし、十分な知識及び技能を有していると認められる労働者については、その科目についての特別教育を省略することができます。また、特別教育を行ったときは、当該特別教育の受講者、科目等の記録を作成して、これを3年間保存しなければなりません。

Q26 派遣労働者である職長などの指導・監督者の安全衛生教育は、どのように実施する必要がありますか？

A 派遣労働者である職長などの指導・監督者の安全衛生教育は、現場の作業に密接に関連し、また、事業所の設備等の実情に即して行われる必要があるため、派遣先にその実施が義務づけられている。

　派遣労働者である職長等の指導・監督者の安全衛生教育については、現場の作業に密接に関連し、また、事業所の設備等の実情に即して行われる必要があるため、派遣先にその実施が義務づけられています。

　具体的には、製造業（食料品・たばこ製造業（うま味調味料製造業及び動植物油脂製造業を除く）、繊維工業（紡績業及び染色整理業を除く）、衣服その他の繊維製品製造業、紙加工品製造業（セロファン製造業を除く）、新聞業、出版業、製本業及び印刷物加工業を除く）、電気業、ガス業、自動車整備業及び機械修理業において、新たに職務に就くこととなった職長等の作業中の労働者を直接指導又は監督する者に対しては、次の事項について、安全又は衛生のための教育を行わなければなりません（安衛法第60条）。

①　作業方法の決定及び労働者の配置に関すること

②　労働者に対する指導又は監督の方法に関すること

③　①、②のほか、労働災害を防止するため必要な事項で、厚生労働省令で定めるもの

Q27 派遣労働者についての就業制限は、どのように取り扱う必要がありますか？

 ①　派遣労働者に関する就業制限については、派遣先がその義務を負う。

②　派遣元も就業制限の対象となる業務について、必要な資格を持たない派遣労働者を派遣し、その業務に従事させてはならない。

　事業者は、次の業務については、都道府県労働局長の免許を受けた者又は技能講習を修了した者等の一定の資格を有する者でなければ、その業務に就かせてはなりません（安衛法第61条、安衛法施行令第20条）。派遣労働者に関する就業制限については、派遣先がその義務を負いますが、派遣元も就業制限の対象となる業務について、必要な資格を持たない派遣労働者を派遣し、その業務に従事させてはなりません。

①　発破の場合におけるせん孔、装てん、結線、点火並びに不発の装薬又は残薬の点検及び処理の業務

②　制限荷重が5トン以上の揚貨装置の運転の業務

③　小型ボイラーを除くボイラーの取扱いの業務

④　小型ボイラーを除くボイラー又は小型圧力容器を除く第一種圧力容器の自動溶接機による溶接等を除く溶接の業務

⑤　小型ボイラー等を除くボイラー又は小型圧力容器等を除く第一種圧力容器の整備の業務

⑥　つり上げ荷重が5トン以上の跨線テルハを除くクレーンの運転の業務

⑦　つり上げ荷重が1トン以上の移動式クレーンの運転の業務

⑧　つり上げ荷重が5トン以上のデリックの運転の業務

⑨　潜水器を用い、かつ、空気圧縮機若しくは手押しポンプによる送気又はボンベからの給気を受けて、水中において行う業務

⑩　可燃性ガス及び酸素を用いて行う金属の溶接、溶断又は加熱の業務

⑪　最大荷重が１トン以上のフォークリフトの運転の業務

⑫　機体重量が３トン以上の一定の建設機械で、動力を用い、かつ、不特定の場所に自走することができるものの運転の業務

⑬　最大荷重が１トン以上のショベルローダー又はフォークローダーの運転の業務

⑭　最大積載量が１トン以上の不整地運搬車の運転の業務

⑮　作業床の高さが10メートル以上の高所作業車の運転の業務

⑯　制限荷重が１トン以上の揚貨装置又はつり上げ荷重が１トン以上のクレーン、移動式クレーン若しくはデリックの玉掛けの業務

Q28　有害な業務に従事する派遣労働者に対する特殊健康診断は、どのように行わなければなりませんか？

A　①　有害な業務に従事する派遣労働者に対する特殊健康診断は、業務の遂行と密接に関連しているので、派遣労働者を有害な業務に就業させる場合には、特殊健康診断は原則として派遣先が行わなければならない。

②　ある派遣先の下で一定の有害な業務に従事した後、派遣期間が満了し、現在は他の派遣先の下で、有害な業務ではない業務に就いている派遣労働者に対する特殊健康診断については、派遣元が行わなければならない。

③　派遣先が派遣労働者に対して特殊健康診断を行ったとき、又は派遣労働者から健康診断の結果を証明する書面の提出があったときは、派遣先は、遅滞なくこれらの健康診断の結果を記載した書面を作成し、派遣元に送付しなければならない。

　有害な業務に従事する派遣労働者に対する特殊健康診断は、業務の遂行と密接に関連していますので、派遣労働者を有害な業務に就業させる場合には、特殊健康診断は原則として派遣先が行わなければなりません。

　ただし、ある派遣先の下で一定の有害な業務に従事した後、派遣期間が満了し、現在は他の派遣先の下で、有害な業務ではない業務に就いている派遣労働者に対する特殊健康診断については、派遣元が行わなければなりません。

　具体的には、業務に起因する病気の発症の可能性の高い健康に有害な業務については、これに起因する病気の早期発見や適切な事後措置等の健康管理が必要ですので、次の有害な業務については、その業務に応じた特殊健康診断を行わなければなりません（安衛法66条第2項、安衛法施行令第22条）。

安衛法により特殊健康診断を実施しなければならない業務
①　高気圧業務　　　　　　⑤　鉛業務
②　放射線業務　　　　　　⑥　四アルキル鉛業務
③　特定化学物質業務　　　⑦　有機溶剤業務
④　石綿業務

　なお、特殊健康診断の結果は、一般健康診断の結果と併せて活用されることによって、派遣労働者に適切な健康管理が行われる必要がありますので、派遣先が派遣労働者に対して特殊健康診断を行ったとき、又は派遣労働者から健康診断の結果を証明する書面の提出があったときは、派遣先は、遅滞なくこれらの健康診断の結果を記載した書面を作成し、派遣元に送付しなければなりません。

　なお、都道府県労働局長は、労働者の健康を保持するため必要があるときは、事業者に対し、臨時の健康診断の実施その他必要な事項を指示することができます（安衛法第66条第4項）。

Q29 派遣労働者に対する健康診断に関する事後措置などについては、どのように行わなければなりませんか？

A 派遣労働者に対する健康診断に関する記録の保存や医師などからの意見聴取、事後措置などについては、原則として、一般健康診断は派遣元、特殊健康診断は派遣先がそれぞれ実施しなければならない。

　派遣労働者に対する健康診断に関する記録の保存や医師等からの意見聴取、事後措置等については、原則として、一般健康診断は派遣元、特殊健康診断は派遣先の区分に応じて、それぞれ実施した者が行わなければなりません。

　健康診断の結果について、事業者は次の措置を講じなければなりません（安衛法第66条の３〜第66条の７）。

① 健康診断個人票を作成し、一般健康診断については５年間、特殊健康診断についてはその種類ごとに定められた期間保存すること

② 健康診断の結果について、医師又は歯科医師から意見を聴くこと

③ 医師又は歯科医師の意見を勘案し、その必要があるときは、その労働者の実情を考慮して、就業場所の変更や作業の転換、労働時間の短縮、深夜業の回数の減少、作業環境測定の実施、施設又は設備の設置又は整備、医師又は歯科医師の意見を衛生委員会等に報告すること等の適切な措置を講じること

④ 健康診断を受けた労働者に健康診断の結果を通知すること

⑤ 医師又は保健師による保健指導を行うこと

Q30 派遣労働者に対する医師による面接指導については、どのように行わなければなりませんか？

A 　派遣労働者の健康管理については一般的な健康管理は派遣元が責任を負うので、医師による面接指導については、派遣元がこれを行わなければならない。

　事業者は、次の要件を満たす労働者に対し、医師による面接指導を行わなければなりません（安衛法第66条の8第1項）。

①　1週40時間を超えて労働させた時間が月80時間を超えていること

②　疲労の蓄積が認められること

③　労働者本人から申出があること

　また、休憩時間を除く労働時間又は健康管理時間が週40時間を超えた時間が1か月当たり100時間を超えた労働者に対しては、疲労の蓄積の有無や本人からの申出の有無にかかわらず、面接指導を行わなければなりません（安衛法第66条の8の2第1項、第66条の8の4第1項）。

　派遣労働者の健康管理については、一般的な健康管理は派遣元が責任を負いますので、面接指導については、派遣元がこれを行わなければなりません。

　面接指導は、問診などの方法により心身の状況を把握し、これに応じて面接により必要な指導を行うことをいい、次の方法で行います。

①　本人からの申し出後遅滞なく面接指導を行うこと

②　勤務の状況や疲労の蓄積その他心身の状況を確認すること。また、メンタルヘルス面にも配慮すること

③　産業医又は産業医の要件を備えた医師等労働者の健康管理等を行うのに必要な医学に関する知識を有する医師が望ましいこと。なお、面接指導を実施した医師が産業医でない場合には、産業医の意

見を聴くことも考えられること

また、面接指導の結果についても、次の措置を講じなければなりません（安衛法第66条の 8 第 3 項〜第 5 項）。

① 面接指導の結果を記録し、5 年間保存すること

② 面接指導の結果に基づき、遅滞なく医師から意見を聴取すること

③ 医師の意見を勘案し、当該労働者の実情を考慮して、就業場所の変更、作業の転換、労働時間の短縮、深夜業の回数の減少、医師の意見を衛生委員会等に報告すること等の措置を講ずること

なお、法律上面接指導を行う義務がない者でも、長時間労働によって疲労の蓄積が見られ、又は健康上の不安のあるものに対して、その申し出に基づき面接指導又は面接指導に準ずる措置を行うように努めなければなりません（安衛法第66条の 9 ）。

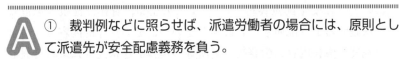

Q31 派遣労働者に対する安全配慮義務は、どのように なっていますか？

A ① 裁判例などに照らせば、派遣労働者の場合には、原則として派遣先が安全配慮義務を負う。

② 派遣元も派遣労働者に対して一般的な健康管理責任を負っているので、派遣元にも安全配慮義務がある。

安全配慮義務について労契法第 5 条は、使用者は、労働契約に伴い、労働者がその生命、身体等の安全を確保しつつ労働することができるよう、必要な配慮をするものとすると規定しています。この安全配慮義務に関して昭和50年の公務員に関する判例では、「国は、公務員に対し、国が公務遂行のために設置すべき場所、施設もしくは器具等の設置管理又は公務員が国もしくは上司の指示のもとに遂行する公務の管理にあたって、公務員の生命及び健康等を危険から保護するよう配

慮すべき義務（以下「安全配慮義務」という。）を負っているものと解すべきである。」とし、「安全配慮義務は、ある法律関係に基づいて特別な社会的接触の関係に入った当事者間において、当該法律関係の付随義務として当事者の一方又は双方が相手方に対して信義則上負う義務として一般的に認められるべきもの」としています（陸上自衛隊八戸車両整備工場事件　最三小判昭50.2.25）。また、民間企業に対する判例では、「雇用契約は、労働者の労務提供と使用者の報酬支払いをその基本内容とする双務有償契約であるが、通常の場合、労働者は、使用者の指定した場所に配置され、使用者の供給する設備、器具等を用いて労務の提供を行うものであるから、使用者は、右の報酬支払義務にとどまらず、労働者が労務提供のため設置する場所、設備もしくは器具等を使用し又は使用者の指示のもとに労務を提供する過程において、労働者の生命及び身体等を危険から保護するよう配慮すべき義務（以下「安全配慮義務」という。）を負っているものと解するのが相当である。もとより、使用者の右の安全配慮義務の具体的内容は、労働者の職種、労務内容、労務提供場所等安全配慮義務が問題となる当該具体的状況等によって異なるものであることはいうまでもない」と述べています（川義事件　最三小判　昭59.4.10）。

　このように安全配慮義務は、「労働者の生命、身体、健康等を危険から保護するよう配慮すべき義務」をいい、その具体的内容は、労働者の職種、労務内容、労務提供場所等の具体的な状況等によって異なりますが、一般に、安全配慮義務には、次の内容が含まれると考えられています。

① 　作業施設や設備、機械器具・機材、原材料などの物的な危険を防止すること
② 　安全衛生教育の実施や不安全な行動に対しては厳しく注意することなどにより、危険な作業方法を取らないようにすること
③ 　作業上の連絡調整を的確に行い、整然とした工程で作業を行わせることにより、作業の手順や順序を連絡・調整すること
④ 　過重な業務により労働者の健康を害することのないように、健康状態を的確に把握し、これに基づきその健康状態が悪化することの

ないように必要な措置を講ずること

安全配慮義務を果たすためには、労働災害等が発生する危険性を予見すること、危険性が予見できるときは、これを回避するための措置をその時代における技術水準や医学的知見、経済的、社会的情勢に応じて最善の手段、方法をもって講じなければなりません。

安全配慮義務については、雇用主が責任を負うのが原則ですが、元請企業や親会社なども、これを履行しなければならない場合があります。

業務請負会社の社員が自殺したことについて、派遣先が安全配慮義務を負うとする裁判例や市の高齢者事業団から派遣されて会社で作業をしていた者が作業中に倒れてきた重量物の下敷きとなり死亡したことについて、会社が安全配慮義務を負うとする裁判例等に照らせば、派遣労働者の場合には、派遣元も派遣先もその職務の執行につき安全配慮義務を負うと考えられます。

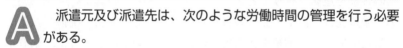

Q32　派遣労働者の過重労働による健康障害を防止するためには、どのような労働時間の管理が必要ですか？

A 派遣元及び派遣先は、次のような労働時間の管理を行う必要がある。

① 時間外・休日労働時間の削減に取り組み、実際の時間外労働を月45時間以下とすること

② 労働時間を適正に把握すること

③ 裁量労働制の対象者についても、過重労働とならないよう十分な配慮を行うこと

④ 派遣労働者が年次有給休暇を取得しにくいようなことがないよう十分な連絡調整を行うとともに、年次有給休暇期間中に代替要員を派遣できるようにするための体制を整備しておくこと

　過重労働に関する労災補償の認定基準の考え方の基礎となった医学的な検討の結果では、長時間労働やそれによる睡眠不足による疲労の蓄積が、血圧の上昇等を生じさせ、その結果、血管の病的な変化等が自然経過を超えて著しく悪化させるなど、疲労の蓄積をもたらす労働時間の目安が次のとおり示されています。

①　発症前1か月間ないし6か月間にわたって1か月当たりおおむね45時間を超える時間外労働がない場合には、業務と脳や心臓の病気との関連性が弱いが、おおむね45時間を超えて時間外労働が長くなるほど、業務と脳や心臓の病気との関連性が徐々に強まること

②　発症前1か月間におおむね100時間を超える時間外労働がある場合又は発症前2か月間ないし6か月間にわたって1か月当たりおおむね80時間を超える時間外労働がある場合には、業務と脳や心臓の病気との関連性が強いこと

　このため、派遣労働者の過重労働による健康障害を防止するためには、派遣元及び派遣先は、次のような労働時間の管理を行う必要があります。

①　時間外・休日労働時間の削減に取り組み、時間外労働が月45時間以下となるように、派遣元は36協定の締結等派遣労働者の労働時間の枠組みを設定するとともに、派遣先は派遣労働者の労働時間の管理を適切に行うこと

②　派遣先は、派遣労働者の労働時間について、適切に把握し、把握した労働時間の実績を派遣先管理台帳に記載するとともに、派遣元に対し毎月1回以上定期的に通知すること

③　派遣労働者が専門業務型の裁量労働制の対象者である場合にも、派遣元及び派遣先は、過重労働とならないよう十分な配慮を行うこと

④　派遣元は、派遣労働者が派遣先での仕事に気兼ねして年次有給休暇を取得しにくいようなことがないよう派遣先と十分な連絡調整を行うとともに、年次有給休暇期間中に代替要員を派遣できるようにするための体制を整備しておくこと

Q33 派遣労働者の過重労働によるメンタルヘルス不調に対しては、どのように対処する必要がありますか？

A ①　メンタルヘルス不調については、一般的に、環境からくる心理的、身体的なストレスとこのようなストレスを受ける派遣労働者個人の側の反応性や脆弱性との関係で精神的な破綻が生じるかどうかが決まる。

②　過重労働によるメンタルヘルス不調につながるおそれのある状況には、様々なものがあり、長い職業生涯の過程では、頻繁に起こってくることである。これを根本的になくすということは現実には不可能なので、このような兆候が現れた場合に適切に対処し配慮することが重要である。

③　最も望ましいのは、派遣労働者本人がストレスに気づき、これに適切に対処することである。

④　一方、職場のストレス要因には、派遣労働者本人の力だけでは取り除くことができないものもあるので、派遣元及び派遣先が職場のメンタルヘルスケアを積極的に推進し、そのために必要となる適切な支援を講ずることも重要である。

　メンタルヘルス不調については、一般的に、環境からくる心理的、身体的なストレスとこのようなストレスを受ける派遣労働者個人の側の反応性や脆弱性との関係で精神的な破綻が生じるかどうかが決まると考えられています。このため、過重労働によるストレスが非常に強ければ、派遣労働者個人の側の脆弱性が小さくてもメンタルヘルス不調が起こりますが、逆に派遣労働者個人の側の脆弱性が大きい場合には、過重労働によるストレスが小さくてもメンタルヘルス不調が起こる場合もあります。

　過重労働によるメンタルヘルス不調につながるおそれのある状況に

は、①仕事の失敗や過重な責任、②長時間労働等仕事の量や質の変化、③職場における役割や地位等の変化、④セクハラやいじめ等対人関係のトラブル、⑤指揮命令を行う者の交代等対人関係の変化等があります。

　また、メンタルヘルス不調には、労働者個人の資質が極めて大きな影響を及ぼしますし、労働者本人の家庭生活や個人的な生活でのストレス要因によって、メンタルヘルス不調を引き起こす場合もあります。

　このように、メンタルヘルス不調につながるおそれのある状況は、長い職業生涯の過程では、頻繁に起こってくることであり、これを根本的になくすということは現実には不可能なので、このような兆候が現れた場合に適切に対処し配慮することが重要です。

　最も望ましいのは、労働者本人が、ストレスに気づき、これに対処する必要性を認識することであり、また、周囲の人がそれに気づき、休養と治療を勧めることです。

　しかしながら、派遣労働者の場合には、職場のストレス要因として、派遣先がしばしば変わり、派遣元でずっと仕事をするのではないため派遣先又は派遣元で親密な人間関係を築くことが困難な面があり、その職務も変更になることが多いなどのため気苦労等も多く、また、派遣労働者本人の力だけでは取り除くことができないストレスもあります。このため、派遣元及び派遣先が職場のメンタルヘルスケアを積極的に推進し、そのために必要な適切な支援を差しのべることも重要です。

Q34 派遣労働者に対するストレスチェックは、派遣先、派遣元のどちらが実施しなければならないのですか？

A 派遣労働者に対するストレスチェックは、派遣元において実施する必要がある。

なお、派遣先については、派遣労働者に対してストレスチェックを実施する義務はないが、派遣労働者に対しても実施し、職場の集団分析を行うことが望ましいとされている。

ストレスチェックは安衛法第66条の10に規定されており、事業者は、常時使用する労働者に対し、1年以内ごとに1回、定期に、医師、保健師等による①職場における労働者の心理的な負担の原因に関する項目、②労働者の心理的な負担による心身の自覚症状に関する項目、③職場における他の労働者による当該労働者への支援に関する項目について心理的な負担の程度を把握するための検査を行い、検査を受けた労働者に対し、検査を行った医師、保健師等から、遅滞なく、検査の結果が通知されるようにしなければなりません。また、事業者は、検査の結果から、心理的な負担の程度が高く、検査を行った医師、保健師等によって面接指導を受ける必要があると認められた労働者が医師による面接指導を受けることを希望する旨を申し出たときは、遅滞なく、医師による面接指導を行い、その労働者の健康を保持するために必要な措置について、医師の意見を聴き、その医師の意見を勘案し、必要があると認めるときは、その労働者の実情を考慮して、就業場所の変更、作業の転換、労働時間の短縮等の適切な措置を講じなければなりません。さらに、事業者は、心理的な負担の程度を把握するための検査を行った場合は、その事業場の一定規模の労働者の集団ごとに検査の結果を集計、分析させ、分析の結果を勘案し、必要があると認めるときは、その集団の労働者の実情を考慮して、集団の労働者の心

理的な負担を軽減するための適切な措置を講ずるよう努めなければなりません（安衛則第52条の14）。

　派遣労働者に対するストレスチェックについては、一般的な健康管理に責任を負う派遣元がこれを行わなければなりません。常時使用する労働者の数が50人未満の事業場においては、当分の間、ストレスチェックの実施は、努力義務とされていますが、派遣元は、派遣労働者を含めて常時使用する労働者の数が50人以上であれば、このストレスチェックを行わなければなりません。

　また、派遣先に雇用される労働者が40人であっても、当該事業場に派遣された派遣労働者が20人いる場合は、派遣先は、雇用する40人に対してストレスチェックを実施する義務が生じます。この場合、派遣先には派遣労働者に対してストレスチェックを実施する義務はありませんが、派遣労働者20人に対してもストレスチェックを実施するとともに、職場の集団ごとの集計・分析を実施することが望ましいとされています（「ストレスチェック制度関係Q&A」Q18－1）。

③ その他の管理関係

Q35 下請事業者が労災隠しをする場合には、元方事業者にも責任がありますか？

A 労災隠しは安衛法に基づく死傷病報告書を提出しないことで、同法違反となる。安衛法第29条により、元方事業者は下請事業者がその従事する業務に関し、労災隠しを行わないよう必要な指導を行い、違反行為を行っているときは、是正のため必要な指示を行わなければならない。

労災隠しは安衛法に基づく死傷病報告書を提出しないことですので、同法に違反します。したがって、元方事業者は、安衛法第29条により、下請事業者がその従事する業務に関し、労災隠しという安衛法に違反する行為を行わないよう必要な指導を行い、違反行為を行っているときは、是正のため必要な指示を行わなければなりません。

Q36 下請事業者が偽装請負を受け入れている場合には、元方事業者にも責任がありますか？

A 元方事業者には、安衛法第29条により、下請事業者に対し偽装請負を受け入れないように指導を行い、違反行為を行っているときは、是正のための指示を行う義務がある。

偽装請負自体は労働者派遣法に違反する行為ですが、請負による契

約であっても実質的に労働者派遣に該当すると判断される場合には、安衛法の適用の特例が適用され、下請事業者である請負契約の発注者が、派遣先として安衛法の事業者責任を負うことになります。したがって、下請事業者が偽装請負を受け入れている場合には、少なくとも派遣先として安衛法の事業者責任を果たさせるよう、元方事業者は、安衛法第29条により、下請事業者やその労働者に必要な指導を行い、違反行為を行っているときは、是正のための指示を行う義務があります。このため、元方事業者には、下請事業者に対し偽装請負を受け入れないよう指導を行い、違反行為を行っているときは、是正のための指示を行う義務があると考えられます。

[参考]　派遣労働者の労働災害に関する裁判例

　コンベアなどの製作、備付け等の事業を営む会社の取締役が、請け負った精米工場の設備増設工事の現場責任者として、同工事の施工及び安全管理全般を統括する業務に関し、工事現場において労働者派遣契約により派遣された労働者を使用して作業を行うに際して、同工場機械室内に設置された高さ約9.1mの機械点検用通路に、幅約85cm、長さ約41cmの開口部を生じさせたものであり、同所を労働者が通行する際に、墜落する危険を及ぼすおそれがあったにもかかわらず、上記開口部を網状鋼板等で塞ぐなどの措置をとらなかったとして、安衛法違反で有罪（罰金）とされた（労働安全衛生法違反被告事件　千葉簡判平13.4.13)。

Q37 派遣先で派遣労働者が業務によって負傷した場合は、派遣元、派遣先のどちらの労災保険が適用されるのですか？

A 派遣元の労災保険が適用される。

　派遣労働者の負傷等による労災保険の適用については、派遣労働者を雇用し、賃金を支払っている派遣元の事業を派遣労働者に係る適用事業としており、労災保険法の適用について特例措置は講じられていません。したがって、派遣先で派遣労働者が業務によって負傷した場合は、派遣元の労災保険が適用されます。

Q38 派遣労働者の遅刻、無断欠勤等の執務態度不良について、派遣先は派遣労働者に懲戒処分を行うことはできますか？

A 派遣先は派遣労働者と雇用関係がないことから、懲戒処分を行うことはできない。

　派遣労働者の遅刻、無断欠勤等の執務態度が不良であることに対して、派遣先はその就業規則に懲戒処分に関する定めがあったとしても派遣労働者とは雇用関係がないため、その就業規則を適用することはできません。派遣労働者の懲戒処分は、派遣元の就業規則にしたがい、派遣元において行われなければなりません。

　派遣先は、派遣元に当該派遣労働者の執務態度について伝え、派遣

労働者の交代を要請するなどの措置をとることとなります。

Q39 派遣先に行ったら派遣元で明示されていた就業条件や業務とは違っていたなどの苦情にはどう対応すべきですか？

A 派遣先が派遣労働者から苦情の申出を受けたときは、苦情の内容を派遣元に通知し、派遣元とともに密接な連絡の下、誠意をもって、遅滞なく処理を図ることが必要である。

　派遣労働者の労働条件は派遣元で決定されますが、派遣労働者は派遣先で就業します。このため、両者の認識の違いや不十分な連絡等もあって派遣労働者から就業条件や業務等に関して苦情が寄せられることがあります。

　苦情の処理は、誠意をもって、速やかに対処することが基本です。労働者派遣法でも、その第40条において、派遣先は、派遣労働者から派遣就業に関して苦情の申出を受けたときは、その苦情の内容を派遣元事業主に通知するとともに、派遣元事業主との密接な連携の下に、誠意をもって、遅滞なく、その苦情の適切かつ迅速な処理を図らなければならないとしており、派遣先及び派遣元は、密接な連携の下に、誠意をもって、遅滞なく処理を図ることが大切です。

　また、労働者派遣法では、苦情の発生の防止、その処理に関して、次のような規定を設けています。

① 労働者派遣契約において、派遣労働者から苦情の申出を受けた場合における申出を受けた苦情の処理に関する事項の定めをすること（法第26条）。

② 労働者派遣をしようとするときは、あらかじめ、派遣労働者に苦情の処理方法等を明示すること（法第34条）。

③　派遣元責任者及び派遣先責任者が派遣労働者から申出を受けた苦情の処理に当たること（法第36条、第41条）。

④　派遣元は、派遣元管理台帳に苦情の申出を受けた年月日、苦情の内容及び苦情の処理状況について、苦情の申出を受け、及び苦情の処理に当たった都度、記載すること。また、苦情の処理を行う方法、派遣元事業主と派遣先との連携のための体制等を労働者派遣契約において定めること（派遣元指針第2の3）。

派遣先は、派遣先管理台帳に苦情の申出を受けた年月日、苦情の内容及び苦情の処理状況について、苦情の申出を受け、及び苦情の処理に当たった都度、記載するとともに、その内容を派遣元事業主に通知すること（派遣先指針第2の7）。

⑤　派遣元事業主は、派遣先が派遣労働者に労働させるに当たって労働者派遣法、労基法、安衛法等の規定に違反することがないようにその他派遣就業が適正に行われるように、必要な措置を講ずるなど適切な配慮をすること（法第31条）。

なお、派遣元事業主又は派遣先は、派遣労働者から苦情の申出を受けたことを理由として、その派遣労働者に対して不利益な取扱いをしてはならないこととされている（派遣元指針第2の3、派遣先指針第2の7）。

第4部

参考資料

派遣元事業主が講ずべき措置に関する指針

（平成11年労働省告示第137号）

（最終改正：令和2年厚生労働省告示第347号）

第1　趣旨

　　この指針は、労働者派遣事業の適正な運営の確保及び派遣労働者の保護等に関する法律（以下「労働者派遣法」という。）第24条の3並びに第3章第1節及び第2節の規定により派遣元事業主が講ずべき措置に関して、その適切かつ有効な実施を図るために必要な事項を定めたものである。

　　また、労働者派遣法第24条の3の規定により派遣元事業主が講ずべき措置に関する必要な事項と併せ、個人情報の保護に関する法律（平成15年法律第57号）の遵守等についても定めたものである。

第2　派遣元事業主が講ずべき措置

1　労働者派遣契約の締結に当たっての就業条件の確認

　　派遣元事業主は、派遣先との間で労働者派遣契約を締結するに際しては、派遣先が求める業務の内容及び当該業務に伴う責任の程度（8及び9において「職務の内容」という。）、当該業務を遂行するために必要とされる知識、技術又は経験の水準、労働者派遣の期間その他労働者派遣契約の締結に際し定めるべき就業条件を事前にきめ細かに把握すること。

2　派遣労働者の雇用の安定を図るために必要な措置

(1)　労働契約の締結に際して配慮すべき事項

　　派遣元事業主は、労働者を派遣労働者として雇い入れようとするときは、当該労働者の希望及び労働者派遣契約における労働者派遣の期間を勘案して、労働契約の期間について、当該期間を当該労働者派遣契約における労働者派遣の期間と合わせる等、派遣労働者の雇用の安定を図るために必要な配慮をするよう努めること。

(2)　労働者派遣契約の締結に当たって講ずべき措置

　　イ　派遣元事業主は、労働者派遣契約の締結に当たって、派遣先の責に帰すべき事由により労働者派遣契約の契約期間が満了する前に当該労働者派遣契約の解除が行われる場合には、派遣先は当該労働者派遣に係る派遣労働者の新たな就業機会の確保を図ること及びこれができないときには少なくとも当該労働者派遣契約の解除に伴い当該派遣元事業主が当該労働者派遣に係る派遣労働者を休業させること等を余儀なくされることにより生ずる損害である休業手当、解雇予告手当等に相当する額以上の

額について損害の賠償を行うことを定めるよう求めること。

　ロ　派遣元事業主は、労働者派遣契約の締結に当たって、労働者派遣の終了後に当該労働者派遣に係る派遣労働者を派遣先が雇用する場合に、当該雇用が円滑に行われるよう、派遣先が当該労働者派遣の終了後に当該派遣労働者を雇用する意思がある場合には、当該意思を事前に派遣元事業主に示すこと、派遣元事業主が職業安定法（昭和22年法律第141号）その他の法律の規定による許可を受けて、又は届出をして職業紹介を行うことができる場合には、派遣先は職業紹介により当該派遣労働者を雇用し、派遣元事業主に当該職業紹介に係る手数料を支払うこと等を定めるよう求めること。

⑶　労働者派遣契約の解除に当たって講ずべき措置

　派遣元事業主は、労働者派遣契約の契約期間が満了する前に派遣労働者の責に帰すべき事由以外の事由によって労働者派遣契約の解除が行われた場合には、当該労働者派遣契約に係る派遣先と連携して、当該派遣先からその関連会社での就業のあっせんを受けること、当該派遣元事業主において他の派遣先を確保すること等により、当該労働者派遣契約に係る派遣労働者の新たな就業機会の確保を図ること。また、当該派遣元事業主は、当該労働者派遣契約の解除に当たって、新たな就業機会の確保ができない場合は、まず休業等を行い、当該派遣労働者の雇用の維持を図るようにするとともに、休業手当の支払等の労働基準法（昭和22年法律第49号）等に基づく責任を果たすこと。さらに、やむを得ない事由によりこれができない場合において、当該派遣労働者を解雇しようとするときであっても、労働契約法（平成19年法律第128号）の規定を遵守することはもとより、当該派遣労働者に対する解雇予告、解雇予告手当の支払等の労働基準法等に基づく責任を果たすこと。

⑷　労働者派遣契約の終了に当たって講ずべき事項

　イ　派遣元事業主は、無期雇用派遣労働者（労働者派遣法第30条の2第1項に規定する無期雇用派遣労働者をいう。以下同じ。）の雇用の安定に留意し、労働者派遣が終了した場合において、当該労働者派遣の終了のみを理由として当該労働者派遣に係る無期雇用派遣労働者を解雇してはならないこと。

　ロ　派遣元事業主は、有期雇用派遣労働者（労働者派遣法第30条第1項に規定する有期雇用派遣労働者をいう。以下同じ。）の雇用の安定に留意し、労働者派遣が終了した場合であって、当該労働者派遣に係る有期雇用派遣労働者との労働契約が継続しているときは、当該労働者派遣の

　　　　終了のみを理由として当該有期雇用派遣労働者を解雇してはならないこと。

3　適切な苦情の処理

　　派遣元事業主は、派遣労働者の苦情の申出を受ける者、派遣元事業主において苦情の処理を行う方法、派遣元事業主と派遣先との連携のための体制等を労働者派遣契約において定めること。また、派遣元管理台帳に苦情の申出を受けた年月日、苦情の内容及び苦情の処理状況について、苦情の申出を受け、及び苦情の処理に当たった都度、記載すること。また、派遣労働者から苦情の申出を受けたことを理由として、当該派遣労働者に対して不利益な取扱いをしてはならないこと。

4　労働・社会保険の適用の促進

　　派遣元事業主は、その雇用する派遣労働者の就業の状況等を踏まえ、労働・社会保険の適用手続を適切に進め、労働・社会保険に加入する必要がある派遣労働者については、加入させてから労働者派遣を行うこと。ただし、新規に雇用する派遣労働者について労働者派遣を行う場合であって、当該労働者派遣の開始後速やかに労働・社会保険の加入手続を行うときは、この限りでないこと。

5　派遣先との連絡体制の確立

　　派遣元事業主は、派遣先を定期的に巡回すること等により、派遣労働者の就業の状況が労働者派遣契約の定めに反していないことの確認等を行うとともに、派遣労働者の適正な派遣就業の確保のために、きめ細かな情報提供を行う等により、派遣先との連絡調整を的確に行うこと。特に、労働基準法第36条第1項の時間外及び休日の労働に関する協定の内容等派遣労働者の労働時間の枠組みについては、情報提供を行う等により、派遣先との連絡調整を的確に行うこと。なお、同項の協定の締結に当たり、労働者の過半数を代表する者の選出を行う場合には、労働基準法施行規則（昭和22年厚生省令第23号）第6条の2の規定に基づき、適正に行うこと。

　　また、派遣元事業主は、割増賃金等の計算に当たり、その雇用する派遣労働者の実際の労働時間等について、派遣先に情報提供を求めること。

6　派遣労働者に対する就業条件の明示

　　派遣元事業主は、モデル就業条件明示書の活用等により、派遣労働者に対し就業条件を明示すること。

7　労働者を新たに派遣労働者とするに当たっての不利益取扱いの禁止

　　派遣元事業主は、その雇用する労働者であって、派遣労働者として雇い入れた労働者以外のものを新たに労働者派遣の対象としようとする場合であっ

て、当該労働者が同意をしないことを理由として、当該労働者に対し解雇その他不利益な取扱いをしてはならないこと。

8　派遣労働者の雇用の安定及び福祉の増進等

(1)　無期雇用派遣労働者について留意すべき事項

　　派遣元事業主は、無期雇用派遣労働者の募集に当たっては、「無期雇用派遣」という文言を使用すること等により、無期雇用派遣労働者の募集であることを明示しなければならないこと。

(2)　特定有期雇用派遣労働者等について留意すべき事項

　イ　派遣元事業主が、労働者派遣法第30条第2項の規定の適用を避けるために、業務上の必要性等なく同一の派遣労働者に係る派遣先の事業所その他派遣就業の場所（以下「事業所等」という。）における同一の組織単位（労働者派遣法第26条第1項第2号に規定する組織単位をいう。以下同じ。）の業務について継続して労働者派遣に係る労働に従事する期間を3年未満とすることは、労働者派遣法第30条第2項の規定の趣旨に反する脱法的な運用であって、義務違反と同視できるものであり、厳に避けるべきものであること。

　ロ　派遣元事業主は、労働者派遣法第30条第1項（同条第2項の規定により読み替えて適用する場合を含む。以下同じ。）の規定により同条第1項の措置（以下「雇用安定措置」という。）を講ずるに当たっては、当該雇用安定措置の対象となる特定有期雇用派遣労働者等（同条第1項に規定する特定有期雇用派遣労働者等をいう。以下同じ。）（近い将来に該当する見込みのある者を含む。）に対し、キャリアコンサルティング（職業能力開発促進法（昭和44年法律第64号）第2条第5項に規定するキャリアコンサルティングのうち労働者の職業生活の設計に関する相談その他の援助を行うことをいう。）や労働契約の更新の際の面談等の機会を利用し、又は電子メールを活用すること等により、労働者派遣の終了後に継続して就業することの希望の有無及び希望する雇用安定措置の内容を把握すること。

　ハ　派遣元事業主は、雇用安定措置を講ずるに当たっては、当該雇用安定措置の対象となる特定有期雇用派遣労働者等の希望する雇用安定措置を講ずるよう努めること。また、派遣元事業主は、特定有期雇用派遣労働者（労働者派遣法第30条第1項に規定する特定有期雇用派遣労働者をいう。）が同項第1号の措置を希望する場合には、派遣先での直接雇用が実現するよう努めること。

　ニ　派遣元事業主は、雇用安定措置を講ずるに当たっては、当該雇用安定

措置の対象となる特定有期雇用派遣労働者等の労働者派遣の終了の直前ではなく、早期に当該特定有期雇用派遣労働者等の希望する雇用安定措置の内容について聴取した上で、十分な時間的余裕をもって当該措置に着手すること。

(3) 労働契約法等の適用について留意すべき事項

イ　派遣元事業主は、派遣労働者についても労働契約法の適用があることに留意すること。

ロ　派遣元事業主が、その雇用する有期雇用派遣労働者について、当該有期雇用派遣労働者からの労働契約法第18条第１項の規定による期間の定めのない労働契約の締結の申込みを妨げるために、当該有期雇用派遣労働者に係る期間の定めのある労働契約の更新を拒否し、また、空白期間（同条第２項に規定する空白期間をいう。）を設けることは、同条の規定の趣旨に反する脱法的な運用であること。

ハ　派遣元事業主は、短時間労働者及び有期雇用労働者の雇用管理の改善等に関する法律（平成５年法律第76号）第８条の規定により、その雇用する有期雇用派遣労働者の通勤手当について、その雇用する通常の労働者の通勤手当との間において、当該有期雇用派遣労働者及び通常の労働者の職務の内容、当該職務の内容及び配置の変更の範囲その他の事情のうち、当該通勤手当の性質及び当該通勤手当を支給する目的に照らして適切と認められるものを考慮して、不合理と認められる相違を設けてはならないこと。また、派遣元事業主は、同法第９条の規定により、職務の内容が通常の労働者と同一の有期雇用派遣労働者であって、当該事業所における慣行その他の事情からみて、当該派遣元事業主との雇用関係が終了するまでの全期間において、その職務の内容及び配置が当該通常の労働者の職務の内容及び配置の変更の範囲と同一の範囲で変更されることが見込まれるものについては、有期雇用労働者であることを理由として、通勤手当について差別的取扱いをしてはならないこと。なお、有期雇用派遣労働者の通勤手当については、当然に労働者派遣法第30条の３又は第30条の４第１項の規定の適用があることに留意すること。

(4) 派遣労働者等の適性、能力、経験、希望等に適合する就業機会の確保等

派遣元事業主は、派遣労働者又は派遣労働者となろうとする者（以下「派遣労働者等」という。）について、当該派遣労働者等の適性、能力、経験等を勘案して、最も適した就業の機会の確保を図るとともに、就業する期間及び日、就業時間、就業場所、派遣先における就業環境等について当該派遣労働者等の希望と適合するような就業機会を確保するよう努めなけれ

ばならないこと。また、派遣労働者等はその有する知識、技術、経験等を活かして就業機会を得ていることに鑑み、派遣元事業主は、労働者派遣法第30条の2の規定による教育訓練等の措置を講じなければならないほか、就業機会と密接に関連する教育訓練の機会を確保するよう努めなければならないこと。

(5) 派遣労働者に対するキャリアアップ措置

イ　派遣元事業主は、その雇用する派遣労働者に対し、労働者派遣法第30条の2第1項の規定による教育訓練を実施するに当たっては、労働者派遣事業の適正な運営の確保及び派遣労働者の保護等に関する法律施行規則第1条の4第1号の規定に基づき厚生労働大臣が定める基準（平成27年厚生労働省告示第391号）第4号に規定する教育訓練の実施計画（以下「教育訓練計画」という。）に基づく教育訓練を行わなければならないこと。

ロ　派遣元事業主は、派遣労働者として雇用しようとする労働者に対し、労働契約の締結時までに教育訓練計画を説明しなければならないこと。また、派遣元事業主は、当該教育訓練計画に変更があった場合は、その雇用する派遣労働者に対し、速やかにこれを説明しなければならないこと。

ハ　派遣元事業主は、その雇用する派遣労働者が教育訓練計画に基づく教育訓練を受講できるよう配慮しなければならないこと。特に、教育訓練計画の策定に当たっては、派遣元事業主は、教育訓練の複数の受講機会を設け、又は開催日時や時間の設定について配慮すること等により、可能な限り派遣労働者が教育訓練を受講しやすくすることが望ましいこと。

ニ　派遣元事業主は、その雇用する派遣労働者のキャリアアップを図るため、教育訓練計画に基づく教育訓練を実施するほか、更なる教育訓練を自主的に実施するとともに、当該教育訓練に係る派遣労働者の費用負担を実費程度とすることで、派遣労働者が教育訓練を受講しやすくすることが望ましいこと。

ホ　派遣元事業主は、その雇用する派遣労働者のキャリアアップを図るとともに、その適正な雇用管理に資するため、当該派遣労働者に係る労働者派遣の期間及び派遣就業をした日、従事した業務の種類、労働者派遣法第37条第1項第10号に規定する教育訓練を行った日時及びその内容等を記載した書類を保存するよう努めること。

(6) 労働者派遣に関する料金の額に係る交渉等

イ　労働者派遣法第30条の3の規定による措置を講じた結果のみをもっ
て、当該派遣労働者の賃金を従前より引き下げるような取扱いは、同条
の規定の趣旨を踏まえた対応とはいえないこと。

ロ　派遣元事業主は、労働者派遣に関する料金の額に係る派遣先との交渉
が当該労働者派遣に係る派遣労働者の待遇の改善にとって極めて重要で
あることを踏まえつつ、当該交渉に当たるよう努めること。

ハ　派遣元事業主は、労働者派遣に関する料金の額が引き上げられた場合
には、可能な限り、当該労働者派遣に係る派遣労働者の賃金を引き上げ
るよう努めること。

(7)　同一の組織単位の業務への労働者派遣

派遣元事業主が、派遣先の事業所等における同一の組織単位の業務につ
いて継続して3年間同一の派遣労働者に係る労働者派遣を行った場合にお
いて、当該派遣労働者が希望していないにもかかわらず、当該労働者派遣
の終了後3月が経過した後に、当該同一の組織単位の業務について再度当
該派遣労働者を派遣することは、派遣労働者のキャリアアップの観点から
望ましくないこと。

(8)　派遣元事業主がその雇用する協定対象派遣労働者（労働者派遣法第30
条の5に規定する協定対象派遣労働者をいう。以下同じ。）に対して行う
安全管理に関する措置及び給付のうち、当該協定対象派遣労働者の職務の
内容に密接に関連するものについては、派遣先に雇用される通常の労働者
との間で不合理と認められる相違等が生じないようにすることが望ましい
こと。

(9)　派遣元事業主は、派遣労働者が育児休業、介護休業等育児又は家族介護
を行う労働者の福祉に関する法律（平成3年法律第76号）第2条第1号
に規定する育児休業から復帰する際には、当該派遣労働者が就業を継続で
きるよう、当該派遣労働者の派遣先に係る希望も勘案しつつ、就業機会の
確保に努めるべきであることに留意すること。

(10)　障害者である派遣労働者の有する能力の有効な発揮の支障となっている
事情の改善を図るための措置

派遣元事業主は、障害者の雇用の促進等に関する法律（昭和35年法律
第123号。以下「障害者雇用促進法」という。）第2条第1号に規定する
障害者（以下単に「障害者」という。）である派遣労働者から派遣先の職
場において障害者である派遣労働者の有する能力の有効な発揮の支障と
なっている事情の申出があった場合又は派遣先から当該事情に関する苦情
があった旨の通知を受けた場合等において、同法第36条の3の規定によ

る措置を講ずるに当たって、当該障害者である派遣労働者と話合いを行い、派遣元事業主において実施可能な措置を検討するとともに、必要に応じ、派遣先と協議等を行い、協力を要請すること。

9　派遣労働者の待遇に関する説明等

　派遣元事業主は、その雇用する派遣労働者に対し、労働者派遣法第31条の2第4項の規定による説明を行うに当たっては、次の事項に留意すること。

(1)　派遣労働者（協定対象派遣労働者を除く。以下この(1)及び(2)において同じ。）に対する説明の内容

　イ　派遣元事業主は、労働者派遣法第26条第7項及び第10項並びに第40条第5項の規定により提供を受けた情報（11及び12において「待遇等に関する情報」という。）に基づき、派遣労働者と比較対象労働者（労働者派遣法第26条第8項に規定する比較対象労働者をいう。以下この9において同じ。）との間の待遇の相違の内容及び理由について説明すること。

　ロ　派遣元事業主は、派遣労働者と比較対象労働者との間の待遇の相違の内容として、次の(イ)及び(ロ)に掲げる事項を説明すること。

　　(イ)　派遣労働者及び比較対象労働者の待遇のそれぞれを決定するに当たって考慮した事項の相違の有無

　　(ロ)　次の(ⅰ)又は(ⅱ)に掲げる事項

　　　(ⅰ)　派遣労働者及び比較対象労働者の待遇の個別具体的な内容

　　　(ⅱ)　派遣労働者及び比較対象労働者の待遇に関する基準

　ハ　派遣元事業主は、派遣労働者及び比較対象労働者の職務の内容、職務の内容及び配置の変更の範囲その他の事情のうち、待遇の性質及び待遇を行う目的に照らして適切と認められるものに基づき、待遇の相違の理由を説明すること。

(2)　協定対象派遣労働者に対する説明の内容

　イ　派遣元事業主は、協定対象派遣労働者の賃金が労働者派遣法第30条の4第1項第2号に掲げる事項であって同項の協定で定めたもの及び同項第3号に関する当該協定の定めによる公正な評価に基づき決定されていることについて説明すること。

　ロ　派遣元事業主は、協定対象派遣労働者の待遇（賃金、労働者派遣法第40条第2項の教育訓練及び労働者派遣事業の適正な運営の確保及び派遣労働者の保護等に関する法律施行規則（昭和61年労働省令第20号）第32条の3各号に掲げる福利厚生施設を除く。）が労働者派遣法第30条

の4第1項第4号に基づき決定されていること等について、派遣労働者に対する説明の内容に準じて説明すること。

(3)　派遣労働者に対する説明の方法

派遣元事業主は、派遣労働者が説明の内容を理解することができるよう、資料を活用し、口頭により説明することを基本とすること。ただし、説明すべき事項を全て記載した派遣労働者が容易に理解できる内容の資料を用いる場合には、当該資料を交付する等の方法でも差し支えないこと。

(4)　比較対象労働者との間の待遇の相違の内容等に変更があったときの情報提供

派遣元事業主は、派遣労働者から求めがない場合でも、当該派遣労働者に対し、比較対象労働者との間の待遇の相違の内容及び理由並びに労働者派遣法第30条の3から第30条の6までの規定により措置を講ずべきこととされている事項に関する決定をするに当たって考慮した事項に変更があったときは、その内容を情報提供することが望ましいこと。

10　関係法令の関係者への周知

派遣元事業主は、労働者派遣法の規定による派遣元事業主及び派遣先が講ずべき措置の内容並びに労働者派遣法第3章第4節に規定する労働基準法等の適用に関する特例等関係法令の関係者への周知の徹底を図るために、説明会等の実施、文書の配布等の措置を講ずること。

11　個人情報等の保護

(1)　個人情報の収集、保管及び使用

イ　派遣元事業主は、派遣労働者となろうとする者を登録する際には当該労働者の希望、能力及び経験に応じた就業の機会の確保を図る目的の範囲内で、派遣労働者として雇用し労働者派遣を行う際には当該派遣労働者の適正な雇用管理を行う目的の範囲内で、派遣労働者等の個人情報（以下この(1)、(2)及び(4)において単に「個人情報」という。）を収集することとし、次に掲げる個人情報を収集してはならないこと。ただし、特別な業務上の必要性が存在することその他業務の目的の達成に必要不可欠であって、収集目的を示して本人から収集する場合はこの限りでないこと。

(イ)　人種、民族、社会的身分、門地、本籍、出生地その他社会的差別の原因となるおそれのある事項

(ロ)　思想及び信条

(ハ)　労働組合への加入状況

ロ　派遣元事業主は、個人情報を収集する際には、本人から直接収集し、

又は本人の同意の下で本人以外の者から収集する等適法かつ公正な手段によらなければならないこと。

ハ　派遣元事業主は、高等学校若しくは中等教育学校又は中学校若しくは義務教育学校の新規卒業予定者であって派遣労働者となろうとする者から応募書類の提出を求めるときは、職業安定局長の定める書類によりその提出を求めること。

ニ　個人情報の保管又は使用は、収集目的の範囲に限られること。このため、例えば、待遇等に関する情報のうち個人情報に該当するものの保管又は使用は、労働者派遣法第30条の２、第30条の３、第30条の４第１項、第30条の５及び第31条の２第４項の規定による待遇の確保等という目的（(4)において「待遇の確保等の目的」という。）の範囲に限られること。なお、派遣労働者として雇用し労働者派遣を行う際には、労働者派遣事業制度の性質上、派遣元事業主が派遣先に提供することができる派遣労働者の個人情報は、労働者派遣法第35条第１項各号に掲げる派遣先に通知しなければならない事項のほか、当該派遣労働者の業務遂行能力に関する情報に限られるものであること。ただし、他の保管若しくは使用の目的を示して本人の同意を得た場合又は他の法律に定めのある場合は、この限りでないこと。

(2)　適正管理

イ　派遣元事業主は、その保管又は使用に係る個人情報に関し、次に掲げる措置を適切に講ずるとともに、派遣労働者等からの求めに応じ、当該措置の内容を説明しなければならないこと。

　(イ)　個人情報を目的に応じ必要な範囲において正確かつ最新のものに保つための措置

　(ロ)　個人情報の紛失、破壊及び改ざんを防止するための措置

　(ハ)　正当な権限を有しない者による個人情報へのアクセスを防止するための措置

　(ニ)　収集目的に照らして保管する必要がなくなった個人情報を破棄又は削除するための措置

ロ　派遣元事業主が、派遣労働者等の秘密に該当する個人情報を知り得た場合には、当該個人情報が正当な理由なく他人に知られることのないよう、厳重な管理を行わなければならないこと。

ハ　派遣元事業主は、次に掲げる事項を含む個人情報適正管理規程を作成し、これを遵守しなければならないこと。

　(イ)　個人情報を取り扱うことができる者の範囲に関する事項

(ロ)　個人情報を取り扱う者に対する研修等教育訓練に関する事項

(ハ)　本人から求められた場合の個人情報の開示又は訂正（削除を含む。以下同じ。）の取扱いに関する事項

(ニ)　個人情報の取扱いに関する苦情の処理に関する事項

ニ　派遣元事業主は、本人が個人情報の開示又は訂正の求めをしたことを理由として、当該本人に対して不利益な取扱いをしてはならないこと。

(3)　個人情報の保護に関する法律の遵守等

(1)及び(2)に定めるもののほか、派遣元事業主は、個人情報の保護に関する法律第2条第5項に規定する個人情報取扱事業者（以下「個人情報取扱事業者」という。）に該当する場合には、同法第4章第1節に規定する義務を遵守しなければならないこと。また、個人情報取扱事業者に該当しない場合であっても、個人情報取扱事業者に準じて、個人情報の適正な取扱いの確保に努めること。

(4)　待遇等に関する情報のうち個人情報に該当しないものの保管及び使用

派遣元事業主は、待遇等に関する情報のうち個人情報に該当しないものの保管又は使用を待遇の確保等の目的の範囲に限定する等適切に対応すること。

12　秘密の保持

待遇等に関する情報は、労働者派遣法第24条の4の秘密を守る義務の対象となるものであること。

13　派遣労働者を特定することを目的とする行為に対する協力の禁止等

(1)　派遣元事業主は、紹介予定派遣の場合を除き、派遣先による派遣労働者を特定することを目的とする行為に協力してはならないこと。なお、派遣労働者等が、自らの判断の下に派遣就業開始前の事業所訪問若しくは履歴書の送付又は派遣就業期間中の履歴書の送付を行うことは、派遣先によって派遣労働者を特定することを目的とする行為が行われたことには該当せず、実施可能であるが、派遣元事業主は、派遣労働者等に対してこれらの行為を求めないこととする等、派遣労働者を特定することを目的とする行為への協力の禁止に触れないよう十分留意すること。

(2)　派遣元事業主は、派遣先との間で労働者派遣契約を締結するに当たっては、職業安定法第3条の規定を遵守するとともに、派遣労働者の性別を労働者派遣契約に記載し、かつ、これに基づき当該派遣労働者を当該派遣先に派遣してはならないこと。

(3)　派遣元事業主は、派遣先との間で労働者派遣契約を締結するに当たっては、派遣元事業主が当該派遣先の指揮命令の下に就業させようとする労働

者について、障害者であることを理由として、障害者を排除し、又はその条件を障害者に対してのみ不利なものとしてはならず、かつ、これに基づき障害者でない派遣労働者を当該派遣先に派遣してはならないこと。

14 安全衛生に係る措置

　派遣元事業主は、派遣労働者に対する雇入れ時及び作業内容変更時の安全衛生教育を適切に行えるよう、当該派遣労働者が従事する業務に係る情報を派遣先から入手すること、健康診断等の結果に基づく就業上の措置を講ずるに当たって、派遣先の協力が必要な場合には、派遣先に対して、当該措置の実施に協力するよう要請すること等、派遣労働者の安全衛生に係る措置を実施するため、派遣先と必要な連絡調整等を行うこと。

15 紹介予定派遣

⑴ 紹介予定派遣を受け入れる期間

　派遣元事業主は、紹介予定派遣を行うに当たっては、6箇月を超えて、同一の派遣労働者の労働者派遣を行わないこと。

⑵ 派遣先が職業紹介を希望しない場合又は派遣労働者を雇用しない場合の理由の明示

　派遣元事業主は、紹介予定派遣を行った派遣先が職業紹介を受けることを希望しなかった場合又は職業紹介を受けた派遣労働者を雇用しなかった場合には、派遣労働者の求めに応じ、派遣先に対し、それぞれその理由を書面、ファクシミリ又は電子メールその他のその受信をする者を特定して情報を伝達するために用いられる電気通信（電気通信事業法（昭和59年法律第86号）第2条第1号に規定する電気通信をいう。以下この⑵において「電子メール等」という。）（当該派遣元事業主が当該電子メール等の記録を出力することにより書面を作成することができるものに限る。）により明示するよう求めること。また、派遣先から明示された理由を、派遣労働者に対して書面、ファクシミリ又は電子メール等（当該派遣労働者が当該電子メール等の記録を出力することにより書面を作成することができるものに限る。）（ファクシミリ又は電子メール等による場合にあっては、当該派遣労働者が希望した場合に限る。）により明示すること。

⑶ 派遣元事業主は、派遣先が障害者に対し、面接その他紹介予定派遣に係る派遣労働者を特定することを目的とする行為を行う場合に、障害者雇用促進法第36条の2又は第36条の3の規定による措置を講ずるに当たっては、障害者と話合いを行い、派遣元事業主において実施可能な措置を検討するとともに、必要に応じ、派遣先と協議等を行い、協力を要請すること。

16　情報の提供

　　派遣元事業主は、派遣労働者及び派遣先が良質な派遣元事業主を適切に選択できるよう、労働者派遣の実績、労働者派遣に関する料金の額の平均額から派遣労働者の賃金の額の平均額を控除した額を当該労働者派遣に関する料金の額の平均額で除して得た割合（以下この16において「マージン率」という。）、教育訓練に関する事項、労働者派遣法第30条の4第1項の協定を締結しているか否かの別並びに当該協定を締結している場合における協定対象派遣労働者の範囲及び当該協定の有効期間の終期(以下この16において「協定の締結の有無等」という。) 等に関する情報を事業所への書類の備付け、インターネットの利用その他の適切な方法により提供すること。特に、マージン率及び協定の締結の有無等の情報提供に当たっては、常時インターネットの利用により広く関係者とりわけ派遣労働者に必要な情報を提供することを原則とすること。また、労働者派遣の期間の区分ごとの雇用安定措置を講じた人数等の実績及び教育訓練計画については、インターネットの利用その他の適切な方法により関係者に対し情報提供することが望ましいこと。

派遣先が講ずべき措置に関する指針

（平成11年労働省告示第138号）

（最終改正：令和2年厚生労働省告示第346号）

第1　趣旨

　　この指針は、労働者派遣事業の適正な運営の確保及び派遣労働者の保護等に関する法律（以下「労働者派遣法」という。）第3章第1節及び第3節の規定により派遣先が講ずべき措置に関して、その適切かつ有効な実施を図るために必要な事項を定めたものである。

第2　派遣先が講ずべき措置

1　労働者派遣契約の締結に当たっての就業条件の確認

　　派遣先は、労働者派遣契約の締結の申込みを行うに際しては、就業中の派遣労働者を直接指揮命令することが見込まれる者から、業務の内容及び当該業務に伴う責任の程度、当該業務を遂行するために必要とされる知識、技術又は経験の水準その他労働者派遣契約の締結に際し定めるべき就業条件の内容を十分に確認すること。

2　労働者派遣契約に定める就業条件の確保

　　派遣先は、労働者派遣契約を円滑かつ的確に履行するため、次に掲げる措置その他派遣先の実態に即した適切な措置を講ずること。

⑴　就業条件の周知徹底

　　労働者派遣契約で定められた就業条件について、当該派遣労働者の業務の遂行を指揮命令する職務上の地位にある者その他の関係者に当該就業条件を記載した書面を交付し、又は就業場所に掲示する等により、周知の徹底を図ること。

⑵　就業場所の巡回

　　定期的に派遣労働者の就業場所を巡回し、当該派遣労働者の就業の状況が労働者派遣契約に反していないことを確認すること。

⑶　就業状況の報告

　　派遣労働者を直接指揮命令する者から、定期的に当該派遣労働者の就業の状況について報告を求めること。

⑷　労働者派遣契約の内容の遵守に係る指導

　　派遣労働者を直接指揮命令する者に対し、労働者派遣契約の内容に違反することとなる業務上の指示を行わないようにすること等の指導を徹底すること。

3　派遣労働者を特定することを目的とする行為の禁止

　　派遣先は、紹介予定派遣の場合を除き、派遣元事業主が当該派遣先の指揮命令の下に就業させようとする労働者について、労働者派遣に先立って面接すること、派遣先に対して当該労働者に係る履歴書を送付させることのほか、若年者に限ることとすること等派遣労働者を特定することを目的とする行為を行わないこと。なお、派遣労働者又は派遣労働者となろうとする者が、自らの判断の下に派遣就業開始前の事業所訪問若しくは履歴書の送付又は派遣就業期間中の履歴書の送付を行うことは、派遣先によって派遣労働者を特定することを目的とする行為が行われたことには該当せず、実施可能であるが、派遣先は、派遣元事業主又は派遣労働者若しくは派遣労働者となろうとする者に対してこれらの行為を求めないこととする等、派遣労働者を特定することを目的とする行為の禁止に触れないよう十分留意すること。

4　性別による差別及び障害者であることを理由とする不当な差別的取扱いの禁止

(1)　性別による差別の禁止

　　派遣先は、派遣元事業主との間で労働者派遣契約を締結するに当たっては、当該労働者派遣契約に派遣労働者の性別を記載してはならないこと。

(2)　障害者であることを理由とする不当な差別的取扱いの禁止

　　派遣先は、派遣元事業主との間で労働者派遣契約を締結するに当たっては、派遣元事業主が当該派遣先の指揮命令の下に就業させようとする労働者について、障害者の雇用の促進等に関する法律（昭和35年法律第123号。以下「障害者雇用促進法」という。）第２条第１号に規定する障害者（以下単に「障害者」という。）であることを理由として、障害者を排除し、又はその条件を障害者に対してのみ不利なものとしてはならないこと。

5　労働者派遣契約の定めに違反する事実を知った場合の是正措置等

　　派遣先は、労働者派遣契約の定めに反する事実を知った場合には、これを早急に是正するとともに、労働者派遣契約の定めに反する行為を行った者及び派遣先責任者に対し労働者派遣契約を遵守させるために必要な措置を講ずること、派遣元事業主と十分に協議した上で損害賠償等の善後処理方策を講ずること等適切な措置を講ずること。

6　派遣労働者の雇用の安定を図るために必要な措置

(1)　労働者派遣契約の締結に当たって講ずべき措置

　　イ　派遣先は、労働者派遣契約の締結に当たって、派遣先の責に帰すべき事由により労働者派遣契約の契約期間が満了する前に労働者派遣契約の解除を行おうとする場合には、派遣先は派遣労働者の新たな就業機会の

確保を図ること及びこれができないときには少なくとも当該労働者派遣契約の解除に伴い当該派遣元事業主が当該労働者派遣に係る派遣労働者を休業させること等を余儀なくされることにより生ずる損害である休業手当、解雇予告手当等に相当する額以上の額について損害の賠償を行うことを定めなければならないこと。また、労働者派遣の期間を定めるに当たっては、派遣元事業主と協力しつつ、当該派遣先において労働者派遣の役務の提供を受けようとする期間を勘案して可能な限り長く定める等、派遣労働者の雇用の安定を図るために必要な配慮をするよう努めること。

ロ 派遣先は、労働者派遣契約の締結に当たって、労働者派遣の終了後に当該労働者派遣に係る派遣労働者を雇用する場合に、当該雇用が円滑に行われるよう、派遣元事業主の求めに応じ、派遣先が当該労働者派遣の終了後に当該派遣労働者を雇用する意思がある場合には、当該意思を事前に派遣元事業主に示すこと、派遣元事業主が職業安定法（昭和22年法律第141号）その他の法律の規定による許可を受けて、又は届出をして職業紹介を行うことができる場合には、派遣先は職業紹介により当該派遣労働者を雇用し、派遣元事業主に当該職業紹介に係る手数料を支払うこと等を定め、これらの措置を適切に講ずること。

(2) 労働者派遣契約の解除の事前の申入れ

派遣先は、専ら派遣先に起因する事由により、労働者派遣契約の契約期間が満了する前の解除を行おうとする場合には、派遣元事業主の合意を得ることはもとより、あらかじめ相当の猶予期間をもって派遣元事業主に解除の申入れを行うこと。

(3) 派遣先における就業機会の確保

派遣先は、労働者派遣契約の契約期間が満了する前に派遣労働者の責に帰すべき事由以外の事由によって労働者派遣契約の解除が行われた場合には、当該派遣先の関連会社での就業をあっせんする等により、当該労働者派遣契約に係る派遣労働者の新たな就業機会の確保を図ること。

(4) 損害賠償等に係る適切な措置

派遣先は、派遣先の責に帰すべき事由により労働者派遣契約の契約期間が満了する前に労働者派遣契約の解除を行おうとする場合には、派遣労働者の新たな就業機会の確保を図ることとし、これができないときには、少なくとも当該労働者派遣契約の解除に伴い当該派遣元事業主が当該労働者派遣に係る派遣労働者を休業させること等を余儀なくされたことにより生じた損害の賠償を行わなければならないこと。例えば、当該派遣元事業主

が当該派遣労働者を休業させる場合は休業手当に相当する額以上の額について、当該派遣元事業主がやむを得ない事由により当該派遣労働者を解雇する場合は、派遣先による解除の申入れが相当の猶予期間をもって行われなかったことにより当該派遣元事業主が解雇の予告をしないときは30日分以上、当該予告をした日から解雇の日までの期間が30日に満たないときは当該解雇の日の30日前の日から当該予告の日までの日数分以上の賃金に相当する額以上の額について、損害の賠償を行わなければならないこと。その他派遣先は派遣元事業主と十分に協議した上で適切な善後処理方策を講ずること。また、派遣元事業主及び派遣先の双方の責に帰すべき事由がある場合には、派遣元事業主及び派遣先のそれぞれの責に帰すべき部分の割合についても十分に考慮すること。

(5) 労働者派遣契約の解除の理由の明示

　　派遣先は、労働者派遣契約の契約期間が満了する前に労働者派遣契約の解除を行う場合であって、派遣元事業主から請求があったときは、労働者派遣契約の解除を行った理由を当該派遣元事業主に対し明らかにすること。

7　適切な苦情の処理

(1) 適切かつ迅速な処理を図るべき苦情

　　派遣先が適切かつ迅速な処理を図るべき苦情には、セクシュアルハラスメント、妊娠、出産等に関するハラスメント、育児休業等に関するハラスメント、パワーハラスメント、障害者である派遣労働者の有する能力の有効な発揮の支障となっている事情に関するもの等が含まれることに留意すること。

(2) 苦情の処理を行う際の留意点等

　　派遣先は、派遣労働者の苦情の処理を行うに際しては、派遣先の労働組合法（昭和24年法律第174号）上の使用者性に関する代表的な裁判例や中央労働委員会の命令に留意し、特に、労働者派遣法第44条の規定により派遣先の事業を派遣中の労働者を使用する事業と、労働者派遣法第45条及び第46条の規定により派遣先の事業を行う者を派遣中の労働者を使用する事業者と、労働者派遣法第47条の2から第47条の4までの規定により労働者派遣の役務の提供を受ける者を派遣労働者を雇用する事業主とみなして労働関係法令を適用する事項に関する苦情については、誠実かつ主体的に対応しなければならないこと。また、派遣先は、派遣労働者の苦情の申出を受ける者、派遣先において苦情の処理を行う方法、派遣元事業主と派遣先との連携のための体制等を労働者派遣契約において定めるとともに、派遣労働者の受入れに際し、説明会等を実施して、その内容を派遣労

働者に説明すること。さらに、派遣先管理台帳に苦情の申出を受けた年月
日、苦情の内容及び苦情の処理状況について、苦情の申出を受け、及び苦
情の処理に当たった都度、記載するとともに、その内容を派遣元事業主に
通知すること。また、派遣労働者から苦情の申出を受けたことを理由とし
て、当該派遣労働者に対して不利益な取扱いをしてはならないこと。

8 労働・社会保険の適用の促進

　派遣先は、労働・社会保険に加入する必要がある派遣労働者については、
労働・社会保険に加入している派遣労働者（派遣元事業主が新規に雇用した
派遣労働者であって、当該派遣先への労働者派遣の開始後速やかに労働・社
会保険への加入手続が行われるものを含む。）を受け入れるべきであり、派
遣元事業主から派遣労働者が労働・社会保険に加入していない理由の通知を
受けた場合において、当該理由が適正でないと考えられる場合には、派遣元
事業主に対し、当該派遣労働者を労働・社会保険に加入させてから派遣する
よう求めること。

9 適正な派遣就業の確保

(1) 適切な就業環境の維持、福利厚生等

　派遣先は、その指揮命令の下に労働させている派遣労働者について、派
遣就業が適正かつ円滑に行われるようにするため、労働者派遣法第40条
第1項から第3項までに定めるもののほか、セクシュアルハラスメントの
防止等適切な就業環境の維持並びに派遣先が設置及び運営し、その雇用す
る労働者が通常利用している物品販売所、病院、診療所、浴場、理髪室、
保育所、図書館、講堂、娯楽室、運動場、体育館、保養施設等の施設の利
用に関する便宜の供与の措置を講ずるように配慮しなければならないこと。
また、派遣先は、労働者派遣法第40条第5項の規定に基づき、派遣元事
業主の求めに応じ、当該派遣先に雇用される労働者の賃金、教育訓練、福
利厚生等の実状をより的確に把握するために必要な情報を派遣元事業主に
提供するとともに、派遣元事業主が当該派遣労働者の職務の成果等に応じ
た適切な賃金を決定できるよう、派遣元事業主からの求めに応じ、当該派
遣労働者の職務の評価等に協力をするように配慮しなければならないこと。

(2) 労働者派遣に関する料金の額

イ　派遣先は、労働者派遣法第26条第11項の規定により、労働者派遣に
関する料金の額について、派遣元事業主が、労働者派遣法第30条の4
第1項の協定に係る労働者派遣以外の労働者派遣にあっては労働者派遣
法第30条の3の規定、同項の協定に係る労働者派遣にあっては同項第
2号から第5号までに掲げる事項に関する協定の定めを遵守することが

できるものとなるように配慮しなければならないこととされているが、当該配慮は、労働者派遣契約の締結又は更新の時だけではなく、当該締結又は更新がなされた後にも求められるものであること。

ロ　派遣先は、労働者派遣に関する料金の額の決定に当たっては、その指揮命令の下に労働させる派遣労働者の就業の実態、労働市場の状況、当該派遣労働者が従事する業務の内容及び当該業務に伴う責任の程度並びに当該派遣労働者に要求する技術水準の変化等を勘案するよう努めなければならないこと。

(3)　教育訓練・能力開発

派遣先は、その指揮命令の下に労働させる派遣労働者に対して労働者派遣法第40条第２項の規定による教育訓練を実施する等必要な措置を講ずるほか、派遣元事業主が労働者派遣法第30条の２第１項の規定による教育訓練を実施するに当たり、派遣元事業主から求めがあったときは、派遣元事業主と協議等を行い、派遣労働者が当該教育訓練を受講できるよう可能な限り協力するとともに、必要に応じた当該教育訓練に係る便宜を図るよう努めなければならないこと。派遣元事業主が行うその他の教育訓練、派遣労働者の自主的な能力開発等についても同様とすること。

(4)　障害者である派遣労働者の適正な就業の確保

①　派遣先は、その指揮命令の下に労働させる派遣労働者に対する教育訓練及び福利厚生の実施について、派遣労働者が障害者であることを理由として、障害者でない派遣労働者と不当な差別的取扱いをしてはならないこと。

②　派遣先は、労働者派遣契約に基づき派遣された労働者について、派遣元事業主が障害者雇用促進法第36条の３の規定による措置を講ずるため、派遣元事業主から求めがあったときは、派遣元事業主と協議等を行い、可能な限り協力するよう努めなければならないこと。

10　関係法令の関係者への周知

派遣先は、労働者派遣法の規定により派遣先が講ずべき措置の内容及び労働者派遣法第３章第４節に規定する労働基準法（昭和22年法律第49号）等の適用に関する特例等関係法令の関係者への周知の徹底を図るために、説明会等の実施、文書の配布等の措置を講ずること。

11　派遣元事業主との労働時間等に係る連絡体制の確立

派遣先は、派遣元事業主の事業場で締結される労働基準法第36条第１項の時間外及び休日の労働に関する協定の内容等派遣労働者の労働時間の枠組みについて派遣元事業主に情報提供を求める等により、派遣元事業主との連

絡調整を的確に行うこと。また、労働者派遣法第42条第1項及び第3項において、派遣先は派遣先管理台帳に派遣就業をした日ごとの始業及び終業時刻並びに休憩時間等を記載し、これを派遣元事業主に通知しなければならないとされており、派遣先は、適正に把握した実際の労働時間等について、派遣元事業主に正確に情報提供すること。

12　派遣労働者に対する説明会等の実施

　　派遣先は、派遣労働者の受入れに際し、説明会等を実施し、派遣労働者が利用できる派遣先の各種の福利厚生に関する措置の内容についての説明、派遣労働者が円滑かつ的確に就業するために必要な、派遣労働者を直接指揮命令する者以外の派遣先の労働者との業務上の関係についての説明及び職場生活上留意を要する事項についての助言等を行うこと。

13　派遣先責任者の適切な選任及び適切な業務の遂行

　　派遣先は、派遣先責任者の選任に当たっては、労働関係法令に関する知識を有する者であること、人事・労務管理等について専門的な知識又は相当期間の経験を有する者であること、派遣労働者の就業に係る事項に関する一定の決定、変更を行い得る権限を有する者であること等派遣先責任者の職務を的確に遂行することができる者を選任するよう努めること。

14　労働者派遣の役務の提供を受ける期間の制限の適切な運用

　　派遣先は、労働者派遣法第40条の2及び第40条の3の規定に基づき派遣労働者による常用労働者の代替及び派遣就業を望まない派遣労働者が派遣就業に固定化されることの防止を図るため、次に掲げる基準に従い、事業所その他派遣就業の場所（以下「事業所等」という。）ごとの業務について、派遣元事業主から労働者派遣法第40条の2第2項の派遣可能期間を超える期間継続して労働者派遣（同条第1項各号のいずれかに該当するものを除く。以下この14において同じ。）の役務の提供を受けてはならず、また、事業所等における組織単位ごとの業務について、派遣元事業主から3年を超える期間継続して同一の派遣労働者に係る労働者派遣の役務の提供を受けてはならないこと。

(1)　事業所等については、工場、事務所、店舗等、場所的に他の事業所その他の場所から独立していること、経営の単位として人事、経理、指導監督、労働の態様等においてある程度の独立性を有すること、一定期間継続し、施設としての持続性を有すること等の観点から実態に即して判断すること。

(2)　事業所等における組織単位については、労働者派遣法第40条の3の労働者派遣の役務の提供を受ける期間の制限の目的が、派遣労働者がその組

織単位の業務に長期間にわたって従事することによって派遣就業を望まない派遣労働者が派遣就業に固定化されることを防止することにあることに留意しつつ判断すること。すなわち、課、グループ等の業務としての類似性や関連性がある組織であり、かつ、その組織の長が業務の配分や労務管理上の指揮監督権限を有するものであって、派遣先における組織の最小単位よりも一般に大きな単位を想定しており、名称にとらわれることなく実態により判断すべきものであること。ただし、小規模の事業所等においては、組織単位と組織の最小単位が一致する場合もあることに留意すること。

(3)　派遣先は、労働者派遣の役務の提供を受けていた当該派遣先の事業所等ごとの業務について、新たに労働者派遣の役務の提供を受ける場合には、当該新たな労働者派遣の開始と当該新たな労働者派遣の役務の受入れの直前に受け入れていた労働者派遣の終了との間の期間が3月を超えない場合には、当該派遣先は、当該新たな労働者派遣の役務の受入れの直前に受け入れていた労働者派遣から継続して労働者派遣の役務の提供を受けているものとみなすこと。

(4)　派遣先は、労働者派遣の役務の提供を受けていた当該派遣先の事業所等における組織単位ごとの業務について、同一の派遣労働者に係る新たな労働者派遣の役務の提供を受ける場合には、当該新たな労働者派遣の開始と当該新たな労働者派遣の役務の受入れの直前に受け入れていた労働者派遣の終了との間の期間が3月を超えない場合には、当該派遣先は、当該新たな労働者派遣の役務の受入れの直前に受け入れていた労働者派遣から継続して労働者派遣の役務の提供を受けているものとみなすこと。

(5)　派遣先は、当該派遣先の事業所等ごとの業務について派遣元事業主から3年間継続して労働者派遣の役務の提供を受けている場合において、派遣可能期間の延長に係る手続を回避することを目的として、当該労働者派遣の終了後3月が経過した後に再度当該労働者派遣の役務の提供を受けるような、実質的に派遣労働者の受入れを継続する行為は、同項の規定の趣旨に反するものであること。

15　派遣可能期間の延長に係る意見聴取の適切かつ確実な実施

(1)　意見聴取に当たっての情報提供

派遣先は、労働者派遣法第40条の2第4項の規定に基づき、過半数労働組合等（同項に規定する過半数労働組合等をいう。以下同じ。）に対し、派遣可能期間を延長しようとする際に意見を聴くに当たっては、当該派遣先の事業所等ごとの業務について、当該業務に係る労働者派遣の役務の提

供の開始時（派遣可能期間を延長した場合には、当該延長時）から当該業務に従事した派遣労働者の数及び当該派遣先に期間を定めないで雇用される労働者の数の推移に関する資料等、意見聴取の際に過半数労働組合等が意見を述べるに当たり参考となる資料を過半数労働組合等に提供するものとすること。また、派遣先は、意見聴取の実効性を高める観点から、過半数労働組合等からの求めに応じ、当該派遣先の部署ごとの派遣労働者の数、各々の派遣労働者に係る労働者派遣の役務の提供を受けた期間等に係る情報を提供することが望ましいこと。

(2)　十分な考慮期間の設定

派遣先は、過半数労働組合等に対し意見を聴くに当たっては、十分な考慮期間を設けること。

(3)　異議への対処

イ　派遣先は、派遣可能期間を延長することに対して過半数労働組合等から異議があった場合に、労働者派遣法第40条の2第5項の規定により当該意見への対応に関する方針等を説明するに当たっては、当該意見を勘案して当該延長について再検討を加えること等により、当該過半数労働組合等の意見を十分に尊重するよう努めること。

ロ　派遣先は、派遣可能期間を延長する際に過半数労働組合等から異議があった場合において、当該延長に係る期間が経過した場合にこれを更に延長しようとするに当たり、再度、過半数労働組合等から異議があったときは、当該意見を十分に尊重し、派遣可能期間の延長の中止又は延長する期間の短縮、派遣可能期間の延長に係る派遣労働者の数の削減等の対応を採ることについて検討した上で、その結論をより一層丁寧に当該過半数労働組合等に説明しなければならないこと。

(4)　誠実な実施

派遣先は、労働者派遣法第40条の2第6項の規定に基づき、(1)から(3)までの内容を含め、派遣可能期間を延長しようとする場合における過半数労働組合等からの意見の聴取及び過半数労働組合等が異議を述べた場合における当該過半数労働組合等に対する派遣可能期間の延長の理由等の説明を行うに当たっては、誠実にこれらを行うよう努めなければならないものとすること。

16　雇用調整により解雇した労働者が就いていたポストへの派遣労働者の受け入れ

派遣先は、雇用調整により解雇した労働者が就いていたポストに、当該解雇後3箇月以内に派遣労働者を受け入れる場合には、必要最小限度の労働者

派遣の期間を定めるとともに、当該派遣先に雇用される労働者に対し労働者派遣の役務の提供を受ける理由を説明する等、適切な措置を講じ、派遣先の労働者の理解が得られるよう努めること。

17　安全衛生に係る措置

派遣先は、派遣元事業主が派遣労働者に対する雇入れ時及び作業内容変更時の安全衛生教育を適切に行えるよう、当該派遣労働者が従事する業務に係る情報を派遣元事業主に対し積極的に提供するとともに、派遣元事業主から雇入れ時及び作業内容変更時の安全衛生教育の委託の申入れがあった場合には可能な限りこれに応じるよう努めること、派遣元事業主が健康診断等の結果に基づく就業上の措置を講ずるに当たって、当該措置に協力するよう要請があった場合には、これに応じ、必要な協力を行うこと等、派遣労働者の安全衛生に係る措置を実施するために必要な協力や配慮を行うこと。

18　紹介予定派遣

(1)　紹介予定派遣を受け入れる期間

派遣先は、紹介予定派遣を受け入れるに当たっては、6箇月を超えて、同一の派遣労働者を受け入れないこと。

(2)　職業紹介を希望しない場合又は派遣労働者を雇用しない場合の理由の明示

派遣先は、紹介予定派遣を受け入れた場合において、職業紹介を受けることを希望しなかった場合又は職業紹介を受けた派遣労働者を雇用しなかった場合には、派遣元事業主の求めに応じ、それぞれその理由を派遣元事業主に対して書面、ファクシミリ又は電子メールその他のその受信をする者を特定して情報を伝達するために用いられる電気通信（電気通信事業法（昭和59年法律第86号）第2条第1号に規定する電気通信をいう。以下この(2)において「電子メール等」という。）（当該派遣元事業主が当該電子メール等の記録を出力することにより書面を作成することができるものに限る。）により明示すること。

(3)　派遣先が特定等に当たり労働施策の総合的な推進並びに労働者の雇用の安定及び職業生活の充実等に関する法律（昭和41年法律第132号）第9条の趣旨に照らし講ずべき措置

①　派遣先は、紹介予定派遣に係る派遣労働者を特定することを目的とする行為又は派遣労働者の特定（以下「特定等」という。）を行うに当たっては、次に掲げる措置を講ずること。

ア　②に該当するときを除き、派遣労働者の年齢を理由として、特定等の対象から当該派遣労働者を排除しないこと。

イ　派遣先が職務に適合する派遣労働者を受け入れ又は雇い入れ、か
つ、派遣労働者がその年齢にかかわりなく、その有する能力を有効に
発揮することができる職業を選択することを容易にするため、特定等
に係る職務の内容、当該職務を遂行するために必要とされる派遣労働
者の適性、能力、経験、技能の程度その他の派遣労働者が紹介予定派
遣を希望するに当たり求められる事項をできる限り明示すること。

② 年齢制限が認められるとき（派遣労働者がその有する能力を有効に発
揮するために必要であると認められるとき以外のとき）

派遣先が行う特定等が次のアからウまでのいずれかに該当するときに
は、年齢制限をすることが認められるものとする。

ア　派遣先が、その雇用する労働者の定年（以下単に「定年」という。）
の定めをしている場合において当該定年の年齢を下回ることを条件と
して派遣労働者の特定等を行うとき（当該派遣労働者について期間の
定めのない労働契約を締結することを予定する場合に限る。）。

イ　派遣先が、労働基準法その他の法令の規定により特定の年齢の範囲
に属する労働者の就業等が禁止又は制限されている業務について当該
年齢の範囲に属する派遣労働者以外の派遣労働者の特定等を行うとき。

ウ　派遣先の特定等における年齢による制限を必要最小限のものとする
観点から見て合理的な制限である場合として次のいずれかに該当する
とき。

i　長期間の継続勤務による職務に必要な能力の開発及び向上を図る
ことを目的として、青少年その他特定の年齢を下回る派遣労働者の
特定等を行うとき（当該派遣労働者について期間の定めのない労働
契約を締結することを予定する場合に限り、かつ、当該派遣労働者
が職業に従事した経験があることを特定等の条件としない場合で
あって学校（小学校（義務教育学校の前期課程を含む。）及び幼稚
園を除く。）、専修学校、職業能力開発促進法（昭和44年法律第64号）
第15条の7第1項各号に掲げる施設又は同法第27条第1項に規定
する職業能力開発総合大学校を新たに卒業しようとする者として又
は当該者と同等の処遇で採用する予定で特定等を行うときに限る。）。

ii　当該派遣先が雇用する特定の年齢の範囲に属する特定の職種の労
働者（当該派遣先の人事管理制度に照らし必要と認められるときは、
当該派遣先がその一部の事業所において雇用する特定の職種に従事
する労働者。以下「特定労働者」という。）の数が相当程度少ない
場合（特定労働者の年齢について、30歳から49歳までの範囲内に

おいて、派遣先が特定等を行おうとする任意の労働者の年齢の範囲
（当該範囲内の年齢のうち最も高いもの（以下「範囲内最高年齢」
という。）と最も低いもの（以下「範囲内最低年齢」という。）との
差（以下「特定数」という。）が4から9までの場合に限る。）に属
する労働者数が、範囲内最高年齢に1を加えた年齢から当該年齢に
特定数を加えた年齢までの範囲に属する労働者数の2分の1以下で
あり、かつ、範囲内最低年齢から1に特定数を加えた年齢を減じた
年齢から範囲内最低年齢から1を減じた年齢までの範囲に属する労
働者数の2分の1以下である場合をいう。）において、当該職種の
業務の遂行に必要な技能及びこれに関する知識の継承を図ることを
目的として、特定労働者である派遣労働者の特定等を行うとき（当
該派遣労働者について期間の定めのない労働契約を締結することを
予定する場合に限る。）。

iii　芸術又は芸能の分野における表現の真実性等を確保するために特
定の年齢の範囲に属する派遣労働者の特定等を行うとき。

iv　高年齢者の雇用の促進を目的として、特定の年齢以上の高年齢者
（60歳以上の者に限る。）である派遣労働者の特定等を行うとき、
又は特定の年齢の範囲に属する労働者の雇用を促進するため、当該
特定の年齢の範囲に属する派遣労働者の特定等を行うとき（当該特
定の年齢の範囲に属する労働者の雇用の促進に係る国の施策を活用
しようとする場合に限る。）。

(4)　派遣先が特定等に当たり雇用の分野における男女の均等な機会及び待遇
の確保等に関する法律（昭和47年法律第113号。以下「均等法」という。）
第5条及び第7条の趣旨に照らし行ってはならない措置等

①　派遣先は、特定等を行うに当たっては、例えば、次に掲げる措置を行
わないこと。

ア　特定等に当たって、その対象から男女のいずれかを排除すること。

イ　特定等に当たっての条件を男女で異なるものとすること。

ウ　特定に係る選考において、能力及び資質の有無等を判断する場合
に、その方法や基準について男女で異なる取扱いをすること。

エ　特定等に当たって男女のいずれかを優先すること。

オ　派遣就業又は雇用の際に予定される求人の内容の説明等特定等に係
る情報の提供について、男女で異なる取扱いをすること又は派遣元事
業主にその旨要請すること。

②　派遣先は、特定等に関する措置であって派遣労働者の性別以外の事由

を要件とするもののうち次に掲げる措置については、当該措置の対象と
なる業務の性質に照らして当該措置の実施が当該業務の遂行上特に必要
である場合、事業の運営の状況に照らして当該措置の実施が派遣就業又
は雇用の際に予定される雇用管理上特に必要である場合その他の合理的
な理由がある場合でなければ、これを講じてはならない。

ア　派遣労働者の特定等に当たって、派遣労働者の身長、体重又は体力
　に関する事由を要件とすること。

イ　将来、コース別雇用管理における総合職の労働者として当該派遣労
　働者を採用することが予定されている場合に、派遣労働者の特定等に
　当たって、転居を伴う転勤に応じることができることを要件とするこ
　と。

③　紹介予定派遣に係る特定等に当たっては、将来、当該派遣労働者を採
　用することが予定されている雇用管理区分において、女性労働者が男性
　労働者と比較して相当程度少ない場合においては、特定等の基準を満た
　す者の中から男性より女性を優先して特定することその他男性と比較し
　て女性に有利な取扱いをすることは、均等法第8条に定める雇用の分野
　における男女の均等な機会及び待遇の確保の支障となっている事情を改
　善することを目的とする措置（ポジティブ・アクション）として、①に
　かかわらず、行って差し支えない。

④　次に掲げる場合において①において掲げる措置を講ずることは、性別
　にかかわりなく均等な機会を与えていない、又は性別を理由とする差別
　的取扱いをしているとは解されず、①にかかわらず、行って差し支えな
　い。

ア　次に掲げる職務に従事する派遣労働者に係る場合

　ⅰ　芸術・芸能の分野における表現の真実性等の要請から男女のいず
　　れかのみに従事させることが必要である職務

　ⅱ　守衛、警備員等防犯上の要請から男性に従事させることが必要で
　　ある職務（労働者派遣事業を行ってはならない警備業法（昭和47
　　年法律第117号）第2条第1項各号に掲げる業務を内容とするもの
　　を除く。）

　ⅲ　ⅰ及びⅱに掲げるもののほか、宗教上、風紀上、スポーツにおけ
　　る競技の性質上その他の業務の性質上男女のいずれかのみに従事さ
　　せることについてこれらと同程度の必要性があると認められる職務

イ　労働基準法第61条第1項、第64条の2若しくは第64条の3第2項
　の規定により女性を就業させることができず、又は保健師助産師看護

師法（昭和23年法律第203号）第3条の規定により男性を就業させることができないことから、通常の業務を遂行するために、派遣労働者の性別にかかわりなく均等な機会を与え又は均等な取扱いをすることが困難であると認められる場合

ウ　風俗、風習等の相違により男女のいずれかが能力を発揮し難い海外での勤務が必要な場合その他特別の事情により派遣労働者の性別にかかわりなく均等な機会を与え又は均等な取扱いをすることが困難であると認められる場合

(5)　派遣先が特定等に当たり障害者雇用促進法第34条の趣旨に照らし行ってはならない措置等

①　派遣先は、特定等を行うに当たっては、例えば次に掲げる措置を行わないこと。

ア　特定等に当たって、障害者であることを理由として、障害者をその対象から排除すること。

イ　特定等に当たって、障害者に対してのみ不利な条件を付すこと。

ウ　特定等に当たって、障害者でない者を優先すること。

エ　派遣就業又は雇用の際に予定される求人の内容の説明等の特定等に係る情報の提供について、障害者であることを理由として障害者でない者と異なる取扱いをすること又は派遣元事業主にその旨要請すること。

②　①に関し、特定等に際して一定の能力を有することを条件とすることについては、当該条件が当該派遣先において業務遂行上特に必要なものと認められる場合には、行って差し支えないこと。一方、特定等に当たって、業務遂行上特に必要でないにもかかわらず、障害者を排除するために条件を付すことは、行ってはならないこと。

③　①及び②に関し、積極的差別是正措置として、障害者でない者と比較して障害者を有利に取り扱うことは、障害者であることを理由とする差別に該当しないこと。

④　派遣先は、障害者に対し、面接その他特定することを目的とする行為を行う場合に、派遣元事業主が障害者雇用促進法第36条の2又は第36条の3の規定による措置を講ずるため、派遣元事業主から求めがあったときは、派遣元事業主と協議等を行い、可能な限り協力するよう努めなければならないこと。

日雇派遣労働者の雇用の安定等を図るために派遣元事業主及び派遣先が講ずべき措置に関する指針

（平成20年厚生労働省告示第36号）

（最終改正：令和2年厚生労働省告示第346号）

第1　趣旨

　この指針は、労働者派遣事業の適正な運営の確保及び派遣労働者の保護等に関する法律（昭和60年法律第88号。以下「労働者派遣法」という。）第3章第1節から第3節までの規定により、派遣元事業主が講ずべき措置に関する指針（平成11年労働省告示第137号。以下「派遣元指針」という。）及び派遣先が講ずべき措置に関する指針（平成11年労働省告示第138号。以下「派遣先指針」という。）に加えて、日雇労働者（労働者派遣法第35条の4第1項に規定する日雇労働者をいう。以下単に「日雇労働者」という。）について労働者派遣を行う派遣元事業主及び当該派遣元事業主から労働者派遣の役務の提供を受ける派遣先が講ずべき措置に関して、その適切かつ有効な実施を図るために必要な事項を定めたものである。

第2　日雇派遣労働者の雇用の安定を図るために必要な措置

1　労働者派遣契約の締結に当たっての就業条件の確認

　(1)　派遣先は、労働者派遣契約の締結の申込みを行うに際しては、就業中の日雇派遣労働者（労働者派遣の対象となる日雇労働者をいう。以下同じ。）を直接指揮命令することが見込まれる者から、業務の内容、当該業務を遂行するために必要とされる知識、技術又は経験の水準その他労働者派遣契約の締結に際し定めるべき就業条件の内容を十分に確認すること。

　(2)　派遣元事業主は、派遣先との間で労働者派遣契約を締結するに際しては、派遣先が求める業務の内容、当該業務を遂行するために必要とされる知識、技術又は経験の水準、労働者派遣の期間その他労働者派遣契約の締結に際し定めるべき就業条件を事前にきめ細かに把握すること。

2　労働者派遣契約の期間の長期化

　派遣元事業主及び派遣先は、労働者派遣契約の締結に際し、労働者派遣の期間を定めるに当たっては、相互に協力しつつ、当該派遣先が労働者派遣の役務の提供を受けようとする期間を勘案して可能な限り長く定める等、日雇派遣労働者の雇用の安定を図るために必要な配慮をすること。

3　労働契約の締結に際して講ずべき措置

　　派遣元事業主は、労働者を日雇派遣労働者として雇い入れようとするときは、当該日雇派遣労働者が従事する業務が労働者派遣事業の適正な運営の確保及び派遣労働者の保護等に関する法律施行令（昭和61年政令第95号）第4条第1項各号に掲げる業務に該当するかどうか、又は当該日雇派遣労働者が同条第2項各号に掲げる場合に該当するかどうかを確認すること。

4　労働契約の期間の長期化

　　派遣元事業主は、労働者を日雇派遣労働者として雇い入れようとするときは、当該労働者の希望及び労働者派遣契約における労働者派遣の期間を勘案して、労働契約の期間について、できるだけ長期にする、当該期間を当該労働者派遣契約における労働者派遣の期間と合わせる等、日雇派遣労働者の雇用の安定を図るために必要な配慮をすること。

5　労働者派遣契約の解除に当たって講ずべき措置

　(1)　派遣先は、専ら派遣先に起因する事由により、労働者派遣契約の契約期間が満了する前の解除を行おうとする場合には、派遣元事業主の合意を得ること。

　(2)　派遣元事業主及び派遣先は、労働者派遣契約の契約期間が満了する前に日雇派遣労働者の責に帰すべき事由以外の事由によって労働者派遣契約の解除が行われた場合には、互いに連携して、当該派遣先の関連会社での就業のあっせん等により、当該労働者派遣契約に係る日雇派遣労働者の新たな就業機会の確保を図ること。また、当該派遣元事業主は、当該労働者派遣契約の解除に当たって、新たな就業機会の確保ができない場合は、まず休業等を行い、当該日雇派遣労働者の雇用の維持を図るようにするとともに、休業手当の支払等の労働基準法（昭和22年法律第49号）等に基づく責任を果たすこと。

　(3)　派遣先は、派遣先の責に帰すべき事由により労働者派遣契約の契約期間が満了する前に労働者派遣契約の解除を行おうとする場合には、日雇派遣労働者の新たな就業機会の確保を図ることとし、これができないときには、速やかに、損害の賠償を行わなければならないこと。その他派遣先は、派遣元事業主と十分に協議した上で適切な善後処理方策を講ずること。また、派遣元事業主及び派遣先の双方の責に帰すべき事由がある場合には、派遣元事業主及び派遣先のそれぞれの責に帰すべき部分の割合についても十分に考慮すること。

　(4)　派遣先は、労働者派遣契約の契約期間が満了する前に労働者派遣契約の解除を行う場合であって、派遣元事業主から請求があったときは、労働者

　　派遣契約の解除を行う理由を当該派遣元事業主に対し明らかにすること。

第３　労働者派遣契約に定める就業条件の確保

　１　派遣元事業主は、派遣先を定期的に巡回すること等により、日雇派遣労働者の就業の状況が労働者派遣契約の定めに反していないことの確認等を行うとともに、日雇派遣労働者の適正な派遣就業の確保のためにきめ細かな情報提供を行う等により派遣先との連絡調整を的確に行うこと。また、派遣元事業主は、日雇派遣労働者からも就業の状況が労働者派遣契約の定めに反していなかったことを確認すること。

　２　派遣先は、労働者派遣契約を円滑かつ的確に履行するため、次に掲げる措置その他派遣先の実態に即した適切な措置を講ずること。

　　(1)　就業条件の周知徹底

　　　労働者派遣契約で定められた就業条件について、当該日雇派遣労働者の業務の遂行を指揮命令する職務上の地位にある者その他の関係者に当該就業条件を記載した書面を交付し、又は就業場所に掲示する等により、周知の徹底を図ること。

　　(2)　就業場所の巡回

　　　１の労働者派遣契約について少なくとも１回以上の頻度で定期的に日雇派遣労働者の就業場所を巡回し、当該日雇派遣労働者の就業の状況が労働者派遣契約の定めに反していないことを確認すること。

　　(3)　就業状況の報告

　　　日雇派遣労働者を直接指揮命令する者から、１の労働者派遣契約について少なくとも１回以上の頻度で定期的に当該日雇派遣労働者の就業の状況について報告を求めること。

　　(4)　労働者派遣契約の内容の遵守に係る指導

　　　日雇派遣労働者を直接指揮命令する者に対し、労働者派遣契約の内容に違反することとなる業務上の指示を行わないようにすること等の指導を徹底すること。

第４　労働・社会保険の適用の促進

　１　日雇労働被保険者及び日雇特例被保険者に係る適切な手続

　　派遣元事業主は、日雇派遣労働者が雇用保険法（昭和49年法律第116号）第43条第１項に規定する日雇労働被保険者又は健康保険法（大正11年法律第70号）第３条第２項に規定する日雇特例被保険者に該当し、日雇労働被保険者手帳又は日雇特例被保険者手帳の交付を受けている者（以下「手帳所持者」という。）である場合には、印紙の貼付等の手続（以下「日雇手続」という。）を適切に行うこと。

2　労働・社会保険に係る適切な手続

　　派遣元事業主は、その雇用する日雇派遣労働者の就業の状況等を踏まえ、労働・社会保険に係る手続を適切に進め、被保険者である旨の行政機関への届出（労働者派遣事業の適正な運営の確保及び派遣労働者の保護等に関する法律施行規則（昭和61年労働省令第20号）第27条の2第1項各号に掲げる書類の届出をいう。以下単に「届出」という。）が必要とされている場合には、当該届出を行ってから労働者派遣を行うこと。ただし、当該届出が必要となる日雇派遣労働者について労働者派遣を行う場合であって、当該労働者派遣の開始後速やかに当該届出を行うときは、この限りでないこと。

3　派遣先に対する通知

　　派遣元事業主は、労働者派遣法第35条第1項に基づき、派遣先に対し、日雇派遣労働者について届出を行っているか否かを通知すること。さらに、派遣元事業主は、日雇派遣労働者が手帳所持者である場合においては、派遣先に対し、日雇手続を行うか行えないかを通知すること。

4　届出又は日雇手続を行わない理由に関する派遣先及び日雇派遣労働者への通知

　　派遣元事業主は、日雇派遣労働者について届出を行っていない場合には、その具体的な理由を派遣先及び当該日雇派遣労働者に対し、通知すること。さらに、派遣元事業主は、日雇派遣労働者が手帳所持者である場合であって、日雇手続を行えないときには、その具体的な理由を派遣先及び当該日雇派遣労働者に対し、通知すること。

5　派遣先による届出又は日雇手続の確認

　　派遣先は、派遣元事業主が届出又は日雇手続を行う必要がある日雇派遣労働者については、当該届出を行った又は日雇手続を行う日雇派遣労働者（当該派遣先への労働者派遣の開始後速やかに当該届出が行われるものを含む。）を受け入れるべきであり、派遣元事業主から日雇派遣労働者について当該届出又は当該日雇手続を行わない理由の通知を受けた場合において、当該理由が適正でないと考えられる場合には、派遣元事業主に対し、当該日雇派遣労働者について当該届出を行ってから派遣するよう又は当該日雇手続を行うよう求めること。

第5　日雇派遣労働者に対する就業条件等の明示

1　派遣元事業主は、労働基準法第15条の規定に基づき、日雇派遣労働者との労働契約の締結に際し、労働契約の期間に関する事項、就業の場所及び従事すべき業務に関する事項、労働時間に関する事項、賃金に関する事項（労使協定に基づく賃金の一部控除の取扱いを含む。）及び退職に関する事項に

ついて、書面の交付（労働基準法施行規則（昭和22年厚生省令第23号）第5条第4項ただし書の場合においては、同項各号に掲げる方法を含む。以下同じ。）による明示を確実に行うこと。また、その他の労働条件についても、書面の交付により明示を行うよう努めること。

2　派遣元事業主は、モデル就業条件明示書（日雇派遣・携帯メール用）の活用等により、日雇派遣労働者に対し労働者派遣法第34条に規定する就業条件等の明示を確実に行うこと。

第6　教育訓練の機会の確保等

1　派遣元事業主は、職業能力開発促進法（昭和44年法律第64号）及び労働者派遣法第30条の4に基づき、日雇派遣労働者の職業能力の開発及び向上を図ること。

2　派遣元事業主は、日雇派遣労働者が従事する職務の遂行に必要な能力を付与するための教育訓練については、派遣就業前に実施しなければならないこと。

3　派遣元事業主は、日雇派遣労働者が従事する職務を効率的に遂行するために必要な能力を付与するための教育訓練を実施するよう努めること。

4　派遣元事業主は、2及び3に掲げる教育訓練以外の教育訓練については、日雇派遣労働者の職務の内容、職務の成果、意欲、能力及び経験等に応じ、実施することが望ましいこと。

5　派遣元事業主は、日雇派遣労働者又は日雇派遣労働者として雇用しようとする労働者について、当該労働者の適性、能力等を勘案して、最も適合した就業の機会の確保を図るとともに、就業する期間及び日、就業時間、就業場所、派遣先における就業環境等について当該労働者の希望と適合するような就業機会を確保するよう努めること。

6　派遣先は、派遣元事業主が行う教育訓練や日雇派遣労働者の自主的な能力開発等の日雇派遣労働者の教育訓練・能力開発について、可能な限り協力するほか、必要に応じた教育訓練に係る便宜を図るよう努めること。

第7　関係法令等の関係者への周知

1　派遣元事業主は、日雇派遣労働者を登録するためのホームページを設けている場合には、関係法令等に関するコーナーを設けるなど、日雇派遣労働者となろうとする者に対する関係法令等の周知を徹底すること。また、派遣元事業主は、登録説明会等を活用して、日雇派遣労働者となろうとする者に対する関係法令等の周知を徹底すること。

2　派遣元事業主は、労働者派遣法の規定による派遣元事業主及び派遣先が講ずべき措置の内容並びに労働者派遣法第3章第4節に規定する労働基準法等

　　の適用に関する特例等関係法令について、派遣先、日雇派遣労働者等の関係者への周知の徹底を図るために、文書の配布等の措置を講ずること。

3　派遣先は、労働者派遣法の規定による派遣先が講ずべき措置の内容及び労働者派遣法第3章第4節に規定する労働基準法等の適用に関する特例等関係法令について、日雇派遣労働者を直接指揮命令する者、日雇派遣労働者等の関係者への周知の徹底を図るために、文書の配布等の措置を講ずること。

4　派遣先は、日雇派遣労働者の受入れに際し、日雇派遣労働者が利用できる派遣先の各種の福利厚生に関する措置の内容についての説明、日雇派遣労働者が円滑かつ的確に就業するために必要な、日雇派遣労働者を直接指揮命令する者以外の派遣先の労働者との業務上の関係についての説明及び職場生活上留意を要する事項についての助言等を行うこと。

第8　安全衛生に係る措置

1　派遣元事業主が講ずべき事項

(1)　派遣元事業主は、日雇派遣労働者に対して、労働安全衛生法（昭和47年法律第57号）第59条第1項に規定する雇入れ時の安全衛生教育を確実に行わなければならないこと。その際、日雇派遣労働者が従事する具体的な業務の内容について、派遣先から確実に聴取した上で、当該業務の内容に即した安全衛生教育を行うこと。

(2)　派遣元事業主は、日雇派遣労働者が労働安全衛生法第59条第3項に規定する危険有害業務に従事する場合には、派遣先が同項に規定する危険有害業務就業時の安全衛生教育を確実に行ったかどうか確認すること。

2　派遣先が講ずべき事項

(1)　派遣先は、派遣元事業主が日雇派遣労働者に対する雇入れ時の安全衛生教育を適切に行えるよう、日雇派遣労働者が従事する具体的な業務に係る情報を派遣元事業主に対し積極的に提供するとともに、派遣元事業主から雇入れ時の安全衛生教育の委託の申入れがあった場合には可能な限りこれに応じるよう努める等、日雇派遣労働者の安全衛生に係る措置を実施するために必要な協力や配慮を行うこと。

(2)　派遣先は、派遣元事業主が日雇派遣労働者に対する雇入れ時の安全衛生教育を確実に行ったかどうか確認すること。

(3)　派遣先は、日雇派遣労働者の安全と健康の確保に責務を有することを十分に認識し、労働安全衛生法第59条第3項に規定する危険有害業務就業時の安全衛生教育の適切な実施等必要な措置を確実に行わなければならないこと。

第9　労働条件確保に係る措置

1　派遣元事業主は、日雇派遣労働者の労働条件の確保に当たっては、第5の1に掲げる労働条件の明示のほか、特に次に掲げる事項に留意すること。

　(1)　賃金の一部控除

　　　派遣元事業主は、日雇派遣労働者の賃金について、その一部を控除する場合には、購買代金、福利厚生施設の費用等事理明白なものについて適正な労使協定を締結した場合に限り認められることに留意し、不適正な控除が行われないようにすること。

　(2)　労働時間

　　　派遣元事業主は、集合場所から就業場所への移動時間等であっても、日雇派遣労働者がその指揮監督の下にあり、当該時間の自由利用が当該日雇派遣労働者に保障されていないため労働時間に該当する場合には、労働時間を適正に把握し、賃金を支払うこと。

2　1に掲げる事項のほか、派遣元事業主及び派遣先は、日雇派遣労働者に関して、労働基準法等関係法令を遵守すること。

第10　情報の提供

　派遣元事業主は、日雇派遣労働者及び派遣先が良質な派遣元事業主を適切に選択できるよう、労働者派遣の実績、労働者派遣に関する料金の額の平均額から派遣労働者の賃金の額の平均額を控除した額を当該労働者派遣に関する料金の額の平均額で除して得た割合、教育訓練に関する事項等に関する情報を事業所への書類の備付け、インターネットの利用その他の適切な方法により提供すること。

第11　派遣元責任者及び派遣先責任者の連絡調整等

1　派遣元責任者は、日雇派遣労働者の就業に関し、労働者派遣法第36条に規定する派遣労働者に対する必要な助言及び指導等を十分に行うこと。

2　派遣元責任者及び派遣先責任者は、日雇派遣労働者の就業に関し、労働者派遣法第36条及び第41条に規定する派遣労働者から申出を受けた苦情の処理、派遣労働者の安全、衛生等に関する相互の連絡調整等を十分に行うこと。

第12　派遣先への説明

　派遣元事業主は、派遣先が日雇派遣労働者についてこの指針に定める必要な措置を講ずることができるようにするため、派遣先に対し、労働者派遣契約の締結に際し、日雇派遣労働者を派遣することが予定されている場合には、その旨を説明すること。また、派遣元事業主は、派遣先に対し、労働者派遣をするに際し、日雇派遣労働者を派遣する場合には、その旨を説明すること。

第13　その他

　　日雇派遣労働者について労働者派遣を行う派遣元事業主及び当該派遣元事業主から労働者派遣の役務の提供を受ける派遣先に対しても、派遣元指針及び派遣先指針は当然に適用されるものであることに留意すること。

短時間・有期雇用労働者及び派遣労働者に対する
不合理な待遇の禁止等に関する指針〈抄〉

（平成30年厚生労働省告示第430号）

第1　目的

　この指針は、短時間労働者及び有期雇用労働者の雇用管理の改善等に関する法律（平成5年法律第76号。以下「短時間・有期雇用労働法」という。）第8条及び第9条並びに労働者派遣事業の適正な運営の確保及び派遣労働者の保護等に関する法律（昭和60年法律第88号。以下「労働者派遣法」という。）第30条の3及び第30条の4に定める事項に関し、雇用形態又は就業形態に関わらない公正な待遇を確保し、我が国が目指す同一労働同一賃金の実現に向けて定めるものである。

　我が国が目指す同一労働同一賃金は、同一の事業主に雇用される通常の労働者と短時間・有期雇用労働者との間の不合理と認められる待遇の相違及び差別的取扱いの解消並びに派遣先に雇用される通常の労働者と派遣労働者との間の不合理と認められる待遇の相違及び差別的取扱いの解消（協定対象派遣労働者にあっては、当該協定対象派遣労働者の待遇が労働者派遣法第30条の4第1項の協定により決定された事項に沿った運用がなされていること）を目指すものである。

　もとより賃金等の待遇は労使の話合いによって決定されることが基本である。しかし、我が国においては、通常の労働者と短時間・有期雇用労働者及び派遣労働者との間には、欧州と比較して大きな待遇の相違がある。政府としては、この問題への対処に当たり、同一労働同一賃金の考え方が広く普及しているといわれる欧州の制度の実態も参考としながら政策の方向性等を検証した結果、それぞれの国の労働市場全体の構造に応じた政策とすることが重要であるとの示唆を得た。

　我が国においては、基本給をはじめ、賃金制度の決まり方には様々な要素が組み合わされている場合も多いため、まずは、各事業主において、職務の内容や職務に必要な能力等の内容を明確化するとともに、その職務の内容や職務に必要な能力等の内容と賃金等の待遇との関係を含めた待遇の体系全体を、短時間・有期雇用労働者及び派遣労働者を含む労使の話合いによって確認し、短時間・有期雇用労働者及び派遣労働者を含む労使で共有することが肝要である。また、派遣労働者については、雇用関係にある派遣元事業主と指揮命令関係にある派遣先とが存在するという特殊性があり、これらの関係者が不合理と認められる待遇の相違の解消等に向けて認識を共有することが求められる。

　今後、各事業主が職務の内容や職務に必要な能力等の内容の明確化及びその公正な評価を実施し、それに基づく待遇の体系を、労使の話合いにより、可能な限り速やかに、かつ、計画的に構築していくことが望ましい。

　通常の労働者と短時間・有期雇用労働者及び派遣労働者との間の不合理と認められる待遇の相違の解消等に向けては、賃金のみならず、福利厚生、キャリア形成、職業能力の開発及び向上等を含めた取組が必要であり、特に、職業能力の開発及び向上の機会の拡大は、短時間・有期雇用労働者及び派遣労働者の職業に必要な技能及び知識の蓄積により、それに対応した職務の高度化や通常の労働者への転換を見据えたキャリアパスの構築等と併せて、生産性の向上と短時間・有期雇用労働者及び派遣労働者の待遇の改善につながるため、重要であることに留意すべきである。

　このような通常の労働者と短時間・有期雇用労働者及び派遣労働者との間の不合理と認められる待遇の相違の解消等の取組を通じて、労働者がどのような雇用形態及び就業形態を選択しても納得できる待遇を受けられ、多様な働き方を自由に選択できるようにし、我が国から「非正規」という言葉を一掃することを目指す。

第2　基本的な考え方

　この指針は、通常の労働者と短時間・有期雇用労働者及び派遣労働者との間に待遇の相違が存在する場合に、いかなる待遇の相違が不合理と認められるも

のであり、いかなる待遇の相違が不合理と認められるものでないのか等の原則となる考え方及び具体例を示したものである。事業主が、第3から第5までに記載された原則となる考え方等に反した場合、当該待遇の相違が不合理と認められる等の可能性がある。なお、この指針に原則となる考え方が示されていない退職手当、住宅手当、家族手当等の待遇や、具体例に該当しない場合についても、不合理と認められる待遇の相違の解消等が求められる。このため、各事業主において、労使により、個別具体の事情に応じて待遇の体系について議論していくことが望まれる。

なお、短時間・有期雇用労働法第8条及び第9条並びに労働者派遣法第30条の3及び第30条の4の規定は、雇用管理区分が複数ある場合であっても、通常の労働者のそれぞれと短時間・有期雇用労働者及び派遣労働者との間の不合理と認められる待遇の相違の解消等を求めるものである。このため、事業主が、雇用管理区分を新たに設け、当該雇用管理区分に属する通常の労働者の待遇の水準を他の通常の労働者よりも低く設定したとしても、当該他の通常の労働者と短時間・有期雇用労働者及び派遣労働者との間でも不合理と認められる待遇の相違の解消等を行う必要がある。また、事業主は、通常の労働者と短時間・有期雇用労働者及び派遣労働者との間で職務の内容等を分離した場合であっても、当該通常の労働者と短時間・有期雇用労働者及び派遣労働者との間の不合理と認められる待遇の相違の解消等を行う必要がある。

さらに、短時間・有期雇用労働法及び労働者派遣法に基づく通常の労働者と短時間・有期雇用労働者及び派遣労働者との間の不合理と認められる待遇の相違の解消等の目的は、短時間・有期雇用労働者及び派遣労働者の待遇の改善である。事業主が、通常の労働者と短時間・有期雇用労働者及び派遣労働者との間の不合理と認められる待遇の相違の解消等に対応するため、就業規則を変更することにより、その雇用する労働者の労働条件を不利益に変更する場合、労働契約法（平成19年法律第128号）第9条の規定に基づき、原則として、労働者と合意する必要がある。また、労働者と合意することなく、就業規則の変更により労働条件を労働者の不利益に変更する場合、当該変更は、同法第10条の規定に基づき、当該変更に係る事情に照らして合理的なものである必要がある。ただし、短時間・有期雇用労働法及び労働者派遣法に基づく通常の労働者と短時間・有期雇用労働者及び派遣労働者との間の不合理と認められる待遇の相違の解消等の目的に鑑みれば、事業主が通常の労働者と短時間・有期雇用労働者及び派遣労働者との間の不合理と認められる待遇の相違の解消等を行うに当たっては、基本的に、労使で合意することなく通常の労働者の待遇を引き下げることは、望ましい対応とはいえないことに留意すべきである。

　加えて、短時間・有期雇用労働法第8条及び第9条並びに労働者派遣法第30条の3及び第30条の4の規定は、通常の労働者と短時間・有期雇用労働者及び派遣労働者との間の不合理と認められる待遇の相違等を対象とするものであり、この指針は、当該通常の労働者と短時間・有期雇用労働者及び派遣労働者との間に実際に待遇の相違が存在する場合に参照されることを目的としている。このため、そもそも客観的にみて待遇の相違が存在しない場合については、この指針の対象ではない。

（第3　短時間・有期雇用労働者〈略〉）

第4　派遣労働者

　労働者派遣法第30条の3第1項において、派遣元事業主は、派遣労働者の待遇のそれぞれについて、当該待遇に対応する派遣先に雇用される通常の労働者の待遇との間において、職務の内容、当該職務の内容及び配置の変更の範囲その他の事情のうち、当該待遇の性質及び当該待遇を行う目的に照らして適切と認められるものを考慮して、不合理と認められる相違を設けてはならないこととされている。

　また、同条第2項において、派遣元事業主は、職務の内容が派遣先に雇用される通常の労働者と同一の派遣労働者であって、当該労働者派遣契約及び当該派遣先における慣行その他の事情からみて、当該派遣先における派遣就業が終了するまでの全期間において、その職務の内容及び配置が当該派遣先との雇用関係が終了するまでの全期間における当該通常の労働者の職務の内容及び配置の変更の範囲と同一の範囲で変更されることが見込まれるものについては、正当な理由がなく、待遇のそれぞれについて、当該待遇に対応する当該通常の労働者の待遇に比して不利なものとしてはならないこととされている。

　他方、労働者派遣法第30条の4第1項において、労働者の過半数で組織する労働組合等との協定により、同項各号に規定する事項を定めたときは、当該協定で定めた範囲に属する派遣労働者の待遇について、労働者派遣法第30条の3の規定は、一部の待遇を除き、適用しないこととされている。ただし、同項第2号、第4号若しくは第5号に掲げる事項であって当該協定で定めたものを遵守していない場合又は同項第3号に関する当該協定の定めによる公正な評価に取り組んでいない場合は、この限りでないこととされている。派遣労働者（協定対象派遣労働者を除く。以下この第4において同じ。）の待遇に関して、原則となる考え方及び具体例は次のとおりである。

1　基本給

　(1)　基本給であって、労働者の能力又は経験に応じて支給するもの

　　基本給であって、派遣先及び派遣元事業主が、労働者の能力又は経験に

応じて支給するものについて、派遣元事業主は、派遣先に雇用される通常の労働者と同一の能力又は経験を有する派遣労働者には、能力又は経験に応じた部分につき、派遣先に雇用される通常の労働者と同一の基本給を支給しなければならない。また、能力又は経験に一定の相違がある場合においては、その相違に応じた基本給を支給しなければならない。

（問題とならない例）

イ 基本給について、労働者の能力又は経験に応じて支給している派遣先であるＡ社において、ある能力の向上のための特殊なキャリアコースを設定している。Ａ社の通常の労働者であるＸは、このキャリアコースを選択し、その結果としてその能力を習得したため、その能力に応じた基本給をＸに支給している。これに対し、派遣元事業主であるＢ社からＡ社に派遣されている派遣労働者であるＹは、その能力を習得していないため、Ｂ社はその能力に応じた基本給をＹには支給していない。

ロ 派遣先であるＡ社においては、定期的に職務の内容及び勤務地の変更がある通常の労働者の総合職であるＸは、管理職となるためのキャリアコースの一環として、新卒採用後の数年間、店舗等において、派遣元事業主であるＢ社からＡ社に派遣されている派遣労働者であってＡ社で就業する間は職務の内容及び配置に変更のないＹの助言を受けながら、Ｙと同様の定型的な業務に従事している。Ａ社がＸにキャリアコースの一環として当該定型的な業務に従事させていることを踏まえ、Ｂ社はＹに対し、当該定型的な業務における能力又は経験はＸを上回っているものの、Ｘほど基本給を高く支給していない。

ハ 派遣先であるＡ社においては、かつては有期雇用労働者であったが、能力又は経験が一定の水準を満たしたため定期的に職務の内容及び勤務地に変更がある通常の労働者として登用されたＸと、派遣元事業主であるＢ社からＡ社に派遣されている派遣労働者であるＹとが同一の職場で同一の業務に従事している。Ｂ社は、Ａ社で就業する間は職務の内容及び勤務地に変更がないことを理由に、Ｙに対して、Ｘほど基本給を高く支給していない。ニ 派遣先であるＡ社に雇用される通常の労働者であるＸと、派遣元事業主であるＢ社からＡ社に派遣されている派遣労働者であるＹとが同一の能力又は経験を有しているところ、Ｂ社は、Ａ社がＸに適用するのと同じ基準をＹに適用し、就業の時間帯や就業日が土日祝日か否か等の違いにより、Ａ社がＸに支給する時間当たりの基本給との間に差を設けている。

（問題となる例）

　　派遣先であるＡ社及び派遣元事業主であるＢ社においては、基本給について、労働者の能力又は経験に応じて支給しているところ、Ｂ社は、Ａ社に派遣されている派遣労働者であるＹに対し、Ａ社に雇用される通常の労働者であるＸに比べて経験が少ないことを理由として、Ａ社がＸに支給するほど基本給を高く支給していないが、Ｘのこれまでの経験はＸの現在の業務に関連性を持たない。

(2)　基本給であって、労働者の業績又は成果に応じて支給するもの

　　基本給であって、派遣先及び派遣元事業主が、労働者の業績又は成果に応じて支給するものについて、派遣元事業主は、派遣先に雇用される通常の労働者と同一の業績又は成果を有する派遣労働者には、業績又は成果に応じた部分につき、派遣先に雇用される通常の労働者と同一の基本給を支給しなければならない。また、業績又は成果に一定の相違がある場合においては、その相違に応じた基本給を支給しなければならない。

　　なお、基本給とは別に、労働者の業績又は成果に応じた手当を支給する場合も同様である。

（問題とならない例）

　イ　派遣先であるＡ社及び派遣元事業主であるＢ社においては、基本給の一部について、労働者の業績又は成果に応じて支給しているところ、Ｂ社は、Ａ社に派遣されている派遣労働者であって、所定労働時間がＡ社に雇用される通常の労働者の半分であるＹに対し、その販売実績がＡ社に雇用される通常の労働者に設定されている販売目標の半分の数値に達した場合には、Ａ社に雇用される通常の労働者が販売目標を達成した場合の半分を支給している。

　ロ　派遣先であるＡ社においては、通常の労働者であるＸは、派遣元事業主であるＢ社からＡ社に派遣されている派遣労働者であるＹと同様の業務に従事しているが、ＸはＡ社における生産効率及び品質の目標値に対する責任を負っており、当該目標値を達成していない場合、待遇上の不利益を課されている。その一方で、Ｙは、Ａ社における生産効率及び品質の目標値に対する責任を負っておらず、当該目標値を達成していない場合にも、待遇上の不利益を課されていない。Ｂ社はＹに対し、待遇上の不利益を課していないこととの見合いに応じて、Ａ社がＸに支給するほど基本給を高く支給していない。

（問題となる例）

　　派遣先であるＡ社及び派遣元事業主であるＢ社においては、基本給の

一部について、労働者の業績又は成果に応じて支給しているところ、Ｂ社は、Ａ社に派遣されている派遣労働者であって、所定労働時間がＡ社に雇用される通常の労働者の半分であるＹに対し、当該通常の労働者が販売目標を達成した場合にＡ社が行っている支給を、Ｙについて当該通常の労働者と同一の販売目標を設定し、それを達成しない場合には行っていない。

(3) 基本給であって、労働者の勤続年数（派遣労働者にあっては、当該派遣先における就業期間。以下この(3)において同じ。）に応じて支給するもの

　基本給であって、派遣先及び派遣元事業主が、労働者の勤続年数に応じて支給するものについて、派遣元事業主は、派遣先に雇用される通常の労働者と同一の勤続年数である派遣労働者には、勤続年数に応じた部分につき、派遣先に雇用される通常の労働者と同一の基本給を支給しなければならない。また、勤続年数に一定の相違がある場合においては、その相違に応じた基本給を支給しなければならない。

　（問題とならない例）

　　派遣先であるＡ社及び派遣元事業主であるＢ社は、基本給について、労働者の勤続年数に応じて支給しているところ、Ｂ社は、Ａ社に派遣している期間の定めのある労働者派遣契約を更新している派遣労働者であるＹに対し、Ａ社への労働者派遣の開始時から通算して就業期間を評価した上で基本給を支給している。

　（問題となる例）

　　派遣先であるＡ社及び派遣元事業主であるＢ社は、基本給について、労働者の勤続年数に応じて支給しているところ、Ｂ社は、Ａ社に派遣している期間の定めのある労働者派遣契約を更新している派遣労働者であるＹに対し、ＹのＡ社への労働者派遣の開始時から通算して就業期間を評価せず、その時点の労働者派遣契約に基づく派遣就業の期間のみにより就業期間を評価した上で基本給を支給している。

(4) 昇給であって、労働者の勤続（派遣労働者にあっては、当該派遣先における派遣就業の継続。以下この(4)において同じ。）による能力の向上に応じて行うもの

　昇給であって、派遣先及び派遣元事業主が、労働者の勤続による能力の向上に応じて行うものについて、派遣元事業主は、派遣先に雇用される通常の労働者と同様に勤続により能力が向上した派遣労働者には、勤続による能力の向上に応じた部分につき、派遣先に雇用される通常の労働者と同一の昇給を行わなければならない。また、勤続による能力の向上に一定の

相違がある場合においては、その相違に応じた昇給を行わなければならない。

(注)　派遣先に雇用される通常の労働者と派遣労働者との間に賃金の決定基準・ルールの相違がある場合の取扱い

派遣先に雇用される通常の労働者と派遣労働者との間に基本給、賞与、各種手当等の賃金に相違がある場合において、その要因として当該通常の労働者と派遣労働者の賃金の決定基準・ルールの相違があるときは、「派遣労働者に対する派遣元事業主の将来の役割期待は派遣先に雇用される通常の労働者に対する派遣先の将来の役割期待と異なるため、賃金の決定基準・ルールが異なる」等の主観的又は抽象的な説明では足りず、賃金の決定基準・ルールの相違は、当該通常の労働者と派遣労働者の職務の内容、当該職務の内容及び配置の変更の範囲その他の事情のうち、当該待遇の性質及び当該待遇を行う目的に照らして適切と認められるものの客観的及び具体的な実態に照らして、不合理と認められるものであってはならない。

2　賞与

賞与であって、派遣先及び派遣元事業主が、会社（派遣労働者にあっては、派遣先。以下この2において同じ。）の業績等への労働者の貢献に応じて支給するものについて、派遣元事業主は、派遣先に雇用される通常の労働者と同一の貢献である派遣労働者には、貢献に応じた部分につき、派遣先に雇用される通常の労働者と同一の賞与を支給しなければならない。また、貢献に一定の相違がある場合においては、その相違に応じた賞与を支給しなければならない。

（問題とならない例）

イ　派遣先であるＡ社及び派遣元事業主であるＢ社においては、賞与について、会社の業績等への労働者の貢献に応じて支給しているところ、Ｂ社は、Ａ社に派遣されている派遣労働者であって、Ａ社に雇用される通常の労働者であるＸと同一のＡ社の業績等への貢献があるＹに対して、Ａ社がＸに支給するのと同一の賞与を支給している。

ロ　派遣先であるＡ社においては、通常の労働者であるＸは、Ａ社における生産効率及び品質の目標値に対する責任を負っており、当該目標値を達成していない場合、待遇上の不利益を課されている。その一方で、Ａ社に雇用される通常の労働者であるＺや、派遣元事業主であるＢ社からＡ社に派遣されている派遣労働者であるＹは、Ａ社における生産効率及び品質の目標値に対する責任を負っておらず、当該目標値を達成していない場合にも、待遇上の不利益を課されていない。Ａ社はＸに対して賞

与を支給しているが、Ｚに対しては、待遇上の不利益を課していないこととの見合いの範囲内で賞与を支給していないところ、Ｂ社はＹに対して、待遇上の不利益を課していないこととの見合いの範囲内で賞与を支給していない。

（問題となる例）

　イ　派遣先であるＡ社及び派遣元事業主であるＢ社においては、賞与について、会社の業績等への労働者の貢献に応じて支給しているところ、Ｂ社は、Ａ社に派遣されている派遣労働者であって、Ａ社に雇用される通常の労働者であるＸと同一のＡ社の業績等への貢献があるＹに対して、Ａ社がＸに支給するのと同一の賞与を支給していない。

　ロ　賞与について、会社の業績等への労働者の貢献に応じて支給している派遣先であるＡ社においては、通常の労働者の全員に職務の内容や会社の業績等への貢献等にかかわらず何らかの賞与を支給しているが、派遣元事業主であるＢ社においては、Ａ社に派遣されている派遣労働者であるＹに賞与を支給していない。

3　手当

(1)　役職手当であって、役職の内容に対して支給するもの

　　役職手当であって、派遣先及び派遣元事業主が、役職の内容に対して支給するものについて、派遣元事業主は、派遣先に雇用される通常の労働者と同一の内容の役職に就く派遣労働者には、派遣先に雇用される通常の労働者と同一の役職手当を支給しなければならない。また、役職の内容に一定の相違がある場合においては、その相違に応じた役職手当を支給しなければならない。

　（問題とならない例）

　　イ　派遣先であるＡ社及び派遣元事業主であるＢ社においては、役職手当について、役職の内容に対して支給しているところ、Ｂ社は、Ａ社に派遣されている派遣労働者であって、Ａ社に雇用される通常の労働者であるＸの役職と同一の役職名（例えば、店長）であって同一の内容（例えば、営業時間中の店舗の適切な運営）の役職に就くＹに対し、Ａ社がＸに支給するのと同一の役職手当を支給している。

　　ロ　派遣先であるＡ社及び派遣元事業主であるＢ社においては、役職手当について、役職の内容に対して支給しているところ、Ｂ社は、Ａ社に派遣されている派遣労働者であって、Ａ社に雇用される通常の労働者であるＸの役職と同一の役職名であって同一の内容の役職に就くＹに、所定労働時間に比例した役職手当（例えば、所定労働時間がＡ社

に雇用される通常の労働者の半分の派遣労働者にあっては、当該通常の労働者の半分の役職手当）を支給している。

（問題となる例）

　派遣先であるA社及び派遣元事業主であるB社においては、役職手当について、役職の内容に対して支給しているところ、B社は、A社に派遣されている派遣労働者であって、A社に雇用される通常の労働者であるXの役職と同一の役職名であって同一の内容の役職に就くYに対し、A社がXに支給するのに比べ役職手当を低く支給している。

(2)　業務の危険度又は作業環境に応じて支給される特殊作業手当

　派遣元事業主は、派遣先に雇用される通常の労働者と同一の危険度又は作業環境の業務に従事する派遣労働者には、派遣先に雇用される通常の労働者と同一の特殊作業手当を支給しなければならない。

(3)　交替制勤務等の勤務形態に応じて支給される特殊勤務手当

　派遣元事業主は、派遣先に雇用される通常の労働者と同一の勤務形態で業務に従事する派遣労働者には、派遣先に雇用される通常の労働者と同一の特殊勤務手当を支給しなければならない。

（問題とならない例）

　イ　派遣先であるA社においては、就業する時間帯又は曜日を特定して就業する通常の労働者には労働者の採用が難しい早朝若しくは深夜又は土日祝日に就業する場合に時給に上乗せして特殊勤務手当を支給するが、就業する時間帯及び曜日を特定していない通常の労働者には労働者の採用が難しい時間帯又は曜日に勤務する場合であっても時給に上乗せして特殊勤務手当を支給していない。派遣元事業主であるB社は、A社に派遣されている派遣労働者であって、就業する時間帯及び曜日を特定して就業していないYに対し、採用が難しい時間帯や曜日に勤務する場合であっても時給に上乗せして特殊勤務手当を支給していない。

　ロ　派遣先であるA社においては、通常の労働者であるXについては、入社に当たり、交替制勤務に従事することは必ずしも確定しておらず、業務の繁閑等生産の都合に応じて通常勤務又は交替制勤務のいずれにも従事する可能性があり、交替制勤務に従事した場合に限り特殊勤務手当が支給されている。派遣元事業主であるB社からA社に派遣されている派遣労働者であるYについては、A社への労働者派遣に当たり、派遣先で交替制勤務に従事することを明確にし、かつ、基本給にA社において通常の労働者に支給される特殊勤務手当と同一の交替

制勤務の負荷分が盛り込まれている。A社には、職務の内容がYと同一であり通常勤務のみに従事することが予定され、実際に通常勤務のみに従事する労働者であるZがいるところ、B社はYに対し、A社がZに対して支給するのに比べ基本給を高く支給している。A社はXに対して特殊勤務手当を支給しているが、B社はYに対して特殊勤務手当を支給していない。

(4) 精皆勤手当

派遣元事業主は、派遣先に雇用される通常の労働者と業務の内容が同一の派遣労働者には、派遣先に雇用される通常の労働者と同一の精皆勤手当を支給しなければならない。

（問題とならない例）

派遣先であるA社においては、考課上、欠勤についてマイナス査定を行い、かつ、それが待遇に反映される通常の労働者であるXには、一定の日数以上出勤した場合に精皆勤手当を支給しているが、派遣元事業主であるB社は、B社からA社に派遣されている派遣労働者であって、考課上、欠勤についてマイナス査定を行っていないYには、マイナス査定を行っていないこととの見合いの範囲内で、精皆勤手当を支給していない。

(5) 時間外労働に対して支給される手当

派遣元事業主は、派遣先に雇用される通常の労働者の所定労働時間を超えて、当該通常の労働者と同一の時間外労働を行った派遣労働者には、当該通常の労働者の所定労働時間を超えた時間につき、派遣先に雇用される通常の労働者と同一の割増率等で、時間外労働に対して支給される手当を支給しなければならない。

(6) 深夜労働又は休日労働に対して支給される手当

派遣元事業主は、派遣先に雇用される通常の労働者と同一の深夜労働又は休日労働を行った派遣労働者には、派遣先に雇用される通常の労働者と同一の割増率等で、深夜労働又は休日労働に対して支給される手当を支給しなければならない。

（問題とならない例）

派遣元事業主であるB社においては、派遣先であるA社に派遣されている派遣労働者であって、A社に雇用される通常の労働者であるXと時間数及び職務の内容が同一の深夜労働又は休日労働を行ったYに対し、A社がXに支給するのと同一の深夜労働又は休日労働に対して支給される手当を支給している。

（問題となる例）

　　派遣元事業主であるB社においては、派遣先であるA社に派遣されている派遣労働者であって、A社に雇用される通常の労働者であるXと時間数及び職務の内容が同一の深夜労働又は休日労働を行ったYに対し、Yが派遣労働者であることから、深夜労働又は休日労働に対して支給される手当の単価を当該通常の労働者より低く設定している。

(7)　通勤手当及び出張旅費

　　派遣元事業主は、派遣労働者にも、派遣先に雇用される通常の労働者と同一の通勤手当及び出張旅費を支給しなければならない。

（問題とならない例）

　イ　派遣先であるA社においては、本社の採用である労働者に対し、交通費実費の全額に相当する通勤手当を支給しているが、派遣元事業主であるB社は、それぞれの店舗の採用である労働者については、当該店舗の近隣から通うことができる交通費に相当する額に通勤手当の上限を設定して当該上限の額の範囲内で通勤手当を支給しているところ、B社の店舗採用であってA社に派遣される派遣労働者であるYが、A社への労働者派遣の開始後、本人の都合で通勤手当の上限の額では通うことができないところへ転居してなお通い続けている場合には、当該上限の額の範囲内で通勤手当を支給している。

　ロ　派遣先であるA社においては、通勤手当について、所定労働日数が多い（例えば、週4日以上）通常の労働者に、月額の定期券の金額に相当する額を支給しているが、派遣元事業主であるB社においては、A社に派遣されている派遣労働者であって、所定労働日数が少ない（例えば、週3日以下）又は出勤日数が変動する派遣労働者に、日額の交通費に相当する額を支給している。

(8)　労働時間の途中に食事のための休憩時間がある労働者に対する食費の負担補助として支給される食事手当

　　派遣元事業主は、派遣労働者にも、派遣先に雇用される通常の労働者と同一の食事手当を支給しなければならない。

（問題とならない例）

　　派遣先であるA社においては、その労働時間の途中に昼食のための休憩時間がある通常の労働者であるXに食事手当を支給している。その一方で、派遣元事業主であるB社においては、A社に派遣されている派遣労働者であって、その労働時間の途中に昼食のための休憩時間がない（例えば、午後2時から午後5時までの勤務）派遣労働者であるYに支

給していない。

（問題となる例）

　派遣先であるＡ社においては、通常の労働者であるＸに食事手当を支給している。派遣元事業主であるＢ社においては、Ａ社に派遣されている派遣労働者であるＹにＡ社がＸに支給するのに比べ食事手当を低く支給している。

⑼　単身赴任手当 派遣元事業主は、派遣先に雇用される通常の労働者と同一の支給要件を満たす派遣労働者には、派遣先に雇用される通常の労働者と同一の単身赴任手当を支給しなければならない。

⑽　特定の地域で働く労働者に対する補償として支給される地域手当

　派遣元事業主は、派遣先に雇用される通常の労働者と同一の地域で働く派遣労働者には、派遣先に雇用される通常の労働者と同一の地域手当を支給しなければならない。

（問題とならない例）

　派遣先であるＡ社においては、通常の労働者であるＸについて、全国一律の基本給の体系を適用し、転勤があることから、地域の物価等を勘案した地域手当を支給している。一方で、派遣元事業主であるＢ社においては、Ａ社に派遣されている派遣労働者であるＹについては、Ａ社に派遣されている間は勤務地の変更がなく、その派遣先の所在する地域で基本給を設定しており、その中で地域の物価が基本給に盛り込まれているため、地域手当を支給していない。

（問題となる例）

　派遣先であるＡ社に雇用される通常の労働者であるＸは、その地域で採用され転勤はないにもかかわらず、Ａ社はＸに対し地域手当を支給している。一方、派遣元事業主であるＢ社からＡ社に派遣されている派遣労働者であるＹは、Ａ社に派遣されている間転勤はなく、Ｂ社はＹに対し地域手当を支給していない。

4　福利厚生

⑴　福利厚生施設（給食施設、休憩室及び更衣室をいう。以下この⑴において同じ。）

　派遣先は、派遣先に雇用される通常の労働者と同一の事業所で働く派遣労働者には、派遣先に雇用される通常の労働者と同一の福利厚生施設の利用を認めなければならない。

　なお、派遣元事業主についても、労働者派遣法第30条の3の規定に基づく義務を免れるものではない。

(2)　転勤者用社宅

　　派遣元事業主は、派遣先に雇用される通常の労働者と同一の支給要件（例えば、転勤の有無、扶養家族の有無、住宅の賃貸又は収入の額）を満たす派遣労働者には、派遣先に雇用される通常の労働者と同一の転勤者用社宅の利用を認めなければならない。

(3)　慶弔休暇並びに健康診断に伴う勤務免除及び有給の保障

　　派遣元事業主は、派遣労働者にも、派遣先に雇用される通常の労働者と同一の慶弔休暇の付与並びに健康診断に伴う勤務免除及び有給の保障を行わなければならない。

　　（問題とならない例）

　　　派遣元事業主であるＢ社においては、派遣先であるＡ社に派遣されている派遣労働者であって、Ａ社に雇用される通常の労働者であるＸと同様の出勤日が設定されているＹに対しては、Ａ社がＸに付与するのと同様に慶弔休暇を付与しているが、Ａ社に派遣されている派遣労働者であって、週２日の勤務であるＷに対しては、勤務日の振替での対応を基本としつつ、振替が困難な場合のみ慶弔休暇を付与している。

(4)　病気休職

　　派遣元事業主は、派遣労働者（期間の定めのある労働者派遣に係る派遣労働者である場合を除く。）には、派遣先に雇用される通常の労働者と同一の病気休職の取得を認めなければならない。また、期間の定めのある労働者派遣に係る派遣労働者にも、当該派遣先における派遣就業が終了するまでの期間を踏まえて、病気休職の取得を認めなければならない。

　　（問題とならない例）

　　　派遣元事業主であるＢ社においては、当該派遣先における派遣就業期間が１年である派遣労働者であるＹについて、病気休職の期間は当該派遣就業の期間が終了する日までとしている。

(5)　法定外の有給の休暇その他の法定外の休暇（慶弔休暇を除く。）であって、勤続期間（派遣労働者にあっては、当該派遣先における就業期間。以下この(5)において同じ。）に応じて取得を認めているもの

　　法定外の有給の休暇その他の法定外の休暇（慶弔休暇を除く。）であって、派遣先及び派遣元事業主が、勤続期間に応じて取得を認めているものについて、派遣元事業主は、当該派遣先に雇用される通常の労働者と同一の勤続期間である派遣労働者には、派遣先に雇用される通常の労働者と同一の法定外の有給の休暇その他の法定外の休暇（慶弔休暇を除く。）を付与しなければならない。なお、当該派遣先において期間の定めのある労働者派

遣契約を更新している場合には、当初の派遣就業の開始時から通算して就業期間を評価することを要する。

（問題とならない例）

派遣先であるＡ社においては、長期勤続者を対象とするリフレッシュ休暇について、業務に従事した時間全体を通じた貢献に対する報償という趣旨で付与していることから、通常の労働者であるＸに対し、勤続10年で３日、20年で５日、30年で７日の休暇を付与している。派遣元事業主であるＢ社は、Ａ社に派遣されている派遣労働者であるＹに対し、所定労働時間に比例した日数を付与している。

5　その他

(1)　教育訓練であって、現在の職務の遂行に必要な技能又は知識を習得するために実施するもの

教育訓練であって、派遣先が、現在の業務の遂行に必要な能力を付与するために実施するものについて、派遣先は、派遣元事業主からの求めに応じ、その雇用する通常の労働者と業務の内容が同一である派遣労働者には、派遣先に雇用される通常の労働者と同一の教育訓練を実施する等必要な措置を講じなければならない。なお、派遣元事業主についても、労働者派遣法第30条の３の規定に基づく義務を免れるものではない。

また、派遣労働者と派遣先に雇用される通常の労働者との間で業務の内容に一定の相違がある場合においては、派遣元事業主は、派遣労働者と派遣先に雇用される通常の労働者との間の職務の内容、職務の内容及び配置の変更の範囲その他の事情の相違に応じた教育訓練を実施しなければならない。

なお、労働者派遣法第30条の２第１項の規定に基づき、派遣元事業主は、派遣労働者に対し、段階的かつ体系的な教育訓練を実施しなければならない。

(2)　安全管理に関する措置又は給付

派遣元事業主は、派遣先に雇用される通常の労働者と同一の業務環境に置かれている派遣労働者には、派遣先に雇用される通常の労働者と同一の安全管理に関する措置及び給付をしなければならない。

なお、派遣先及び派遣元事業主は、労働者派遣法第45条等の規定に基づき、派遣労働者の安全と健康を確保するための義務を履行しなければならない。

第5　協定対象派遣労働者

協定対象派遣労働者の待遇に関して、原則となる考え方及び具体例は次のと

おりである。

1　賃金

　　労働者派遣法第30条の４第１項第２号イにおいて、協定対象派遣労働者の賃金の決定の方法については、同種の業務に従事する一般の労働者の平均的な賃金の額として厚生労働省令で定めるものと同等以上の賃金の額となるものでなければならないこととされている。

　　また、同号ロにおいて、その賃金の決定の方法は、協定対象派遣労働者の職務の内容、職務の成果、意欲、能力又は経験その他の就業の実態に関する事項の向上があった場合に賃金が改善されるものでなければならないこととされている。

　　さらに、同項第３号において、派遣元事業主は、この方法により賃金を決定するに当たっては、協定対象派遣労働者の職務の内容、職務の成果、意欲、能力又は経験その他の就業の実態に関する事項を公正に評価し、その賃金を決定しなければならないこととされている。

2　福利厚生

(1)　福利厚生施設（給食施設、休憩室及び更衣室をいう。以下この(1)において同じ。）

　　派遣先は、派遣先に雇用される通常の労働者と同一の事業所で働く協定対象派遣労働者には、派遣先に雇用される通常の労働者と同一の福利厚生施設の利用を認めなければならない。

　　なお、派遣元事業主についても、労働者派遣法第30条の３の規定に基づく義務を免れるものではない。

(2)　転勤者用社宅

　　派遣元事業主は、派遣元事業主の雇用する通常の労働者と同一の支給要件（例えば、転勤の有無、扶養家族の有無、住宅の賃貸又は収入の額）を満たす協定対象派遣労働者には、派遣元事業主の雇用する通常の労働者と同一の転勤者用社宅の利用を認めなければならない。

(3)　慶弔休暇並びに健康診断に伴う勤務免除及び有給の保障

　　派遣元事業主は、協定対象派遣労働者にも、派遣元事業主の雇用する通常の労働者と同一の慶弔休暇の付与並びに健康診断に伴う勤務免除及び有給の保障を行わなければならない。

　　（問題とならない例）

　　　派遣元事業主であるＢ社においては、慶弔休暇について、Ｂ社の雇用する通常の労働者であるＸと同様の出勤日が設定されている協定対象派遣労働者であるＹに対しては、通常の労働者と同様に慶弔休暇を付与し

ているが、週２日の勤務の協定対象派遣労働者であるＷに対しては、勤務日の振替での対応を基本としつつ、振替が困難な場合のみ慶弔休暇を付与している。

(4) 病気休職

　　派遣元事業主は、協定対象派遣労働者（有期雇用労働者である場合を除く。）には、派遣元事業主の雇用する通常の労働者と同一の病気休職の取得を認めなければならない。また、有期雇用労働者である協定対象派遣労働者にも、労働契約が終了するまでの期間を踏まえて、病気休職の取得を認めなければならない。

　　（問題とならない例）

　　　派遣元事業主であるＢ社においては、労働契約の期間が１年である有期雇用労働者であり、かつ、協定対象派遣労働者であるＹについて、病気休職の期間は労働契約の期間が終了する日までとしている。

(5) 法定外の有給の休暇その他の法定外の休暇（慶弔休暇を除く。）であって、勤続期間に応じて取得を認めているもの

　　法定外の有給の休暇その他の法定外の休暇（慶弔休暇を除く。）であって、勤続期間に応じて取得を認めているものについて、派遣元事業主は、派遣元事業主の雇用する通常の労働者と同一の勤続期間である協定対象派遣労働者には、派遣元事業主の雇用する通常の労働者と同一の法定外の有給の休暇その他の法定外の休暇（慶弔休暇を除く。）を付与しなければならない。なお、期間の定めのある労働契約を更新している場合には、当初の労働契約の開始時から通算して勤続期間を評価することを要する。

　　（問題とならない例）

　　　派遣元事業主であるＢ社においては、長期勤続者を対象とするリフレッシュ休暇について、業務に従事した時間全体を通じた貢献に対する報償という趣旨で付与していることから、Ｂ社に雇用される通常の労働者であるＸに対し、勤続10年で３日、20年で５日、30年で７日の休暇を付与しており、協定対象派遣労働者であるＹに対し、所定労働時間に比例した日数を付与している。

3　その他

(1) 教育訓練であって、現在の職務の遂行に必要な技能又は知識を習得するために実施するもの

　　教育訓練であって、派遣先が、現在の業務の遂行に必要な能力を付与するために実施するものについて、派遣先は、派遣元事業主からの求めに応じ、派遣先に雇用される通常の労働者と業務の内容が同一である協定対象

派遣労働者には、派遣先に雇用される通常の労働者と同一の教育訓練を実施する等必要な措置を講じなければならない。なお、派遣元事業主についても、労働者派遣法第30条の 3 の規定に基づく義務を免れるものではない。

また、協定対象派遣労働者と派遣元事業主が雇用する通常の労働者との間で業務の内容に一定の相違がある場合においては、派遣元事業主は、協定対象派遣労働者と派遣元事業主の雇用する通常の労働者との間の職務の内容、職務の内容及び配置の変更の範囲その他の事情の相違に応じた教育訓練を実施しなければならない。なお、労働者派遣法第30条の 2 第 1 項の規定に基づき、派遣元事業主は、協定対象派遣労働者に対し、段階的かつ体系的な教育訓練を実施しなければならない。

(2)　安全管理に関する措置及び給付

派遣元事業主は、派遣元事業主の雇用する通常の労働者と同一の業務環境に置かれている協定対象派遣労働者には、派遣元事業主の雇用する通常の労働者と同一の安全管理に関する措置及び給付をしなければならない。

なお、派遣先及び派遣元事業主は、労働者派遣法第45条等の規定に基づき、協定対象派遣労働者の安全と健康を確保するための義務を履行しなければならない。

派遣労働者等に係るテレワークに関するＱ＆Ａ

（令和２年８月26日公表（令和３年２月４日更新））

1. 契約内容等

> 問１－１　派遣労働者がテレワークにより就業を行う場合、労働者派遣契約
> は、どのように記載すればよいか。

答　労働者派遣契約には、労働者派遣法第26条第１項第２号及び第３号に基づ
　き、派遣先の事業所だけでなく、具体的な派遣就業の場所を記載するとともに、
　所属する組織単位及び指揮命令者についても明確に定めることが必要となる。
　このため、労働者派遣契約には、例えば、次のとおり記載することが考えられ
　る。
　　また、個人情報保護の観点から、派遣労働者の自宅の住所まで記載する必要
　はないことに留意すること。

（例１：派遣先の事業所に出社する就業を基本とし、必要に応じてテレワークに
より就業する場合）
　・　派遣先の事業所：○○株式会社○○営業所
　　　就業の場所：○○株式会社○○営業所○○課○○係（〒・・・－・・・・○○県
　　　　　　　　　○○市○○○　TEL＊＊＊＊－＊＊＊＊）ただし、必要に応じ
　　　　　　　　　て派遣労働者の自宅
　・　組織単位：○○株式会社○○営業所○○課
　・　指揮命令者：○○株式会社○○営業所○○課○○係長○○○○

（例２：テレワークによる就業を基本とし、必要が生じた場合（週１～２日程度）
に派遣先の事業所に出社して就業する場合）
　・　派遣先の事業所：○○株式会社○○営業所就業の場所：派遣労働者の自宅
　　　　　　　　　ただし、業務上の必要が生じた場合には、○○株式会社
　　　　　　　　　○○営業所○○課○○係での週１～２日程度の就業あり
　　　　　　　　　（〒・・・－・・・・　○○県○○市○○○○　TEL＊＊＊＊－＊＊
　　　　　　　　　＊＊）
　・　組織単位：○○株式会社○○営業所○○課
　・　指揮命令者：○○株式会社○○営業所○○課○○係長○○○○

（例3：自宅に準じる場所（例えば、サテライトオフィスや特定の場所）で就業
する場合）
・　派遣先の事業所：○○株式会社○○支社(〒・・・－・・・・○○県○○市
　　　　　　　　　　　○○○ TEL＊＊＊＊－＊＊＊＊)
　　就業の場所：派遣先所有の所属事業場以外の会社専用施設（専用型オフィ
　　　　　　　　ス）又は派遣先が契約（指定）している他会社所有の共用施設
　　　　　　　　（共用型オフィス）のうち、派遣労働者が希望する場所
・　組織単位：○○株式会社○○支社○○課
・　指揮命令者：○○株式会社○○支社○○課○○係長○○○○

問1－2　派遣労働者がテレワークのみにより就業を行うことは可能か。

答　派遣労働者の就業をテレワークのみにより行うことは可能であるが、以下の
　点などに十分に留意し実施することが必要となる。
　　　・労働者派遣契約において、自宅等の具体的な派遣就業の場所を記載するこ
　　　　と。なお、派遣労働者と打合せを行う場合等に派遣先の事業所等で派遣就
　　　　業を行う可能性がある場合には、必ずその旨を明記すること。
　　　・派遣労働者が、通常の労働者派遣の取扱いと同様に、派遣元責任者及び派
　　　　遣先責任者に迅速に連絡をとれるようになっていること。
　　　・派遣労働者においても「情報通信技術を利用した事業場外勤務の適切な導
　　　　入及び実施のためのガイドライン」に基づいた雇用管理が必要であること。
　　　また、派遣就業の全期間の業務遂行において、派遣先からの指揮命令等のコ
　　ミュニケーション等が円滑に行われるかを派遣先及び派遣労働者に十分に確認
　　することが望ましいものである。

　　※「情報通信技術を利用した事業場外勤務の適切な導入及び実施のためのガイ
　　　ドライン」https://www.mhlw.go.jp/stf/seisakunitsuite/bunya/koyou_
　　　roudou/roudoukijun/shigoto/guideline.html

問1－3　派遣労働者が予定になかったテレワークにより就業を行う場合、労
　働者派遣契約の変更を行うことが必要か。

答　労働者派遣契約には、派遣先の事業所だけでなく、具体的な派遣就業の場所
　を記載することが必要となる。このため、派遣労働者がテレワークにより就業
　を行う場合には、労働者派遣契約の一部変更が必要になる場合がある。

　なお、緊急の必要がある場合についてまで、事前に書面による契約の変更を行うことを要するものではないが、派遣元事業主と派遣先の間で十分話し合い、合意しておくことが必要なことに留意すること。

　また、派遣労働者がテレワークにより就業を行うことがあらかじめ予定されている場合においては、当初からテレワークを行う就業場所を労働者派遣契約に記載することが必要となるため、問１－１の回答も参考に対応すること。

問１－４　派遣先での派遣労働者に対する指揮命令は、必ず対面で実施しなければならないのか。

答　派遣先での派遣労働者に対する指揮命令は、必ずしも対面で実施しなければならないものではない。業務の内容を踏まえ、テレワークによっても必要な指揮命令をしながら業務遂行が可能かどうか、個別に検討いただくものである。

問１－５　派遣労働者がテレワークにより就業を行う場合、就業条件等の明示（労働者派遣法第34条）は、どのように行えばよいか。（令和３年２月４日追加）

答　就業条件等の明示は、労働者派遣法第34条に基づき、派遣先の事業所だけでなく、具体的な派遣就業の場所を就業条件明示書に記載するとともに、所属する組織単位及び指揮命令者についても明確に記載することが必要となる。具体的な記載方法については、問１－１の労働者派遣契約の記載例を参照されたい。

　なお、個人情報保護の観点から、派遣労働者の自宅の住所まで記載する必要はないことに留意すること。

2.　訪問巡回・住所の把握

問２－１　「派遣元事業主が講ずべき措置に関する指針（平成11年労働省告示第137号）」及び「派遣先が講ずべき措置に関する指針（平成11年労働省告示第138号）」では、定期的に派遣労働者の就業場所を巡回することとしているが、派遣労働者が自宅でテレワークを実施する場合にも、自宅を巡回する必要があるか。

答　「派遣元事業主が講ずべき措置に関する指針」においては、派遣元事業主は派遣先を定期的に巡回すること等により派遣労働者の就業状況が労働者派遣契

約の定めに反していないことの確認等を行うこととされており、ここでいう派遣先とは、「派遣先の事業所その他派遣就業の場所」のみならず、具体的な派遣労働者の就業場所がこれらと異なる場合には当該就業場所も含むものである。

　また、「派遣先が講ずべき措置に関する指針」においては、派遣先は定期的に派遣労働者の就業場所を巡回し、派遣労働者の就業の状況が労働者派遣契約に反していないことを確認することとされている。

　ただし、派遣労働者に対して自宅でテレワークを実施させるときは、就業場所は自宅となるが、派遣労働者のプライバシーにも配慮が必要であるので、例えば、電話やメール、ウェブ面談等により就業状況を確認することができる場合には派遣労働者の自宅まで巡回する必要はない。

　なお、派遣労働者のテレワークが労働者派遣契約に反せず適切に実施されているかどうか、派遣労働者の就業の状況を実際に確認できることが必要であり、そのためには、例えば、①派遣先の指揮命令の方法等をあらかじめ派遣労働者と合意し、労働者派遣契約等において定めておくこと、②日々の派遣労働者の業務内容に係る報告を書面（電子メール等の電子媒体によるものを含む。）で明示的に提出させること等により確認することが考えられる。

問2−2　派遣労働者について自宅でのテレワークを実施するに当たって、就業場所の巡回等のため、派遣先として、自宅の住所を把握しておきたいが、派遣会社から教えてもらってもよいか。

答　派遣先からの求めに応じ、派遣元事業主から派遣先に対し、派遣労働者の自宅の住所に関する情報を提供する場合には、派遣元事業主として、派遣労働者本人に使用目的（テレワークの実施に当たって派遣先が住所を把握することが真に必要であり、派遣先に提供すること）を示して同意を得ることが必要になる（※）。また、派遣労働者を特定する目的で、労働者派遣契約の締結に際し、派遣元事業主に当該労働者派遣の対象となり得る個々の派遣労働者の自宅の住所を教えるよう求めてはならないことに留意すること。

　派遣元事業主及び派遣先の双方が、労働者派遣法や「派遣元事業主が講ずべき措置に関する指針」、個人情報保護法の規定を遵守し、派遣労働者の個人情報を適切に取り扱うことが必要である。

　（※）「派遣元事業主が講ずべき措置に関する指針」において、派遣元事業主による個人情報の保管又は使用は、「収集目的の範囲に限られること。（中

略）なお、派遣労働者として雇用し労働者派遣を行う際には、労働者派遣事業制度の性質上、派遣元事業主が派遣先に提供することができる派遣労働者の個人情報は、労働者派遣法第35条第1項各号に掲げる派遣先に通知しなければならない事項のほか、当該派遣労働者の業務遂行能力に関する情報に限られるものであること。ただし、他の保管若しくは使用の目的を示して本人の同意を得た場合又は他の法律に定めのある場合は、この限りでないこと」とされている。

3. 苦情処理

> 問3−1 自宅等でテレワークを実施する派遣労働者が苦情を申し出た場合に、訪問面談により苦情の処理や助言・指導を行う必要があるか。

答 苦情処理や、派遣労働者に対する必要な助言及び指導については、電話やメール、ウェブ面談等の活用も考えられ、全ての事案において、派遣労働者の自宅等に出向く必要はないものである。

　ただし、本人が対面による相談を希望する場合や、苦情の内容等によっては、派遣元責任者本人が直接自宅等に出向いて対面で処理する必要がある場合も想定されるため、こうした場合には、テレワーク以外の派遣労働者への対応と同様に、対面で対応できるようにすることが必要である。

> 問3−2 苦情の処理等に当たって、派遣労働者の自宅に近い他の派遣元事業所の派遣元責任者が訪問することは可能か。

答 派遣元責任者は派遣元事業主の事業所ごとに選任し、個々の派遣労働者ごとに担当となる責任者を決めておくことが必要であるが、苦情処理等に当たり、派遣先の事業所や派遣労働者の自宅に近い他の派遣元事業所の派遣元責任者等と連携して対応することも可能である。

　その際は、労働者派遣契約書において、担当となる派遣元責任者のみでなく、連携して苦情処理に対応する派遣元責任者等を苦情の処理に関する事項（苦情の申出を受ける者、苦情処理方法、連絡体制等）に記載することが必要となるとともに、派遣労働者に対しても、就業条件の明示（労働者派遣法第34条）として、同様に、担当となる派遣元責任者と、苦情処理に関する事項として苦情の申し出を受ける派遣元責任者等を明示する必要がある。

　ただし、問3−1の回答のとおり、苦情の内容等によっては、個々の派遣労働者ごとに担当となる派遣元責任者本人が直接対応することができることが必

要である。

問3-3　派遣先が自宅等で就業する派遣労働者から苦情の申し出を受けた場
合には、どのように対応を行えばよいか。

答　派遣先の派遣先責任者等が自宅等で就業する派遣労働者から苦情の申出を受
けた場合には、通常の取扱いと同様に、原則、当該苦情の内容を、遅滞なく、
派遣元事業主に通知するとともに、派遣先として適切かつ迅速な処理を図るこ
とが必要となる。

4. 労務管理

問4-1　テレワークを行う場合に、派遣労働者の労働時間の把握について、
派遣先はどのようにすればよいか。

答　派遣先はテレワークの場合にも、通常の取扱いと同様、派遣先管理台帳に派
遣就業をした日ごとの始業及び終業時刻並びに休憩時間等を記載し、派遣元事
業主に通知することが必要である。

　その他のテレワークの場合の労働時間の把握に係る留意事項については、
「情報通信技術を利用した事業場外勤務の適切な導入及び実施のためのガイド
ライン」2(2)イを参照されたい。

　派遣元事業主は、派遣先を通じて労働時間を把握するに当たり、ガイドライ
ンの取扱いについて派遣先とよく認識を共有するとともに、テレワークの実施
とあわせて、始業・終業時刻の変更等を行う場合は、就業規則に記載すること
が必要となる。

※「情報通信技術を利用した事業場外勤務の適切な導入及び実施のためのガイ
　ドライン」https://www.mhlw.go.jp/stf/seisakunitsuite/bunya/koyou_
　roudou/roudoukijun/shigoto/guideline.html
※「テレワークモデル就業規則～作成の手引き～」
　https://telework.mhlw.go.jp/wp/wp-content/uploads/2019/12/TWmodel.pdf

> 問4-2　テレワークを実施する派遣労働者に対して、派遣元事業主として、職務能力等の評価をどのように実施していく必要があるか。（令和3年2月4日追加）

答　具体的な評価方法については、基本的に派遣元事業主において決定すべきものであるが、出社する場合と同様に、派遣先から派遣労働者の業務の遂行の状況等の情報の提供を受けるなど、公正に評価することが望ましいものである。

　　ただし、派遣元事業主が労使協定方式を選択する場合には、労働者派遣法第30条の4第1項第3号（※）の対象になることに留意すること。

　　また、派遣先においては、労働者派遣法第40条第5項の規定により、派遣元事業主の求めに応じ、派遣労働者の業務の遂行の状況等の情報を派遣元事業主に提供する等必要な協力をするように配慮しなければならないことに留意すること。

　　※　派遣労働者の職務の内容、職務の成果、意欲、能力又は経験等を公正に評価して賃金を決定すること。

5.　同一労働 同一賃金

> 問5-1　正社員についてはテレワークを実施しているが、派遣労働者についてはテレワークを実施できないため、全員出社してもらうこととしている。労働者派遣法上問題があるか。

答　製造業務や販売業務など、業務内容によってはテレワークの利用が難しい場合も考えられるが、派遣労働者であることのみを理由として、一律にテレワークを利用させないことは、雇用形態にかかわらない公正な待遇の確保を目指して改正された労働者派遣法の趣旨・規定に反する可能性がある。

> 問5-2　労使協定方式における地域指数を選択する際、自宅でテレワークを実施する派遣労働者は、どの地域の指数を当てはめればよいか。

答　地域指数の選択については、「派遣先の事業所その他派遣就業の場所」で判断するものである。具体的には、派遣先責任者を選任することとなる事業所の単位であり、派遣労働者がテレワークにより就業する自宅については、これに当たらないものである。

　　なお、「派遣先の事業所その他派遣就業の場所」については、工場、事務所、

店舗等、場所的に他の事業所その他の場所から独立していること、経営の単位として人事、経理、指導監督、労働の態様等においてある程度の独立性を有すること、一定期間継続し、施設としての持続性を有すること等の観点から実態に即して判断するものである。

問5－3　労使協定方式において実費支給として通勤手当を支払っているが、自宅でテレワークを実施する派遣労働者をどのように取り扱えばよいか。

答　自宅において就業することにより、通勤に係る実費が生じていない場合には、結果として、通勤手当の支給がなかったとしても、局長通知（※）第2の2⑴の実費支給と解される。

　なお、通常の労働者も含め通勤手当の制度がない場合には、局長通知第2の2⑵により、一般基本給・賞与等の額に一般通勤手当を加えた額と同等以上であることが必要となる。

　また、業務の必要が生じ、派遣先の事業所に出社する場合には、派遣先の事業所と自宅の場所との間の通勤距離や通勤方法に応じた実費が支給されることが必要である。

（※）　令和元年7月8日付け職発0708第2号「令和2年度の「労働者派遣事業の適正な運営の確保及び派遣労働者の保護等に関する法律第30条の4第1項第2号イに定める「同種の業務に従事する一般の労働者の平均的な賃金の額」」等について」

問5－4　労働者派遣法第40条第4項に、派遣先は、その指揮命令の下に労働させる派遣労働者について、「適切な就業環境の維持」等必要な措置を講ずるように配慮しなければならないとされている。派遣先が、派遣労働者のテレワークについて協力しない場合、労働者派遣法上問題があるか。（令和3年2月4日追加）

答　例えば、派遣先に雇用される通常の労働者に対してテレワークを実施する環境が整っている中で、派遣元事業主から派遣労働者のテレワークの実施に係る希望があったにもかかわらず、派遣労働者であることのみを理由として、一切措置を講じない場合等は、配慮義務を尽くしたとはいえないと考えられる。

問５－５　労使協定方式を選択しているが、労使協定に派遣労働者のテレワークに関する記載をすることを検討している。具体的に、どのような記載が考えられるか。（令和３年２月４日追加）

答　派遣労働者のテレワークは、派遣労働者の「待遇」に該当するものと考えられ、労使協定方式の場合は、法第30条の４第１項第４号の対象になるものである。

　　テレワークについては、派遣先の就業環境等も踏まえ検討が必要なものであり、派遣先との交渉が必要なものであることから、労使協定において、テレワークに関する内容を明示的に定めることが望ましく、例えば、以下のような記載内容が考えられること。

（例）
（賃金以外の待遇）
　　第○条　教育訓練、福利厚生その他の賃金以外の待遇については、正社員に適用される○○就業規則第○条から第○条までの規定と不合理な待遇差が生じることとならないものとして、○○就業規則第○条から第○条までの規定を適用する。
　　２　甲（※派遣元事業主）は、対象従業員（※派遣労働者）を対象とするテレワークについて、前項の規定を遵守できるよう、派遣先と誠実に交渉するなど適切な対応をとるものとする。

6.　機器の整備等

問６－１　派遣労働者が自宅等でテレワークを実施するためのＰＣやインターネット環境等の設備に係る費用について、派遣労働者側に負担させることはできるか。

答　まず、派遣労働者に一方的に負担を強いるようなテレワークの実施は望ましくないものであることに留意することが必要である。仮に、派遣労働者に対してテレワークに要する機器等の費用負担をさせようとする場合には、あらかじめ労使で十分に話し合い、当該事項について派遣元事業主の就業規則に規定する必要があるとともに、テレワークによる労働者派遣に係る就業条件の明示の際に併せて派遣労働者に説明をしておくことが望ましいものである。

　　なお、トラブル防止の観点から、労働者派遣契約において、派遣元、派遣先の間の費用負担の在り方について、あらかじめ定めておくことが望ましいもの

である。

就業規則への費用負担の記載例

第○条　会社が貸与する情報通信機器を利用する場合の通信費は会社負担とする。

2　在宅勤務に伴って発生する水道光熱費は在宅勤務者の負担とする。

3　業務に必要な郵送費、事務用品費、消耗品その他会社が認めた費用は会社負担とする。

4　その他の費用については在宅勤務者の負担とする。

（「テレワークモデル就業規則～作成の手引き～」）

情報通信技術を利用した事業場外勤務の適切な導入及び実施のためのガイドライン

3　その他テレワークの制度を適切に導入及び実施するに当たっての注意点

(4)　通信費、情報通信機器等のテレワークに要する費用負担の取扱い

テレワークに要する通信費、情報通信機器等の費用負担、サテライトオフィスの利用に要する費用、専らテレワークを行い事業場への出勤を要しないとされている労働者が事業場へ出勤する際の交通費等、テレワークを行うことによって生じる費用については、通常の勤務と異なり、テレワークを行う労働者がその負担を負うことがあり得ることから、労使のどちらが負担するか、また、使用者が負担する場合における限度額、労働者が請求する場合の請求方法等については、あらかじめ労使で十分に話し合い、就業規則等において定めておくことが望ましい。

特に、労働者に情報通信機器、作業用品その他の負担をさせる定めをする場合には、当該事項について就業規則に規定しなければならないこととされている（労働基準法第89条第5号）。

> 問6－2　テレワークによる職場外での就業に当たり、情報セキュリティに係る問題が発生した場合に、どのように責任を負うこととなるか。

答　万一情報セキュリティに係る問題が発生した場合の責任の所在については、あらかじめ派遣元事業主と派遣先でよく話し合った上で、労働者派遣契約に規定することが望ましいものである。

なお、テレワークを行う上でのセキュリティ対策に係る教育については、労働者派遣法第40条第2項に規定する業務の遂行に必要な能力を付与するため

のものとして、派遣先において実施することや、派遣先に関わらず必要となるものについては、雇入れ時の安全衛生教育等と合わせて、雇用主である派遣元事業主において実施することが考えられる。

情報通信技術を利用した事業場外勤務の適切な導入及び実施のためのガイドライン
3　その他テレワークの制度を適切に導入及び実施するに当たっての注意点
　(5)　社内教育等の取扱い
　　テレワークを行う労働者については、OJT による教育の機会が得がたい面もあることから、労働者が能力開発等において不安に感じることのないよう、社内教育等の充実を図ることが望ましい。
　　なお、社内教育等を実施する際は、必要に応じ、総務省が作成している「テレワークセキュリティガイドライン」を活用する等して、テレワークを行う上での情報セキュリティ対策についても十分理解を得ておくことが望ましい。(略)

7.　労働者派遣事業者の内勤社員に係るテレワーク

問7　派遣元事業主の事業所に所属する内勤社員が自宅でのテレワークを実施する場合、その自宅は、労働者派遣事業を行う事業所として、新設の届出等を行う必要があるか。(令和3年2月4日追加)

答　派遣元事業主の事務所に所属する内勤社員が自宅において実施するテレワークは、当該事業所の業務を自宅から遠隔で実施するものである。
　　このため、内勤社員がテレワークにより、労働者派遣事業の業務処理を行っていたとしても、基本的には、事業所に附属する場所(自宅)で業務を行っているものとして取り扱い、当該自宅は事業所には当たらない。
　　なお、他の事業所の管理監督(業務指示や労務管理等)に服さず、特定の地域における労働者派遣事業の責任者として業務を遂行するなど、実態として当該内勤社員の就業場所が、ある程度の独立性を有し、派遣元事業主の支店・営業所と同様の機能を有していると認められるような場合には、事業所に該当する可能性がある。そのため、事業所に該当するか否かは、労働者派遣事業関係業務取扱要領第3の9(3)①〜③の要件に照らして、実態を見て判断することになる旨、留意すること。

労働者派遣事業関係業務取扱要領
　第3　労働者派遣事業の適正な運営の確保に関する措置に係る手続
　　　9　参考一覧表

---

(3)　用語の整理
　○　事業所
　　「事業所」とは、労働者の勤務する場所又は施設のうち、事業活動が行われる場所のことであり、相当の独立性を有するものである。
　　具体的には雇用保険の適用事業所に関する考え方と基本的には同一であり、次の要件に該当するか否かを勘案することによって判断する。
　①　場所的に他の（主たる）事業所から独立していること。
　②　経営（又は業務）単位としてある程度の独立性を有すること。すなわち、人事、経理、経営（又は業務）上の指導監督、労働の態様等においてある程度の独立性を有すること。
　③　一定期間継続し、施設としての持続性を有すること。
　　労働者の勤務する場所又は施設が①、②及び③の全てに該当する場合並びに事業主が法人である場合であってその登記簿上の本店又は支店に該当するときは、もとより、一の事業所として取り扱うものであるが、それ以外の場合であっても、他の社会保険の取扱い等によっては、一の事業所と認められる場合があるから、実態を把握の上慎重に事業所か否かの判断を行うものである。

【監修者紹介】

木村 恵子（きむら　けいこ）

弁護士（安西法律事務所所属）
慶應義塾大学法学部卒業。商社、外国銀行での勤務の後、2002年に弁護士登録、
現在に至る。主に雇止め、労災など労働関係裁判、派遣・労務問題に関する相談
を手掛ける。
主な著作として『労働者派遣法の改正点と実務対応』（共著、公益社団法人全国
労働基準関係団体連合会）、『実務の疑問に答える－労働者派遣のトラブル防止と
活用のポイント』（共著、日本法令）などがある。

派遣労働者の労務・安全衛生

令和3年8月31日　初版発行

監修者	木　村　恵　子
編　者	労働調査会出版局
発行人	藤　澤　直　明
発行所	労　働　調　査　会

〒170-0004　東京都豊島区北大塚2-4-5
TEL 03（3915）6401
FAX 03（3918）8618
https://www.chosakai.co.jp/

ISBN978-4-86319-657-5　C2030